Wahrnehmung, Erfahrung, Experiment, Wissen

Wahrnehmung, Erfahrung, Experiment, Wissen

Objektivität und Subjektivität in den Künsten und den Wissenschaften

Herausgegeben von
Susanne Stemmler

diaphanes

Inhalt

Nik Haffner im Gespräch
mit Alberto de Campo und Ulrike Hentschel

Dialogisches Vorwort

Nik Haffner: Das Konzept der Graduale 2013, ein Symposium und eine Ausstellung mit dem Titel *Wahrnehmung, Erfahrung, Experiment, Wissen. Objektivität und Subjektivität in den Künsten und den Wissenschaften*, das vom 10. bis 12. Oktober 2013 an der Graduiertenschule für die Künste und die Wissenschaften an der Universität der Künste Berlin stattfand und Ausgangspunkt für dieses Buch ist, war ein anderes und erweitertes im Vergleich zu den jährlich stattfindenden Veranstaltungen der Vorjahre. Was war spezifisch in diesem Jahr und wie wurde das neue Konzept in der Umsetzung wahrgenommen?

Alberto de Campo: Spezifisch neu war die Idee, den Diskursaspekt stärker einzufordern und dass sich die Stipendiatinnen und Stipendiaten diesem Diskurs aussetzen. Das wurde vor allem durch die intensive Betreuung und Vorbereitung von Susanne Stemmler ermöglicht.

Ulrike Hentschel: In einem der ersten Gespräche mit Susanne Stemmler wurde uns klar, dass der Auftrag an sie wirklich die Quadratur des Kreises war: mit künstlerisch arbeitenden Personen ein Symposium zu veranstalten, das keine Ausstellung im Sinne eines reinen künstlerischen Schaulaufens, sondern ein Format ist, das die hier an der Graduiertenschule entstehende Kunst in einen Diskurs einbettet. Nach langen Gesprächen mit den Stipendiatinnen und Stipendiaten hat Susanne Stemmler einen Rahmen mit den Begriffen Wahrnehmung, Erfahrung, Experiment und Wissen gesetzt. Dieses Konzept der Graduale hatte über das Ausstellen von Resultaten hinaus erstmals eine neue Qualität. Es war ein geteiltes Nachdenken darüber, mit welchen Fragen sich ein solches künstlerisches Denken in dem Bereich zwischen Kunst und Wissenschaft auseinandersetzt. Durch dieses Format wurde auch die Zusammenarbeit einzelner Stipendiatinnen und Stipendiaten miteinander stärker betont. Wo hat mein Projekt mit einer bestimmten Fragestellung eine Nähe oder Verbindung zu einem anderen Projekt, und wie kann ich darüber mit anderen nachdenken? So sind dann die Themenfelder und Panels entstanden.

Ein Ausgangspunkt hierfür war sicher auch, dass wir in den letzten Jahren als Teil des Studienprogramms begonnen haben, nicht nur die eigenen Projekte in den Mittelpunkt zu stellen, sondern verschiedene Gäste einzuladen, um einen anderen thematischen Austausch zu stimulieren. Zu Gast waren zum Beispiel Tirdad Zolghadr und Tom Holert. Und das war insofern interessant, als die Stipendiatinnen und Stipendiaten es sehr genossen haben, mal weg von ihrem eigenen Projekt hin zu den übergeordneten Fragestellungen zu kommen, die die Referenten angesprochen haben – aus ihrer Sicht als Kuratoren, als Kunstwissenschaftler und auch als Lehrende in anderen Zusammenhängen. Daraus haben sich stets sehr interessante Diskussionen ergeben. Diese Erfahrung wollten wir auch in die Graduale einbringen.

N.H.: Wie habt ihr die Graduale als Entdeckungsraum und in ihrer Atmosphäre erlebt?

U.H.: Wenn ich an den Raum denke, fällt mir als erstes die Diskursarena ein, die Lukas Wegwerth entworfen und gebaut hat. Dies hat die Atmosphäre und die Art und Weise, wie miteinander geredet wurde, ganz entscheidend mitbestimmt. Die Arena bot die Möglichkeit, dass alle alles sehen, dass die Vortragenden zeitweise eine herausgehobene Stellung hatten, dann aber auch wieder zwischen den anderen Personen verschwanden.

A.d.C.: Es ist in letzter Zeit ja auch ein bisschen populär geworden, sich mit diesen räumlichen Aspekten zu befassen und Architekturen für Konferenzen zu bauen. Ich fand diese wirklich sehr gut gelungen – eine Lösung, die das Verhältnis zwischen Vortragenden und Publikum immer wieder neu verschiebt.

U.H.: Es gab keine behauptete Partizipation, in der eine Mitmach-Atmosphäre vorgespielt wird.

A.d.C.: Insofern ging es hier mehr um Einladung als um Zwangsverpflichtung.

U.H.: Entscheidend fand ich für die Atmosphäre auch, dass gleichzeitig die künstlerischen Arbeiten der Stipendiatinnen und Stipendiaten zu sehen waren. Man konnte beispielsweise in einem begehbaren Schaukasten draußen die Klang-Installation von Echo Ho relativ lange anschauen und anhören. Ich saß in dem Kasten und schaute auf eine Baustelle, einen Bus und auf Lastwagen, die dort vorbeifuhren. Diese Eindrücke konkurrierten auf besondere Weise mit der Musik, die Echo Ho komponiert hat. Das war für mich eine besondere ästhetische Erfahrung während der Graduale 2013. Ich fand es sehr wichtig, dass die künstlerischen Arbeiten auch während des Symposiums durchweg präsent waren.

A.d.C.: Für Echo Hos Installation bildete die Stadt den Hintergrund der Arbeit, und man wusste nicht genau, ob das bewusst so gewählt war. Alle künstlerischen Arbeiten wurden angemessen für den Diskurskontext der Veranstaltung präsentiert, ohne dass es in eine disparate Gruppenausstellung ausartete, für die man eine massivere thematische Klammer hätte erfinden müssen.

N.H.: Welche Chancen bergen eine Plattform wie die Graduale und die daraus hervorgehende Publikation für die Stipendiatinnen und Stipendiaten der Graduiertenschule?

A.d.C.: Ich finde es interessant, dass die Graduale 2013 nicht die übliche universitäre Ausstellung war – dass dieser Rahmen einen anderen Möglichkeitsraum bietet, um auf die Stipendiatinnen und Stipendiaten und ihre Arbeit aufmerksam zu machen, um entsprechende Kontakte zu knüpfen und einen Austausch auf vielen Ebenen zu fördern.

U.H.: Ein zentrales Stichwort ist Kontextualisierung. Ich finde, eine Chance besteht darin, dass die Stipendiatinnen und Stipendiaten ihre eigenen Arbeiten kontextualisieren können. Das ist ein wichtiges Kennzeichen einer Arbeit, wie sie an der Graduiertenschule stattfindet. Die Stipendiatinnen und Stipendiaten waren aufgefordert, ihre Projekte innerhalb eines Diskurses um Künste und Wissenschaften zu kontextualisieren und sich dabei verstärkt Gedanken um den Prozess ihrer Erarbeitung zu machen. Das kann die Einzelprojekte nochmals voranbringen. Dies gilt in gleicher Weise für die Publikation. Manchmal denkt man ja: »Das habe ich schon beendet, jetzt muss ich es nur noch aufschreiben.« Aber dann passiert es doch oft, dass man erst beim Schreiben einige Aspekte der Arbeit erkennt und sich denkt: »Hätte ich das alles doch schon vorher gewusst, was ich da jetzt hinschreibe!« Und genau darum geht es: Während des Reflektierens und Schreibens tauchen oft neue Dinge auf, die zwar rückwirkend nicht in das Projekt eingebaut werden können, jedoch eine Auswirkung auf die weitere Arbeit haben.

A.d.C.: Es ist eine interessante Chance, die eigene Arbeit mit anderen zu reflektieren. Damit meine ich, die Arbeiten nicht nur aus der facheigenen Perspektive zu betrachten, sondern aus der kommunikativen Herausforderung heraus, eine größere Gruppe von Personen zu erreichen. Sich mit anderen, die nicht zur eigenen Disziplin gehören, darüber auszutauschen, wie man innerhalb des Projekts gearbeitet hat, ist schwierig, aber interessant und erkenntnisreich.

U.H.: Die Kommunikation dessen, was man macht, gehört zu einer künstlerischen Arbeit dazu. Es reicht nicht aus, die fertige Arbeit zu präsentieren, man muss sie teilen und darüber mit anderen kommunizieren können.

A.d.C.: Ein Guru der Informatik sagte einst: »Wenn man versucht, eine Idee in ein Programm zu fassen, dann ist das die ideale Gelegenheit zu verstehen, was man alles an dem Problem noch überhaupt nicht verstanden hat.« Und genau dafür sind verschobene Kontexte interessant – dass man wirklich auf Dinge aufmerksam wird, die einem sonst nicht auffallen würden, solange man sich nur in seinen üblichen eigenen Bahnen bewegt.

N.H.: Inwieweit ist diese Publikation eine Dokumentation der Graduale 2013?

U.H.: Wie von Susanne Stemmler angeregt, ist dieses Buch keine Dokumentation der Graduale, sondern möchte einen Einblick geben in die Diskussion über Objektivität und Subjektivität in den Künsten und den Wissenschaften, die auch leitend für das Symposium war. Aus diesem Grund wurden weitere Beiträge angefragt und aufgenommen, die über das hinausgehen, was innerhalb des Symposiums vermittelt worden ist. Es ist eine bewusste Absicht, dass diese Publikation keine Abbildung dessen ist, was während der Graduale im Oktober 2013 erlebbar war. Vielmehr wird eine Diskussion über die unterschiedlichen Wahrnehmungsformen von Kunst und Wissenschaft angeregt.

N.H.: Was macht die Besonderheit einer Graduiertenschule für die Künste und die Wissenschaften aus? Und wo seht ihr die Graduiertenschule in fünf oder zehn Jahren?

A.d.C.: In den letzten beiden Jahren hat das Programm der Graduiertenschule verstärkt begonnen, den Anspruch an Diskurs einzulösen. Die derzeitigen Stipendiatinnen und

Stipendiaten haben ein gutes Verständnis dafür und wissen, worauf sie sich eingelassen haben. Der Grund, warum es aus meiner Sicht sinnvoll ist, eine Graduiertenschule an einer Kunstuniversität zu erfinden – und hier stimmt der Begriff Kunstuniversität wirklich –, ist das Auspendeln der Balance zwischen künstlerischer Arbeit, Reflexion und Austausch sowie einer Bereitschaft aller, über das eigene Gebiet hinaus zu denken. Der Arbeitsprozess an der Graduiertenschule steht genau an dem Punkt, wo dies nun beginnt. Für die Zukunft der Graduiertenschule würde ich mir wünschen, dass die Stipendiatinnen und Stipendiaten mit dieser Einstellung bereits starten, dass sie sich mit Schwung in diesen Prozess hineinwerfen und von vornherein wissen, dass dies der Kern dessen ist, worum es in der Graduiertenschule im Eigentlichen geht. Dies ist der markante Unterschied zwischen einem Programm wie der Graduiertenschule und reinen Künstler-Residenz-Programmen. Es macht deutlich, warum ein solches Programm an einer Kunstuniversität angesiedelt ist.

U.H.: Als der erste reguläre Jahrgang 2011 in die Graduiertenschule aufgenommen wurde, haben die Bewerber in den Gesprächen oft nach den vorgegebenen Strukturen gefragt. Unsere Antwort darauf war damals, dass wir erst am Anfang sind, genau diese Strukturen zu schaffen, dass es ein *work-in-progress* ist und selbst wir die Strukturen noch nicht kennen, sondern gemeinsam etwas ausprobieren. Das Riskante daran ist die Offenheit, aus der sich viele Möglichkeiten ergeben. Auf der anderen Seite besteht immer die Gefahr, sich in dieser Offenheit zu verlieren. Personen ziehen sich möglicherweise zurück und verlassen sich ganz auf das eigene Projekt und Gebiet und sehen die Graduiertenschule eher als *artist-in-residence*-Programm. Im Laufe der Jahre ist kontinuierlich daran gearbeitet worden, diese Strukturen zu erfinden. Hier ging es um Fragen zum Studienprogramm, die Art der öffentlichen Veranstaltungen und der Publikationen. All das ist erst im Laufe der Zeit entstanden. Das Spannende an der Graduiertenschule besteht meines Erachtens darin, dass sie noch im Werden, im Entstehen begriffen war, ohne dass es ein vorgegebenes fixes Modell gab. Erst später, im zweiten und dritten Jahr, haben sich Dinge nach und nach institutionalisiert und wiederholt, so dass etwas wie eine Formung stattgefunden hat. Für die Beschreibung von Gruppenprozessen gibt es die Begriffe »*storming*« und »*forming*«: Erst gibt es eine Phase, in der alle stürmen, auch etwas er-stürmen wollen, und nach und nach formt sich dann etwas heraus. Der Entstehungsprozess der Graduiertenschule war auch geprägt von einem produktiven Nicht-Wissen und regte dadurch eine Suche an. Ich wünsche mir, dass dies auch in fünf oder zehn Jahren für die Graduiertenschule hoffentlich noch gilt, dass man noch nicht alles weiß, und dass man sich weiterhin traut, auszuprobieren und zu suchen.

A.d.C.: Vielleicht sollte man hoffen, dass die Graduiertenschule in fünf oder zehn Jahren so anders ist, dass wir sie auf den ersten Blick kaum wiedererkennen würden, weil neue, andere Dinge zwischenzeitlich er- und gefunden wurden.

U.H.: Ich würde mir zum Beispiel auch wünschen, dass es noch mehr als bisher kollektive Arbeiten in der Graduiertenschule geben wird. Bewerbungen von Teams oder Tandems könnten sehr inspirierend sein, gerade aus dem Bereich der Darstellenden Kunst. Das könnte eine Erforschung der Frage bedeuten, in wieweit auch kollektive

Erfindungsprozesse innerhalb einer Struktur wie der Graduiertenschule angestoßen werden können. Joseph Vogl formuliert eine Unterscheidung zwischen robuster und idiosynkratischer Theorie. Demnach ist die robuste Theorie die, die ihren Gegenstand bereits kennt, und die hinterher nur noch sagt, was genau dieser Gegenstand ist. Die Frage von Vogl ist berechtigt, ob es hier überhaupt noch eine Theorie braucht, da der Gegenstand ja bereits klar ist. Hier geht es für mich als Pädagogin eher um die Herausforderung, mit welchen Methoden dieser Gegenstand vermittelt werden kann. Die Graduiertenschule dagegen würde ich eher auf der anderen Seite, der idiosynkratischen, also einmaligen, einzigartigen Theorie verorten. Idiosynkrasie wird dabei verstanden im Sinne von Eigentümlichkeit oder Eigenwilligkeit.

A.d.C.: Ich verstehe Eigenwilligkeit auch immer als Kompliment – Eigenwilligkeit verwende ich eher im Sinne von etwas Besonderem.

U.H.: Die Graduiertenschule ist für mich nicht als robust zu verstehen, sondern in dieser Art der Eigenwilligkeit.

Susanne Stemmler

Einleitung
Epistemologie zwischen Kunst und Wissenschaft

In den letzten Jahren erleben wir ein verstärktes epistemologisches Interesse in den Künsten. Intensiv wie selten zuvor interagieren sie mit den Wissenschaften und hinterfragen sie. Die Kollaborationen von Künsten und Wissenschaften enthüllen jedoch ein Paradox: Je mehr sie sich annähern, desto tiefer wird der Graben zwischen ihnen. *Die* Künste und *die* Wissenschaften werden dabei schnell auf Stereotype reduziert. Um es vereinfacht zu sagen: *Die* Wissenschaften stehen häufig für objektivierbare, erkenntnismäßig und in der Darstellung nachvollziehbare Verfahren und Wissensproduktionen. *Den* Künsten wird im Gegenzug die subjektive Freiheit und das Recht auf Autonomie zugestanden. Dieses Buch nimmt die lang überwunden geglaubte, aber immer noch wirkmächtige Dichotomie von Objektivität und Subjektivität als Impuls auf. Es hat Künstler und Wissenschaftler dazu eingeladen, sich mit ihr auseinanderzusetzen.

Hinter dem Anspruch auf Objektivität steht die Idealvorstellung, dass Wissenschaftler und Wissenschaftlerinnen keine individuelle Spur in ihren Arbeiten hinterlassen und unsichtbar bleiben. Diese Demarkationslinie zwischen Kunst und Wissenschaft gibt es erst seit der Mitte des 19. Jahrhunderts. Zuvor bedurfte es dem Wissenschaftshistoriker Peter Galison zufolge gerade eines Künstlergenies, welches das Allgemeine hinter dem Singulären suchen und abbilden konnte. Folglich war der künstlerisch Tätige derjenige, der den ›eigentlichen‹ Dingen auf der Spur war – eine Beschreibung, die man lange Zeit eher auf die Wissenschaften angewendet hätte. Subjektivität war also nicht immer schon das Gegenteil von Objektivität. Objektivität und Subjektivität sind ein Zwillingspaar – sie sind zwei Seiten einer Medaille.[1] Was heißt es aber, ein Objekt zu werden? Müssen wir den Objekten, den Dingen nicht eine Eigenständigkeit zugestehen? Als Epistemologie »von unten« erläutert der Wissenschaftshistoriker und Molekularbiologe Hans-Jörg Rheinberger seine Charakterisierung der Subjekt-Objekt-Verhältnisse in der naturwissenschaftlichen Experimentalanordnung. Dabei stellt er die Dinge, die Objekte des experimentellen Handelns in den Vordergrund und erzählt statt einer Geschichte der wissenschaftlichen Objektivität eine Geschichte der »Objektizität«. Der Anspruch auf Objektivität wurde nicht zuletzt durch die Postmoderne relativiert.

Der Trennung von Natur- und Geisteswissenschaften unterliegen – unter anderem – die Positionierungen von Subjekt und Objekt im Wissensprozess: »Die Scheidung zwischen zwei Welten und zwei Kulturen datiert zweifellos erst seit gestern, während wir sie für jahrtausendealt und irreversibel halten«.[2] Sie resultiert dem Literaturwissenschaftler Hans Ulrich Gumbrecht zufolge aus der fatalen Unterscheidung der Weltaneignung zum einen

---

1 Vgl. Lorraine Daston u. Peter Galison: *Objektivität*, Frankfurt/M. 2007.
2 Michel Serres: »Vorwort, dessen Lektüre sich empfiehlt, damit der Leser die Absicht der Autoren kennen lernt und den Aufbau dieses Buches versteht«, in: Michel Serres (Hg.): *Elemente einer Geschichte der Wissenschaften*, Frankfurt/M. 2002, S. 11–37, hier S. 13.

durch Begriffe, die aus Erfahrung gewonnen werden, und zum anderen durch die Sinne, die auf der Wahrnehmung basieren. Er beklagt die Distanz des Erkenntnis-Subjekts von der Welt der Dinge und plädiert für ein »aristotelisches Verhältnis zur Welt« – ein Denken jenseits der Trennung von rationalen und emotionalen Phänomenen.

Dieses Buch fragt vor der Folie wissenschaftshistorischer und -philosophischer Kontextualisierungen von Objektivität und Subjektivität nach der Funktion, der Rolle und der Produktion von Wissen in künstlerischen Prozessen. Was geschieht, wenn Künstlerinnen und Künstler wissenschaftlich fundiertes Wissen oder wissenschaftliche Methoden nutzen? Oder gar ihr eigenes Wissen produzieren? Was bedeutet Kunst als epistemische Praxis? Die Beiträge beleuchten das aus künstlerischer, philosophischer, medienwissenschaftlicher, kunstwissenschaftlicher, wissenschaftshistorischer, kulturwissenschaftlicher und politikwissenschaftlicher Sicht.

Dem französischen Philosophen Michel Serres[3] zufolge umfassen die Wissenschaften eine Multiplizität von Ideen, Institutionen und Menschen. Sie bilden ein Netz miteinander verbundener Pfade und Spuren, die sich übereinanderlagern und immer wieder verzweigen. Sie sind ein unsicherer Grund und immer im Umbau. Einzig die Kreuzungspunkte sind einigermaßen stabil und lassen sich darstellen. Wenn überhaupt, kann man anhand dieser Knoten eine Geschichte der Wissenschaften schreiben.

Künstlerische Strategien, die mit den Wissenschaften interagieren, suchen diese Knoten bewusst auf. Sie reorganisieren den Prozess der Wissensproduktion. Beziehungen zwischen Forschung und Darstellung, Evidenz und Öffentlichkeit werden dabei neu bestimmt, so die Politikwissenschaftlerin und Kuratorin Paula Hildebrandt. Ihre – bislang selten gestellte – Kernfrage lautet: »Unter welchen Bedingungen gelingt es, Wissen so zu teilen und zu verbreiten, dass es auch ein nicht-akademisches und nicht an zeitgenössischer Kunst interessiertes Publikum erreicht, berührt und womöglich begeistert?«

Wissensproduktion nicht losgelöst von gesellschaftspolitischer Verantwortung zu betrachten ist auch das Anliegen der Philosophin Isabelle Stengers, die ein demokratisches Verhältnis zum Wissen fordert. Ihre Frage, was Wissen heute eigentlich ist, macht sie zu einer Epistemologin des 21. Jahrhunderts: »Wer weiß etwas, was ist Wissen, wer produziert es und wer kontrolliert es, wie geht man mit dem Wissen in der Welt um?« Ihr Plädoyer für eine »langsame Wissenschaft« stellt die vermeintliche Objektivität der wissenschaftlichen Institutionen, insbesondere der Universität, in Frage. Exzellenz und Evaluierungswahn seien dafür verantwortlich, dass Wissen heute allein als verfügbares Wissen neu definiert wird.

Die Frage, wie sich die Institutionen herausgebildet haben, welche Funktion sie in historischen Prozessen wie der Kolonialzeit oder bei der Herausbildung von Curricula haben, treibt Emma Wolukau-Wanambwa an. Sie zeichnet in ihren Recherchen detailliert nach, dass der pädagogische Ansatz, in den 1930er Jahren eine *School of Art* in Uganda zu gründen und für die Studierenden ein spezifisch »afrikanisches« Curriculum zu entwickeln, aktiver Bestandteil britischen Kolonialhandelns ist. Kunst bedeutet hier eine andere Art der Wissensproduktion, die zur Subversion des historischen Wissens führt, indem sie das Implizite, Nicht-Gesagte mit einer eigenen Strategie sichtbar werden lässt.

---

3   Ebd., S. 18–20.

»Finden, was nicht gesucht wurde«[4] – dieser Ansatz der Künstlerin Renée Green leitet auch einige Beiträge in diesem Buch. Das Ausgelassene, Nicht-Gesagte erregt das Interesse der Künstlerinnen und Künstler: Juliane Laitzsch erfasst die Leerstellen zerstückelter Textilfragmente aus dem 13. Jahrhundert im Medium der Zeichnung. Judith Raum durchforstet Archive der Deutschen Bank aus der Zeit zwischen 1888 und 1918, als deutsche Unternehmer und Bankiers im Zuge des Baus der Anatolischen Eisenbahn und der Bagdadbahn in das Osmanische Reich vordrangen, um wirtschaftlichen Nutzen daraus zu ziehen. Als Künstlerin sucht sie widerständige Momente auf, die dem deutschen wirtschaftlichen Engagement als semi-kolonialem Projekt eingeschrieben sind.

Über die Problematik, wie die künstlerischen akademischen Institutionen und ihre Ausbildungsgänge auf die verstärkten Annäherungen von Kunst und Wissenschaft in den letzten Jahren reagieren, wurde in den letzten Jahren viel diskutiert.[5] Einige Ansätze in diesem Buch lassen sich mit Fug und Recht – und jenseits aller Polemiken – als künstlerische Forschung bezeichnen: Sie betrachten sich selbst als Forschung oder verwenden wissenschaftliche Verfahren bzw. Ergebnisse.[6] Der Unterschied zu den Wissenschaften liegt in der Art des Erfassens:

> »Die künstlerische Forschung ist eine *andere Art* Forschung, und zwar deswegen, weil sie sich nicht der exakten Begründung oder des Diskurses bedient, sondern mit den Sinnen im Wahrnehmbaren arbeitet und die Materialien, die immer singulär sind, aufeinander reagieren und *sich zeigen* lässt.«[7]

Sie schafft Räume, in denen agiert wird, Erfahrungen gemacht werden, »auch im epistemischen Sinn«.[8] Wissen ist dabei auch Kontingenz und Nichtwissen. Wissenschaft wird zu einer hervorbringenden, poetischen Tätigkeit.[9] Renée Green betont in ihrem Text »Paradoxes Experienced by Artist-Thinkers«[10], dass das Besondere künstlerischer Arbeit die Vielfalt ihrer Formen und ihrer Autonomie sei. Diese künstlerische Autonomie als einen Leitbegriff der Moderne thematisiert der Maler und Filmemacher Stefan Hayn aus einer subjektiven Sicht.

---

4 Renée Green: »Überleben: Grübeleien über archivarische Lakunen. Einführung in den folgenden, laufenden Prozess des Hinzufügens«, in: Beatrice v. Bismarck (Hg.): *Interarchive. Archivarische Praktiken und Handlungsräume im zeitgenössischen Kunstfeld / Archival Practices and Sites in the Contemporary Art Field*, Köln 2002, S. 484–490, hier S. 486.

5 Als Beispiel seien an dieser Stelle nur genannt: Dieter Lesage u. Kathrin Busch (Hg.): *A Portrait of the Artist as a Researcher. The Academy and the Bologna Process*, Antwerpen 2007.

6 Vgl. Kathrin Busch: »Artistic Research and the Poetics of Knowledge«, in: Dieter Lesage u. Kathrin Busch (Hg.): *A Portrait of the Artist as a Researcher. The Academy and the Bologna Process*, Antwerpen 2007, S. 36–45, hier S. 39.

7 Dieter Mersch: »Paradoxien, Brüche, Chiasmen. Strategien künstlerischen Forschens«, in: Dieter Mersch u. Michaela Ott (Hg.): *Kunst und Wissenschaft*, München 2007, S. 91–101, hier S. 97.

8 Elke Bippus, »Poetologie des Wissens. Künstlerische Forschungen als Handlungspraxis und Denkraum«, in: Dieter Mersch u. Michaela Ott (Hg.): *Kunst und Wissenschaft*, München 2007, S. 129–149, hier S. 148.

9 Ebd., S. 148f.

10 Renée Green: »Paradoxes Experienced by Artist-Thinkers«, in: Florian Dombois, Claudia Mareis, Ute Meta Bauer u. Michael Schwab (Hg.): *Intellectual Birdhouse: Artistic Practice as Research*, Köln 2012, S. 291–307.

Was Wissen ist, wie Wissenschaft funktioniert und wo sie stattfindet – die Sichtweisen darauf haben sich drastisch geändert. So postuliert Michel Serres in seiner Geschichte der (Natur-)wissenschaften, die Vernunft in der Geschichte des Wissens sei eine Naivität. Es gebe auch eine Spontaneität in den Wissenschaften, nur sei nichts schwieriger, »als sich eine freie und fluktuierende Zeit vorzustellen, die nicht vollständig determiniert ist, in der die Forscher auf ihrer Suche im Grunde noch nicht eigentlich wissen, was sie suchen, während sie es unwissentlich bereits wissen«.[11]

»In der Formulierung der Fragestellung, der Auswahl des Untersuchungsgegenstands wie den Forschungsmethoden ist eine subjektive Perspektive konstitutiv enthalten.« Was Paula Hildebrandt für die Sozialwissenschaften formuliert, würden sicher Teile anderer Wissenschaften inzwischen auch für sich reklamieren. Spätestens der Chemiker und Physiker Michael Polanyi räumte 1958 mit dem Vorurteil auf, Objektivität sei ein Synonym für die Wissenschaften. Mit dem Begriff des »personal knowledge«[12] zeigt er, dass die Subjektivität des Wissenschaftlers unabdingbar zu allen Stadien des Forschungsprozesses gehört.

Zu dem Nicht-Gesuchten gehört oft auch das implizite Körperwissen unserer Wahrnehmung – Thema der künstlerischen Forschungen Anke Eckardts: »Was geschieht, wenn der Boden, auf dem wir stehen oder auf den wir uns als Referenzpunkt beziehen, sich bewegt bzw. ins Schwanken gerät?« »Wie gelangen wir zu einer Verhandlung des impliziten, normativen Rahmens mit den Mitteln der Kunst und der Wissenschaft?« Eckardts Arbeit dient als Beispiel für die von der Kunstwissenschaftlerin Dorothée King entwickelte Fühlästhetik: Der Tastsinn wird zu einem Instrument des Wissens, das die Künste besonders interessiert. Als eine mediale »Erweiterung der Sinne« bezeichnet die Kunsthistorikerin Lioudmila Voropai den Film. Als technisch-apparativ ermöglichte Ausweitung der Grenzen des »Beobachtbaren« gilt ihr der Wissenschaftsfilm als wirkmächtigstes Medium der Wissenschaftspopularisierung im 20. Jahrhundert, das die Vermittlungspraktiken der Wissenschaften wiederum beeinflusst.

Mit ihrem Ansatz der »militanten Untersuchung« treibt die Künstlerin Alice Creischer den Grad an Involviertheit in den Gegenstand auf die Spitze – bis hin zur radikalen Parteinahme. In einer »Mituntersuchung« sind alle Subjekte des Untersuchens, niemand ist bloßes Objekt des Untersucht-Werdens. Eine Forschung, die auf eine solche Objektualisierung verzichtet, sieht von der Vorstellung eines ›unabhängig vom Gegenstand‹ Forschenden ab. Auch Tanja Ostojić arbeitet auf identifikatorische Weise, deckt mittels Theorie, Kunst und Aktivismus Ausgrenzungsmechanismen auf und zielt auf eine Änderung der gegenwärtigen Politik für die betroffenen Menschen.

Doch ist eine solche Forschung möglich, fragt Alice Creischer, ohne dass gleichzeitig ein »Prozess des *Sich Verliebens* ausgelöst wird«? Die Analogie der forschenden Beziehung zur Liebesbeziehung sieht auch Juliane Laitzsch: »Je näher ich dem Anderen komme, desto vieldeutiger wird er.« Die Stoff-Fragmente, denen sie sich mit ihren Zeichnungen annähert und die sie erforscht, werden aus der Nähe betrachtet immer komplexer. Die Vielschichtigkeit der kulturhistorischen Materie führt auf immer neue produktive Um- und Abwege. An diesem Punkt setzt Echo Ho an: Sie übersetzt ästhetische Strategien

---

11   Serres, »Vorwort«, a.a.O., S. 17.
12   Michael Polanyi: *Personal Knowledge. Towards a Post-Critical Philosophy*, Chicago 1958.

des alten China – z.B. modulare Strukturen der Schrift und andere Kulturpraktiken – in neue, globalisierte Medientechnologien und Materialien. Wissen häuft sich im künstlerischen, aber auch im wissenschaftlichen Forschungsprozess zu einem bestimmten Zeitpunkt unüberschaubar an. Nach einem anfänglichen Gefühl der Ohnmacht gibt man sich dem überbordenden Wissen hin, lässt sich vom verselbständigten Material auf Um- und Abwege leiten, die zur Manie werden können. Unendliches Wissen und die Möglichkeit einer schier unerschöpflichen Wissensgenerierung haben etwas Ornamenthaftes, denn sie haben keinen Anfang und kein Ende und ziehen uns in einen Prozess des verschachtelten Sehens hinein.

Die Figur des Ornaments beinhaltet das Objekt- und Subjekt-Sein zugleich. Ein ornamentaler Rahmen schafft Übergänge zwischen innen und außen. Eine ornamentale Ranke aus Eichenlaub wird in der Performance *Ur-Forst* von Hendrik Quast gemeinsam mit dem Publikum gebunden und aufgehängt. Die Performance hebt auf eine »Zusammen-Arbeit am Rahmen« ab, die Kunst als Bildung einer Gemeinschaft versteht. Wissen ist hier geteiltes Wissen.

Thomas Lommés und Lukas Wegwerths online verfügbares System *OpenStructures* stellt Design-Module bereit, die zu verschiedensten Objekten zusammengefügt werden können. Sie verabschieden die Idee des ›genialen‹ Designers und stellen das Wissen allen zur Verfügung. ›Sachverständige‹ sind nun viele; sie müssen nicht immer wieder alles neu erfinden. Module werden immer wieder verwendet und sind unbegrenzt einsetzbar – eine solche Produktionsweise berücksichtigt Erfordernisse der Nachhaltigkeit. Im Kollektiv online entwickelte Module macht sich auch Valentina Karga in ihrem Experiment der »Summer School for Applied Autonomy« zunutze. Ihr Ziel ist eine autonome Existenzform, die unabhängig von Energie- und Lebensmittelversorgung ›von außen‹ funktioniert. Sie baut mittels Do-It-Yourself-Anleitungen aus dem Web einen konkreten Ort zum Leben in der Stadt, den seine temporären Bewohner durch Bearbeiten und Kultivieren – zwecks Energieerzeugung, Wassergewinnung, Nahrungserzeugung usw. – am Leben erhalten. In einer Gegenwart, in der über das Internet alles immer verfügbar zu sein scheint und nicht mehr als ›realer‹ Gegenstand erworben werden muss, wird nicht nur das Verhältnis von Kunst und Wissenschaft neu befragt, sondern auch das von Kunst und Ökonomie. Der Musiker Gary Schultz adressiert solche Fragen in seinem Geschäftsmodell der »negativen Währung«, das Kunden für das Herunterladen der Musik mit den Einnahmen aus dem Verkauf von Vinyl-Originalalben bezahlt.

Wissen zu teilen, öffentlich zur Verfügung zu stellen und sich das Fach-Wissen selber anzueignen – das führt zu einer kritischen Haltung gegenüber der arbeitsteiligen, kapitalistischen Produktionsweise, dem Raubbau an unseren natürlichen Lebensgrundlagen sowie den neueren Entwicklungen lebenswissenschaftlicher Technologien. Die Verflechtung von Performance-Praxis und Bio-Art bildet einen eigenen Themenkomplex. Dabei geht es, so der Kurator Jens Hauser, um Performativität als Untersuchungs-Methode – »das Performative bekommt epistemologische Qualitäten«. Diese Haltung macht sich das Performance-Projekt BIOS:ZOË von Klaus Spiess und Lucie Strecker zu eigen. Beide Autoren reflektieren unabhängig voneinander jeweils unterschiedliche Aspekte eines in Echtzeit durchgeführten genetischen Nachweises auf der Bühne. Die Performancekünstlerin Lucie Strecker zeigt, wie die Experimentalvorführung den Schwindel für die Inszenierung eines genetischen Nachweises braucht. Wie ambivalent das Verhältnis von

Mikrobiologie und Kunst in Bezug auf Konstruktionen von Natur und Kultur ist, zeigt der Mediziner Klaus Spiess. Sein Thema ist das Verhältnis des Subjekts zu seinem biologischen Körper. Der Theaterwissenschaftler Stefan Apostolou-Hölscher stellt den Themenkomplex der Bio-Art in den größeren Zusammenhang der Biopolitik und erläutert die Konsequenzen ihrer scheinbar grenzenlosen Möglichkeiten für das Gattungswesen Mensch.

Historisch betrachtet leitet der industrielle Fertigungsprozess sowie dessen Aufnahme durch die Künste, vor allem in der späten Neo-Avantgarde, die definitive Auflösung des künstlerischen Subjekts ein. Das zeigt Anthony Iles am Beispiel der physikalisch-biologischen Konzepte von »Energie« in der Arbeitswelt und ihrer Reflexion durch die Künste seit den sechziger Jahren. Der Vorstellung, künstlerische Tätigkeit sei eine geniehafte und expressive Tätigkeit eines Künstlersubjekts, erteilt auch Hendrik Quast eine Absage. Die radikale Konsequenz einer solchen Absage beschreibt die Filmemacherin Eva Könnemann. Ihr Beitrag zeichnet nach, wie sie mit einem Kollektiv als handelndes Subjekt Material für einen Film produziert und gleichzeitig selbst ›Material‹, ›Objekt‹ des Filmes ist. Sie beschreibt die Tragweite des demokratischen Anspruchs, »mitzuforschen« und keine Objekte entstehen zu lassen, und legt damit einen Prozess offen, der sonst im Verborgenen bleibt.

Das Sichtbarmachen der in einem wissenschaftlichen Handeln oft unsichtbar bleibenden Prozesse, Voraussetzungen oder Apparaturen ist denn auch ein gemeinsames Spezifikum, welches die in diesem Band versammelten Positionen künstlerischer Forschung ausmacht. Sie sind eingebettet in ausgewählte theoretisch-philosophische oder historisch-politikwissenschaftliche Diskurse, die diesen zeitgenössischen Annäherungen von Kunst und Wissenschaft den notwendigen Kontext bieten.

Wissenskonfigurationen

Peter Galison

Scientific Forms of Sight[1]
Followed by a conversation with Eric Ellingsen

Over the last two hundred years the physical and life sciences have been engaged in an unending search for the best form of the "right representation" of nature – what has counted as "right" varied considerably over time. In the eighteenth century, Johann Wolfgang von Goethe indicated in a sketch in his notebook that he would not use any particular animal when he was drawing an insect or a particular plant when he was drawing a plant. Instead, he sought to capture the archetypal form (*Urpflanze* or *Urinsekt*) that lay behind them. Similarly, when the eighteenth-century anatomist Bernhard Siegfried Albinus drew a skeleton, he wasn't just idealizing in the sense of putting a dancing skeleton in front of a white rhinoceros. He was also idealizing by saying that "those things which were less perfect were mended in the figure [...] to exhibit more perfect patterns".[2]

The task of finding the ideal form behind the vagaries of individuality or corruption seemed obvious to eighteenth-century scientists. This endeavor was part-and-parcel of what it meant to depict the natural world. Even when William Cheselden used a *camera obscura* to draw his skeleton hung upside down so that it would look right side up in the inversion of the lens, he still said, in so many words, "I'm going to fix the cracks, the defects in the skeleton". It was not just a matter of instruments, of technology, but also of a frame of mind, a form of sight in which the author-artist could extract the ideal behind the vagaries of individuality or accident.

Not just anyone could see past the individual specimen to the ideal behind it. The right kind of scientific self to depict nature was a sage or a genius. The right kind of image had the status of being metaphysical, that is, what the image referred to was a reality that one could not see except in the image. The associated practice was one of intervention, to fix things as much as one could. The ontological status of the thing depicted was that of a universal. The *Urpflanze* is not something you find in nature, no plant looked particularly like the drawings in Goethe's notebook. Rather, the *Urpflanze* is a metaphysical entity that is only partially realized in the many different species or plants that one might find in nature. Importantly, the aim of this form of "ideal sight" is truth. It involves the exclusion or not seeing of some things, namely the imperfections and idiosyncrasies of individual objects. These are filtered out, as it were, by the ontology of the thing represented, the practice of producing the image, and the presupposed scientific self. Only a sage could succeed at finding a truth to nature through idealization, producing

---

1   Editorial note: This text is a revised version of Peter Galison's Keynote held via video conference at the Syposium *Perception, Experience, Experiment, Knowledge. Objectivity and Subjectivity in the Arts and the Sciences* at Graduale13, the annual Symposium I curated at the Graduate School for the Arts and the Sciences at the Berlin University of the Arts, October 11th 2013. It was followed by a debate hosted by Eric Ellingsen, selected parts of this conversation close this contribution.
2   Bernhard Siegfried Albinus: '*Historia hujus operis'. Tabulae sceleti et musculorum corporis humani* (Leiden 1747). Translated as *Tables of the Skeleton and Muscles of the Human Body* (London 1749), sig. b.r., quoted in: Lorraine Daston and Peter Galison: *Objectivity*, New York 2007, p. 74.

the universal. When this process of idealizing depiction is complete, no particularities appear on the page. This form of sight (and as we will see, every other one as well) obscures some things and illuminates others.

Not until the middle of the nineteenth century scientists did begin to talk about objectivity in something like our sense. One might call this form of objectivity, as Lorraine Daston and I have done, mechanical objectivity.[3] Mechanical objectivity does not boil down to the instruments used – tempting as it might be to make objectivity the output of an analog camera, that will not do. Rather, mechanical objectivity is a way of coordinating the observer and the thing observed. So the German physiologist Otto Funke, who made physiological crystals and crystallized blood and other bodily fluids, knew that the microscope distorted the image in various ways (for example by chromatic aberration or by allowing one crystal to alter the appearance of an image behind it). Nonetheless, he insisted over and over that he would draw what he saw in a way that was faithful, showing his conscientiousness by drawing "even the deceptions". Funke knew the edges of the visible field in the microscope only appeared to be yellow – that didn't stop him from reproducing them in his illustrations.

Now, if Goethe could have heard this, he would have rolled over in his grave because it would have seemed patently absurd to draw something known to be false. The whole idea for Goethe, Cheselden, Albinus and other eighteenth-century natural philosophers was to depict the things beyond what one could actually see, to find truth behind particularity. In the mid-nineteenth century, this changed. For instance, in several of Funke's images there is some yellowing in the lower bottom that is just an artefact of a bad lens. Funke knew that but he drew it anyway because he felt his job was to be a faithful transmitter of what he saw, in a sense, to become transparent. So his moralized sense of obligation to be faithful, conscientious, and to depict even things he knew to be false, was part of a new form of self that was to be identified with this objective scientist of the nineteenth century.

We see this tension between two forms of sight (idealizing and mechanical) in a battle that took place between two neurophysiologists, Camillo Golgi and Santiago Ramón y Cajal, one Italian, the other Spanish, who shared the Nobel Prize in 1906. Golgi declared at the ceremony, "I have prepared these images according to nature. They are less complicated than in nature, they are semi-schematic".[4] So when we read that today, we think: "How can that be? Isn't that oxymoronic? How could something be prepared according to nature but be less complicated than nature, even semi-schematic?" What he meant was that he was drawing not on the basis of a text or the accounts of others, but he was seeing through an older form of sight: idealization, correcting by what he knew to be the case. And what he knew to be the case was that the brain was one interconnected net whereas Cajal thought that the brain was made up of almost independent neurons. So when Cajal watched Golgi project these slides at Stockholm at the Nobel Prize ceremony, Cajal reported that he became almost physically sick. He was so angry

3   Lorraine Daston and Peter Galison: *Objectivity*, New York 2007.
4   Camillo Golgi: "The Neuron Doctrine – Theory and Facts", in: *Nobel Lecture*, December 11 (1906), online at: http://nobelprize.org/medicine/laureates/1906/golgi-lecture.html (last accessed January 28, 2014).

he could hardly sit in his seat. He found Golgi to be engaged in a wilful, theory-driven distortion of what was in front of him. This contrast between Golgi and Cajal captures a battle still being fought in 1906 at the Nobel level between two forms of sight: one idealizing and one struggling for self-restraint. Truth to nature versus mechanical objectivity: one directed by will, the other by a will to will-lessness.

Yet a third form of sight enters the story in the twentieth century, when scientists begin to chafe under what they perceive as the dangerous restrictiveness of mechanical objectivity. Many come to think that the slavish constraint to put in the figure all that emerges from the image-making apparatus risks publishing visual artifacts or publishing images that obscure the key phenomena. In the eighteenth century, it was common for a natural philosopher to push illustrators to draw what their director knew to be there. In the nineteenth, for the first time, a growing number of scientists pushed themselves and their illustrators to act more like machine tenders, or even machines themselves, a living camera. It comes as something of a surprise in the twentieth century, when surgeon Ivan Baronofsky, steeped in such texts and images, proudly wrote that he had an illustrator, Daisy Stilwell, who was herself a superb interpreter. It would have been simple (Baronofsky insisted) for her merely to act as a camera, but instead she brought out the features that justified the picture. The insistence that an illustrator could productively intervene (more than a camera) is something that one would never have said in the nineteenth century; the idea being a camera or being a faithful reproducer of what you saw was paramount in mechanical objectivity. This third form of sight valued the ability not to idealize but to learn, through trained judgement, through apprenticeship, how to depict the truly important parts of an image. Judgement became part of the image.

Judgment was necessary (mid-twentieth century astronomers judged) even in regard to the depiction of the moon. When Einstein and Bohr were fighting over the nature of objectivity in quantum mechanics, Einstein pointed to the moon as an example of raw, indisputable, objective existence. The moon, he insisted to Bohr, could not cease to exist when no one was observing it. Yet when it came to looking at the craters where astronauts might land, it was very useful to have the *drawings* of a lunar cartographer named V. A. Firsoff. Firsoff argued, in an atlas of the moon, that using photographs of the moon alone would be insufficient or even dangerously misleading. Photographs, for Firsoff, had the ability to deceive; what one really needed to do was to look at so many images of the moon that an artist, through *judgement*, could correct changes of light, or reflectivity (the way shadows play at different times of day and so on), so that the operating map was the drawn one, not the photographic.

Judgement becomes explicitly a part of right depiction in the twentieth century. I have outlined three forms of sight: the ideal sight of an Albinus, Goethe or Cheselden; the mechanical objective sight of someone like Funke; and now this third form of sight in which judgement becomes paramount. By the 1960s two superb radiologists, Gerhart Schwartz and Charles Golthamer, in their radiographic atlas of the skull, argued that the natural was the enemy of the realistic. This means that if one depicted things just as they appeared, one would actually distort reality, because a critical lesion might be left invisible against the background of all that surrounded it. For Schwartz and Golthamer, judgement was needed to be realistic in the sense of correctly identifying the lesion or tumor that might actually be found on the skull. This is a complete inversion of what a mid-nineteenth-century mechanical-objective vision would have seen. Mechanical objective sight would have required: "Only depict what you see!" The whole point of mechanical objectivity was to depict things in strict and unvarying procedure, as Funke did, even including "deceptions", even when the author-artist *knew* the image seen (for example through a microscope lens) was optically distorted.

But crucially – and this is all to easy to elide – for Schwartz and Golthamer and their contemporaries (like Firsoff) using judgement was part of capturing the world in its particularity, not capturing the ideal beyond reality. Schwartz and Golthamer wanted to know about a tumor in this skull here, not about the perfect form of a tumor that nowhere actually lay dangerously embedded in a skull.

Mapping the magnetic fields of the sun, Robert Howard and his colleagues contended that if they just showed what came out of their image-making instruments, the picture would be so distorted that no one would be able to use it. So they said, perfectly explicitly that a certain "subjectivity" was needed. In other words, they insisted that only trained judgement could distinguish the artifacts from the real effects – again, not in order to idealize, but to get rid of the artifacts that were produced in the machine.

While the "truth to nature" form of sight required a sage or genius to part the curtain of particularity to see behind the image, mechanical objectivity required a scientific self that practised self-restraint. The best images for mechanical objectivity were produced not through genial intervention but through maximally automatic, protocol-driven transfer. Individuals, not universals. And then in the third category, it is the expert not the sage or worker, who produces the image of record. The expert judgement of a Firsoff, for instance, claims to be able to tell the difference between an artefact and a crater. Schwartz and Golthamer can see the difference between an artefact and a lesion, and between a lesion and a piece of normal tissue. The image is therefore interpreted *in the image itself*, these scientists used judgment to modify the images of crater, lesion and magnetic to get rid of the artifacts and to make reality visible. In trained judgment, visual depiction becomes explicitly, manifestly, one of using apprenticeship and training to exercise a new form of scientific sight.

Each of these three forms of sight gains and loses. Each filter highlights some things and obscures others. The sight-limit for judgement-based sight is that we end up not seeing at all either the idealized forms of truth that we saw with Cheselden or Albinus, or the kind of Funke-style mechanical objectivity. The well-trained image producer in judgement-based sight delivers neither the raw data of mechanical objectivity nor the maximally cooked data of the eighteenth century. This is a new form of sight, a way of gaining knowledge by ontology and by assumptions about what the basic elements of the world really were like. In this case, it is achieved through the practice of trained judgement by a particular kind of self – an expert rather than a self-restrained worker or a self-professed genius.

Those are the three forms of sight that I wanted to point to. In a next and final step, I would like to gesture toward what I consider to be a major innovation underway in scientific sight today – against the backdrop of digital imaging and crowd-sourced science. I do not want to imply that these new kinds of images are all there is, or that the older forms of sight have simply vanished. But something new is afoot, well worth our attention.

There are now digital objects that are far more vast than the kind of classic atlases I have attended to here: atlases of skulls, or atlases of blood crystals, or atlases of clouds, or atlases of hands, or atlases of skeletons. These new entities are instead huge databanks, meta-atlases as it were. They are the databanks from which atlases are themselves made. One of the most famous (the National Library of Medicine's Visible Human Project) registers the human body: one man's body and one woman's body, each digitized, forming a massive anatomical databank used all over the world. These digital compendia are taken in tiny – roughly one-to-a-few millimetre cubed – sections of the corpses. Through the use of new digital techniques, medical scientists can recode the data, travel 'through' the bodies, make tissue density show up in different colors, study individual organs, or visually isolate specific physiological systems. Doctors and physiologists can use different forms of digital intervention on the same image. They can pass through a volume of the body along different spatial axes, identify different organs, rotate them, change their color and scale, and along the way generate entirely new atlases. It represents a different relation to the image when the user, the medical scientist using it, can control it in this way.

This new, digital form of manipulation allows the user a degree and kind of intervention unimaginable in the any of the ages we have discussed (ideal, mechanical, judgmental). This very possibility raises questions of a sort we haven't yet discussed: the relation of the scientific to the aesthetic. For Albinus and his contemporaries, the idea of a radical separation between art and science would have been impossible to formulate as such: the category of "science" in a pure form did not exist. If one went back to ask Leonardo da Vinci whether or not his images of turbulent water were artistic or scientific, it is hard even to find a fifteenth- or sixteenth-century vocabulary in which to put the distinction. When the break between art and science does come to make sense is only at the time of mechanical objectivity – in the mid to late-nineteenth century, scientists were very anxious that if something seemed aesthetic, it would be indicative of a willy-nilly distortion of reality. For their part, artists were concerned about the reciprocal problem: too little intervention (as some suspected was the case in photography) seemed to indicate a lack of artistry. The hard separation of scientific images and artistic images is a mid to late-nineteenth-century creation – a division between wilful intervention and a will-less depiction.

By the 1980s, massive intervention in the images made it plausible to think about the possibility of images being *both* artistic *and* scientific. Physicists even began competing to make images that would be as much artistic as they were or aesthetic and not be in competition with being scientific. In fact, images migrated. If one had an image that was in a scientific paper, it was colored and put on the cover of *Nature*, then resized and shown in galleries as an art work among other art works. A yearly contest among fluid dynamicists looks for just this confluence: an image that is both artistically and scientifically significant.

But the digital does more than allow new forms of intervention and manipulation— the digital image can now circulate in ways unimaginable in the days of an expensive, highly produced atlas. These new and expanded avenues of travel have encouraged an expansion in the very category of the investigator. We live in an age of a growing number of "citizen scientists" who can post, interpret, and modify scientific images. In *The Galaxy*

Zoo, people from all over the world participate in the classification of images that are provided by astronomers to sort the galaxies into the different types. These hundreds of thousands of people (called "zoo keepers"), sort deep-space images both from the space telescope and from terrestrial observatories. They look for gravitational lensing, count spiral direction, distinguish galactic types where pattern recognition software as failed. At one point, speaking over the Internet to these hundred thousand or so people, one of the astrophysicists talked to the zoo keepers about a particular galaxy that the crowd was analysing, one that had been disturbed by a visible twist in its dust-lanes. One of the myriad zoo keepers responded: "Thanks Bill, it's much closer than I thought it might be, given that I believe this is one of the zoologists' discoveries."[5] The zookeeper was right and the example is not unique: astronomers have credited citizen scientists with discoveries published in a number of astrophysical papers.

An even more extreme version of this comes from the enzyme studies of a program called *Foldit* where the people studying this realized they just did not have the ability and they could not get the computer to figure out how to fold various enzymes. So they made it into a game. Players compete from all over the world to fold these proteins, e.g. a crystal structure of a monomeric retro-viral protein solved by protein-folding game players. In the competition to figure out how to fold these, they have actually solved scientific problems. This scientific image is now open to manipulation: it becomes part of an instrument, is distributed over tens or even hundreds of thousands of people, can be gamified, and all these elements combine to change the relationship that we have to an image. In *Foldit*, the citizen-scientist user is not only classifying or calling out that he or she sees something out of the ordinary; playing the game is in fact a form of interpretive, hypothesis-testing exploration. *Foldit* players, like the galaxy zookeepers, have been credited with discovery in scientific publications.

At this point, an image in this sphere is less a *re*presentation, but more a *pre*sentation. It is not as if there is an object out there that we merely are copying. In a game like *Foldit*, a distributed classificatory effort like Galaxy Zoo, or a false-color fly-through physiology of the digital man and digital woman, new knowledge can emerge. The images here are not exactly *re*productions or *re*presentation; they are more of a *pre*sentation as such. In that sense, through digital manipulation, we have created a new kind of relationship between images and ourselves, one that does not follow the sort of Kantian picture of object and representation, but rather an engineered or instrument image in which the scientific self is a combination of a scientist, a device engineer, an artist, a gamer, a citizen. The image becomes hybrid: partly simulation, intervention, mimesis, and analysis. The practice is more *pre*sentation rather than *re*presentation and the ontology is one of making things rather than finding things. It is not so much looking for whether something is natural in the creation of a nano-dot or a nano-tube, or a molecular circuit or an artificial enzyme, as if these things pre-existed us in nature and were discovered. On the contrary, it is not about discovery but about creation. In other words, the goal has shifted: this is not so much the classic epistemological question, "Does this exist?", but rather "Can we make it? Can we make it in bulk? Can we make it aesthetically, economically, engagingly? Is it acceptable to make it politically, morally?"

---

5   Alison Campbell: Blog post, November 6, 2011, blog.galaxyzoo.org.

It may be that these questions begin to suggest how the near-future history of the scientific image might look. Forms of sight are always on the move.

Discussion

Eric Ellingsen: Is your book *Objectivity* itself an image of what objectivity is?

Peter Galison: An interesting question: one can ask how an image-based book might fail to capture the long and continuing history of objective depiction. First, there is a way in which the attempt to depict in a book (any book) fails. Of the things that I just spoke about there are some that clearly could not fit into a paper book. I could not have shown a "fly-through" traversing a digital body, much less the way the *Foldit* game works. There is a way in which the images that we work with now simply do not fit on the page. Or at least not on a page that is not a smart screen of some kind. Second, there is another form of objectivity that was actually anti-image: our approach to objectivity should not be by depicting things as much as they are as if in a world without us. That is not actually objective. What is actually objective would be to isolate relational structures. And that is what is real. So if you want to depict, in a simple example, the routes of the U-Bahn or the S-Bahn in Berlin, a lot of photographs could help, but it would be cluttered beyond belief. A true-scale map would clump crucial points of intersection into illegibility. And so the standard procedure has been since the late nineteenth century to make a kind of topological map that is not faithful to distances but only to the relationship between the stations, so if station two is between station one and three, really expect it to be there. But you do not think that the size, the distance between one and two and three is correctly depicted. And people think their art is a whole kind of objectivity, which Lorraine Daston and I called "structural objectivity".[6] By this, we refer to what is real in the world as objective, not the maximally faithful reproduction or mimesis of the world through the objective image. Static, mimetic images are only part of objective depiction.

In short, there are two ways in which the image in some ways starts to lose the page. One of them is when you start thinking in terms of structures. And only some of those can be made into subway maps. Or you start thinking, "well, we really need moving manipulable images that I can change, that I can alter, that I can select, or that I can change something in an image and I will alter something in a construction of a physical object in the world". Those are forms that do not fit in a classic ink and paper book. So objectivity (in its longer history) exceeds the scope of an image-based book in both ways.

E.E.: When we talk about relational images, is a system constantly an image of itself? Is any image also looking at us not just us looking at the image? Is a picture something that snaps up a system in any particular moment, while an image is something that then has to be durationally understood, something that has to engage the imagination, something that we actually then engage with to train ourselves into options of action and knowledge which does not flatten out the spatial stories or the dynamics of the

---

6   Ibid.

system being imaged? Are relational images implicit contracts which ask us to start to understand the constraints and the conditions that are involved in the production of any image inside that system and the terms of the systems behavior itself?

P.G.: Images exist within forms of sight as surely as poems within languages. That scientific images, too, require contextualization to be legible may be more news to philosophers and scientists than it would be to artists, because artists have the experience over hundreds of years of finding new modes of image-making that shatter prior rules of depiction. But for scientists and many scholars, I think, at first glance, they think of an image – an objective image – as being something that simply strives to be as mimetic as possible, to be a kind of copy of something out there. And what is striking when you begin to look at the history of objectivity was that that notion, that the right depiction was really just an imitation of a specific visual reality, was a very short-lived piece of the history of right depiction. It really was something that lasted (in its heyday) between, say, 1830 and 1920. Before that period, the idea of depicting things as they *looked*, in their specific and unadorned idiosyncrasy, was absurd. That is why I showed you the images by Cheselden, Albinus and Goethe. They did not want to depict this particular skeleton or that particular plant as they appeared. Though Goethe might have had a more poetic way of putting it, he thought any idiot could draw the dusty, mist-shrouded, half-eaten clover by the road just outside the post office in Jena. The idea was to show the reality that lay *behind* the appearances. And after the 1830 to 1920 period of high mechanical objectivity, people began to say, "we need judgement. If we are going to get the look of a tumor cell structure right, or correctly depict the Apollo landing zone on the Moon's Mare Tranquillitatis, or do any of the things we want to do, we do not want to idealize, we must use our trained, highly skilled judgement to be able to alter mechanically-produced images in ways that bypass accidents of observation or instrumentation – in that sense what we need are not merely copies".

The scientific image of today has become much more plastic, much more interactive, much more hybrid between simulations and mimesis, or false colours, false spatial scales and much more multi-formed than could have been imagined even thirty years ago. Our goal is to understand things, and the idea that somehow you ought to imitate, as a copy, what is out there is as absurd to scientists as it would be to an artist. A gamma-ray astronomer, a nano-engineer, a functional NMR scanner of the brain – all need a form of sight far from a simple "copy".

E.E.: When you work with someone like the artist William Kentridge, did you have to come to an understanding, a common understanding of what an image was? Or did you just work from your practices and collaborate in a way that suspended the need to agree what an image could be?

P.G.: It has been a wonderful collaboration. We met, through a mutual friend, about four years ago in New York City. Pretty soon, we discovered a mutual fascination with the aesthetics and mechanisms of the late nineteenth and early twentieth centuries. We both liked the way the inner working of things that are hidden today within black boxes were, back then, visible. Optical telescopes, and electrical machines, bell jars and wire links. Calculating machines had gears and levers, not the epoxy-sealed integrated circuits of computers today.

I had just seen William's retrospective at MoMA; he read my *book Einstein's Clocks, Poincaré's Maps*. During one of our first discussions, William said to me: "I don't want to make an illustrated science lecture. I am not interested in illustrating a bunch of scientific lessons." I said: "I completely agree, and I don't want to be a scientific consultant on an art project." Hollywood hires consultants all the time to help Jodie Foster (for example) look like a radio-astronomer in CONTACT. We got that settled: no illustrated scientific lecture, no scientific consultant. And then we began to talk, once a week in New York City and then all over the place, in Paris, Kassel, and Johannesburg. We would talk about stories or scenes; I would talk, William would sketch some things on napkins and note-books. Early on, we began focusing on one of my favourite things for *Einstein's Clocks* – the preposterous but true circumstance that the Viennese and Parisians pumped pulses of air under the streets of these European capitals to re-set public clocks. Pumping time through pipes. What could be better than that? We began to imagine a set where huge tanks of compressed air would activate machines. More generally, we began to think about the materialization and visualization of time; machines as a stand-in for our fini-tude, for our terror of and fascination with mortality.

One of our most interesting discussions was about the way metaphor worked in sci-ence and art. One day, William Kentridge said to me: "Why do artists use metaphors but physicists not?" And I said: "Really? You think that? What is the most fundamental theory today? String theory! String theory wears its metaphor in its name!" There are no strings; not anything that you would recognize as such. But theorists use the notion because it points us in the direction of thinking along certain lines. One of the pervasive discussions that we had over the several years that we collaborated was: how to use the metaphorical to get at the things that interested us visually or through sound. There was a point where we were trying to think about how information could be represented. Again and again, we came back to the physics, but not in slavish illustration. Instead, we wanted to seize on moments within the history of physics where the conflicts radiated outward, metaphorically: the crushing imposition of absolute time, the loss implicit in the twin paradox, the fear behind the conflict over whether information could be lost for all time at the edge of a black hole. Or is it preserved, somehow, forever?

The structure of the piece *Refusal of Time* is in three "acts". It begins in the era of Newton and absolute time; passes through Einsteinian (relative) time and concludes as time gets distended, maybe even crushed, near a black hole. William and I talked a lot about how to think about information near a black hole; and we had some experiments that did not work. We thought that maybe we could use Morse code and encode that into the music (my bad idea). We talked with the composer Phillip Miller working with us about that and how we could make that part of the music of the piece, but eventually dropped that idea. There was a player piano in the room – I kept staring at the elaborate reading mechanism that transferred the hole-punched paper into key strikes. This was a way of encoding information – not all that dissimilar from the punch mechanism embodied in the Jacquard loom that eventually morphed into a computer. This is both historically and metaphorically a really interesting way of thinking about information. I thought this might work as a model for information flow. William then had the great idea of projecting light through the musical punch-scrolls. And in the final work we had huge projected images of the slowly falling projected "dots and dashes" that came to represent information tumbling into a black hole. In a myriad of ways over several years, we had this kind of back and forth between the literalness of machines and scientific ideas and the metaphors that, always, everywhere, surround them.

Audience-Question: I would like to ask you about the upshot of your picture for the conception of scientific change. You have these different phases and changing epistemic ideals. So, the ideal image, the mechanical image, and then something like judgment intervening. On the whole it seems to be kind of a unidirectional process with more or less neatly distinct phases, so I was wondering what kind of history is this.

P.G.: The cartoon image depicting periodization is indeed highly schematic. For each form of sight it takes us from a point in the past to the present. It is a kind of layering, almost geological – a stratum is laid down over an older one, but the older formations never disappear, they may metamorphose, but they are not evaporated. In these ways, my picture of scientific change is quite different from the picture we get (for example) from Thomas Kuhn, Paul Feyerabend, or Michel Foucault. Unlike these authors, who taught us so much in so many ways, I simply do not think that the old disappears when the new occurs. This layered periodization is therefore *not* like Foucault's epistemic break or Kuhn's scientific revolution. Specifically, the older form of sight (ideal sight) persists into our own age, as you saw for instance in the Cajal/Golgi debate in the early twentieth century. Golgi (writing in the early twentieth century, not the eighteenth) wanted to see through the image in the microscope to something else, to the reality as it must be.

What happens is actually not an absolute rupture where one form of sight disappears and another takes over, but instead the new stratum starts at a certain point; it puts the older layer under pressure but it does not eliminate it. And so you have all three forms of sight still present in the mid-twentieth century. You have ideal sight, mechanical sight, and trained or expert sight as well. But what is interesting is that under the pressure of the more recent layers the idealization changes its status somewhat. People are still interested in idealization in atlases, you can see this in biological field guides. If you go to identify a bird, people will often use a guide that's highly idealized, not photographic. What you want to know are the salient features of a bird – if there is a red spot on the bird's neck, you want to know about that and you want it exaggerated so you can recognize it. But no one thinks that the bird drawing stands for truth, no one sees a higher reality in the abstraction. Idealization persists, but what had been Platonic becomes instrumental. In these senses (layered periodization, persistence, metamorphosis), the dynamics of change are very different than the kind of gestalt-changing pictures you had in the philosophy of science back in the 1960s and 1970s.

But there is a further question that is, what drives change? Is there a single explanatory layer that makes us introduce new forms of sight? And there I am very hesitant to say that there is a single propeller that pushes us forward; that it is really "just technology", for example, or it is really "just bureaucracy", or it is really "just political". One of the things that is very striking to me is that you have something like the *camera lucida* or the *camera obscura*, which functions very differently in different epochs. Or the photograph; you might say "Well the photograph is what really… the mechanical power of the photograph makes us go into mechanical objectivity". But actually the first thing that scientists did with photographs was to cut them up and take the best pieces of several and to assemble them into an ideal.

The instrument itself is not, therefore, determinative that way. And I would rather see the creation of new forms of sight as being the confluence of a history of objective depiction with a history of the scientific self. What, at a given time, do we want to be as scientists, the technologies, the practices, and the views about what kinds of things there are in the world? And when those combine in certain ways and they form a kind of stable and generative combination, then you have something like the rise of mechanical objectivity, or the rise of the interpretive image, or the rise of the instrument image, the kind of thing that I was speaking to in our digital present. I resist reducing the innovation of new forms of sight to a single driving source where that driver is one that has on its side the stamp of Marx or Weber or the French Revolution.

A.-Q.: On one of the last slide panels, you showed something that mentioned the change from "Does it exist?" to "Is our knowledge secure?" Is it appropriate to relate that to change in an essentialist model of knowledge versus the post-structuralist turn in knowledge? I think of *The Birth of the Clinic* and the Foucauldian distinction between archaeology and genealogy, and genealogy being more like an activist epistemology, and archaeology being more just a sort of straightforward, for lack of a better word, epistemology.

P.G.: My criticism of Foucault's rupture periodization is specific to that aspect of his work. There is much of Foucault's thinking – especially about a historical structuralism and about genealogy – that saturates how I think about history. In particular, Foucault, in the tradition of Nietzsche and Heidegger, is interested in making the self into a historical entity. And the self as a historical category is really the beginning point for a lot of what I am thinking about. I see not just the self in general, but a more specific notion of a scientific self, and one could contrast it and see its parallel development with the artistic self as being in some ways formed up against one another. When, in the nineteenth century, Baudelaire and other people are worried that photography, for instance, might not be countable among the arts, it's because they think it's not sufficiently *subject* to the will of the person doing the work. And that's exactly the reciprocal of what the scientists are worried about. They're worried about *restraining* the will. It's the will to will-lessness that is the precondition for being a scientist at all in the age of mechanical objectivity – or that's the argument that I'm making.

So, just in the measure that you can will your will away, can you become a scientist able to let nature speak by itself. But in exactly that measure, you are not doing art, according to many of the artists at that time. Artists wanted the imposition of will, at just the moment that the scientists want a will to will-lessness. They are bound against each other and each takes the contour of where the other leaves off. They define each other reciprocally, like the boundary of shore and sea. Now that division, that line of separation, that cut between art and science, does not exist before this period in the nineteenth century. It would be absurd to say about Leonardo da Vinci depicting turbulent water "This is science" – though people are forever hunting for the kernel of Leonardo's science. Or, equally absurd, to say of Leonardo's corpus of work: "This is pure art." It is something else. But the line of demarcation is a nineteenth-century production. That is my argument. And it has to do with the history, and the historicity, of the artistic and the scientific selves, the formation and function of a will-based self.

So when I look at the epistemic change that accompanies the shift from "Does X exist?" to "Can we make Y, in bulk and robustly?" I am looking for a change in knowledge and in scientific selfhood. We are now beginning to see a new form of image-making, one that is not lodged in the ideal, mechanical, or judgmental. This instrument-image is something else. (You will not be surprised if I insist that the instrument image does not suddenly displace the older forms of sight, but instead builds on it, and will over time transform the older image-formations).

This older idea was that, somehow, there is a world out there, and we make copies of it. We want to make sure that our copies of it are faithful. That they fit hand-in-glove. When a Brookhaven National Laboratory bubble chamber physicist pointed in 1964 to a photograph and said: "Is our knowledge of this omega minus particle secure? Is the bubble chamber image of it reliable enough to give us confidence that we have really seen a particle that has properties that the representation indicates?" That is a classical epistemological question: How do we gain knowledge, and how do we secure it? Alongside that goes this ontological question, which is: What are the basic elements of the world that have always been there? How do we discover them? The engineer does not think that way. The gamer does not think that way. Roebling father and son, the engineers who built the Brooklyn Bridge in New York, did not worry: "Does the bridge exist?" They worried: "Is it robust? Will it carry carriages across it? Will it stand up to the tides? Will it stand up to the weather?" That is an engineering ethos. Existence isn't the question. It is what we do with it. "How does it function? Can we make more, bigger, better?"

At the nano-scale that is often what we are doing now. Nobody worries whether there really were nano-tubes in the universe before we made them. It is not a question of any great interest to the people in a physics or chemistry or virology department now. The want to know: How do they make them? What are their properties? How do they make them reliable? How do they make that some more of them work than don't? How do they attach them to other things? And at first, when that happened, that more engineering ethos entered into physics departments – and I remember that it was true here at Harvard and all over the world, people would say: "That's not physics! That's engineering." Nobody asks that question any more. Nobody says: "That's not physics! That's engineering." Half of the colleagues in my physics department here are working on problems that carry over into biology. The old field divisions, the idea that you were simply discovering things that were already existing. That you should not be making new things. That if you made new things, that made you a device engineer and not a scientist. Those sorts of divisions have really faded; we are witnessing a reformation again of the scientific self. They have not yet caught up with the classroom and our textbooks still read like something out of a previous era. But this world of making is much more where science is headed. And that perhaps addresses part of your question about essentialism. If you think of essentialism as a copy theory of the world, where the objects already exist, and our goal is to discover and secure those discoveries. If that is the older picture, I think it has begun to be challenged – or more precisely, displaced by newer concerns – in many growing areas of science.

E.E.: You are completing a movie called CONTAINMENT, which is about nuclear waste conditions around the world. One problem is using language to communicate something that has a half-life of half a million years when the last ice age was 11,000 years ago. When you are making this movie – collaborating with scientists, as a scientist, with filmmakers as a filmmaker, as someone that is affiliated with institutions – is there an image that you try to present through that project that will then go back and affect the language of the systems of the classroom, of learning, of the political and social institutions? In what way are you trying to communicate a sense of responsibility so that we can use images of speculative but inevitable futures to build up a better knowledge of now?

P.G.: Well, one of the things that appeals to me about this project and is deep in a lot of my work is I like things that are simultaneously very concrete and extremely metaphorical. And that is with partly my interest, you know, when I wrote this book about time and how time coordination began with Poincaré trying to map the world and Einstein trying to get railroads coordinated and it ended up changing the metaphysics of time. In the world today, the handling of nuclear waste is a very concrete problem. Just in the United States alone 17,000 people have been compensated by the government ten billion dollars for exposure and hurt that they suffered making nuclear weapons. And those sorts of numbers are, you know, true in the nuclear industry all over the world. Even in countries that are not making nuclear weapons, mining uranium, handling the uranium, moving the uranium, it is very concrete and how do you, where do you put this stuff when it is done? In Germany the Gorleben site has been hugely controversial for years. The other site, Asse II, is leaking, there's water in it, the government has been trying to divert the water into rivers and there have been protests about that, they don't even know that they can get the waste out of there, some of it is so badly decayed it has brought down governments in Sweden, it is a huge issue. And I spent a lot of time down in the mines with the radioactive workers; the workers handling the radioactive material in New Mexico filming and understanding what *their* concerns were. You know, they also have to earn a living, and what that meant to be a miner, what their alternatives were for work, but then at the same time, this idea of containment, of being able to secure for the 10,000 or 100,000 or 1,000,000-year future this waste becomes also very metaphorical. In fact, when the congress allowed the Department of Energy to build these mines to put the nuclear waste in, they demanded that the Department of Energy predict what the future would be like 10,000 years from now. And how 10,000 years from now people might inadvertently get into the waste. So they hired futurologists, science fiction writers, anthropologists, semioticians, artists, illustrators, a real dirty dozen of people with different skills to try to predict this. I think of this as a kind of state science fiction. They are the agency that is responsible for making nuclear weapons at the center and indeed for all the energy production in the United States in some ways, is supposed to predict a 10,000-year future and one of the people they hire is a Nebula-winning science fiction writer. And they make up these scenarios, scenarios of underground trains going from Houston to L.A. wrecking the site; of a Markuhnian conspiracy, which is a combination of

Thomas Kuhn and Herbert Marcuse that does not believe the markings because it holds that all knowledge is relative (although why you would say a Marxist would think that, I don't know). And there is even a feminist conspiracy where the feminists build a potash mine because they think that the markings must have been made by an overwhelmingly white, middle-aged population of men who wouldn't be reliable in their epistemic arguments. So they make these fantastical imaginary futures and then design monuments that are supposed to persuade people not to break in. So here you have a situation where that's the law. Predicting the future and making the future nuclear repository safe for 10,000 years is, in fact, a requirement for this multi-billion-dollar facility. So you have this combination of people who are down in the salt mine half a mile underground and this wild science fiction that then gets translated into these city-sized monuments that have to be made all the while the idea the repressed coming back out to harm us in the distant future, which gives the whole thing a kind of psycho-analytic, state-psycho-analysis structure. I find fascinating the confluence of these things in the very material reality with the phantasmagoric future. Real people being injured by real radiation set against the fantastical metaphysical ideas this brings up about time, duration, responsibility to a future that in some instances can extend into evolutionary time. Longer than people will be recognizable as people.

All this made nuclear waste sites a tremendously interesting place to dig. So to speak.

Hans Ulrich Gumbrecht

Hoffnung auf ein aristotelisches Jahrhundert jenseits der Subjekt/Objekt-Topologie

Eine ›aristotelisch‹ zu nennende Gegenwart ist ein Bild der Zukunft, auf dessen Eintreten ich hoffe. Ich verdanke eine solche intellektuelle Hoffnung den Arbeiten Arbogast Schmitts, genauer: jener Energie, mit der der Altphilologe die Reichweite reiner Philosophiegeschichte immer wieder überschießt. Ich möchte in der Form eines Arguments zeigen, wie aus meinen akademischen Lektüren eine existentielle Hoffnung werden konnte. Und so sieht die Struktur des Arguments aus: Ich beginne mit einer Beschreibung des Begriffs ›aristotelisch‹, wie ich ihn mir beim Lesen der Texte von Schmitt zurechtgelegt habe. Daran schließen Beobachtungen zur Kultur der Neuzeit an, die in dem Eindruck konvergieren, dass wir uns über mehrere Jahrhunderte immer weiter von einer aristotelischen Auffassung der Welt entfernt haben. Ich werde mich zunächst auf eine diskursive Tradition konzentrieren, die man ›Kulturkritik‹ nennen kann, dann auf Verschiebungen in einigen epistemologischen Grundstrukturen und schließlich auf Veränderungen bezüglich der Bedingungen geisteswissenschaftlicher Arbeit in unserer elektronischen Gegenwart. Der dritte Teil ist kurz, aber entscheidend für das Argument: Angeregt von Motiven aus Heideggers späten Schriften versuche ich dort, die vorausgehenden Einsichten zu einer spezifischen und zugleich komplexen Kritik an der Gegenwart zu kondensieren. In einer gegenläufigen Bewegung verweist dann der vierte Teil auf eine Reihe von Symptomen in derselben Gegenwart, welche der Hoffnung auf eine aristotelische Zukunft als Anhaltspunkte in der Wirklichkeit dienen können. So wird die abschließende Frage vorbereitet, ob – und wenn ja: wie – wir jetzt dazu beitragen können, diese Hoffnung zu verstärken und wieder zu einer Bedingung des Lebens werden zu lassen.

I

»Denken ist Unterscheiden«, heißt es bei Aristoteles, und damit ist nicht – jedenfalls nicht allein – ein semantisches Unterscheiden, das heißt: ein Unterscheiden in der Dimension der Repräsentation gemeint. Denken soll das Unterscheiden von Dingen sein, so wie sie uns als ganze begegnen, das Umgehen mit der Welt. Unterscheiden in diesem Sinn schließt nicht notwendig Selbst-Beobachtung und Selbst-Reflexion ein. Solche Akte des Unterscheidens können wir als Akte des Urteilens identifizieren, weil man sich bei ihnen weder auf von Prämissen ausgehende und damit unwiderlegbare Deduktionen verlassen kann noch auf die Fülle von Erfahrungen. Urteile brauchen *sensus communis* und Urteilskraft; wo sie gelingen, erweisen sie sich im jeweiligen Einzelfall als richtig, ohne dass ihre spezifische Richtigkeit immer hin auf Wahrheiten verallgemeinert werden kann. Desweiteren fasst solches Unterscheiden die Dinge, auf die es sich bezieht, als Einheit von Substanz und Form auf. Sie sind den Sinnen zugänglich, in den meisten Fällen kann man auf sie zeigen.

Die aristotelische Praxis des Unterscheidens kennt nicht die moderne Trennung zwischen Phänomenbereichen, die in Rationalität begründet und ihr also zugänglich sind, und Emotionalitäts-dominierten Phänomenbereichen, die angeblich konturenschwächer bleiben. Stimmungen zum Beispiel sollen ebenso unterschieden werden können wie Mineralien oder moralische Pflichten. Und diese Konzeption kennt sehr wohl bestimmte Anhaltspunkte für die Richtigkeit des Unterscheidens. Richtiges Unterscheiden ist begleitet von einem Gefühl der Intensität; es löst Freude aus, welche über die aus Momenten der Selbsterhaltung erwachsende Erleichterung hinausgeht; außerdem geben uns einmal vollzogene richtige Unterscheidungen retrospektiv den Eindruck, dass sie schon lange vertraut waren. Am Ende soll richtiges Unterscheiden den Menschen helfen, ihr Potential zur Freiheit zu realisieren. Der hier unterstellte Begriff der Freiheit darf nicht mit dem seit den bürgerlichen Revolutionen vertrauten idealistischen Begriff verwechselt werden. Denn Aristoteles geht natürlich nicht davon aus, dass alle Menschen frei geboren sind; aber er glaubt sehr wohl, dass sie alle ein Potential haben, sich der Fesseln der Sklaverei zu entledigen.

II

Dieses ›aristotelische‹ Verhältnis zur Welt mag auf Anhieb Sympathie bei vielen von uns wecken, aber es scheint auch unwirklich, archaisch und zunächst unerreichbar weit von unserer Gegenwart entfernt. In solcher Distanz zu einer Existenzform, die gerade in der Nähe zu den Dingen begründet ist, liegt ein zentrales Ergebnis des sogenannten ›Prozesses der Moderne‹, der spätestens seit dem 17. Jahrhundert begleitet war von einem Diskurs des Verlusts und der Klage über die schwindende Konkretheit der Welt. Ich nenne ihn, eine Tradition aus dem frühen 20. Jahrhundert aufnehmend, »Kulturkritik« und gehe davon aus, dass er nicht zufällig in jenem historischen Moment einsetzte, als durch Descartes' *cogito* eine ausschließlich auf das Bewusstsein bezugnehmende Form menschlicher Selbstreferenz zur Institution wurde. Darauf reagierten offenbar frühe Varianten des neuzeitlichen Materialismus, die sich im Werk von Denis Diderot zu der Obsession steigerten, die Möglichkeit adäquater Wirklichkeitserfahrung durch die Sinne immer wieder neu zu erweisen. In der Fiktion vom *Traum d'Alemberts*, des großen Mathematikers, lässt Diderot den ehemaligen Freund in einen Fiebertraum fallen, gerade als er die biologischen Bedingungen menschlicher Reproduktion zu erfassen sucht, und dieser Traum polt das rational-distanzierte naturwissenschaftliche Denken um in eine geradezu triumphale Ejakulation – die man als eine ironisch gefärbte Apotheose der existentiellen Tonalität von Körper und Sinnlichkeit auffassen kann.

Zur selben diskursiven Tradition gehören einige jener Motive, die hundert Jahre später Nietzsches Philosophie bei den europäischen Lesern so populär machte, von den Phantasien um den »Übermenschen« hin zum dionysischen Rausch und zum philologischen Lob der Oberflächen, ebenso wie Oswald Spenglers Kritik am »faustischen Menschen«, der sich die Welt mit Zahlen und Gleichungen unterwirft – und so im wörtlichen Sinn vom Leib hält. Verschiedene Motive aus Heideggers Aufsätzen wären hier zu erwähnen, auf die ich später zurückkommen werde. Und gewiss ist der Ton der Kulturkritik nicht eine den antimodernen Denkern vorbehaltene Möglichkeit, wie etwa die zentrale These aus

Horkheimers und Adornos *Dialektik der Aufklärung* belegt. Dort wird die Frage nach den historischen Bedingungen, welche zur Katastrophe des Holocausts führten, beantwortet durch den Verweis auf eine Tendenz zur entmenschlichenden Abstraktion, die als Kehrseite aufgeklärter Vernunftkultur in den Blick kommt.

Mit der Kulturkritik fusionierte schon seit dem späten 19. Jahrhundert eine immer stärkere Sorge um die wachsende Distanz des Erkenntnissubjekts von der Welt der Dinge. Sie hatte ihren Ursprung im Selbstreflexiv-Werden der Weltbeobachtung seit dem späten 18. Jahrhundert genommen, aus der zwei epistemologische Herausforderungen entstanden waren. Zum einen der Perspektivismus als Konsequenz der selbstreferentiellen Einsicht, dass jede Beobachtung und Deutung der Welt von einem je spezifischen Blickwinkel abhängt, was die Selbst-Identität der Referenzgegenstände in der Welt in Frage stellte. Zum anderen die Erfassung des vom Cartesianismus ausgeblendeten Unterschieds zwischen dem Modus einer Weltaneignung durch Begriffe (»Erfahrung«) und dem Modus einer Weltaneignung durch die Sinne (»Wahrnehmung«), welche in die Frage nach der Möglichkeit einer Kompatibilisierung beider Modi mündete. Das erste Problem, das Problem des Perspektivismus, wurde schon bald neutralisiert mit der Etablierung eines neuen ›historischen Weltbildes‹, welches durch die Forderung, Phänomene anhand ihrer Geschichten (oder Evolutionen) zu identifizieren, diskursive Strukturen bereitstellte, die die Pluralität von Repräsentationen zu jedem Referenzgegenstand – eben ›als Geschichten‹ – absorbieren konnten. Hingegen wurde das Problem der Kompatibilisierung von Erfahrung und Wahrnehmung zum Dilemma und trieb die mathematisierende Aufarbeitung von Wahrnehmung und die interpretierende Aufarbeitung kultureller Erfahrung in eine wachsende Distanz, welche am Ende des 19. Jahrhunderts mit der akademischen Sezession der ›Geisteswissenschaften‹ von den ›Naturwissenschaften‹ ihre irreversible Konsequenz fand.

Beide Seiten haben sich seither hin zu immer abstrakteren Welt-Verhältnissen entwickelt: die Geisteswissenschaften vor allem unter dem Eindruck ihres historischen Geburtstraumas, das heißt aus der Furcht, mit der Nähe zu den Naturwissenschaften auch die Berührung mit der Wirklichkeit verloren zu haben; die Naturwissenschaften durch die sich potenzierenden Fortschritte in ihren Ergebnissen, die heute als ›wirklich‹ im Grunde nur mehr das anerkennen, was außerhalb der Reichweite unserer menschlichen Sinne liegt – ob es sich um Viren, Gene, Elementarteilchen oder das Universum handelt.

Schließlich scheint im vergangenen Vierteljahrhundert jenes ›historische Weltbild‹ kollabiert zu sein, durch das sich Geisteswissenschaften und Kultur nach 1800 in einer relativ stabilen Position interpretierender Distanz zur Welt gehalten hatten. Denn das historische Weltbild, von dem der mit dem Selbstreflexivwerden jeder Beobachtung entstandene Perspektivismus absorbiert worden war, hatte in seiner Gegenwarts-Dimension eine klassisch cartesianische Subjekt-Rolle konstituiert, welche die Anpassung vergangener Erfahrung an die Gegenwart verband mit der Auswahl unter den von der Zukunft gebotenen Möglichkeiten des Handelns. Seit die Struktur eben dieser Zeitlichkeit (von den siebziger Jahren des 20. Jahrhunderts an) in die Krise geraten ist, sind – zumal in Deutschland – jene Rufe nach einer »Reintegration des Körpers« in die Formen der menschlichen Selbstreferenz (und natürlich auch in die Geisteswissenschaften) nicht mehr verstummt, die wie eine Variante der Kulturkritik klingen. Vorerst beklagen sie aber bloß unser abstraktes Verhältnis zur Welt, ohne seiner Umkehrung auch nur einen Schritt näher zu kommen.

Zu den Bedingungen unserer Hoffnung auf ein aristotelisches Denken gehört auch die Erfahrung, dass sich die Voraussetzungen und Ziele der Arbeit in den Geisteswissenschaften während der letzten beiden Jahrzehnte dramatisch verändert haben, ohne dass sie in ihrer institutionellen Form auch nur ansatzweise auf die Herausforderung reagiert hätten. Historisch gesehen sind wir ja Nachfolger jener Philologen und Humanisten, deren Auftrag darin gelegen war, Texte vor allem und deren Bedeutungspotentiale gegen die Erosion in der Zeit und somit letztlich gegen das Vergessen zu bewahren – und sie zugleich, der Dispersion im Raum entgegenwirkend, an bestimmten Orten zusammenzubringen. Es war die Prämisse all unserer Tätigkeiten, dass die Arbeit unter einer grundsätzlichen Bedingung des Mangels vollzogen wurde. Heute hingegen, in der jüngsten elektronischen Gegenwart, arbeiten meine Universität und Google an Speicherverfahren und Suchmaschinen, deren gar nicht mehr utopisches Ziel darin liegt, alle existierenden Dokumente unserer Kultur auf dem Bildschirm eines jeden Laptops abrufbar zu machen. Nicht mehr der Mangel, die Erosion und die Dispersion sind daher unsere Probleme, sondern eine geradezu erschütternde Orientierungslosigkeit angesichts des schon freigesetzten und noch freizusetzenden, ganz unfassbaren Potentials an Informationen. Niemand, der heute eine Doktorarbeit schreibt, kann sich ja noch der Illusion hingeben, die früher elementarste aller Anforderungen zu erfüllen, nämlich alle verfügbare Literatur über ein Thema zur Kenntnis genommen zu haben.

III

Uns sind alle institutionalisierten Formen eines physischen Verhältnisses zu den Dingen der Welt entglitten, die unsere Kultur entwickelt hatte (daran erinnert uns die ›Kulturkritik‹); jene cartesianische Selbstreferenz, die es uns erlaubte, die Welt zu interpretieren, ist kollabiert, ohne dass wir noch zu einer neuen Selbstreferenz gelangt sind (das ist unsere epistemologische Gegenwart); und wir stehen orientierungslos – ja vorerst sogar reaktionslos – einer überwältigenden Fülle elektronisch bereitgestellter Informationen gegenüber (darin liegt die Herausforderung auch der Geisteswissenschaften). Diese drei neuen Lebensbedingungen legen aus aristotelischer Perspektive eine Verlustrechnung nahe, ohne dass man vorerst damit rechnen könnte, durch sie und die von ihr nahegelegte Kritik schon etwas zu verändern oder auszurichten. Bemerkenswert ist, was die kulturelle Diagnose angeht, dass Martin Heidegger zwischen den zwanziger Jahren des vergangenen Jahrhunderts und seinem Spätwerk die drei genannten Gegenwarts-Bedingungen und ihre Konsequenzen schon vorwegnehmend identifiziert hatte. Heideggers 1927 veröffentlichtes Hauptwerk *Sein und Zeit* setzt mit einer Kritik an der »Seinsvergessenheit« ein, die in erster Linie eine – kulturkritische – Mahnung anlässlich des Vergessens der individuellen Konkretheit der Welt ist, und schließt daran den Vorsatz an, die »durchschnittliche Alltäglichkeit« der menschlichen Existenz in ihrer »Substanz« zu denken, um dann – in der, wie ich meine, zentralen begrifflichen Innovation – die Subjekt/Objekt-Topologie durch die des »In-der-Welt-Seins« zu ersetzen. Das »In-der-Welt-Sein« setzt – statt einer Distanz – die schon immer gegebene Vertrautheit des Daseins mit den Dingen der Welt voraus. In dem Essay »Das Zeitalter des Weltbilds« aus der Mitte der dreißiger Jahre zeigt Heidegger dann, wie die Position und Rolle des cartesianischen Welt-Beobachters in der modernen Naturwissenschaft ein höchst abstraktes und ausschließlich auf mathematischen Prinzipien beruhendes Welt-Bild entworfen und zur Institutionalisierung gebracht hat. Und die Kritik des späten Heidegger am »Gestell« als einem zentralen Dispositiv der für ihn neuesten Kultur nimmt dann eine zentrale Folge der elektronischen Kommunikation vorweg. Denn der Begriff »Gestell« bezieht sich auf die Tendenz, alle Konkretheit und Aktualität aus unseren primären Begegnungen mit den Dingen der Welt zu überführen in Potentialität – ähnlich wie die Geisteswissenschaften individuelle Manuskripte im Zentrum ihrer Aufmerksamkeit durch endlose Listen abrufbarer Publikationen ersetzt haben.

Man kann vermuten, dass es die Konvergenz von Beobachtungen dieser Art und die Konvergenz der von ihnen ausgelösten kritischen Reaktionen waren, die Heidegger zur Entwicklung des Begriffs und der Konzeption von »Seinsgeschichte« gebracht haben. Im Zentrum der Seinsgeschichte soll das »Wahrheitsereignis« der »Selbstentbergung des Seins« stehen, das an die Stelle der Subjekt/Objekt-Konstellation tritt. Nicht mehr das Subjekt thematisiert und deutet die Dinge der Welt, sondern die Dinge zeigen sich – sozusagen ›aus eigener Initiative‹ – in ihrem individuellen und substantiellen Sein. Der Mensch als auch im Raum artikuliertes »Dasein« soll in Gelassenheit offen für solche Momente der Selbstentbergung sein, die sich ohne seine Gegenwart nicht vollziehen können – das »schuldet« er, ohne dass seine Bezugsinstanz für diese Schuld benannt würde. Wann es zu Ereignissen der Selbstentbergung des Seins kommt, steht nicht in der Verfügung der Menschen und kann auch nicht aufgrund irgendwelcher »Gesetze« des historischen Verlaufs prognostiziert werden. Heidegger betont nur, dass es zu Wahrheitsereignissen im antiken Griechenland immer wieder gekommen war – und dass dies auch eine Möglichkeit der eigenen Zeit sei, für welche freilich das Dasein noch nicht eine rechte Einstellung gefunden habe. In einer solchen Sicht des Weltverhältnisses ist eine Umkehrung des cartesianischen Paradigmas angelegt, das wir mit dem Verlust der Konkretheit der Dinge assoziiert hatten. Doch gerade für die Intuition, dass es die Dinge sein sollen, welche sich zeigen, ist in einer aristotelischen Philosophie kein Platz – und deshalb werde ich die vom Paradigma der Selbstentbergung des Seins eröffneten epistemologischen Möglichkeiten hier nicht weiterverfolgen. Aristotelisch muss es darum gehen, eine neue Konfiguration zu entwickeln zwischen einer menschlichen Selbstreferenz, die ihre physische Seite, und einer Welt, die ihre Konkretheit zurückgewonnen hat.

IV

Ohne Zweifel hat sich die westliche und inzwischen globalisierte Kultur in den letzten Jahrzehnten – und natürlich ganz unbeeindruckt von Heideggers philosophischen Zwischenrufen – noch weiter von einem aristotelisch zu nennenden Welt-Verhältnis wegbewegt. Und doch gilt heute wohl nicht mehr hinsichtlich der im Prozess der Moderne verlorenen Konkretheit der Welt, was Georges Bataille über die Beziehung unserer Kultur zum menschlichen Körper gesagt hat, nämlich dass der wirkliche Skandal nicht darin liege, wie sehr sie den Körper vergessen hatte, sondern darin, dass ihr auch dieses

Vergessen nicht mehr gegenwärtig sei. Eine Erinnerung an die Konkretheit der Welt, ja eine Sehnsucht nach ihr haben über lange Zeit, wie vage auch immer, vor allem die kulturkritischen Diskurse wachgehalten, und wenn man für ihr Anliegen zum Beispiel durch Arbogast Schmitts besondere Aneignung der Philosophie des Aristoteles sensibilisiert ist, dann kann man aus den mittlerweile in der Kultur unserer Gegenwart sich mehrenden Symptomen für den Wunsch nach einem anderen Weltverhältnis durchaus Hoffnung auf eine weniger cartesianische Zukunft schöpfen. Auf solche Symptome aus ganz verschiedenen Phänomenbereichen und Kontexten menschlicher Existenz möchte ich nun verweisen – eher um eine bestimmte zukunftsbezogene Vorstellung in Bewegung zu bringen, als mit dem Ziel von Vollständigkeit oder Exemplarität.

Zum Beispiel ist die Entschlossenheit ermutigend, mit der Peter Sloterdijk seit seinem Buch *Zorn und Zeit* – ganz aristotelisch – die für die Kultur der Moderne so zentrale Unterscheidung von Rationalität und Emotionalität in Frage gestellt hat, um den Verlust jener Verhaltensformen zu beklagen, die er »thymische Tugenden« nennt, das heißt: eine Disposition für Einstellungen wie Zorn und Verachtung, Ehre und Stolz. In derselben intellektuellen Gegenwart brauchen auf ökologische Fragen und Werte konzentrierte Ansätze in der Philosophie solche Begriffe menschlicher Selbstreferenz, die sich überhaupt – anders als das klassische Cogito – in ein Verhältnis zur Natur als unserer physischen Umwelt bringen lassen. Mehrere im Werk von Gerhard Richter erarbeitete Optionen halte ich in ähnlicher Hinsicht für paradigmatisch. Etwa jene Bilder, welche durch das Nebeneinanderstellen von nur wenig nuancierten Farbabstufungen oder von Oberflächen mit je verschiedener Substanz zu Dispositiven für die Einübung von Unterscheidungen werden – und mithin zu Dispositiven für das Denken im aristotelischen Sinn. Oder jene durch ihre perfekte Technik so eindrucksvollen Gemälde, die wie Photographien wirken oder tatsächlich von Photographien ausgehen, und Momente unserer Wahrnehmung als ganze – im wörtlichen Sinn – fest-stellen (aber gerade nicht, wie es in der impressionistischen Tradition der Fall war, über die Vergegenwärtigung von Wahrnehmungsprozessen Bewegungen der Reflexion in Bewegung setzen wollen).

Literarische Autoren und Leser haben inzwischen ein bis vor kurzem noch mit absoluter Wirksamkeit über die Form der Biographie verhängtes Tabu gestrichen und lassen sich Primärtexte im ebenso komplexen wie konkreten Zusammenhang von Lebensformen und historischen Kontexten vorstellen – in der großartigen Shakespeare-Biographie *Will in the World* von Steven Greenblatt etwa oder kürzlich in einer Serie von Büchern über das Leben von Stefan George. Zugleich haben wir – gegen alles reflexive Experimentieren, wie es zum Beispiel in der Tradition des Surrealismus üblich war – die Fähigkeit lyrischer Texte wieder zu schätzen gelernt, dingliche Welten in ihrer Sinnlichkeit heraufzubeschwören. Das quantitativ und soziologisch gesehen massivste Phänomen in diesem Zusammenhang ist natürlich die historisch nie zuvor dagewesene Intensität der Faszination, die vom Sport als praktiziertem Sport und als Zuschauersport heute ausgeht. Sie hat in der analytischen Philosophie die These provoziert, dass Körperteile höchsttrainierter Athleten unterscheidend auf die Welt reagieren und also ›denken‹ können, während der amerikanische College-Sport nach Jahrzehnten selbst auferlegter Skepsis dabei ist, jene Euphorie und ihre befreiende Kraft neu zu entdecken, die aus der Konvergenz von extremen körperlichen und extremen intellektuellen Anforderungen erwächst. Für meinen Teil erlebe ich den Kontrast zwischen dem über die Woche leeren

Stadion und den wenigen Stunden des Sportereignisses, wo das Stadion von nicht aus-
setzenden Bewegungen und Zehntausenden von Körpern gefüllt ist, wie eine Materia-
lisierung (nicht wie eine Allegorie) der elementarsten philosophischen Frage, der Frage
nämlich, warum es etwas gibt – und nicht nichts.

Auch in dem erneuerten Vertrauen auf die Kraft des Urteilens, wie es im letzten Prä-
sidentschaftswahlkampf der Vereinigten Staaten eine wichtige Rolle spielte, sehe ich
ein aristotelisches Versprechen. Denn Urteilen bezieht sich, wie schon gesagt, auf je
einzelne Fälle und Situationen, vollzieht sich in der Einmaligkeit eines Ereignisses, strebt
nach Richtigkeit und verlässt sich, wie vor allem Barack Obama immer wieder betonte,
weder auf unabweisbare Deduktionen noch auf die Breite vorgängiger Erfahrung. In den
Geisteswissenschaften ist an einigen amerikanischen Universitäten im vergangenen
Jahrzehnt eine intellektuelle Bewegung unter dem Programmbegriff *rational reenchant-
ment* hervorgetreten, der übersetzt etwa »verünftige Wieder-Verzauberung der Welt«
lauten würde. Sie kritisiert genau jene Ergebnisse und Spuren des Prozesses der Modernisierung, die ich in einiger Ausführlichkeit beschrieben habe, und entwickelt Szenarios
von einer Zukunft, in der diese bis zu einem gewissen Grad wieder rückgängig gemacht
werden könnten.

Ich breche hier die Serie meiner Verweise ab, obwohl – oder gerade weil – man die
Liste solcher Symptome für ein sich heute wieder abzeichnendes aristotelisches Welt-
Verhältnis noch lange fortsetzen könnte. Die Rückkehr zu einer Religiosität der Rituale
ließe sich ins Spiel bringen, die durch neue Technologien möglich gemachte Allgegen-
wart der Musik, die Entwicklung von Kochen und Essen zu einer Form der ästhetischen
Erfahrung oder die immer selbstverständlicher werdende Differenzierung zwischen Ero-
tik und der Funktion menschlicher Reproduktion.

V

Vorausgesetzt, es gibt einen Konsens über die Wünschbarkeit einer aristotelischen
Zukunft, und vorausgesetzt, Symptome in der Gegenwartskultur wie die eben erwähnten machen solche Wünschbarkeit zu einer realistischen Hoffnung, wie könnte unsere
Arbeit in den Geisteswissenschaften dazu beitragen, eine Entwicklung zur Verwirkli-
chung jener Hoffnung auf den Weg zu bringen und auf dem Weg zu halten? Vielleicht
liegt unsere Chance darin, dass wir uns jetzt schon so verhalten, als sei die erwünschte
Situation eingetreten. Das hieße zum Beispiel, dass wir uns gegen die oberflächliche Eile
der elektronischen Kommunikation Zeit nähmen, um uns auf Phänomene und Probleme
zu konzentrieren, selbst wenn daraus keine Lösungen und kein unmittelbarer Gewinn
zu kommen scheint. Kontemplation ganz bewusst gegen die Gewohnheiten einer immer
hastigeren intellektuellen Verarbeitung zu setzen, wäre ein erster Schritt – in dem Jean-
François Lyotard vor einem Vierteljahrhundert übrigens die letzte uns verbleibende
Möglichkeit sah, dem damals noch am Horizont stehenden normativen Selbstbilds eines
›revolutionären Verhaltens‹ gerecht zu werden. Aristotelisch wäre es zweitens, wenn wir
nicht ausschließlich ›kritisch‹ – im Sinn einer negativen Einstellung auf die gegebene
Welt – handelten, sondern komplementär dazu die Fähigkeit einer – nicht notwendig

theologischen – ›Liturgie der Welt‹ einübten und als intellektuellen Stil wiederzuerwerben versuchten.

Bei allen aristotelisch motivierten Vorbehalten gegenüber der heute in den Geisteswissenschaften allgemein geltenden Priorität von reflexiven Gesten und Denk-Formen, wäre es natürlich unsinnig, wenn wir von der Fähigkeit zu vielfältigen Formen der Reflexion als einer Kern-Kompetenz Abstand nähmen. Wir sollten Hegel vor dem Hintergrund von Kant, Rousseau im Kontrast zu Diderot, den Surrealismus als Reaktion auf den Realismus erfassen und verstehen, um so die Welt immer komplexer zu machen. Freilich käme es darauf an, dieser komplexeren Welt auch stärkere Konturen der Erfahrbarkeit, der sinnlichen und affektiven Erfahrbarkeit zu geben. Wieder so denken zu lernen, dass die Welt durch unser Denken nicht nur komplexer, sondern auch konkreter und konturierter wird, darum sollte es uns im 21. Jahrhundert vor allem gehen.

Hans-Jörg Rheinberger
im Gespräch mit Susanne Stemmler und Lucie Strecker

»Denken mit den Händen«
Objektizität und Extimität im wissenschaftlichen Experiment

Susanne Stemmler: Immer noch schwebt die Abwesenheit einer Spur des wissenschaftlichen Subjektes in den Wissenschaften als Idealbild im Raum. Wie definiert die historische Epistemologie die Begriffe ›Objektivität‹ und ›Subjektivität‹?

Hans-Jörg Rheinberger: Diese Dichotomie ist ein Erbe der Philosophiegeschichte, genauer der Erkenntnistheorie. Sie hat sich über eine lange Zeit in der Wissenschaftsphilosophie als Begriffspaar etabliert. Also auf der einen Seite steht das Subjekt, das auf die Dinge schaut, und auf der anderen Seite sind die Dinge, welche nicht in der Lage sind, zu schauen. Diese Gegenüberstellung entspricht aber nicht der Situation des wissenschaftlichen Arbeitens, denn man steht eben nie in diesem kontemplativen Verhältnis, sondern man steht – zumindest in der empirisch-wissenschaftlichen Arbeit – in einem manipulativen Verhältnis zu den Dingen. Zwischen den Phänomenen und dem Experimentator existiert ein mit allen möglichen Instrumenten und Maschinen bestückter Zwischenraum. Die Frage jedoch, wie er ausgefüllt ist, entscheidet darüber, was als wissenschaftlich interessantes Phänomen überhaupt dingfest und sichtbar gemacht werden kann. Aus diesem Grund spricht der Wissenschaftsphilosoph Gaston Bachelard von »Phänomenotechnik«. Um die Phänomene, die wissenschaftlich interessant sind, überhaupt zur Darstellung zu bringen, so dass man sie charakterisieren kann, muss ein Stück Technik zwischen das Ich und die Welt treten. Ohne diese ist man gar nicht in der Lage, auf das entsprechende Phänomen zuzugreifen. Also gibt es immer etwas zwischen dem Experimentator und dem Gegenstand seiner Untersuchung. Das Subjekt-Objekt-Verhältnis ist insofern immer schon durch ein Drittes, nämlich eine Technik, vermittelt. Nach Bachelard ist dieses Verhältnis ein gegenseitiges Instruktionsverhältnis, das sowohl über die Instrumente mitbedingt, was es heißt, Wissenschaft zu betreiben, als auch bestimmt, was überhaupt in den Blick des wissenschaftlichen Interesses geraten kann. Das sind dann ganz bestimmte der potentiell unendlich viele Aspekte aufweisenden Natur, die uns umgibt. Der wissenschaftliche Blick ist letztlich ein gerichteter Blick. Bachelard spricht davon, dass jenseits von Subjekt und Objekt die wissenschaftliche Tätigkeit immer schon in einem *Pro*-jekt bestehe. Das Projektive, Entwurfsartige – Martin Heidegger verwendet den Begriff des Entwurfs und Bachelard eben den des Projekts – ist reichhaltiger für die Charakterisierung der wissenschaftlichen Arbeit als die Rückführung auf das alte Subjekt-Objekt-Verhältnis, das einem eigentlich gar nicht weiterhilft. Nicht, dass es keine Subjekte und keine Objekte gäbe, aber es hilft theoretisch nicht weiter, den Sachverhalt zu charakterisieren.

S. St.: All dies betrifft das naturwissenschaftliche Experiment, das ist Ihr Feld. Gibt es denn nur die handelnde, anordnende Wissenschaftlerin oder den Wissenschaftler als

Subjekt im Experiment oder gibt es in diesem Verhältnis, in dieser Konstellation auch andere Subjekte?

H.-J. Rh.: Das hängt davon ab, wieviel *agencement* man den Dingen in diesem Spiel zugesteht – aus meiner Sicht schon einiges. Es ist eine verzwickte Angelegenheit: Auf der einen Seite besteht das Experimentieren wesentlich darin, dass sich der Experimentator aus dem Spiel zu nehmen versucht – ob das vollständig gelingen kann oder nicht, ist eine andere Frage – und sein Interesse an die Gegenstände selbst delegiert. Man lässt im Experiment Dinge miteinander interagieren und zeichnet das Ergebnis dieser Interaktion auf. Dieses gilt es, als Experimentator dann zu interpretieren, aber im Experiment selber versucht man sich gewissermaßen auf ziemlich ingeniöse Weise aus dem Spiel zu nehmen. Das bedeutet aber nicht, dass jetzt der Experimentator verschwunden wäre. Auch ein konstruktivistisches Vokabular – »das hat alles der Experimentator konstruiert« – wird dieser Sache nicht gerecht. Die Objekte spielen ihre eigene Rolle, indem sie widerständig sind. Meist gegen die Erwartung zeigen sie etwas, das den Experimentierenden verunsichert und ihn dazu veranlasst, es aus einer anderen Perspektive zu betrachten. Das Phänomen, an dem man seine Untersuchungen anstellt, oder – wie ich es nenne – »das epistemische Ding« hat seine eigene widerständige Existenzweise.

S. St.: Sie haben den Begriff der Objektizität eingeführt, der die Dinge in den Vordergrund stellt, auf die sich das experimentelle Handeln richtet, und weniger die Perspektive der Handelnden und ihrer Absichten. Statt einer Geschichte der wissenschaftlichen Objektivität fordern Sie eine Geschichte der Objektizität, der Objekthaftigkeit.

H.-J. Rh.: Innerhalb dieser Dingwelt gilt es zwischen epistemisch verfassten Objekten und technisch verfassten Objekten zu unterscheiden. Die Gegenstände des Wissens oder die Phänomene, über die man etwas in Erfahrung bringen will, sind als epistemische Objekte oder epistemische Dinge mit einem Quantum an Unbekanntheit ausgestattet, sonst würden sie gar nicht ins Visier der Forschung geraten. Und eben dieses Moment des Nichtgewussten macht sie wissenschaftlich interessant, während die Geräte, die technischen Objekte, mit denen man versucht, auf ein Phänomen zuzugreifen, eher auf der beherrschten Seite anzusiedeln sind. Das Funktionieren eines solchen Apparates ist in der Regel bekannt, in der entsprechenden Situation soll er genauso funktionieren wie antizipiert. Das Technische soll sozusagen seinen eigenen Identitätsbedingungen gehorchen, wenn experimentiert wird, und das Epistemische soll als Differenzmaschine wirken. Teilweise können ja solche Experimente relativ aufwendig, kompliziert, langwierig durchzuführen, manchmal auch extrem teuer sein, manchmal aber auch billiger und vielleicht Augenblickseinfällen zugänglicher, aber das ist ganz unterschiedlich. Wenn man an der Forschungsfront der Teilchenphysik arbeitet, dann braucht man ein Zentrum wie das CERN in Genf, und das kostet nicht nur viele Millionen, sondern Milliarden.

S. St.: In Ihrem Buch *Experimentalsysteme und epistemische Dinge* ist die Rede von einer Epistemologie von unten. Was bedeutet eine solche subversive Herangehensweise in der Wissenschaftsgeschichte?

H.-J. Rh.: Ein Blick auf die Geschichte der Wissenschaftsgeschichte in den letzten einhundert bis einhundertfünfzig Jahren macht deutlich, dass bis in die 50er Jahre des 20. Jahrhunderts hinein Wissenschaftsgeschichte sehr stark als Ideengeschichte geschrieben worden ist. Sie basiert auf unterschiedlichen Modellen, auf dem Akkumulationsmodell, das eine graduelle Entwicklung der Wissenschaften *peu à peu* behauptet, oder eben auf dem Gegenmodell der Diskontinuitätsvarianten. Ein gutes Beispiel dafür ist die Idee des Paradigmenwechsels des Wissenschaftsphilosophen Thomas S. Kuhn oder seines Vordenkers, des französischen Wissenschaftshistorikers Alexandre Koyré. Letzterer fasste den Übergang von der vorneuzeitlichen in die neuzeitliche Wissenschaft mit Galileo Galilei als eine Revolution auf, in deren Verlauf sich der Blick auf die Natur radikal und qualitativ verändert hat. Bis in die 50er Jahre des 20. Jahrhunderts hinein kann man beobachten, dass Wissenschaftsgeschichte als Geschichte von grundlegenden Ideen geschrieben worden ist. Stellt man in Rechnung, wie stark die Forschungstechnologien im Laufe des 19. Jahrhunderts das wissenschaftliche Arbeiten beeinflusst haben, so ist es verwunderlich, dass das Experiment und die konkreten Details des Labors so wenig in den Blick genommen wurden, sondern dass man auf der abstraktesten Ebene geblieben ist. Eine Epistemologie von unten versucht, von der anderen Seite an das Problem heranzutreten und die Dynamik der Wissenschaftsentwicklung aus dem Experimentieren heraus zu verstehen und zu erfassen.

S. St.: Zu den untersuchten Dokumenten einer solchen Herangehensweise gehören die Protokolle der Labore, für die sich als Untersuchungsobjekte bis dato kaum jemand interessierte.

H.-J. Rh.: Für die Experimentatoren selber sind natürlich die Protokolle eine Art von Primärliteratur oder Erstverschriftung – das Papier ist fast noch Bestandteil des Experiments, leitet aber andererseits in den Verarbeitungszustand über. Es verdoppelt die Spuren, die ein Experiment hinterlässt, graphisch und unterliegt dann als Datensammlung weiterer Manipulationen. Zwischen dem Experiment und dem gedruckten Forschungsartikel vollziehen sich viele Verarbeitungsmomente. Genau diese Bereiche stärker in den Blick zu rücken, das ist gemeint mit Wissenschaftsgeschichte »von unten«.

Lucie Strecker: Ich würde gerne den konnotationsreichen Begriff des »Unten« aufgreifen: Ist damit auch die »Epistemologie des Konkreten« in Verbindung zu bringen? In Ihrem gleichnamigen Buch fächern Sie die Bedeutungsebenen der Materialität der am Experiment beteiligten Objekte auf. Als Künstlerin interessiert mich besonders, wie Sie erforschen, wodurch die Materialität der Experimentalsysteme in den Bereich des Kulturellen und damit des Immateriellen eintritt. Es hat eine sehr inspirierende Kraft, über die Verbindung kultureller Prozesse und materieller, biologischer und maschineller Anordnungen nachzudenken.

H.-J. Rh.: Das Konkrete meint letztlich die materielle Beschaffenheit der Objekte, mit denen man umgeht. Es ist für das Experiment ganz und gar nicht trivial, ob ich beispielsweise versuche, Aspekte eines Organismus wissenschaftlich zu erfassen und dementsprechend mit technischen Mitteln auf ein Stück organischer Natur zugreife, oder ob

es sich um inertes Material handelt, das man mehr oder weniger physikalisch oder che-
misch prozesshaft charakterisieren kann. Aufgrund der eigenen und besonderen Materialitäten sind unterschiedliche Schnittstellen zwischen den Apparaten und den Objekten nötig. Diese verschiedenen Verlaufsformen des Epistemischen dürfen nicht aus dem
Horizont des Interesses ausgeblendet werden. Eigentlich hat Francis Bacon schon darauf hingewiesen, dass die Erfahrung, das Experiment eine entscheidende Rolle spielt,
dass man auf die Natur nicht kontemplativ, sondern eingreifend zugehen muss. Die Wissenschaftsphilosophie hat diesen Aspekt immer ausgeblendet, so dass es einfach an
der Zeit war, sich mit dem Experimentellen intensiver zu befassen. Das betrifft nicht nur
die epistemologische Dimension, sondern auch die historiographische: die Möglichkeit,
zu Kategorien zu gelangen, mit denen man die Entwicklung der Wissenschaften in ihrer
Dynamik besser fassen kann. Der Begriff »Experimentalsystem« ist ein Versuch in diese
Richtung – als Kategorie dient er nicht nur der Beschreibung eines Experimentalaufbaus,
sondern auch als *unity of narration*, als narrative Einheit. Anhand dieses Begriffes kann
man eine Geschichte erzählen. Er erlaubt, unterschiedliche Elemente des Technischen,
des Epistemischen, des Kulturellen – Wissenschaft ist letztlich ein fundamental kulturelles Unternehmen – aufeinander zu beziehen. Das geschieht in einer gewissen Kleinrah-
migkeit, die sich gut für Fallstudien eignet, die sich vielleicht über zwanzig Jahre erstrecken. Wenn man aber größere Zeitrahmen in den Blick nehmen will, taucht die Frage auf,
ob man das mit den gleichen Mitteln fertigbringen kann. Dann sind andere Kategorien
gefragt, etwa die der Experimentalkultur. Sie kann als ein Konstrukt gesehen werden,
mit dem man Ensembles von Experimentalsystemen in ihrem Zusammenhang charakterisieren und zeitlich weiter aufspannen kann. Denkt man zum Beispiel an die sogenannte
Reagenzglas-Biochemie, die im späten 19. Jahrhundert ihren Anfang nahm und bis heute
für die Entwicklung der Biologie wichtig ist, so wäre das ein Zeitraum von über hundert
Jahren, den man dann mit einem solchen Begriff einfangen und mit vorherigen und nachfolgenden Experimentalkulturen kontrastieren kann.

S. St.: Heutige Studien oder großangelegte Forschungsprojekte, von denen man sich
neue Erkenntnisse zur Lösung grundlegender Probleme, wie z.B. des Klimawandels,
erhofft, arbeiten mit Vorhersagbarkeit und Zukunftsberechnungen. Ist heute an die
Stelle des Experimentes die Simulation getreten? Beherbergen die Bedingungen für eine
Simulation nicht auch schon zahlreiche kulturtechnisch bedingte Annahmen, so dass
sie auch ein solches ›kulturelles Format‹ darstellt, als das Sie das Experiment charakterisieren?

H.-J. Rh.: Letzteres gilt für alle apparativen Wissenschaften, denn in den Apparaten liegt
immer ein bestimmtes Stück Wissen in verdrahteter Form vor. Und man erwartet ja auch,
dass sie diesem Wissen konform funktionieren. Damit allein aber würde im Experiment
überhaupt nichts Neues geschehen. Doch Experimentalvorrichtungen sind ingeniöse
Aufbauten, die man sich als Forscher schafft, um im Zustand des Nichtwissens hand-
lungsfähig zu werden. Was ersteres angeht, so haben Sie bestimmt recht, dass heute
zunehmend ein Moment im wissenschaftlichen Arbeiten wichtiger wird, das vorher nicht
so eine große Rolle gespielt hat: das ist die Simulation – oder das »*in silico*-Experimen-
tieren«, d.h. die im Computer ablaufenden Experimente. Es handelt sich um Experimen-

tieren in einem virtuellen Raum, in den man natürlich auch wieder Voraussetzungen mit Realitätsbezug eingeben muss. Idealerweise will man ja etwas modellieren, um sich über Handlungsoptionen klar zu werden. Das ist bei all diesen Modellierungsvorgängen letztlich der Fall, ob es nun um das Klima oder die dreidimensionale Struktur von Makromolekülen geht. Letztlich wird man das Virtuelle nicht ganz vom Realen ablösen können, denn zuletzt geht es ja beim Klima um unsere Welt und nicht um unsere Modelle von ihr. Wenn sie kollabiert, dann kollabiert eben der ganze Rest auch. Also letztlich muss man auch das *in silico*-Arbeiten wieder zurück beziehen auf das Experimentieren am Objekt – und wenn es der ganze Planet ist, an dem wir im Augenblick als Menschheit sozusagen ein gigantisches Experiment unternehmen und eigentlich ziemlich passiv darauf warten, dass es irgendwann mal knallt.

L. Str.: Sie skizzierten kürzlich bei einem Vortrag am Tanzquartier Wien vor einem Publikum, das zum Großteil aus Künstlern, Choreografen und Tänzern bestand, die verschiedenen Beziehungsanordnungen innerhalb eines wissenschaftlichen Experimentes: Objekt zu Objekt, Subjekt zu Subjekt und Subjekt zu Objekt. Sie formulierten in dem Vortag, wenn ich das richtig verstanden habe, dass die Beziehung vom Experimentator zum Untersuchungsgegenstand eine nicht-intentionale sei. Damit unterscheidet sich dieses Verständnis von Beziehung von einer phänomenologischen Sicht auf die Beziehung zwischen Objekten und Subjekten. Ich verbinde mit einer intentionalen Haltung auch immer eine responsive Haltung und damit, nach Dieter Mersch, eine responsible, eine verantwortliche Haltung. Dieter Mersch spricht nicht von einer bloßen Hinnahme eines Ereignisses – man könnte hier auch sagen des Ereignisses des Experimentes – sondern von einer Aufnahme und einem Achten auf das Ereignis, sowie der Achtung für das Ereignis.

Mir fällt es schwer, nicht-intentionale Beziehungssysteme auf das künstlerische Experiment zu übertragen, denn als Künstlerin begreife ich Beziehungen immer ausgehend von meiner leiblichen Wahrnehmung. Das leibliche Selbst erlebe ich als eine Art ›Rezeptor‹, der zwischen dem Organischen steht und dem Harten, Maschinellen, z.B. dem der biotechnologischen Maschinen, die in der letzten Performance, an der ich beteiligt bin, eine Rolle spielen.

H.-J. Rh.: Die seit längerem in den Kognitionswissenschaften stattfindende Debatte über Körperlichkeit und *embodiment* besagt, dass der ganze Körper in die Wissensvorgänge involviert ist, und nicht einfach ein gedachtes Subjekt oder ein Kognitionsorgan. Das spielt auf der einen Seite eine wichtige Rolle im Experimentierprozess: Experimentieren ist Handwerk. Der ganze Körper ist mitbeteiligt und man könnte so weit gehen, zu sagen, dass wir über relevante Strecken auch mit den Händen denken. Auf der anderen Seite soll mit dem Experiment nicht meine eigene Körpererfahrung konkretisiert werden, sondern etwas in Erfahrung gebracht werden, das außer mir liegt. Es liegt eine Verschlingung des Selbstbezüglichen mit dem Rückzug aus dem Prozess als Subjekt vor. Ich glaube, dass diese beiden Momente zusammenzudenken sind. Topologisch ist das eine Figur, die schwer in den Griff zu bekommen ist. Der Philosoph und Psychoanalytiker Jacques Lacan hat von dieser merkwürdigen Innen-Außen-Verknotung des Subjekts gesprochen. Er hat für dieses gleichzeitige Innen und Außen, diese Art von Involviert-Sein den wunderbaren Begriff der Extimität geprägt.

L. Str.: Dies wäre dann ein Punkt, an dem ich eine Überschneidung von wissenschaftlichem und künstlerischem Experiment erkennen könnte.

H.-J. Rh.: Es gibt einen weiten Spielraum, wie Künstler sich ihrer Materien bemächtigen. Am Ende stehen aber mehr oder weniger vergängliche ›Produkte‹. Also erschöpft sich nicht alles im Körper, sondern es vollzieht sich eine Entäußerung, ob es nun eine Performance *on stage*, ein gemaltes Bild oder ein *Happening* ist.

S. St.: Sie beobachten die Versuche der Künste, auf die Wissenschaften zuzugehen, seit geraumer Zeit und sind auch selbst involviert in diese Kontexte. Kann man die Kunst auch als epistemische Praxis, d.h. als Wissen produzierend bezeichnen?

H.-J. Rh.: Traditionell ist das Epistemische mit der Wissenschaft verknüpft und das Ästhetische mit dem künstlerischen Bereich. Ich würde eine Unterscheidung weiterhin aufrecht erhalten, wenn auch nicht in der überkommenen Form. Diese Bereiche sollte man nicht vorschnell über einen Leisten schlagen, obwohl beides Bereiche kultureller Aktivität sind, in denen kreative Prozesse eine entscheidende Rolle spielen. Auf der einen Seite gibt es auch in wissenschaftlichen Arbeiten so etwas wie ästhetische Momente. Es geht hier zwar nicht um das viel zitierte »elegante« Experiment, aber um einen Erfahrungszusammenhang, der nicht ganz im Epistemischen aufgeht. Umgekehrt können Künstler Kunstsysteme aufbauen, wie beispielsweise Paul Cézanne, der einen Apfel nach dem anderen gemalt hat, immer auf der Suche nach feinen Differenzen, die noch nicht zur Darstellung gebracht waren. Man müsste ein Vokabular finden, das die Unterschiede zwischen den Bereichen ausspricht und dennoch zeigt, dass es Verwandtschaftsverhältnisse gibt, Familienähnlichkeiten im Innovativen.

L. Str.: Der Begriff des Experiments wird ja sowohl in den empirischen Wissenschaften als auch in der ästhetischen Praxis, besonders auch im Bereich von Theater und Performance, verwendet. In der Probenarbeit von BIOS:ZOË, einer Performance, die Klaus Spiess und ich gemeinsam mit einem multidisziplinären Team zuletzt in einer offenen Probe am Tanzquartier Wien gezeigt haben, führen wir live eine Genanalyse durch. Der genetische Nachweis ist zwar heute selber kein Experiment mehr, aber es werden Technologien verwendet, die alle einmal Gegenstand experimenteller Forschung waren. Wir fragen uns: Kann die Experimentalanordnung in den Künsten und in den Wissenschaften über einen Vergleich – also eine Verwandtschaftsbeziehung – hinaus produktiv für die szenische Arbeit werden? Sie beschreiben die Gelelektrophorese, eine Methode der genetischen Analyse, als Spur: Nach semiotischem Verständnis ist diese ein Index. Die Spur steht als Abdruck immer in direktem Verhältnis zu dem Körper, der den Abdruck hinterlassen hat. Wie verstehen Sie das Verhältnis des Menschen zu dieser Spur?

H.-J. Rh.: Als Präparat ist das Elektrophorese-Gel ein epistemisches Objekt in verdinglichter Form. Die Weiterentwicklung der Sequenziertechnologie hat den Beobachter zunehmend aus dem *Setting* entfernt, denn sie läuft weitgehend automatisiert ab. Heute funktionieren die Sequenziermaschinen nicht mehr mit radioaktiver Markierung, sondern über Fluoreszenzmarkierung. In diesem Endlosprozess läuft das Material durch das

Gel und fällt unten heraus. An dieser Stelle befinden sich Fluoreszenzdetektoren und produzieren eine Spur auf dem Papier. Das sind *Peaks* in vier Farben, über die sich automatisch die Sequenz der Nukleotide legt. All das führt die Maschine aus und am Schluss kommt eine lange Kette aus vier Buchstaben (G, A, T, C) heraus. Sie wird verglichen mit vorhandenen Sequenzen, evtl. wird auf Unterschiede hingewiesen. Der Experimentator und der Beobachter sind überflüssig geworden für den Prozess. In meiner Terminologie ist hier aus einem epistemischen Ding ein technisches Ding geworden.

L. Str.: Der Künstler Paul Vanouse macht diesen mittlerweile unsichtbar gewordenen Zwischenraum wieder transparent. Wie werden andere Erzählungen dazwischen sichtbar, die möglicherweise auch politischen Gehalt haben?

H.-J. Rh.: Es gibt im alltäglichen Experimentalgebrauch die Tendenz, technologische *Packages* zu schnüren, die dem Soziologen Bruno Latour zufolge als *Black Boxes* funktionieren. Dem Experimentator erleichtern sie das Leben, es liegt aber auch eine gewisse Gefahr darin, dass er dieses kompakte aber verschnürt bleibende Wissen mehr oder weniger anwendet, ohne selber noch darüber nachdenken zu müssen, was es eigentlich beinhaltet. Eine Strategie kann es also sein, diese Boxen wieder zu öffnen, um darauf hinzuweisen, wie viele Voraussetzungen so ein Maschinenverfahren beinhaltet. Auf der anderen Seite hat das seine Grenzen: wir wollen uns ja nicht in allen Lebenslagen genau vergegenwärtigen, wie das Telefon überhaupt funktioniert.

L. Str.: Mein Interesse an den Technologien wird durch die Eingriffe in die menschliche Natur in der Biotechnologie geweckt. Sie lassen in Ihren Texten immer wieder auch einen Beitrag zu einer ethischen Fragestellung anklingen, wenn es um eine »Auflösung der menschlichen Natur« geht.

H.-J. Rh.: Man muss nach dem Spezifischen des *genetic engineering* oder der Biotechnologie – heute euphemistisch auch »synthetische Biologie« genannt – fragen. Der klassische Begriff des *Cyborgs* bedeutet eine Verlinkung von Elementen des Technischen mit Elementen des Organischen. Biotechnologie ermöglicht es, sich Moleküle, die in einer Zelle produziert werden und dort auf die eine oder andere Weise funktionieren, technologisch gefügig zu machen. Damit ist man im Prinzip in der Lage, auf eine Art und Weise in den Körper einzugreifen, die sich unterscheidet von prothetischen Eingriffen. Wir haben uns an viele Dinge, die mittlerweile zum medizinischen Alltag gehören, gewöhnt: die Brille schon lange, das Hörmaschinchen, der Herzschrittmacher, künstliche Gelenke und so weiter. Um 1800 hätte man vielleicht dazu gesagt: »Das ist doch kein Mensch mehr!« Ein extrazelluläres Projekt intrazellulär wirksam werden zu lassen, das ist nur durch die Gentechnologie möglich geworden. Wir müssen als Gesellschaft aber früher oder später darüber entscheiden, ob wir zum Beispiel menschliche Klone haben wollen oder nicht. Es ist nur eine Frage der Zeit, bis es technisch möglich sein wird, genetisch identische Individuen aus Körperzellen zu schaffen. Das ist eine ethisch-politisch-soziale Entscheidung, keine wissenschaftliche Entscheidung. Solche Entscheidungen betreffen fast alle Technologien, z.B. auch die Nutzung der Kernkraft als Energiequelle.

S. St.: Isabelle Stengers plädiert in ihrem Beitrag für dieses Buch für eine *Slow Science*. Sie beschäftigt sich in letzter Zeit mit den eben beschriebenen Phänomenen wie z.B. gentechnisch verändertem Saatgut. Ihr ethisches Engagement geht einher mit ihrer Forderung nach Demokratisierung von Wissenschaftspolitik. Welche Themen sind aus Ihrer Sicht am dringlichsten, machen Ihnen Sorge und bedürfen mehr öffentlicher Debatten oder einer größeren Transparenz?

H.-J. Rh.: Unwohl ist mir bei der ›Garagen-Biotechnologie‹: Es ist nicht allzu schwer, Gene von Organismen zu manipulieren, denn die technischen Mittel, die man dazu braucht, entsprechen nicht einem Kernkraftwerk oder einem Teilchenbeschleuniger. In den USA ist das sehr verbreitet und führt dazu, dass das Manipulationsgeschäft mit Organismen frei diffundiert. Es gibt keine Kontrolle und keine Möglichkeit der Einflussnahme durch die Gesellschaft. Mir wären in diesem Fall mehr Kontrolle, Grenzen und Regeln lieber als diese Art von Laissez-faire. In den USA ist aber andererseits auch gerade der Firma 23andme das Handwerk gelegt worden. Die Firma bietet intransparente Gentests an, um verborgene Verwandtschaften aufzuspüren. Auch auf diese kommerziellen Verwendungen der Technologie muss ein regulativer Blick geworfen werden.

L. Str.: Wir haben uns in den Probenarbeiten von BIOS:ZOË an der Porträtierung von 23andme abgearbeitet und inszenieren die Inhaberin des Unternehmens als Figur überaffirmativ, mit einem kritischen Blick. Welches Risiko sehen Sie in dieser kommerzialisierten Genbestimmung?

H.-J. Rh.: Es besteht kein Risiko von Leib und Leben, da es ja mit einer Speichelprobe oder einem Blutstropfen getan ist. Die Art und Weise aber, wie man mit dem Wissen der Testergebnisse als Individuum sein Leben vielleicht neu erfindet, kann auf einer völlig falschen Zuschreibung beruhen.

Isabelle Stengers

Plädoyer für eine *Slow Science*[1]

Auf dem stolzen Wappen der Université Libre de Bruxelles, an der ich unterrichte, ist ein Engel zu sehen, der einen Drachen besiegt, dazu das Motto *Scientia Vincere Tenebras*.[2] Das ist ein edler, aber auch äußerst anspruchsvoller Wahlspruch. Verlangt er doch, oder sollte es zumindest, dass sich seine Verfechter fragen, was »Wissenschaft« und »Dunkelheit«, aber auch was »besiegen« hier und heute bedeuten.

Der Engel trägt Harnisch und Lanze. Es gibt hier keine Mehrdeutigkeit, keine sinnliche Übereinkunft, keine Gemeinsamkeit zwischen der bloßen, abstrakten Waffe und dem gekrümmten Körper des Ungeheuers, der von ihr durchbohrt wird. Das ist übrigens auch der Grund, warum man die Kreationisten an meiner Universität so ›schätzt‹: Sie sind die perfekte Verkörperung des Feindes, mit dem ein Kompromiss undenkbar ist. Und bei der Vorstellung, in unseren Schulen oder gar unter unseren Studenten könnte jemand offen – welche Freude, einen Lehrer ins Stottern zu bringen – oder heimlich – mit perfekten Antworten auf die obligatorischen Fragen beweisen, dass man ›verstanden‹ hat – für diesen Feind Partei ergreifen, werden diejenigen, die dabei ihren jugendlichen Elan wiederfinden, von blankem Entsetzen gepackt. Der Kampf ist nicht vorbei, wir sind immer noch die Herolde des Lichts! Null Toleranz! Keine Chance dem Relativismus!

Doch die polemische Doppelbedeutung von »Licht« und »Dunkelheit« reicht weit zurück (ebenso weit wie die Anklage gegen die Sophisten im Namen der damals gerade frisch aus der Taufe gehobenen »Vernunft«). Das aktuelle Hohngelächter könnte die uralte Mobilisierung der Vernunft gegen die Verfechter der Dunkelheit in ein Spektakel für Einfaltspinsel verwandeln, während der glorreiche Engel sich nunmehr damit beschäftigt, seinen *h*-Index zu verbessern, seine Forschungen auf Themen auszurichten, die eine Publikation in einer renommierten Fachzeitschrift versprechen, oder einen ›Partner‹ aus der freien Wirtschaft zu gewinnen, nunmehr unabdingbar für eine exzellente Forschung, die wohl zu einer ›nachhaltigen‹ Entwicklung, vor allem aber zu einem Wettbewerbsvorteil führt.

»Die Uhren lassen sich nicht anhalten« – diese unvergessliche Formel des Sozialisten Pascal Lamy, damals europäischer Handelskommissar und mittlerweile folgerichtig zum Generaldirektor der Welthandelsorganisation befördert, scheint unsere Situation treffend zu beschreiben. Jeder weiß, dass die neuen Management-Instrumente, mittels derer die Exzellenz des Engels evaluiert wird, unweigerlich zu einer Neudefinition dessen führen, was als Wissen gilt. Die meisten tun aber so, als ob es sich auf die eine oder andere Art nur darum handele, sich neuen Zwängen anzupassen. In diesem Fall scheint

---

1   Dieser Text ist eine übersetzte und überarbeitete Fassung der Antrittsvorlesung für den Calewaert-Lehrstuhl am 13. Dezember 2011 an der Vrije Universiteit Brussel.
2   Die Vrije Universiteit Brussel ist aus der gleichen Spaltung wie die Université Libre de Bruxelles hervorgegangen. Beide führen den gleichen Leitspruch im Wappen. Im Falle der Université Libre de Bruxelles wurde ebenfalls das Bild vom Kampf des Engels mit dem Drachen übernommen, das aus der französischen Tradition kommt. Der Drache steht dabei für die Meinung, die ja, wie Bachelard immer sagte, niemals Recht hat.

die Rolle der Kassandra zwecklos, denn das ›Als ob‹ verweist nicht auf irgendeine Art von Blindheit. Wir wissen alles, was es zu wissen gibt, aber es ist ein ohnmächtiges Wissen im Angesicht dessen, was ebenso unentrinnbar erscheint wie die verstreichende Zeit.

Zuweilen jedoch ergibt sich eine Möglichkeit, das graue Einerlei der Wahrscheinlichkeiten durcheinanderzubringen. Eine Unbekannte kommt ins Spiel und verändert die Wahrnehmung der Situation. Eine winzige Verschiebung nur, aber wenn Denken Widerstand bedeutet, dann muss das Denken um eben diese Unbekannte kreisen. Diesen Versuch werde ich unternehmen, ausgehend von der unbekannten Situation, die durch die Ereignisse des 3. Juni 2011 an der Katholischen Universität von Leuven entstand. Damals wurde die Wissenschaftlerin Barbara Van Dyck sang- und klanglos entlassen. Sie hatte eine Aktion zur ›Dekontaminierung‹ eines Feldes gentechnisch veränderter Kartoffeln unterstützt. Eine hauchzarte Unbekannte zwar, aber eine Möglichkeit tut sich nicht mit einem Schlag auf – nach dem Motto ›jetzt oder nie‹. Vielmehr ähnelt sie einem Haarriss in einem Wahrscheinlichkeitsbrocken, der sich vielleicht zu anderen Rissen gesellt, von denen ein jeder seine eigenen Geschichten und Vorstellungen in sich trägt. So kann es geschehen, dass ein Gesteinsbrocken zerspringt, nicht aufgrund eines einzelnen Risses, sondern aufgrund der Vielzahl von Rissen, die ihn durchziehen, wenn diese sich kreuzen und gegenseitig verstärken.

Solcherlei Risse tun sich hier und dort im akademischen Feld auf. In Belgien gibt es bereits zwei davon: *Slow Science* (»Langsame Wissenschaft«) und *Pour une désexcellence des universités* (»Für eine Un-Exzellenz der Universitäten«). Die beiden Namen sind natürlich absichtlich paradox gewählt, geht es doch darum, die Konsensrhetorik zu durchbrechen, ein jeder habe selbstverständlich Exzellenz und Schnelligkeit anzustreben. Ebenfalls verweisen beide auf andere Widerstandsbewegungen, die zum einen Entschleunigung, zum anderen freiwillige Beschränkung propagieren. Die Unterschiede zeigen sich weniger in der Benennung als in der unterschiedlichen Geschichte, den unterschiedlichen Geschich*ten*. So nahm die Initiative *Slow Science* ihren Anfang in der »Affäre Van Dyck«, die nicht nur in den Fokus rückt, was an den Universitäten vor sich geht, sondern auch das Verhältnis der Universitäten zu ihrem Umfeld, zum Staat, zur Wirtschaft und zu Aktivistengruppen beleuchtet – ähnlich wie die *Slow Food*-Bewegung, die sich als Gegenentwurf zum *Fast Food* mit zahlreichen anderen Bewegungen vernetzt hat, die sich ebenfalls gegen eine teuer erkaufte Zeitersparnis wandten. Die Frage der Entschleunigung, im Zusammenspiel mit der Frage nach der Richtigkeit von Themen und Methoden der Forschung, könnte deutlich weiter in die Vergangenheit hineinreichen als das Gebot der Exzellenz. Tatsächlich ist die Verknüpfung von Wissenschaft und Schnelligkeit, wie wir sehen werden, kein neues Phänomen, sondern steht schon seit dem 19. Jahrhundert für eine Wissenschaft, die nicht nur mobil, sondern mobilisiert ist – wie eine Armee, die in Kriegszeiten mobilisiert wird und alles als Hindernis betrachtet, was sie aufhalten könnte. Um zu meinem Ausgangspunkt, dem Sieg der Wissenschaft über die Dunkelheit, zurückzukehren: Nur wenn es gelingt, die reflexhafte Diffamierung abweichender Vorschläge als irrational zu entschleunigen, kann ein Prozess in Gang kommen, der zu einer Emanzipation der sogenannten Vernunft in Hinblick auf die sie vergiftenden Sieges- und Ausrottungsphantasien führt. Dieser Beitrag kreist also um die *Slow Science*.

Eine entlassene Wissenschaftlerin

Die Tatsache, dass die Suspendierung Barbara Van Dycks im Wissenschaftsbetrieb für erheblichen Wirbel gesorgt hat, ist an sich schon ein bemerkenswertes Ereignis. Denn die Wissenschaftler haben gelernt, die wichtigen Bezugspunkte den individuellen Verdiensten vorzuziehen. Zum anderen begegnen sie allem, was einer Politisierung der Wissenschaft auch nur nahekommt, mit größtem Misstrauen. Es versteht sich von selbst, dass sie in erster Linie dem Fortkommen ihres Forschungszweigs verpflichtet sind. Das beinhaltet alles, was dazu nötig ist, auch die Beschaffung von Finanzmitteln, damit die nachfolgenden Generationen von Forschern weiterarbeiten können. Und sie wurden an den Gedanken gewöhnt, dass sie, wenn sie nur ›gut genug‹ seien, die Partnerschaft mit der Privatwirtschaft nicht fürchten müssten. Letztlich brauche die Industrie eine verlässliche Wissenschaft und wisse daher gute Wissenschaftler zu schätzen. Doch es scheint, als hätten die Maßnahmen gegen Barbara Van Dyck wie ein Alarmsignal gewirkt und mehr als eine Person verunsichert.

Es ist wohl auch ein bewusst gesetztes, deutliches Signal der Universitätsleitung von Leuven an die Adresse potentieller Unruhestifter. Offenbar ging es darum, am Beispiel Barbara Van Dycks zu verdeutlichen, dass es eine neue Grenze zwischen dem Zulässigen und dem Unzulässigen gibt – eine Grenze, die zu verteidigen die Hochschule zu ihrer Aufgabe gemacht hat, ohne auf ein Gerichtsurteil zu warten. Die Führungsriege von Leuven ist der Ansicht, das Vergehen der Barbara Van Dyck fiele in ihre Zuständigkeit und nicht nur in jene der Justiz, denn es richte sich gegen ihre Forscherkollegen und damit gegen die wissenschaftliche Forschung selbst. Die Anbaufläche mit gentechnisch veränderten Kartoffeln war nämlich Teil eines Forschungsprojekts, für das Kollegen der Universität Gent (in Zusammenarbeit mit BASF) verantwortlich zeichneten. Die Aktion vom 29. Mai 2011 gegen die genmanipulierten Kartoffeln in Wetteren, die als politische Praxis ganz offensichtlich in der Tradition des zivilen Ungehorsams steht, wurde auf diese Weise zum Synonym für einen Vertrauensbruch. Er rechtfertigte offenbar die Auflösung des Arbeitsvertrages zwischen Forscherin und Universität – umso mehr, als Van Dyck sich weigerte, Abstand von der Aktion zu nehmen, die sie unterstützt hatte.

Es birgt immer ein Risiko, etwas Unwägbares, wenn man Signale aussendet, die eine Neubestimmung des Zulässigen und des Unzulässigen ankündigen. Entweder sie werden hingenommen und die Operation ist gelungen, oder sie lösen Erstaunen und Unruhe aus. Und in diesem Fall tauchen genau die Fragen auf, die eigentlich unerwünscht sind.

Die Autoritäten von Leuven haben natürlich nicht versäumt zu betonen, dass sie das Recht der freien Diskussion und des freien Meinungsaustauschs nicht infrage stellen. Im Grunde genommen verteidigten es sie sogar, schließt dieses Recht doch jegliche Gewalt als Synonym für gescheiterte Kommunikation aus. Sie hofften auf diese Weise zu vertuschen, dass es nur mit Aktionen zivilen Ungehorsams überhaupt möglich war, eine effektive Debatte über gentechnisch veränderte Pflanzen anzustoßen. Ohne diese Aktionen hätte die Staatsgewalt die Sache mit ein paar Maßnahmen zur Beruhigung der »ängstlichen«, »um ihre Gesundheit besorgten« Bevölkerung abgetan. Dass die Bedenken der Bevölkerung in dieser Sache begründet sind, wissen wir heute nach der kritischen Hinterfragung des toxikologischen Gutachtens. Dabei hatten die Kritiker der Gentechnik wiederholt auf die erstaunlich nachlässigen Vorschriften hingewiesen, die eigentlich eine Gesundheitsgefährdung der Bevölkerung ausschließen sollten. Sie haben aber auch andere Fragen aufgebracht, zum Erbgut der Bevölkerung, zur Patentökonomie, zur Landwirtschaft von morgen und zum Preis, der bereits heute für die »grüne Revolution« gezahlt wird. Wo der wissenschaftliche Fortschritt eine industrielle Innovation zu ermöglichen schien, haben sich immer unbequemere Fragen gehäuft und die Experten ins Stottern gebracht. Aus dieser Sicht könnte man sagen, dass die Aktionen zivilen Ungehorsams einen produktiven Raum kollektiver Intelligenz geöffnet und offen gehalten haben, dem ich mich im Übrigen verpflichtet fühle.

Der zivile Ungehorsam gegenüber den genmanipulierten Anpflanzungen hatte sicherlich nicht die Kraft, die Uhren Pascal Lamys aufzuhalten, aber er hat dem Bild der Uhr eine ganz neue Bedeutung verliehen. Wenn Gewalt im Spiel ist, dann diejenige, die diesem Bild inhärent ist, nämlich die Reduzierung der ›freien demokratischen Debatte‹, die den Autoritäten von Leuven so sehr am Herzen liegt, zu folgenlosem Geschwätz. Die Figur des Engels, der den Drachen der Finsternis durchbohrt, erhält ebenfalls eine neue Bedeutung, wie auch das Ungeheuer, das sich abscheulich und besiegt zu seinen Füßen windet. Die Entlassung der Barbara Van Dyck ist in der Tat ein deutliches Signal – was besiegt werden muss, ist nichts anderes als die »ungeheuerliche« Vorstellung, das grundlegende demokratische Recht, die Zukunft zu denken, könne tatsächlich Konsequenzen haben und den Lauf der Geschäfte stören.

Es sei an dieser Stelle betont, dass die Biotechnologie nicht Barbara Van Dycks Forschungsgebiet ist und dass sie lediglich über die allgemein zugänglichen Informationen zu den besagten Kartoffeln verfügte. Sie hat also keineswegs in der Art eines *whistle blower* das Vertrauen ihrer Kollegen missbraucht, sondern als Bürgerin gehandelt. Das Signal der Leitungsebene von Leuven bedeutet folglich, dass sie es als rechtens betrachten, die gesamten Aktivitäten der Universitätsangestellten zu kontrollieren, und nicht nur das, was diese im Rahmen ihres Arbeitsvertrages tun. Das führt uns zurück in die Zeit der mittelalterlichen Zünfte. Ein Zunftmitglied war übrigens kein Bürger, er besaß kein unabhängiges Leben jenseits der Körperschaft, deren Mitglied er war. Wie die alten Zünfte nimmt sich auch die Universität das Recht einer schnellen und harten Rechtsprechung – ohne Verteidiger, dafür aber mit der Forderung zu bereuen und zu widerrufen. Wie es heißt, könnte dieses Recht zukünftig in den Arbeitsverträgen der Forscher festgeschrieben werden, und es ist absehbar, wie die Universität diesen Sonderfall begründen wird: die Wissenschaft dient dem menschlichen Fortschritt und muss daher beschützt werden.

Die Begründung, mit der die Autoritäten von Leuven das Sonderrecht bereits für sich beanspruchen, wenn sie die Forscherin entlassen, verleiht überdies dem Begriff der Kollegialität eine völlig neue Bedeutung. Das wissenschaftlich generierte Wissen verdankt bzw. verdankte seine spezifische Glaubwürdigkeit einer kollektiven Dynamik von Einwänden und Erprobungen, durch die der Begriff ›Kollegen‹ einen konkreten und streng festgelegten Sinn erhält bzw. erhielt. Die Kollegen sind diejenigen, von denen jeder abhängt, denn die Arbeit des Einzelnen gewinnt erst an Bedeutung, wenn sie als glaubwürdig anerkannt wird, wenn sie als Argument verwendet und in anderen Forschungen weitergeführt werden kann. Dieser Begriff von Kollegialität bedeutet, Fragen zu stellen, Fragen nach den Publikationen zu Freiland-Experimenten mit gentechnisch veränderten Organismen, nach der Geheimhaltung im Dienste von Wirtschaftsinteressen und auch nach dem Ziel solcher Experimente. Und vielleicht gerade, weil solche Fragen keinesfalls aufkommen sollen, wird nunmehr eine umfassende und geradezu blinde Loyalität unter Kollegen gefordert, die jegliches Tun von ›Wissenschaftlern‹ mit dem Schleier der ›Wissenschaft‹ zudeckt.

Folglich arbeiten nunmehr alle, die an der Universität beschäftigt sind – per Definition – am Fortschritt des Wissens, der – per Definition – der alleinige Motor des menschlichen Fortschritts ist. Und der Wissensfortschritt ist gleichbedeutend mit dem Arbeitsergebnis jener, die sich untereinander ›Kollegen‹ nennen. Die ›Wissenschaft‹ ist nichts anderes als das, was Wissenschaftler tun, wofür sie bezahlt werden.

Die Kartoffeln von Gand-BASF waren in diesem Fall selbstverständlich nicht Teil einer Untersuchung ohne jedes Erkenntnisinteresse. Aber sie waren auch nicht an der Produktion irgendeines Wissens beteiligt. Sie erbrachten nicht einmal das für die Eintragung in den Sortenkatalog nötige Wissen – ein potentiell wichtiger Schritt auf dem Weg zur Vermarktung. Ihre Aufgabe scheint es vielmehr gewesen zu sein, die Akzeptanz genmanipulierter Kartoffeln im Land der Kartoffel schlechthin zu testen – und zu fördern. Es handelte sich um eine regelrechte Werbekampagne für die »Kartoffel der Zukunft«, um den Slogan zu zitieren, der die flämischen Landwirte auf einem Plakat begrüßte.

Werbung ist üblicherweise Sache der Unternehmen, und in diesem Sinne gehört die Aktion vom 29. Mai zu den Risiken, die jede Werbekampagne eingeht. Dass die Autoritäten von Leuven eine Werbeaktion mit dem Titel ›Wissenschaft‹ adeln, wirft Licht auf einen neuen Aspekt der Wissenschaftsökonomie, der angeordneten Partnerschaft zwischen öffentlicher Forschung und Wirtschaft. Nicht nur Forscher, Ausstattung und öffentliche Gelder sind für die Partner aus der Industrie interessant, sondern auch das Siegel der ›wissenschaftlichen Legitimität‹. Die Universität bietet ihren Partnern einen neuen Service, nämlich geschützte Orte, die sie im Namen der Wissenschaft verteidigt. Auch hier, so könnte man sagen, hat der zivile Ungehorsam hinsichtlich der »Finsternis«, die uns bedroht, eine »*scientia*« hervorgebracht.

Die Aufgabe der Universität

Es wäre verlockend, an dieser Stelle einfach die freie, keinem Interesse verpflichtete und in der Tat schutzwürdige Forschung der von Wirtschafts- und Industrieinteressen geleiteten Forschung gegenüberzustellen. Doch dieses Argument möchte ich vermeiden, wie groß die Versuchung auch sein mag, und auch wenn die Wissensökonomie gerade dabei ist, die Option einer von Privatinteressen unabhängigen Wissenschaft zu zerstören. Hier steht der Sinn der *Slow Science*-Bewegung selbst auf dem Spiel. Es gilt, der Versuchung zu widerstehen, einfach einer vergangenen Zeit nachzuweinen, »als die Wissenschaft noch respektiert wurde«. Der zivile Ungehorsam im Umgang mit der Gentechnik verlangt es, einen Schritt weiter zu gehen, denn in einer solchen nostalgisch verklärten Vergangenheit hätten die Wissenschaftler in diesen Falle, ganz interessensfrei, nur die »rein wissenschaftlichen« Verfahren entwickelt, die dann durch andere Wissenschaftler im Dienste der Industrie zur Produktion gentechnisch veränderter Kulturen »angewandt« worden wären.

Auch möchte ich vermeiden, ein Sonderrecht einzufordern, wenn ich der Frage nach der Aufgabe der Universitäten nachgehe, die heute in krassem Widerspruch zu ihrer ursprünglichen Definition als Orte der Lehre und der sich frei entfaltenden Forschung umgedeutet werden. Überall, und nicht nur an den Universitäten, wird im Namen der Flexibilität, des Wettbewerbs und der Anpassung an die Erfordernisse des Marktes fortschreitend und hartnäckig das zerstört, was die Marxisten früher »lebendige Arbeit« nannten: eine Arbeit, deren Sinn sich für die Arbeitenden nicht in der finanziellen Entlohnung erschöpft. Diesen Sinn kann und konnte man natürlich schon immer als eine korporatistische Illusion denunzieren. Schon die Vorstellung einer ›guten Arbeit‹ provoziert Spötter, die hier faule Altlasten wittern. Doch es bleibt dabei: Der Spott der einstigen Anhänger dieser Ideen oder ihrer Nachkommen in und außerhalb der Universität entspringt in erster Linie der Verzweiflung und dem Zynismus und nicht entmystifizierender Emanzipation. Und nichts tun die Verzweifelten und Zyniker lieber, als anderswo das zu zerstören, was bei ihnen bereits zerstört wurde. Die Frage nach der Aufgabe der Universität heutzutage neu zu stellen bedeutet folglich nicht, Privilegien zu verteidigen, sondern den nicht allgemein und für alle gültigen Versuch zu unternehmen, auszuloten, »wo wir stehen«. Die Universität ist ein Ort unter vielen, an denen sich die Frage stellt: Können wir noch Widerstand leisten? Was können wir aus unserem Mangel an Widerstand lernen? Widerstand verlangt, gegen den Zynismus und die Verzweiflung anzudenken, gegen ein ohnmächtiges »was nutzt es schon?«, gegen den hellsichtigen Fehlschluss »wir haben es verdient!« Er verlangt, das Mögliche gegen das Wahrscheinliche zu denken.

Die Forscher aus den Bereichen, in denen es um Verfahren und Patente geht, sind sicherlich in einer anderen Position als ich als Philosophin – und die Situation der Geistes- und Sozialwissenschaftler ist nochmals eine andere. Manche denken wohl, sie seien auf die eine oder andere Weise unverzichtbar. Es zeichnet die Philosophie aus, dass sie sich nicht auf diese Hoffnung stützen kann. Für viele meiner Kollegen sind wir Philosophen Schwätzer, Relikte aus einer Zeit, als es die ernsthaften Wissenschaften, die ihre Zeit nicht mit müßigen Fragen vergeuden, noch nicht gab. Doch die Philosophie hatte an der Universität unter anderem die Aufgabe, jene aufzunehmen, die von anderswo kamen und Zeit brauchten, um die Fragen zu formulieren, die anderswo Zeitverschwendung waren. Es braucht Zeit, vorgefertigte Fragen nicht einfach zu akzeptieren – in Zukunft soll man im akademischen Betrieb offenbar nur noch vorgefertigte Fragen stellen. In dieser Zukunft wird es vielleicht noch Philosophen an der Universität geben, aber es werden ›schnelle‹ Philosophen sein, die in fachlich anerkannten Zeitschriften publizieren, die von anderen schnellen Philosophen gelesen werden. Doch was mich zu einer Philosophin hat werden lassen, wird – zumindest an der Universität – nicht mehr existieren.

Jenseits der Unterschiede und Gruppeneinteilungen der Universitätsangehörigen möchte ich mit Blick auf diejenigen denken, denen die Universität Rechenschaft schuldet: Wenn es um die Aufgabe der Universität geht, ist der Fokus auf die Studierenden vielleicht der richtige Ansatz. Wer sich heute an einer Universität einschreibt, gehört zu einer Generation, die eine für uns nur schwer vorstellbare Zukunft vor sich hat. Das trifft natürlich auf alle Generationen zu, doch noch nie war die Diskrepanz zwischen dem, womit wir uns beschäftigen, und dem, was wir bereits über diese Zukunft wissen, so gewaltig wie heute. Und natürlich ist die Mehrzahl der Studierenden wie wir – sie wissen, doch sie wissen mit diesem Wissen nichts anzufangen. Es ist an uns, Verantwortung für diese Diskrepanz zu übernehmen. Vielleicht müssen wir auch gegenüber jenen, die gar nicht an der Universität sind, eine gewisse Scham empfinden angesichts des (noch) in uns gesetzten Vertrauens. Denn sie stellen sich die Hochschule als einen Ort vor, an dem man – welch Luxus! – daran arbeitet, die Fragen zu stellen, die sie selbst zu stellen nicht die Möglichkeit haben. Um den Titel des Buches von Al Gore aufzunehmen: Die Bewohner dieses Planeten müssen sich unbequemen Wahrheiten stellen. Wenn wir, die wir ausgewählt und ausgebildet wurden und nun bezahlt werden, um solchen Wahrheiten ins Auge zu schauen, dessen nicht fähig sind, wie sollen es dann die anderen sein?

Um es deutlich zu sagen: Wer heute versucht, mit diesen unbequemen Wahrheiten zu denken und zu handeln, und wer insbesondere die Ausrichtung unserer Landwirtschaft für völlig verfehlt hält, für den ist die Angelegenheit klar – wie könnte man ihm widersprechen? Es spricht alles dafür, dass die Universitäten und die Experten, die dort ausgebildet werden, Teil des Problems und nicht Teil der Lösung sind. Doch es bleibt die zarte Unbekannte, eine winzige Möglichkeit, die mich dazu bewegt, meine Stimme zu erheben und mich mit der Aufgabe der Universität zu befassen, wie sie der Mathematiker und spätere Philosoph Alfred North Whitehead im Jahr 1935 definierte:

>»Die Aufgabe einer Universität ist die Erschaffung von Zukunft, sofern rationales Denken und zivilisierte Weisen der Einsicht etwas zu diesem Thema beitragen können. Die Zukunft ist groß und beherbergt jede Möglichkeit für große Leistungen und Tragödien.«[3]

Dieser Vorschlag mag unglaublich dröge erscheinen, doch er ist insofern originell, als weder von Fortschritt noch von Wissenszuwachs die Rede ist, sondern von einer durch radikale Ungewissheit geprägten Zukunft. Wir wissen nicht, wie sie aussehen wird, und wir wissen auch nicht, in welchem Maße »rationales Denken und zivilisierte Weisen der Einsicht« dabei eine Rolle spielen können. Was bleibt, und das ist hier von Bedeutung, ist die Aufgabe, sie zu pflegen.

Oder genauer gesagt, sie pflegen zu lernen, ihre Erfordernisse zu begreifen, denn der Vorschlag von Whitehead klingt bereits 1935 wie ein Plädoyer, wenn nicht wie eine Bittschrift. Was aus ihm einen Philosophen machte, ist untrennbar mit der Angst verbunden, die ihm – wie er in *Wissenschaft und Moderne Welt* schreibt – das wichtigste Ereignis des 19. Jahrhunderts und seine Auswirkungen macht: »die Entdeckung der Methode, Profis auszubilden, die sich auf besondere Denkgebiete spezialisieren und dadurch ständig das Wissen innerhalb der Grenzen ihres jeweiligen Themengebietes erweitern.«[4]

An dieser Stelle sollte man jegliches Missverständnis vermeiden. Whitehead stellt nicht die Spezialisierung als solche in Frage. Er kritisiert nicht die spezialisierte Abstraktion im Namen eines »guten Wissens«, das nah bei den konkreten Dingen bleibt. Whitehead war Mathematiker, und seines Erachtens »kann man ohne Abstraktionen nicht denken«. Die Wahrnehmung selbst, so schreibt er, ist der Triumph der Abstraktion. Aber gerade die besondere Bedeutung der Abstraktion heißt auch, dass sie keinen herausgehobenen Bezug zum »rationalen Denken« hat. Vielmehr ist sie für Whitehead das,

---

3   Alfred North Whitehead: *Denkweisen*, Frankfurt/M. 2001, S. 199.
4   Alfred North Whitehead: *Wissenschaft und Moderne Welt*, Frankfurt/M. 1988, S. 228.

worauf jedes Denken, das rational sein möchte, achten sollte: Wir müssen sorgfältig mit unseren Abstraktionen umgehen! Das weiß im Übrigen jeder erfahrene Handwerker, für den die Benutzung eines Werkzeugs immer eine Entscheidung ist, die eine Auswahl trifft und etwas Bestimmtes betont. Es reicht folglich nicht aus, mit dem Werkzeug umgehen zu können. Nicht nur sollte man die Situation hinsichtlich des einzusetzenden Werkzeugs einzuschätzen wissen, sondern auch die Sachdienlichkeit des Werkzeugs für die Situation berücksichtigen. Das Gleiche gilt nach Whitehead auch für den Denkvorgang: Wir müssen auf unsere *Modi* der Abstraktion achten.

Und genau diese Achtsamkeit fehlt nach Whitehead den »Profis«. Eine solche Situation bringt, so schreibt er,

> »Intellektuelle wie in einer Schiene hervor. Jeder Berufszweig macht seine eigenen Fortschritte, aber es sind Fortschritte, die in der jeweiligen Schiene bleiben. [...] Die Schiene verhindert, daß man durch die Lande schwärmt, und die Abstraktion abstrahiert von etwas, dem man keine weitere Beachtung schenkt. [...] Natürlich ist niemand nur Mathematiker oder nur Rechtsanwalt. Die Menschen haben auch ihr Leben außerhalb des Berufs oder des Geschäfts. Entscheidend ist aber die Einschränkung des ernsthaften Nachdenkens auf die Bahn der Schiene. Das restliche Leben wird oberflächlich behandelt und auf die unvollkommenen Denkkategorien reduziert, die aus *einem* Beruf abgeleitet sind.«[5]

Die Profis, ein fester Personenkreis mit festen Aufgaben, sind als solche, wie Whitehead betont, keine neue Erscheinung. Doch der Profi früherer Zeiten war Schreiber, Beamter oder Astronom – der Inbegriff kurzsichtiger Gewissenhaftigkeit. Neu ist indes die Verknüpfung von Beruf und Fortschritt.

Im Folgenden werde ich auf eine etwas nebulöse Formulierung zurückkommen, mit der Whitehead die Ausbildung der Fachleute beschrieb, die keine »Gewohnheiten der konkreten Wertschätzung individueller Tatsachen in ihrer umfassenden Wechselwirkung von auftauchenden Werten«[6] erlernen. Man beachte, dass von »Gewohnheiten« die Rede ist, nicht von einem »anderen Wissen«. Ferner steht die »konkrete Wertschätzung« nicht im Gegensatz zur spezialisierten Abstraktion, sondern verbindet das rationale Denken mit der Fähigkeit, sorgsam mit der Abstraktion umzugehen, d.h. sie eben nicht für ein Urteil zu instrumentalisieren, das die »individuelle Tatsache« erdrückt und nur das, was sie an ihr als wichtig erachtet, gelten lässt. Zuvor möchte ich auf die »Entdeckung« der Ausbildungsmethode für Fachleute zurückkommen, die aus meiner Sicht der Geburtsakt der Art von Universität ist, die heute im Verschwinden begriffen ist (und häufig fälschlicherweise als »humboldtianisch« bezeichnet wird). Denn sowohl Whiteheads Bittschrift bezüglich der Aufgabe der Universität als auch der Komplex der *Slow Science* treffen hier auf die brennende Frage unserer Zeit: »Was ist uns widerfahren?«

---

5   Ebd., S. 228–229.
6   Ebd., S. 230.

Die Erfindung einer »schnellen Wissenschaft«

Zunächst möchte ich eine Geschichte erzählen, und zwar, wie Justus von Liebig aus der Chemie den Prototyp einer »schnellen Wissenschaft« machte.

In dem Artikel »chymie« der *Encyclopédie* von Diderot und d'Alembert beschreibt der Chemiker Gabriel François Venel seine Wissenschaft als eine »verrückte Leidenschaft«. Man brauche, so schrieb er, lebenslange Erfahrung, um die verschiedenen chemischen Vorgänge wirklich zu beherrschen. Jeder besitze seine feinen Eigenheiten, die manchmal auch gefährlich seien und in so unterschiedlichen Bereichen wie der Parfümherstellung, der Metallverarbeitung oder der Pharmazie Anwendung fänden. Dagegen erhielt ein Student in Liebigs Labor in Gießen seinen Doktortitel nach drei oder vier Jahren intensiver Arbeit. Doch handwerkliche Kenntnisse und Fertigkeiten erwarb er dabei nicht. Er hatte es nur mit standardisierten Produkten und Abläufen zu tun und war lediglich mit den neuesten Methoden und Apparaturen vertraut. Liebig wurde nachgesagt, er »züchte« Chemiker heran, denn in Gießen bildete er zwischen 1824 und 1851 hunderte Studenten aus aller Herren Länder aus, von denen viele ihr eigenes Forschungs- und Ausbildungslabor nach demselben Muster gründeten, während andere eine Schlüsselrolle beim Aufbau der neuen und mächtigen deutschen Chemieindustrie spielten.

Liebigs Erfindung dessen, was man eine »schnelle« Chemie nennen kann, bedeutet einen Einschnitt, der nichts Epistemologisches an sich hat und auch nicht die »reine« von der »angewandten« Chemie trennt. Der Chemiker war fortan zwar abgeschnitten vom vielgestaltigen chemischen Handwerk, doch verbanden sich akademische Forschung und das neue Netz industrieller Chemiefabriken in einer fast schon symbiotischen Beziehung: einer braucht den anderen, ernährt den anderen und wird von dem anderen ernährt. Die Chemie »schafft selbst ihren Untersuchungsgegenstand«, sagte man im 19. Jahrhundert. Diese Formel würdigt die erste Wissenschaft, die sich in der Tat nicht darauf beschränkt, zu extrahieren oder – im herkömmlichen Sinne – zu ›abstrahieren‹, sondern bei ihren Prozessen nur Zutaten duldet, die anderen Abstraktionsvorgängen entspringen. Daher sagt die Chemie des 19. Jahrhunderts nicht »nein« zum Chemiegewerbe, wie Bachelard meinte. Der ›moderne‹ akademische Chemiker hat den Handwerkern nichts mehr zu sagen, weil er gar nicht in der Lage ist, sie zu verstehen. Sein Wissen bezieht sich auf Prozesse, die genormte, industriell hergestellte Chemikalien voraussetzen (auf einer einsamen Insel könnte ein Chemiker mit seinem Wissen nun nicht mehr viel anfangen). Er ist also symbiotisch mit der Industrie verstrickt, die die Massenfertigung jener Substanzen entwickelt, die er selbst zu isolieren und zu identifizieren oder zu synthetisieren gelernt hat. Es gab hier keinen ›epistemologischen Bruch‹, sondern eine Entkopplung. Die einzigen wahren Ansprechpartner des neuen akademischen Chemikers, die einzigen, die seine Sprache verstehen, gehören dem neuen Industrienetz an und haben die gleiche Ausbildung wie er.

Eine Symbiose impliziert divergierende Interessen, verbunden mit dem ständigen Risiko, dass die einen oder die anderen Überhand nehmen, so dass eine simple Abhängigkeitsbeziehung entsteht. Daher verwundert es nicht, dass Liebig, der selbst eine äußerst wichtige Rolle bei der Entwicklung der industriellen Chemie gespielt hat, ab 1863 als vehementer Verfechter einer interessensfreien, reinen, autonomen akademischen Forschung auftritt. Sein Pamphlet »Lord Bacon« ist eine heftige Attacke gegen

die »Bacon'sche Wissenschaft«, der er vorwirft, sie beschäftige sich mit auf das Gemein-
wohl ausgerichteten und folglich »unwissenschaftlichen« Fragen. Liebig ist demnach
der Erfinder des sogenannten »linearen Modells«, das aus der interessensfreien Forschung den Ursprung der industriellen Entwicklung macht, die selbst wiederum Quelle
des menschlichen Fortschritts ist. Diesem Modell entspricht das Bild des akademischen
Forschers als »Henne, die goldene Eier legt«. Es führt der Industrie unentwegt vor Augen,
dass sie in ihrem eigenen Interesse Distanz wahren und dem Forscher die Freiheit lassen
muss, seine Fragen selbst zu formulieren. Nur er ist in der Lage zu entscheiden, welche
Fragen fruchtbar sein und zu einer Weiterentwicklung des Wissens beitragen können
und welche eine nur empirische und unsichere Antwort zeitigen würden, eine Anhäufung
ergebnisloser Fakten. Die Industrie mag versucht sein, ihre eigenen Fragen zu diktieren,
doch das wäre ebenso dumm wie die Henne mit den goldenen Eiern zu schlachten.

Hier sind wir an einem entscheidenden Punkt angelangt. Für viele Wissenschaftler
konstituiert die symbiotische Struktur, die ich mit der Chemie Liebigs und dessen Schü-
lern beschrieben habe, die normale Situation, der gegenüber die aktuelle Wissensökonomie das schon lange absehbare Desaster darstellt: Man ist dabei, die Henne mit den
goldenen Eiern zu schlachten! Mit der Rede von der *Slow Science* wollen sie einfach
daran erinnern, dass ›gute Wissenschaft‹ Zeit benötigt, um ihre eigenen Fragestellungen
zu entwickeln. Dem möchte ich auch nicht widersprechen, sondern das Argument etwas
differenzieren und zunächst zwei Aspekte der im 19. Jahrhundert erfundenen wissenschaftlichen Arbeitsweise beleuchten, die häufig unerwähnt bleiben.

Das ist zum einen die regelrechte ›Klassentrennung‹ zwischen den Wissenschaftlern, je nachdem, ob sie im geschützten, sogenannten akademischen Bereich tätig
sind oder ob sie ihre Arbeitskraft an die Wirtschaft verkaufen. Wenn man »in die Wirtschaft geht«, bedeutet das im Allgemeinen, dass man nicht mehr »Kollege« ist, dass
man keine Möglichkeit mehr hat, etwas zum öffentlichen Wissen beizutragen, und dass
man im Gegenteil dem Betriebsgeheimnis unterliegt. Die sogenannte »reine« Wissenschaft verdankt ihre Reinheit der Tatsache, dass sie den Großteil der ihren diesem
gefürchteten Schicksal überlassen hat – das sie nun wieder einholt. Wenn die heutigen
Wissenschafts-*Communities* dem Schicksal der *whistleblower* aus der Industrie immer
noch weitgehend gleichgültig gegenüberstehen, so ist das in dieser Hinsicht charakte-
ristisch. Ebenso unbeliebt sind *whistleblower* aus dem akademischen Betrieb, wenn sie
versuchen, die Öffentlichkeit auf die wenig vertrauenswürdigen Eigenschaften dessen
aufmerksam zu machen, was gerade dabei ist, zum goldenen Ei zu werden. Es herrscht
fast schon ein Schweigegebot bezüglich der Verbindungen zwischen Wissenschaftlern
und Wirtschaft, an das sich die Kollegen zu halten haben. Sie werden schließlich alle aus
öffentlichen Geldern finanziert, um die wirtschaftliche Innovation zu befördern, nicht um
ihr Steine in den Weg zu legen!

Wobei wir beim zweiten häufig vernachlässigten Aspekt wären: Die Metapher von der
Henne und den goldenen Eiern verstellt zum Teil den Blick auf die wichtige Rolle, die ein
in »schneller Wissenschaft« geschulter Wissenschaftler bei der sogenannten »Valorisierung« der Wissenschaft spielt.

Die offizielle Version lautet, die akademische Henne lege ihre Eier und freue sich,
wenn sich manche im Hinblick auf die industrielle Entwicklung als golden entpuppten.
Sie hoffe auf einen Vorteil für die gesamte Menschheit, fühle sich aber nicht verantwort-

lich, wenn dem nicht so sein sollte. Das sei nicht nur nicht ihre Sache, sie dürfe es auch gar nicht sein, sonst hätte man es mit einer unzulässigen Vermengung der »Tatsachen« und der »Werte« zu tun. Die Henne kann also nur hoffen, dass diejenigen, denen sie ihre Eier anvertraut, im Sinne des Gemeinwohls handeln. Ihre eigene Aufgabe besteht dagegen darin, immer wieder daran zu erinnern, dass der menschliche Fortschritt auf der Erweiterung des Wissens beruht – der sie sich ganz und gar zu widmen hat. Mit anderen Worten: Die Henne darf sich nicht mit Dingen aufhalten, die ihre Wissenschaft nicht direkt weiterbringen, und muss folglich alle Fragen ignorieren, die zu Verzögerungen oder gar zur Besorgnis um das Schicksal ihrer Eier führen könnten.

In ihrer Ausbildung zu »schnellen« Wissenschaftlern wird den Nachwuchswissenschaftlern diese Vorstellung nachdrücklich eingehämmert. Häufig und ein wenig formelhaft erklingt die Klage über die »Parzellierung des wissenschaftlichen Wissens«, die nahelegt, diese sei etwas ›Natürliches‹ und Ergebnis der Spezialisierung. Dabei handelt es sich um einen Schlüssel der »Methode, Profis auszubilden«, die für Whitehead eine der großen Erfindungen des 19. Jahrhunderts war. Auf die eine oder andere Weise, explizit oder implizit, lernen die Wissenschaftler, Fragen als »unwissenschaftlich« abzutun, die nicht in ihre Schiene gehören. Aus der Sicht ihres Fachs ist eine Beschäftigung damit nichts als Zeitverschwendung – auch wenn diese Fragen für andere akademische Disziplinen von Bedeutung sind. Wollen sie ›wahre Wissenschaftler‹ sein, müssen sie dieser Versuchung widerstehen. So ist es möglich, dass gentechnisch veränderte Organismen als *der* vernünftige Weg zur Bekämpfung des Welthungers angepriesen wurden, ohne dass der Wissenschaftsbetrieb sich darüber aufgeregt hätte. Was tut es schon zur Sache, dass in anderen akademischen Bereichen die sozialen, politischen und ökonomischen Mechanismen, die bei Hungersnöten zusammenwirken, analysiert und diskutiert werden? Diese Analyse soll keinesfalls auf einem anderen Gebiet die Umwandlung eines gelegten Eis in pures Gold verzögern.

Doch dieses Beispiel zeigt auch, was die offizielle Version der Geschichte verschweigt. Die Henne interessiert sich aktiv für die Vermarktung ihrer Eier. Die Biologen, die die Techniken der Genmanipulation entwickelt haben, waren von Beginn an in der »Biotechnologie« genannten Sparte aktiv. Sie selbst haben die These unterstützt, wonach die gentechnisch veränderten Organismen ein Stück Zukunft seien – sie würden das Problem des Welthungers bei der Wurzel packen, endlich seine ›rationale‹ Lösung ermöglichen, ohne sich im Einzelnen mit ihm und seinen nur kontingenten Aspekten auseinandersetzen zu müssen. Die Bewertung ihrer Arbeit, der Kontakt mit jenen, die ihren Forschungsergebnissen einen ›nichtwissenschaftlichen‹ Wert geben können, war den Wissenschaftlern immer wichtig – auch wenn ihre Namen, wie bei Pasteur oder Marie Curie, mit dem Ideal einer interessensfreien Forschung assoziiert werden. Das soll kein Vorwurf sein. Es gäbe keine Forschung, wenn die Wissenschaft nicht über ein Umfeld verfügte, für das Forschungswissen bedeutsam ist. Wie Dominique Pestre[7] zu Recht in Erinnerung rief, ist das Problem der Valorisierung, also des Wertes, der ihren Erkenntnissen beigemessen wird, fester Bestandteil der Existenz von Wissenschaft. Die Frage, die sich angesichts der »schnellen Wissenschaft« stellt, betrifft nicht so sehr die unehrliche Henne, die sich interessensfrei gibt. Es ist vielmehr die enge Beziehung zwischen den

---

7   Dominique Pestre: *Science, argent et politique. Un essai d'interprétation*, Paris 2003.

Forschungserfolgen – ›Fakten‹, auf die sich alle an ihrer Erzeugung Beteiligten verständigen können – und der Auswahl jener, für die diese Fakten wichtig sind. Die »schnelle Wissenschaft« zeichnet sich nicht durch Isolation aus, Stichwort Elfenbeinturm, sondern durch die aktive und freiwillige Beschneidung ihres Umfelds.

Als Liebig die Chemie als »schnelle Wissenschaft« erfand, indem er sie vom chemischen Handwerk trennte, hat er sie auch von den Anforderungen abgetrennt, die an dieses Handwerk herangetragen wurden, von dem Boden, in dem es wurzelte. Doch die Wissenschaft, die ich »schnell« nenne, bildet Profis im Sinne Whiteheads aus, keine nur durch ihre Abstraktionsmodi von solchen Anforderungen abgetrennten Spezialisten: Ihrem wissenschaftlichen Nachwuchs wird jedes intellektuelle und imaginative Rüstzeug vorenthalten, das ihnen erlauben würde, sich in einem Modus jenseits des (oberflächlichen) Urteils zu ›situieren‹. Er wird angehalten, die Anforderungen, die er noch gar nicht kennt, zu isolieren und die ›objektiven‹, ›rationalen‹ Dimensionen eines Problems von einem Rest, d.h. zweitrangigen, subjektiven oder willkürlichen Komplikationen, abzuscheiden. Diese isolierte Betrachtungsweise ist symbiotisch mit den Interessen der Wirtschaft verknüpft, die alles ignoriert, was ihr Vorgehen verkomplizieren könnte. Hier ist gar keine direkte Mobilisierung vonnöten, nur die symbiotische Beziehung zwischen Abstraktionsmodi.

Dennoch ist die direkte Mobilisierung nunmehr an der Tagesordnung. Die Wissensökonomie läutet das Ende der Henne und des geschützten Raumes ein, wo sie ihre Eier legen konnte. Man könnte einwenden, dadurch ändere sich nichts, war doch die durch Liebig und seine Kollegen erreichte Objektivität immer schon eine Illusion. Ich würde aber dagegenhalten, dass hier gerade die ›gesellschaftliche Verfasstheit‹ der Vertrauenswürdigkeit zerstört wird, die die »schnellen Wissenschaften« voll und ganz für sich beanspruchen konnten. Zukünftig gibt es vielleicht viele hart arbeitende Wissenschaftler, die Fakten in einer Geschwindigkeit produzieren, welche eine immer ausgeklügeltere Instrumentierung erlaubt. Wie aber diese Fakten geschaffen und interpretiert werden, wird die etablierten Interessen nur noch bestätigen.

Man kann es nicht oft genug betonen: Die Vertrauenswürdigkeit der Aussagen der kumulativ arbeitenden Wissenschaften, die ich »schnelle Wissenschaften« nenne, beruht nicht auf einer ›objektiven Methode‹, die unterschiedslos in einem Elfenbeinturm und einem Industrielabor angewandt werden könnte. Sie basiert darauf, dass der Erfolg eines Wissenschaftlers von seinen ›kompetenten Kollegen‹ abhängt, ob sie ein Interesse haben, Einwände zu erheben und Schwachstellen zu suchen oder auch eine Aussage auf ihre Folgen hin zu befragen, die – je nachdem, ob sie überprüft werden oder nicht – den Erfolg vergrößern oder schmälern. Das Kolleginteresse zeichnet sich dadurch aus, dass die Einwände nicht böswillig sind. Die Kollegen müssen, gerade weil und in dem Maße wie sie selbst betroffen sind, jede ›interessante‹ Aussage auf die Probe stellen. Übernehmen sie ein Forschungsergebnis, sind sie durch dessen Konsequenzen gebunden und müssten es sogar in ihre eigenen Forschungen einbringen. Doch diese anspruchsvolle Verbindung ist in Gefahr, wenn diese Kollegen fast alle Wirtschaftsinteressen verpflichtet sind. Ein Patent anzumelden ist weitaus weniger anspruchsvoll, ebenso wie anstelle eines goldenen Eis eine wahre Goldgrube zu versprechen. Mit anderen Worten: Es gibt fortan durchaus andere Wege zum Erfolg für einen ›Wissenschaftler‹, als das Zugutehalten eines als zuverlässig anerkannten Ergebnisses. Es könnte sich nun die kollektive Weisheit durchsetzen, wonach man den Ast, auf dem alle sitzen, nicht absägt. Niemand wird allzu viel einzuwenden haben, sollten die fraglichen Einwände die mit einem Forschungsfeld verbundenen Versprechen bedrohen. Abweichende Stimmen werden als »Minderheitsmeinung« disqualifiziert, die zu beachten zu weit führte. Was dann geschieht, hat bereits einen Namen: Es ist nicht mehr nur die Wissensökonomie, sondern vielmehr die ›Ökonomie des Versprechens‹, die Einzug hält. Die Protagonisten verbinden nicht mehr die »vertrauenswürdigen wissenschaftlichen Eier«, die sich für die Wirtschaft in pures Gold verwandeln könnten, sondern ertragreiche Möglichkeiten, die infrage zu stellen in niemandes Interesse liegt. Zusammen mit der Wissensökonomie greift die spekulative Ökonomie, mit ihren Blasen und Crashs, auf das über, was einmal die wissenschaftliche Forschung war.

Es ist unnötig zu betonen, dass die beängstigende Zukunft, der wir angesichts einer Vielzahl äußerst unbequemer Wahrheiten wie Klimawandel, Luftverschmutzung, Ressourcenverknappung oder Schadstoffbelastung von Umwelt und Körper entgegensehen, etwas ganz anderes verlangt. Nicht eine Rückkehr ins goldene Zeitalter der Symbiose zwischen »Forschung und Entwicklung«, sondern die Erfindung dessen, was hier *Slow Science* genannt wird.

Verlangsamen

Dieser Text ist ein Plädoyer. Es richtet sich nicht an die Apologeten der Wissensökonomie, sondern an die Wissenschaftler selbst – in erster Linie an die Spezialisten der »schnellen«, das heißt experimentellen Wissenschaften. Wenn es hier nicht um die bunte Schar all der anderen geht, dann darum, weil sich mein Plädoyer an diejenigen richtet, die vielleicht den Unterschied ausmachen könnten. Unsere Universitäten haben sich strukturell an den »schnellen Wissenschaften« orientiert: In Frankreich hat es etwas gedauert, doch schließlich ist die *Thèse d'État* verschwunden – eine Erinnerung an das Meisterwerk, dessen Anfertigung die beste Zeit des Lebens (eine verrückte Leidenschaft?) in Anspruch nahm. Die anderen Wissenschaften passen sich mit unterschiedlichem Erfolg an. Natürlich sind heutzutage alle gefährdet, doch es handelt sich dabei eher um Nebenwirkungen der allgemeinen Parole, wonach Flexibilität und Marktorientierung zur Überlebensbedingung werden sollen. Die wirklichen Verlierer indes, diejenigen, die für das gekämpft haben, was heute zerstört wird, sind die Vertreter der »schnellen Wissenschaften«.

Mein Plädoyer an sie zu richten, heißt nicht, die Position an der Spitze der akademischen Hierarchie zu billigen, die sie ganz selbstverständlich für sich in Anspruch nehmen. Diese Stellung ist im Übrigen nicht weiter verwunderlich, stellen sie doch die Norm dar. Sie unterliegen vielmehr weit mehr als die anderen der Versuchung, dem goldenen Zeitalter nachzutrauern, als die Autonomie ihrer Wissenschaft noch respektiert wurde. Sie kontrastieren die im Dienst der Menschheit produzierten ›zuverlässigen Fakten‹ mit den Behauptungen, die für die spekulative Wissensökonomie zusammengeschustert wurden. Die Wissenschaften, die die Schnelligkeit erfunden haben, bergen in dieser Situation die einzige wirkliche Unbekannte: Die winzige Möglichkeit, die Bezugnahme auf das Fortschrittsmodell aufzugeben, mit dem sie den an ihnen begangenen Verrat anprangern. Diese Möglichkeit möchte ich gerne mit der Option verknüpfen, dass es dem Hilferuf der geschundenen und bedrohlich gewordenen Welt gelingt, die oberflächlichen Urteile, die sie wie Mauern umschließen, ins Wanken zu bringen. Können sich die Vertreter dieser Wissenschaften die Rolle zu Herzen nehmen, die sie bei der Herausbildung einer Entwicklung einnahmen, von der wir heute wissen, dass sie ganz und gar unhaltbar ist?

Wie bereits unterstrichen, hat die traditionelle Ablehnung jeder Verantwortung seitens der Vertreter der »schnellen Wissenschaften« sie noch nie davon abgehalten, wissenschaftlichen und sozialen Fortschritt zu verbinden. Sie wettern gegen die, die uns ins »Höhlenzeitalter« zurückversetzen wollen. Sie preisen die Trennung zwischen Fakten und Wertvorstellungen und sie stempeln alles, was ihre Disziplin an einer konkreten Situation nicht berücksichtigt, als simple Wertvorstellung ab. Zwar gibt es Ausnahmen – es sind aber eben nur Ausnahmen. Um es höflich auszudrücken: Wir können uns an keinen gemeinsamen öffentlichen Protest gegen einen Kollegen erinnern, der seine fachlichen Urteile über den geschützten Raum, in dem sie Gültigkeit haben, hinausgetragen hat.

Hier gilt es genau zu differenzieren, denn es geht bei der *Slow Science* nicht um das Wunschbild eines endlich ›verantwortungsbewusst‹ gewordenen Wissenschaftlers, der für die absehbaren Folgen seiner Wissenschaft einsteht. Vielmehr geht es um das, was Whitehead als »rationales Denken und zivilisierte Weisen der Einsicht« definiert hat. Und diese Begriffe haben hier nichts mit dem selbstzufriedenen Schnurren derjenigen zu tun, die sich in meinem Ausgangsbild mit dem Engel der Vernunft identifizieren, der den barbarischen Drachen durchbohrt. Es ist der Engel selbst, der zivilisiert werden und zur Vernunft (zurück)gebracht werden muss. Wenn er einen Drachen bekämpft, dann weil er die geschützten Räume verlassen hat, in denen er und seine Kollegen die Zuverlässigkeit ihrer Fakten überprüfen. Doch die Lanze, mit der er ihn bekämpft, ist nicht die des rationalen Denkens, sondern die der Autorität. Das Bestreben, die ihm so wichtigen rationalen Werte ›hinauszutragen‹, sollte ihn eine völlig andere Prüfung akzeptieren und sogar wünschen lassen: Das Erlernen eines zivilisierten Umgangs mit einer ganz anderen Art von ›Fakten‹, die von denen eingebracht werden, die darüber entscheiden, welche Zuverlässigkeit seinen Aussagen zugesprochen wird.

Man kann die gesellschaftliche Verfasstheit der wissenschaftlichen Zuverlässigkeit als Form der Höflichkeit zwischen Protagonisten auffassen. Sie sind übereingekommen, auf autoritäre Argumente zu verzichten, und lassen nur das gelten, worauf sie sich einigen können. Doch man kann gar nicht genug betonen, dass die Zuverlässigkeit einer wissenschaftlichen Aussage selten und prekär ist. Sie ist geknüpft an ein von kompetenten Kollegen bevölkertes, geklärtes und engmaschig überprüftes Umfeld – von Kollegen, deren Kompetenz nur in Bezug auf dieses Umfeld existiert. Wird eine Aussage in ein neues Umfeld verpflanzt, gibt sie ihre spezifische Verlässlichkeit auf und gewinnt sie auf dem neuen Boden nur unter dem Druck sozialer und politischer Zwänge (z.B. die ernsten und/oder irreversiblen Gefahren für Gesundheit oder Umwelt, die zugunsten der Vorbeugung ins Feld geführt werden) auf neue Weise zurück. Es bleibt allerdings ein Zwang, etwas von außen Aufgedrängtes: Die symbiotische Verquickung von »schnellen Wissenschaften« und ihren Verbündeten aus der Wirtschaft wird von sich aus niemals die Glaubwürdigkeit dessen definieren, was als wahres Problem ihre Labors verlässt.

Der Dreh- und Angelpunkt dieser Symbiose ist das gemeinsame, wenn auch unterschiedlich begründete Desinteresse allem gegenüber, was nicht berücksichtigt werden soll, nicht berücksichtigt werden darf, was zu berücksichtigen geradezu irrational wäre – auch hier wieder aus unterschiedlichen Gründen. Der Fortschritt, so heißt es, wird die (zugleich unvermeidlichen und kontingenten) Schäden beheben, die der Fortschritt verursacht – was sich heute in der immensen Verschwendung zeigt, die wir Entwicklung nennen. Wenn man davon ausgeht, dass die kompetenten Kollegen durch eine Form der »Zivilisiertheit« verbunden sind, so schlägt diese in ihr Gegenteil um, sobald eine wissenschaftliche Aussage sich als Ergebnis einer wissenschaftlichen, d.h. rationalen Sicht auf die Welt präsentiert.

Die Idee eines »verantwortungsbewussten« Wissenschaftlers, der für die absehbaren Folgen seiner Wissenschaft einsteht, ist eine schlechte Idee, denn es ist zunächst die Unzuverlässigkeit seiner Abstraktionsmodi außerhalb des Labors, die sich bewähren muss. Die Verlangsamung der »schnellen Wissenschaften« bedeutet nicht automatisch die Verurteilung dieser Abstraktionsmodi, sie baut vielmehr aus, was deren Stärke ausmacht: die Verbindung zwischen Vertrauenswürdigkeit und Erprobung. Sie genau macht die Fähigkeit der Wissenschaftler aus, gemeinsam eine Glaubwürdigkeit wiederherzustellen, die all jene gleichberechtigt einbezieht, die von den Folgen einer Innovation betroffen sein könnten, die Bedenken haben oder denen der Abstraktionsmodus der Wissenschaft blind erscheint. Nichts in ihrer aktuellen Ausbildung bereitet die Forscher auf diese Art der Beteiligung vor, die jedes oberflächliche Urteil und jede Komplizenschaft der Wissenden ausschließen sollte. Hier wird von den Profis nichts weniger verlangt, als ihre Gewohnheiten komplett abzulegen, um an einer solchen Erprobung mitzuarbeiten, an dieser neuen Art der »Zivilisiertheit«. Denn sie ist um einiges fordernder und schwergängiger als die zwischen kompetenten Kollegen übliche, und zwar in dem Maße, wie hier Menschen zusammenkommen, die sich – im Gegensatz zu den Vorgenannten – im Kern nicht einig sind. Schon die verhaltene sehnsuchtsvolle Erinnerung an den »konstruktiven« Charakter der kollegialen Einwände, die geringste Ungeduld angesichts des schleppenden Tempos jeder noch so kleinen Einigung führt zu dem Schluss, dass »die Leute« nicht zu einer Beteiligung fähig sind, dass die »Wissenden« eine rationale Lösung vorgeben müssen.

Einige Wissenschaftler können nun einwenden, es sei nicht ihre Aufgabe, an solchen Verhandlungen teilzunehmen – es reiche aus, so ehrlich wie möglich zu sagen, was sie zu sagen hätten, und den Rest den »anderen« zu überlassen. Das wäre ein schneller, zeitsparender Ausweg, der es erlaubte, den Unterschied zwischen ihren Fakten und den widersprüchlichen Wertvorstellungen, mit denen sie fortan nur noch in Einklang zu bringen wären, aufrechtzuerhalten. Dieser Weg würde die Trennlinie zwischen Wissenschaft und Meinung aktualisieren und in die Tat umsetzen, denn »die anderen« wissen, was es bedeutet, wenn die richtigen Wissenschaftler sich zurückziehen oder schweigen: Es geht nun nicht mehr um Wissen, gibt es doch für die Wissenschaftler dabei nichts mehr dazuzulernen.

Die Zuverlässigkeit einer Aussage ernsthaft auszubauen und ihre Richtigkeit in jeder einzelnen Situation auszuloten, ist eine Herausforderung, der man nicht mit gutem Willen, Toleranz oder Nichteinmischung beikommt. Dieser Situation muss die gleiche Wichtigkeit beigemessen werden wie einer wissenschaftlichen Kontroverse. Auch hier handelt es sich um die Suche nach einem Wissen, das nur sinnhaft und glaubwürdig wird, wenn – und ich wiederhole hier die Worte von Whitehead – eine »Wechselwirkung von auftauchenden Werten« stattfindet. Diese Werte treten nur zutage, wenn alle Beteiligten, Wissenschaftler eingeschlossen, die Kraft aufbringen, gemeinsam zu denken.

Man kann eine Zusammenkunft zu einer kontroversen Frage »Beratung« nennen, wenn die Vertreter verschiedener Ansichten sich darauf einigen, dass niemand eine Antwort hat. Bestimmte Ansichten und ihre Gewichtung werden erst im Verlaufe des Diskussionsprozesses gewonnen und führen vielleicht zu einer Einigung. Wie alle Begriffe in diesem Wortumfeld – Versammlung, Konferenz, Konvent, Besprechung, Forum – ist auch dieser abgenutzt, sinnentleert und entehrt. Doch in manchen Verwendungen haftet dem Begriff der Beratung noch etwas Feierliches an. Er lässt ein Zögern im Heute mit Blick auf eine gemeinsame Zukunft und die Entwicklung der Fähigkeit, gemeinsam zu zögern, anklingen. Denn eine Beratung erfordert nicht nur eine Neuverteilung der Expertise, eine Neuverteilung der Stimmen, die angesichts der Situation, die der Grund für die Zusammenkunft ist, gehört werden müssen. Jede Beratung ist besonders nicht nur in dem Sinne, dass jede Situation eine besondere ist, sondern ›individuell‹, insofern sie ein Miteinander-Lernen verlangt. Sie verändert das Wissen jedes Einzelnen und erleichtert ihn aktiv um seine angesammelten Gedanken, die ihm Argumente gegenüber den anderen liefern. Alle Beteiligten sind dabei befähigt, gemeinsam nachzudenken und sich etwas auszumalen. Daher sollte man eher von der »Kunst der Beratung« sprechen als von einer »freien Debatte«. Es geht nicht darum, die einzelnen Positionen zu bewerten, sondern der Situation, um derentwegen man zusammenkommt, die Macht zuzusprechen, alle Beteiligten in ihrer Positionierung zögern zu lassen. Eine solche Kunst ist in vielen Kulturen verbreitet, wo man sich zu beraten ›weiß‹ und wo dieses Wissen im Übrigen ein Synonym für Kultur ist. Sorgsam werden hier die ›Modi‹ der Abstraktion kultiviert, die jede »schnelle Wissenschaft« oder ihre Nachahmer als Zeitvergeudung betrachten.

Kommen wir nun zum bemerkenswert asymmetrischen Charakter des Wissens, das durch die »schnelle Wissenschaft« produziert wird. Die sogenannten »materiellen« Techniken nehmen explosionsartig zu, während die sogenannten »immateriellen« oder »menschlichen« Techniken eher verkümmern. Wir haben nichts gelernt, wir haben sogar eher die Kunst verlernt, eine Einigung ohne Schiedsrichter und ohne das Recht des Stärkeren oder des zahlenmäßig Überlegenen zu erzielen. Die amerikanischen Aktivisten mussten sich diese Kunst neu aneignen, denn ihre Praxis der direkten gewaltfreien Aktion machte es nötig. An unseren Universitäten jedoch besteht offenbar kein Bedarf an solcherlei Künsten. Eher noch triumphiert ihre Negation: mit *Powerpoint*, mittlerweile zur verbindlichen Kommunikationsform avanciert, gilt es, auf schematische, autoritäre und frappierende Art »auf den Punkt« zu kommen – aber bitte ohne »*bullet points*«!

Was wir »zivilisiert« nennen, ist vielmehr heuchlerisch, höflich und tolerierend – man denke an die interdisziplinären Treffen, diese traurigen Veranstaltungen disziplinierter Akademiker, die sich leicht gelangweilt anhören, was sie selbstverständlich nicht zum Denken anregen soll und dem sie offensichtlich nicht die Kraft beimessen, sie wirklich zu betreffen. Eine solche Kraft kann man im Übrigen den Exposés der »lieben Kollegen« auch nur schwerlich zuteil werden lassen, wenn sie nach nichts dergleichen trachten. Aber es gibt Schlimmeres, denn die Kollegen, die unsere Institute für Psychologie, Psycho-Soziologie, Soziologie oder Pädagogik bevölkern, stehen bereit, um hohnlachend all das Verlernte als Unmöglichkeit darzustellen. Sie bilden »Moderatoren« aus, die die Vielzahl der Meinungen in einem »Konsens« des guten Willens zusammenführen sollen. Bestenfalls sind die Augenblicke, in denen Wertvorstellungen zutage treten, diesen Kollegen nicht unbekannt – zum Beispiel, wenn man die Perspektive eines anderen einnimmt und merkt, wie die eigene dadurch verändert wird. Oder wenn der Grund der Zusammenkunft den Sog entwickelt, einem wirklich nahezugehen (die Begegnung »packt« einen); oder auch wenn man versteht, dass etwas zuvor unbedeutend Erscheinendes doch wichtig sein kann. Doch solche Momente sind nicht der Stoff, aus dem »wissenschaftliches Wissen« ist, eben weil sie individuell und keinen pseudo-explikativen Verallgemeinerungen unterworfen sind. Schlimmstenfalls werden sie dem Irrationalen zugerechnet oder (schnell) in Schubladen gesteckt, die die angebliche, traurige und reproduzierbare Illusion solcher Augenblicke bloßlegen. Die Universität, so wie sie heute funktioniert, ist nicht der Ort, an dem Wissenschaftler mit der konkreten Beurteilung »individueller Tatsachen« vertraut werden.

Angesichts der aktuellen Zerstörung der Universität mag es vielleicht unpassend erscheinen, das Thema der *Slow Science* mit der Frage nach einer endlich zivilisierten Universität zu verknüpfen, die andere Arten der Wissensbewertung hervorbringt, welche zur Verkomplizierung der Welt und Erprobung eines demokratischen Verhältnisses zum Wissen führen – was die Universität immer zu vermeiden wusste. Ganz offensichtlich muss diese Fragestellung in Zeiten der Wissensökonomie, in Zeiten, wo man nicht einmal mehr von Symbiose sprechen kann, da eine einzige Art der Bewertung alle anderen zerstört, fast aberwitzig wirken. Aber sie ist eigentlich auch nicht aberwitziger als die Frage, ob das, was uns wert und wichtig ist, in der nahenden Zukunft überleben kann. Die Frage nach der Aufgabe der Universität zu stellen, nach der Aufgabe jener, die dort arbeiten, ist dann nichts anderes als der Versuch, das zu tun, was überall getan werden muss, um einer lebenswerten Zukunft eine Chance zu geben – ohne jede Garantie, ohne dass wir wüssten, ob und in welchem Maße das uns Mögliche überhaupt irgendeine Auswirkung auf diese Frage haben kann.

Aus dem Französischen von
Marion Schotsch und Susanne Stemmler

Paula M. Hildebrandt

»The Researcher Is Present«
Künstlerische Formen der Wissensproduktion in den Sozialwissenschaften

> »If an interesting monster can't have an interesting hairdo
> I don't know what this world is coming to.«
> Bugs Bunny

Was geschieht, wenn Forscher ihre Beobachtungsposition verlassen und ihren eigenen Körper als Aufzeichnungsgerät und Kommunikationswerkzeug einsetzen? Lassen sich soziale Welten in einer solchen Erfahrungsposition besser beschreiben? Wie geht man damit um, dass Wissenschaftler, die forschen, soziale Situationen selbst herstellen und oftmals noch nicht wissen, was sie suchen, und experimentelle Situationen zum Feld einer Untersuchung machen? Welche Art von Wissen wird in der künstlerischen Praxis generiert und wie lässt sich dieser Blick auf die Gesellschaft mit sozialwissenschaftlichen Herangehensweisen, Untersuchungsmethoden und Forschungsstrategien kombinieren?

Action research, *performative ethnography*, *participatory observation*, *inventive methods* oder *curating sociology* sind Ansätze, mit denen in der Sozialwissenschaft derzeit versucht wird, eine neue Sprache für die Darstellung der sozialen Welt zu entwickeln. Eine solche gegenseitige Annäherung und Bezugnahme von künstlerischer und sozialwissenschaftlicher Forschung, so die Ausgangsthese des folgenden Beitrags, eröffnet neue Wege der Wissensproduktion für die Sozialforschung. Die Kontingenz des sozialen Lebens – flüchtige Prozesse und Zufälle, Unordnung und Widersprüchlichkeit – lässt sich mit künstlerischen Vorgehensweisen wie Intervention, Performance, räumliche Inszenierung und Visualisierung aufgrund ihrer spezifischen Art der Beobachtung, die Bedeutungsgebungsprozesse wertschätzt und sich als subjektive Erfahrbarkeit und sinnliches Erleben manifestiert, womöglich besser und genauer erfassen. Wissensproduktion, Erkenntnisweisen und Vermittlungsformen aus den Künsten aktualisieren mithin zentrale Annahmen der Sozialwissenschaften: Wissen ist erstens das Produkt sozialen Lernens, stets subjektiv und performativ-prozesshaft. Forscher wählen zweitens immer einen bestimmten Ausschnitt der Realität, eine bestimmte Form der Beobachtung und Beschreibung, um Ergebnisse und Erkenntnisse für eine spezifische Öffentlichkeit verdichtet und möglichst kohärent darzulegen: »The researcher is always present.«

Damit aus der gegenseitigen Bezugnahme von Kunst und Wissenschaft ein produktives ›Sowohl-als-auch‹ und kein ›Weder-noch‹ wird, müssen Gemeinsamkeiten wie Unterschiede klar benannt sowie für- bzw. miteinander übersetzt werden. Erst, wenn diese deutliche Trennung vollzogen ist, können die Grenzen derart überschritten werden, dass ein Mehr an geteiltem Wissen entsteht. Erst dann gelingt es, das Versprechen künstlerischer Forschung einzulösen und dem originären Anspruch der Sozialwissenschaften gerecht zu werden: das gesellschaftlich Notwendige zu erforschen. Insofern kann auch ein interessantes Monster einen relevanten Forschungsgegenstand darstellen, wenn Überlegungen zu einer interessanten Frisur mit übergeordneten gesellschaftlichen

Geschehnissen, Ursachen und Wirkungen verknüpft oder vielleicht genauer: vergegenwärtigt werden. Im Wort Monster steckt das lateinische *demonstrare:* In diesem Sinne zeigen Monster die Fülle und unendliche Vielfalt von Erscheinungsformen, Erkenntniswegen und Wahrnehmungsweisen. Wobei ein Text, der mit dem Zitat einer Comicfigur beginnt, unmittelbar riskiert, nicht ernst genommen zu werden. Genau diese Reaktion ist hier beabsichtigt. Der unbedingte Wunsch, von den anerkannten und etablierten akademischen Forschungseinrichtungen und Hochschulen ernst genommen zu werden, verleitet eher dazu, bestehendes und bereits akzeptiertes Wissen zu reproduzieren. Quer oder zumindest schräg zu Kategorien von Kunst *versus* Wissenschaft und abseits der etablierten und tradierten Pfade sozialwissenschaftlicher Produktion, Rezeption und Distribution liegen die neuen Wege des Denkens und der Wahrnehmung von Gesellschaft. Vielleicht eröffnet gerade eine Hinwendung und verstärkte Aufmerksamkeit für das vermeintlich Absurde, Blödsinnige, Merkwürdige und vermeintlich Irrelevante, aber Interessante und Vergnügliche eine vielversprechende Option, um ästhetische wie sprachliche Mechanismen der Exklusion in Kunst und Sozialwissenschaft zu überwinden. Eine solche eigensinnige, durch Neugier und Interesse motivierte und stets unfertige Forschung muss dabei akademische Imperative, disziplinäre Zuordnungen und wissenschaftliche Routinen herausfordern und wird manche anerkannte Autorität und etablierte Expertisen irritieren. Oder in den Worten von Bugs Bunny: »Mein Name ist Hase, ich weiß Bescheid.«

Der Anspruch der Sozialwissenschaften

> »The fundamental challenge is the kind of search when you don't know
> what you're looking for but will recognize it when you find it.«
> David Stark[1]

Sozialforschung arbeitet theoriegeleitet, empirisch und problemorientiert. Ausgangspunkt sozialwissenschaftlicher Forschung ist der Versuch, gesellschaftliche Phänomene zu verstehen und zu erklären, wobei es – und dieser Punkt ist entscheidend – nicht Aufgabe der Sozialwissenschaften ist, einen unmittelbar verwertbaren Beitrag zur Lösung eines bestimmten Problems zu leisten. Fragen der konkreten Anwendung und praktischen Umsetzung stellen sich als ein Aspekt und Bestandteil, als Perspektive der jeweils zu bearbeitenden Problematik. Sozialforschung stellt aber auch kritische Fragen, bietet unterschiedliche Bewertungen und verändert somit die Wahrnehmung von Gesellschaft. Dabei kann als eine Grundannahme der Sozialwissenschaften gelten, dass jegliches Wissen das Ergebnis sozialen Lernens ist. Diese Erkenntnis ist in Disziplinen wie der Kulturpsychologie oder der Sozialanthropologie schon lange anerkannt und setzt sich zunehmend auch in den Kognitionswissenschaften durch.[2] Wissen ist immer subjektiv. Subjektivität, also die Fähigkeit, sich seiner selbst als Denkende, Fühlende und

---

1   David Stark: »Searching Questions: Inquiry, Uncertainty, Innovation«, in: *European Management Review Winter 5, 2008*, S. 275–281, hier S. 10.
2   Vgl. Wolfgang Prinz: *Selbst im Spiegel. Die soziale Konstruktion von Subjektivität*, Berlin 2013.

Handelnde bewusst zu sein, entwickelt sich, indem sich ein Mensch auf andere Menschen bezieht. Mit Bezug auf die Sozialforschung bedeutet dies, dass in der Formulierung der Fragestellung, der Auswahl des Untersuchungsgegenstands wie den Forschungsmethoden eine subjektive Perspektive konstitutiv enthalten ist.

Die jeweils verwendeten Methoden und Strategien zur Untersuchung gesellschaftlicher Realitäten bringen im Akt der Untersuchung selbst soziale Realitäten hervor und können insofern als performativ betrachtet werden. Sozialforschung generiert nicht nur Repräsentationen einer sozialen Realität, vielmehr werden soziale Welten durch die Beschreibung und Rekonstruktion in Existenz gebracht. Sozialwissenschaftliche Methoden im Sinne von performativen Äußerungen verändern soziale Zustände allein durch die Tatsache, *dass* und *wie* sie geäußert werden. Zugespitzt formulieren diesen Gedanken John Law und John Urry: »If methods are not innocent then they are also political. They help make realities. But the question is: which realities? Which do we want to help make more real, and which less real?«[3]

Gemeint sind hier weniger Fragen der Authentizität, also der Gegensatz von Sein und Schein bei der Inszenierung wie Erforschung von Gesellschaft, sondern die besondere Verantwortung sozialwissenschaftlicher Forschung. Altersarmut, Konsequenzen der Finanzkrise für kommunale Bibliotheken, Klimaflüchtlinge oder Datensicherheit im Internet – welche global-gesellschaftlichen Themen werden eigentlich als relevant entdeckt, wie bearbeitet, in politische Probleme übersetzt und umgekehrt in wissenschaftliche Fragestellungen rückübersetzt? Nicht zuletzt fungieren sozialwissenschaftliche Studien und Untersuchungen vielfach als Argumentationshilfe, Beleg und Legitimierung einer bestimmten politischen Forderung. Insfern kommt den zum Großteil mit öffentlichen Geldern finanzierten Sozialwissenschaften bei der Etablierung politischer Diskurse eine entscheidende Rolle und besondere Verantwortung für die neue Wahrnehmung kultureller und sozialer Realitäten zu. Mehr noch: In einer globalisierten Welt gibt es immer weniger ein abgestimmtes Bewusstsein oder ein etabliertes Set von Regeln und Gewohnheiten, was als Wahrheit, Evidenz und Wissen anerkannt wird. Kennzeichen der modernen Wissensgesellschaft ist ja gerade die Vielfalt von Akteuren und die Dynamik in der Auseinandersetzung, was als Wissen von kultureller Bedeutung und Belang ist. Angesichts der gegenwärtigen Flut an Informationen erscheint es umso dringlicher notwendig, zu filtern und eine Auswahl zu treffen, was wissenswert ist und was neu gedeutet werden muss.

Auf der Grundlage dieser Überlegungen ließe sich der Anspruch der Sozialwissenschaften wie folgt bestimmen: Bei der Auswahl des Untersuchungsgegenstands sowie der verwendeten Methoden ist die eigene subjektive Involviertheit stets selbstkritisch mitzureflektieren. Ein solches performatives Forschungsverständnis mit dem Ziel, systematische Erklärungsmodelle für soziale Ereignisse und Zustände zu formulieren, impliziert insofern eine – wenn auch immer vorläufige – Positionierung und Beantwortung der vermeintlich einfachen Fragen: Welche Themen sind gesellschaftlich notwendig? Was ist wissenswert? Und: Für wen?

---

3   John Law und John Urry: »Enacting the Social«, in: *Economy and Society* 33 (2004), S. 390–410, hier
     S. 404.

Das Versprechen künstlerischer Forschung

> »Ja, eines der schönen Probleme unserer Zeit könnte darin bestehen,
> das Chaos des Wissens zu sichten. Ich habe mich darin, einst, sogar versucht.«
>
> Michel Serres[4]

Wenn in der empirischen Sozialforschung derzeit lebhaft über eine Aktualisierung, Ergänzung und Weiterentwicklung von Forschungsmethoden diskutiert wird, richtet sich der Blick vielfach auf Präsentationsformen, Gestaltungsprozesse und Vermittlungsformate künstlerischer Praxis.[5] Die Forderung nach einer Aktualisierung, Diversifizierung und Revitalisierung relevanter Forschungsmethoden motiviert sich dabei maßgeblich durch die Hoffnung, neue und heterogene (Teil-)Öffentlichkeiten zu erreichen. Um Missverständnissen gleich vorzubeugen: Wenn hier nach den Potentialen künstlerischer Forschung aus sozialwissenschaftlicher Perspektive gefragt wird, geht es nicht darum, die Kunst der Wissenschaft unterzuordnen. Vielmehr wird der Blick auf andere Formen der Beobachtung, der Wahrnehmung und Bedeutungsproduktion gelenkt und mithin die Bandbreite, Textur und Qualität akademischer Wissensproduktion erweitert.

Künstlerische Forschung steht hier für eine Vielfalt von Wissenschaften, welche sich als Art Denkbewegung, Zirkulationsmodus oder – mit Michel Serres – als ein »Stil des Sich Fortbewegens«[6] beschreiben lässt. Sie begreift sich mit Sibylle Peters als Wissenschaft, »insofern sie selbst immer wieder explizit zur Verhandlung stellt, was in ihrem Sinne signifikant ist – und zwar im Sinne wissenschaftstheoretischer und methodischer Auseinandersetzungen.«[7] Dies bedeutet, dass Identitäten, Rollenmuster und soziale Protokolle der Wissensproduktion und Wissensvermittlung relationale Konzepte darstellen, die in einem kontinuierlichen Prozess zwischen Beobachtung und Teilnahme immer wieder neu generiert, bestätigt und verschoben werden. Die Suche nach neuen künstlerischen Methoden und Strategien ist also zugleich eine Frage der (Re-)Organisation des Prozesses der Wissensproduktion und seiner Qualitätskriterien. Nicht zuletzt besteht das Versprechen künstlerischer Forschung darin, die Beziehung zwischen Forschung und Darstellung, zwischen Evidenz und Öffentlichkeit neu zu bestimmen. Kurz: Sozialwissenschaftliche Forschung wird im Folgenden als ein Prozess betrachtet, der ästhetische Formen annimmt bzw. annehmen kann.

Die soziale Welt zu untersuchen, bedeutet auch das Flüchtige, Emotionale, Sensuelle, Widersprüchliche und Zufällige von Gesellschaft zu berücksichtigen. Hierfür bedarf es mit Howard Becker auch einer verstärkten Aufmerksamkeit, Beobachtung und Kenntnisnahme für das, »was passiert, wenn nichts passiert«.[8] Entgegen einer in den Sozialwissenschaften nach wie vor dominierenden hermeneutischen Verarbeitung von Informationen stellt eine künstlerische räumliche, sinnliche, intuitive und ganzheitliche Wahrnehmung eine weit differenziertere und präzisere Beschreibung sozialer Realitäten

---

4   Michel Serres: *Aufklärungen. Fünf Gespräche mit Bruno Latour*, Berlin 2008, S. 186.
5   Vgl. Celia Lury und Nina Wakeford: *Inventive Methods*, New York 2012; Les Back und Nirmal Puwar: »A manifesto for live methods«, in: *The sociological review* 60, Oxford 2012, S. 6–17.
6   Serres: *Aufklärungen*, a.a.O., S. 155.
7   Sibylle Peters: *Der Vortrag als Performance*, Bielefeld 2011, S. 39.
8   Howard Becker: *Telling About Society*, Chicago 2007, S. 267.

dar. Es gibt unterschiedliche, für das Auge nicht sichtbare Sinneseindrücke wie Gerüche, Geräusche, Texturen und Bewegungen. Kunst im Sinne Alexander Gottlieb Baumgartens erforscht als Wissenschaft der sinnlichen Erkenntnis ein anderes, von den Sinnen vermitteltes, mitunter nicht-begriffliches Wissen. Anders gewendet: Was wir wissen, lässt sich oftmals nur schwerlich verbalisieren oder visualisieren; es entsteht durch Erfahrung. Künstlerische Forschung fordert auf, dem sensuellen und sinnlichen Erleben im Forschungsprozess mehr Aufmerksamkeit zu schenken. Der Schlüsselbegriff lautet Präsenz im Sinne von Gegenwärtigkeit und Erfahrbarkeit.

Künstlerische Forschung operiert durch Gestaltungsprozesse. Das heißt, die Realität wird nicht nur in Begriffen, Worten und Konzepten beschrieben, sondern diese wird erfahrbar gemacht. In Versuchsanordnungen, performativen Settings, Experimentierräumen und Probebühnen werden bewusst andere – inszenierte – Formen der Wahrnehmung hergestellt. Im besten Fall gelingt es, sinnliche Prägnanz zu erzeugen und das Publikum nicht als Rezipient, sondern als Ko-Produzent am Prozess der Wissensproduktion zu beteiligen. Letztlich ereignet sich Evidenz durch die Wahrnehmung und Zeugenschaft der jeweils Anwesenden – als Inszenierung von Aufmerksamkeit. Wissen konstituiert sich als solches erst, indem es qua Darbietung und Inszenierung zur Erscheinung kommt:

> »[D]ie Frage, ob Evidenz entsteht, ob also ein Nachweis möglich, ein Beweis gelungen oder eine Idee überzeugend dargelegt worden ist, verbindet die Oberfläche der Wissenspräsentation mit der Entstehung im Wissensprozess. […] Ob Evidenz sich ereignet, entscheidet sich im Auge des Betrachters.«[9]

Entscheidend ist also die Anwesenheit anderer, der dialogische, kollektive Wissensentstehungsprozess. Hier sind vielfältige Formen der Kollaboration, Interaktion und Autorisation wissenschaftlicher Erkenntnisse denkbar und praktikabel. Entscheidend ist, die Reaktionen und Feedbacks des vermeintlichen ›Publikums‹ in den laufenden Forschungsprozess einzuspeisen. Künstlerische Forschung exponiert den Forschungsprozess als solchen und zeigt, was die meisten Wissenschaftlerinnen und Wissenschaftler wissen: dass es sich meist um einen unordentlichen, tastenden und iterativen Prozess handelt.

Künstlerische Forschung nutzt vielfältige Medien der Veröffentlichung, unterschiedliche Vermittlungsformate und kuratorische Ansätze. Verschiedene soziale Handlungsfelder werden auf diesem Wege immer wieder neu miteinander in Beziehung gesetzt und gemischt, wodurch deren spezifische Spielregeln und soziale Konventionen der Wissensproduktion und -vermittlung befragt werden. So formulieren Ausstellungen in Kunst- und Kulturinstitutionen im Idealfall eine prägnante These und öffnen eine Auseinandersetzung mit unterschiedlichen Positionen, statt einen Raum lediglich mit künstlerischen Arbeiten zu bebildern. Sie können insbesondere einen Zugang zu solchen Themen bieten, die sich einer klaren kunsthistorischen Zuordnung, disziplinären Zuständigkeit oder – an den Rändern abendländischer Rationalität – einem strikt wissenschaftlichen Zugang entziehen, wie z.B. die Ausstellung *Wunder* in den Hamburger Deichtorhallen

---

9   Peters, *Vortrag als Performance*, a.a.O., S. 14.

(2011/2012). Entgegen oftmals abwertender Zuschreibungen von Pädagogik und ›nur‹ (Kunst-)Vermittlung bieten Ausstellungen ein Medium, um auch jene gesellschaftlichen Gruppen zu erreichen, die sich nicht professionell mit bestimmten philosophischen, wissenschaftlichen oder ästhetischen Fragen befassen. Sie können die Reflexionsebene verändern, also sprich die Bewertung und Wahrnehmung eines – tatsächlichen oder imaginären – Phänomens, wie z.B. eben des eines interessanten Monsters mit einer interessanten Frisur.

Im Zuge des sogenannten *educational turn* in der Kunst entstanden in den letzten Jahren zahlreiche selbstorganisierte, unabhängige Kunstakademien und Bildungseinrichtungen wie United Nations Plaza, die Copenhagen Free University, Silent University oder die L'Ecole de Stéphanie. In Abendkursen, Gesprächsrunden und Workshops werden hier die Bedingungen untersucht, unter denen wir an Bildung teilhaben, und alternative Wege erkundet, durch die Wissen produziert und reproduziert werden kann. Diese Kunstprojekte machen deutlich, dass was wir sehen und zu wissen glauben, Konventionen der Wahrnehmung und die Bedingungen, unter denen Wissen vermittelt, rezipiert und wieder angewendet wird, letztlich verhandelbar und veränderbar sind. Beispielhaft erwähnt sei das Projekt *Seeing Studies* der Künstlerin Natascha Sadr Haghighian. *Seeing Studies* oder »Sehwissenschaften« beschäftigen sich mit kulturellen Sehgewohnheiten, Repräsentations- und Wahrnehmungsstandards und betonen explizit Aspekte von Austausch, Kollektivarbeit und einer multiperspektivischen Betrachtung. So finden sich in einer von Haghighians gegründetem Institut für inkongruente Übersetzung herausgegebenen Publikation ganz unterschiedliche – künstlerische und wissenschaftliche – Zugänge zum Thema Übersetzungsprozesse und zu deren notwendigen Divergenzen: Zeichenanleitungen, kulturtheoretische Essays, Interviews und Arbeiten verschiedener Gegenwartskünstlerinnen. Zur Bucherscheinung auf der *documenta* (13) diskutieren Gesprächspartner aus Kunst, Kultur und Pädagogik die konstitutive Notwendigkeit von Divergenzen und Unterschieden bei der Übersetzung unterschiedlicher Sprachen, Wissensformen und Wahrnehmungsweisen.

Einen ähnlichen disziplin- und genreübergreifenden wie multi-methodischen Ansatz umschreiben Nirmal Puwar und Sanjay Sharma mit dem Begriff *curating sociology* wie folgt:

>»Curating sociology therefore should not be reduced to a set of research techniques or methods. Rather, it is a methodological committment to collaborative knowledge production for creative public intervention and engagement. Notably, methodologies from other disciplines are imputed, poached and mutated with sociological issues and concerns. The cross-disciplinary methods it deploys can be multiple; calling on statistics, drama, surveys, music, digital data, exhibitions, network analysis, film and site-based installations, to name just a few.«[10]

Hier lohnt der Blick auf das Kunst- und Kulturfeld, auf dem derzeit zahlreiche Initiativen jenseits der Paywall der meisten klassischen Wissenschaftsverlage mit neuen Ver-

---

10   Nirmal Puwar und Sanjay Sharma: »Curating Sociology«, in: Celia Lury und Nina Wakeford (Hg.): *Inventive Methods*, New York 2012, S. 40–63, hier S. 43.

öffentlichungsformaten experimentieren wie etwa das digitale Piratentextarchiv AAAAA. org, der New Yorker Verlag Triple Canopy, die Tanzbibliothek Motion Bank oder die Website UbuWeb mit Hunderten von MP3-Dateien, Videos und Filmen aus den Bereichen Avantgarde-Medien, Ethnopoesie und Outsider-Kunst – kostenlos, nicht verkäuflich, werbefrei, interaktiv, einfach zugänglich sowohl für ein ›Fachpublikum‹ als auch ein ›Laienpublikum‹. Animationsfilm, Cartoon, MTV-Clip und You Tube Video, ortsspezifische Spiele und Spaziergänge, Tattoo Convention und Werbung – das Repertoire an Vermittlungsweisen und Veröffentlichungsformaten ist vielgestaltig und unbegrenzt. Insbesondere die Nutzung popkultureller Medien vermag ein Publikum fern der öffentlichkeitsscheuen Hermetik der Wissenschaft und diesseits des White Cube (von Galerien und Museen) oder der Black Box (des Theaterraums) zu erreichen. Eine solche Hinwendung zu popkulturellen Formaten knüpft dezidiert an kulturelle Seh- und Denkgewohnheiten an und muss nicht zwangsläufig auf Komplexität, auf eine wissenschaftsinterne Absicherung und Reputationsaufbau verzichten. Vielmehr illustriert diese Aufzählung die Vielfalt von Forschungsmethoden, Erkenntnisweisen und Kommunikationsformen in der Produktion, Rezeption und Distribution von Wissen. Wissensproduktion kann an ganz unterschiedlichen Orten stattfinden – innerhalb oder außerhalb der etablierten wissenschaftlichen Einrichtungen. Künstlerische Forschung betont hier das Moment von Erfahrbarkeit und Gegenwärtigkeit, wenn Wissen im gemeinsamen Dialog und in der Übersetzung theoretischer Konstrukte in Körperlichkeit entsteht. Präsenz zeigen Künstler als Forscher nicht nur im Sinne von Anwesenheit, sondern auch durch die persönliche stets subektive Art und Weise der Auseinandersetzung mit einem als relevant erachteten Problem, welches im Imaginären modellhaft und experimentell bearbeitet werden kann. Und im Raum zwischen Erkenntnis durch Sehen, experimenteller Erfahrung und sinnlicher Wahrnehmung einerseits gegenüber einer meist standardisierten Beobachtung andererseits können sich künstlerische Forschung und Sozialwissenschaften treffen und einander bereichern.

SoWi + kF = W²

Ein Blick in aktuelle Ausstellungskataloge, Presseerklärungen und Konferenzpublikationen zu künstlerischer Forschung zeigt, dass in der gegenseitigen Bezugnahme eine wechselseitige Grenzüberschreitung nicht immer gelingt. Mitunter scheint es, dass sich die ästhetische und sprachliche Exklusivität von Kunst und Wissenschaft wechselseitig potenziert – auch in Deutschland spricht man ›Art German‹. Es handelt sich dabei um eine Sprache, die vielfach aus kaum zu visualisierenden Metaphern, abstrakten Wortungetümen, substantivierten Verben sowie theorieinternen Binnenrefenzen in Gestalt von Präfixen à la ›pre-‹, ›post-‹, ›multi-‹ oder ›trans-‹ besteht. Auch für ein akademisch gebildetes und an zeitgenössischer Kunst interessiertes Publikum ist diese Sprache oftmals kaum verständlich und mithin wenig anschlussfähig. Wie gelingt es aber, künstlerische und sozialwissenschaftliche Forschungen in einen produktiven Dialog zu bringen – wie dies zahlreiche aktuelle kunsttheoretische Positionen (Christoph Menke, Juliane Rebentisch, Nicolas Bourriaud u.a.) nahelegen und die kommunikationsstiftende Wirkung von Kunst oder des Ästhetischen betonen? Wie können Sozialwissenschaftler (SoWi)

Anregungen künstlerischer Forschung (kF) aufnehmen, um ein anderes Wissen über Gesellschaft zu generieren und dabei den Forschungsprozess für andere und mit anderen zu teilen (W^2)? Unter welchen Bedingungen geht die Gleichung SoWi + kF = W^2 auf?

Eine Gegenüberstellung von Kunst und Wissenschaft, Verstand und intuitivem Erfassen, objektiv und subjektiv, zielgerichtet und freischweifend, sukzessiv und simultan, analytisch und relational, erklären und verkomplizieren, methodisch und melodisch oder Systematik und Assoziation ist sicherlich stark verkürzt, aber sie hilft beim Denken. In dieser Hinsicht lassen sich Kunst und Wissenschaft als zwei komplementäre Systeme mit eigener Logik beschreiben, die punktuell zusammentreffen können. Die Grenzverläufe sind dabei nicht immer scharf konturiert. Eine solche Gegenüberstellung verdeutlicht zudem die Notwendigkeit einer Vermittlung, um das Spannungsfeld für das Begriffspaar Wissenschaft – Kunst produktiv zu wenden.

Unterschiedliche Handlungslogiken, Verfahrensweisen und Wissensformen in einen gemeinsamen Forschungsprozess zu integrieren, erfordert eine dauerhafte Übersetzungs- und Übertragungsleistung. Es bedeutet, den Forschungsprozess als Dialog und Kollaboration zu konzipieren. Der Begriff der Vermittlung erweist sich insbesondere dann produktiv, wenn er Gegensätze, unterschiedliche Standpunkte und widersprüchliche Anliegen ebenso aufnimmt wie Gemeinsamkeiten und flüchtige Synergien. Eine solche Vermittlung bedeutet also nicht, dass die Wissenschaftlerin die Rolle einer Musikerin, Filmemacherin, Komponistin, Dramaturgin oder Photographin übernimmt. Dies würde deren jeweils spezifische Erfahrungsweisen, Fähigkeiten und Kompetenzen missachten und ist auch gar nicht notwendig. Anregungen, Reaktionen und Wechselwirkungen von Sozialwissenschaften und künstlerischer Praxis aufzunehmen bedeutet eben nicht, unterschiedliche Genres aufzulösen und zu vermischen, sondern weit grundlegender eine Reihe vertrauter Ansprüche, Seh- und Denkgewohnheiten sowie Kriterien von Forschung generell neu zu bestimmen. Sozialforschung im originären Sinne von *re-search* besteht ja gerade darin, das gesellschaftlich Notwendige immer wieder zu suchen. Wissenschaftlichkeit entsteht dabei in der Reflexion auf die eigenen Verfahren, wie man zu bestimmten Aussagen kommt und wer an diesen Prozessen der Wissensproduktion beteiligt ist. In einer Art Pendelbewegung von Beobachtung und Erfahrung, Imagination und Reflexion gilt es, Feedback-Loops zwischen unterschiedlichen gesellschaftlichen Gruppen zu kreieren.

»The Researcher is Present« – als Aufforderung, Postulat und Praxis – betont das Hier und Jetzt einer solchen konsequent interdisziplinären Forschung sowie den Prozess, wann und wie Wissen zur Erscheinung gebracht wird. Die Betonung des Hier und Jetzt verdeutlicht, dass jede Aussage über gesellschaftliche Entwicklungen, Geschehnisse und Zustände immer eine Positionierung an einem konkreten Ort, zu einem spezifischen Zeitpunkt und in einem bestimmten (nicht nur akademischen) Diskurs bedeutet. Ein immer wiederkehrendes Thema künstlerischer Forschung ist es, sozialpolitische Dynamiken theoretisch und praktisch verstehen zu lernen und eine Haltung dazu einzunehmen. Ein Grundprinzip der Sozialwissenschaften lautet, dass nichts für sich selbst spricht. Daten, Zahlen und Bilder allein sagen nichts an sich aus. Es braucht jemanden, der sie liest, deutet und verständlich macht. Anders gewendet: Subjektive Interpretation und Erfahrung sind elementare Grundbedingungen künstlerischer und sozialwissenschaftlicher Forschung und können in einer kohärenten Logik durchdacht werden.

Entscheidend ist, die Flüchtigkeit individueller Erfahrungen und persönliche Gegenwärtigkeit immer wieder mit übergeordneten Zusammenhängen in Beziehung zu setzen: gesamtgesellschaftlich, geo-politisch, zeithistorisch. Erwähnt sei noch ein anderer Aspekt. Sozialwissenschaften generieren immer auch ein strategisches Wissen, das sich an eine bestimmte Öffentlichkeit und nicht an ein allgemeines Publikum richtet. Wissenschaft besteht mit anderen Worten nicht darin, dass sie empfunden und in irgendeiner unbestimmten Weise verstanden werden kann, sondern dass sie auf Grundlage eigener Forschungen, persönlicher Erfahrung und Argumentation eine bestimmte Interpretationen anbietet. Damit positioniert sich jede Forschung zwangsläufig in einem bestimmten (nicht nur akademischen) Diskurs. Sozialforschung kann nicht im Modus der Verhandlung oder im Prozessieren von Widersprüchen verharren, sondern sollte gemäß ihrem originären Anspruch Themen setzen. Und zwar solche Themen, auf die niemand gewartet hat, weil bislang die Bilder und Worte fehlten für das, was »noch keinen Namen trägt, noch nicht genannt werden kann, ob es gleich vor aller Augen liegt«[11]. Eine solche nach Friedrich Nietzsche vor allem »fröhliche Wissenschaft« imaginiert zukünftige Entwicklungen – so wie Imagination und Vorstellungskraft als ein konstitutives Merkmal künstlerischer Tätigkeit stets über das hinausreichen, was man kennt oder zu wissen glaubt.

Zusammengefasst: Wollen die Sozialwissenschaften ihrem originären Anspruch gerecht werden, lohnt der Blick in Richtung künstlerische Forschung. Diese bietet mannigfache Anregungen und Inspirationen für zeitgemäße Formen der Darstellung, Visualisierung und Vermittlung von Forschungsprozessen und Forschungsergebnissen. Letztlich kann Wissen auch außerhalb der traditionellen akademischen Einrichtungen und jenseits oder quer zu den etablierten wissenschaftlichen Disziplinen in vielfältigen Konfigurationen entstehen oder genauer: sich ereignen. »The researcher is present« meint hier, den Aspekten von Materialität, Räumlichkeit, Formen der Verkörperung, medialen Anordnungen sowie szenischen Verfahren im Forschungsprozess mehr Aufmerksamkeit zu schenken. Die Präsenz des Forschers bezieht sich zunächst auf die physische Anwesenheit etwa bei der empirischen Datenerhebung oder der Präsentation von Forschungsergebnissen. Präsenz in der Forschung meint aber nicht nur die körperliche Präsenz bei der Wissensproduktion und Wissenspräsentation, welche eine unmittelbare Anwesenheit zu einem bestimmten Zeitpunkt am gleichen Ort verlangt. Auch in der Abwesenheit ist der forschende Wissenschaftler anwesend – durch die Auswahl des Forschungsgegenstandes sowie der verwendeten Untersuchungsmethoden wird jeweils ein ganz spezifischer, subjektiver und mitunter absurd, merkwürdig oder irrelevant erscheinender Ausschnitt von Gesellschaft zur Erscheinung gebracht. Eine solches performatives Forschungsverständnis betont die Notwendigkeit von Dialog und Kooperation bzw. den Prozess, wenn sich und wie sich Wissensproduktion im praktischen Vollzug ereignet. Präsenz zu zeigen bedeutet nicht zuletzt, sich in öffentlichen Debatten zu positionieren, dabei ungewöhnliche oder auch unbequeme Fragen zu stellen und hoffentlich interessante Antworten zu geben. Nach dem Performativen in der Forschung zu fragen heißt entsprechend nicht, eine neue Disziplin oder ein neues Genre zu definieren. Vielmehr bedeutet es, eine Ebene der Bedeutungsproduktion zu konturieren, die in jeder Forschungstätigkeit vorhanden ist, aber selten bewusst gestaltet wird. Es geht darum, der

---

11   Friedrich Nietzsche: *Die fröhliche Wissenschaft*, Frankfurt a. M. 2000, S. 168.

realitätserzeugenden Wirkung von Forschung mehr Gewicht zu verleihen – Wissen wird situativ, d.h. bezogen auf einen bestimmten räumlichen und sozialen Kontext sowie stets relational in Bezug auf ein Gegenüber hervorgebracht.

An der Schnittstelle zwischen künstlerischer und sozialwissenschaftlicher Forschung, auf der Suche nach neuen möglichen Wissensformen und Wissenswegen sind vielfältige kooperative Arbeitsformen denkbar. Eine zentrale Rolle spielt die Vermittlung, also die Übersetzung oder Übertragung von abstrakten Begriffen und Theorien in Bilder, konkrete Erfahrungen und anschlussfähige Erzählungen und zurück. Nur so gelingt ein Wechselspiel und manche Grenzüberschreitung zwischen unterschiedlichen disziplinären Eigenlogiken, Erkenntnisweisen und Forschungsverständnissen. Die vielleicht größte Herausforderung besteht gegenwärtig darin, noch nicht etablierte Kooperationen und Schnittfelder zwischen künstlerischer Forschung und Sozialwissenschaften zu organisieren, um gemeinsam interessante *und* relevante Fragestellungen mit experimentellen Vorgehensweisen zu untersuchen.

Juliane Laitzsch

Beutezüge an den Rändern des Gegenstandes

Der Schriftsteller Wilhelm Genazino beschreibt das Verhältnis des Autors zu seiner Arbeit als ein Verhältnis, das aus mehreren Phantasie- und nur einer Realbeziehung besteht. Sowohl das Berufsbild als auch das Werk selbst müssen in ihren Grundzügen vorweg phantasiert werden.[1] Meiner Ansicht nach gilt dies auch für die bildende Kunst und für die Frage, wie ich als Künstlerin forsche. Dieser Frage möchte ich entlang meines zeichnerischen Forschungsprojekts *Unendlichkeit in kleinen Fetzen* nachgehen. Dieser Text ist eine Einladung, meinen Phantasien zu folgen.

Ich verstehe meine Arbeit als künstlerische Forschung, deren Ziel sich eher als gesteigerte Lebendigkeit denn als Zuwachs an Wissen beschreiben lässt. Wissen geht in der Regel einher mit der Abstraktion und Reduktion von Gegenstand und Umfeld. Mit meiner Arbeit strebe ich danach, Komplexität zu erhöhen und nicht zu reduzieren. Der Erkenntnisgewinn, die Wissensproduktion meiner Arbeit entspricht somit eher den Erkenntnissen wie sie in einer Liebesbeziehung erfahrbar sind – je näher ich dem Anderen bzw. dem Gegenstand komme, um so vieldeutiger wird er. Während meines Studiums wurde es sehr befürwortet, Dinge auf den Punkt zu bringen und zu reduzieren. Heute strebe ich mit meiner Arbeit das Gegenteil an und will Fülle und Reichtum schaffen.

Im Rahmen meines zeichnerischen Forschungsprojekts *Unendlichkeit in kleinen Fetzen* befasse ich mich mit einer Gruppe liturgischer Gewänder aus dem 13. Jahrhundert, dem sogenannten Ornat des Heiligen Valerius von Saragossa. Das Ornat umfasst vier Gewänder – ein Pluviale, eine Kasel und zwei Dalmatiken. Bei dem Pluviale handelt es sich um einen halbkreisförmigen offenen Schultermantel, der von einem Priester bei Prozessionen und kirchlichen Festen getragen wird. Die Kasel ist das Obergewand des Priesters während der Messfeier. Als Dalmatiken bezeichnet man hemdartige Gewänder, die unter den Mänteln getragen wurden. Pluviale, Kasel und Dalmatiken bestehen aus jeweils verschiedenen Grundstoffen, die sich in ihrer Geometrie, Kleinteiligkeit und dem hohen Goldanteil ähneln. In einer Zeit ohne synthetische Farben, ohne künstliches Licht und eingebunden in den religiösen Ritus bei Kerzenlicht muss dieses Ornat, für uns heute unvorstellbar, überirdisch gewirkt haben. Die Komplexität der Webstruktur, die Form der Ornamente und arabische Schriftzeichen in den Zierelementen lassen muslimische Weber als Urheber vermuten. Das Ornat war eine Auftragsarbeit der spanischen Kirche; es wurde im 13. Jahrhundert dem im 4. Jahrhundert verstorbenen Heiligen Valerius gewidmet.

Zu Beginn des 20. Jahrhunderts wurden von diesen Gewändern zahlreiche Fragmente – mehr als zweihundert – abgetrennt und auf den Kunstmarkt gebracht. Die einzelnen Stücke unterscheiden sich stark in Form, Größe und Erhaltungszustand. Die kleinsten Stücke besitzen nicht einmal die Größe eines Fingernagels. Bei vielen Fragmenten

---

1   Wilhelm Genazino: *Der gedehnte Blick*, München 2007, S. 12.

erschließt sich das kleinteilige Ornament des Stoffes überhaupt nicht. Andere besitzen irrwitzige Formen, und es ist kaum vorstellbar, dass sie mit einer Schere ausgeschnitten wurden. Die erhaltenen Reste der Gewänder weisen entsprechende Fehlstellen auf, sie befinden sich heute in Barcelona im Museu Tèxtil i d'Indumentària. Die anderen Stoffabschnitte sind auf einundzwanzig unterschiedlichste Sammlungen und Museen in aller Welt verteilt. Allein in Madrid gibt es drei Sammlungen, die Fragmente des Ornats beherbergen. Aber auch das Kunstgewerbemuseum Berlin, das Victoria und Albert Museum in London, das Metropolitan Museum und das Cooper Hewitt Museum in New York besitzen jeweils meist mehrere Fragmente.

Die Geschichte dieses Ornats und der Zusammenhang seiner Fragmente ist dank der von Historikern, Kunsthistorikern und Restauratoren geleisteten Forschungsarbeit ungewöhnlich gut bekannt. Als herausragend zu benennen ist die Untersuchung von Mechthild Flury-Lemberg, die von 1963 bis 1994 die Textilkonservierungswerkstatt der Abegg-Stiftung in Riggisberg (Schweiz) leitete. Sie hat die beschriebenen Gewänder restauriert und konnte nachweisen, dass die Stoffstücke, mit denen die Dalmatiken im 15. Jahrhundert ein erstes Mal restauriert worden waren, ehemals zum Innenfutter der Kasel gehörten. So konnte die Form der Kasel rekonstruiert werden. Es handelt sich um eine beeindruckende und geradezu kriminalistische Arbeit.[2]

Die Vorstellung, was unter einer Restaurierung zu verstehen ist, verändert sich laufend bis heute. In den unterschiedlichen Sammlungen wurden die Fragmente sehr verschieden behandelt. Bis heute werden einzelne Stücke immer wieder neu und anders montiert. Für die Historiker sind mit der Restaurierung und der Klärung des ursprünglichen Zusammenhangs der Stücke, der Untersuchung der Materialitäten, der Rekonstruktion der unglaublich komplexen Webstruktur und dem Aufzeigen von Vergleichsbeispielen für die Formentwicklung der Ornamente alle Fragen geklärt.

Der Zusammenhang von Sammlungsstück und Sammlung gerät erst langsam, aber zunehmend ins Blickfeld der Forschung.

Diese Forschungen bilden die Grundlage für meine Zeichenserie *Unendlichkeit in kleinen Fetzen*. Ohne diese Forschungen wäre meine Arbeit nicht möglich, denn diese Stofffragmente sind keine Alltagsgegenstände, sondern Gegenstände, die nur in den Vermittlungsformen der Forschung zugänglich sind, in Archiven, Publikationen und Ausstellungsdisplays. Der Dialog von Kunst und Wissenschaft gestaltet sich in diesem Projekt – ähnlich wie in einem anderen Projekt, das ich in Kooperation mit Naturwissenschaftlern durchführe[3] – auf den ersten Blick insofern asymmetrisch, als dass meine Arbeit für die Wissenschaft nicht unmittelbar relevant ist.

Ich möchte die Korrespondenz von Kunst und Wissenschaft im Rahmen meiner Arbeiten grundlegend anders beschreiben. Mich hat beeindruckt, dass die Künstlerin Ulrike Grossarth über ihre Arbeit sagt, sie untersuche den Zwischenraum von Tapete und

---

2   Mechthild Flury-Lemberg: »Der sogenannte Ornat des heiligen Valerius von Saragossa aus der Kathedrale von Lérida«, in: Dies.: *Spuren kostbarer Gewebe* (Riggisberger Berichte 3, Abegg-Stiftung), Riggisberg: 1995, S. 56–117.
3   »Paralleles Labor«, eine Zusammenarbeit mit dem Max-Planck-Institut für molekulare Genetik Berlin, gemeinsam mit den Künstlerinnen Katrin von Lehmann und Eva Maria Schön.

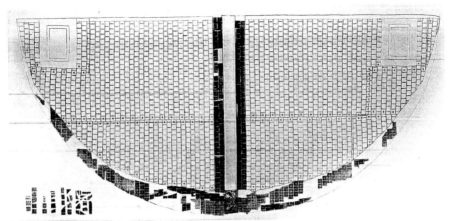

Baltimore, Walters Art Gallery
Berlin, Staatliche Museen zu Berlin –
Preussischer Kulturbesitz, Kunstgewerbemuseum
Boston, Museum of Fine Arts
Cleveland, The Cleveland Museum of Art
Hartford, Wadsworth Atheneum
London, Victoria and Albert Museum
Lyon, Musée Historique des Tissus
Madrid, Museo Lazaro Galdiano

Madrid, Instituto de Valencia de Don Juan
New York, Cooper-Hewitt National Museum of Design
New York, The Metropolitan Museum of Art
Riggisberg, Abegg-Stiftung
Tarrasa, Museu Tèxtil
Vic, Museu Arqueologic-Artistic Episcopal
Washington D.C., Textile Museum
Richmond, Surrey, The Keir Collection

Abb. 1: *Das Pluviale: Zeichnung der Rekonstruktion und Aufzählung der Museen, die Fragmente dieses Gewandes besitzen*, Fotokopie: Mechthild Flury-Lemberg: *Spuren kostbarer Gewebe* (Riggisberger Berichte 3), Foto: Abegg-Stiftung (Christoph von Viràg, 1992).

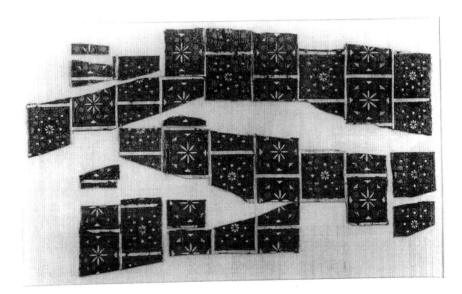

Abb. 2: *Das Pluviale*, Fragmente im Besitz des Metropolitan Museum NewYork. Fotokopie: Recherchematerial, Foto: Abegg-Stiftung (Christoph von Viràg, 1992).

Wand. Ich untersuche in diesem Sinne den Zwischenraum von Forschung und Gegenstand. Dieser Zwischenraum, der sich aus den Abständen zwischen der Forschung, ihren
Erzählformen und dem Gegenstand ergibt, ist mein Arbeitsfeld. In diesem Raum bewegen sich meine Zeichnungen und dehnen ihn aus. Sie besiedeln diesen Raum und benutzen meine Zeit.

Um den künstlerischen Forschungsvorgang zu verstehen, wollte ich einen Anfang finden. Mit Ornamenten, Mustern und Strukturen habe ich mich befasst, weil mich Übergänge interessiert haben. Übergänge haben mich interessiert, weil ich nicht wusste,
wohin ich eine Skulptur stellen sollte. Mit Skulpturen habe ich mich befasst, weil mich
die Beziehung des Körpers zu seinem Umgebungsraum interessiert hat. Zu diesem Zeitpunkt habe ich mich schon für Bekleidung und Stoffe interessiert, für Textiles, welches
als Technik Muster bildet und das seiner Struktur nach den Übergang vom Zweidimen-
sionalen zum Dreidimensionalen darstellt. In dieser kreisförmigen Auseinandersetzung
lässt sich kein Anfang ausmachen. Dafür kann ich aber einen entscheidenden Moment
beschreiben. Im Jahr 2001 habe ich – eher im Vorbeigehen als motiviert von Absicht und
Plan – den Bestandskatalog Mittelalterlicher Seidenstoffe des Kunstgewerbemuseums
Berlin gekauft.[4] Beim Durchblättern hat mich der Katalog dann infiziert und affiziert. Die
mittelalterlichen Seidenstoffe haben mich bewegt und ergriffen und nicht mehr losgelassen. Die Stoffe werden als abgerieben und verschlissen beschrieben, häufig gibt es
den Verweis auf ein weiteres Fragment, die vorherige Verwendung des Stoffes ist in der
Regel unbekannt.

2011 hat mir Michael Peter, Kurator der Abegg-Stiftung in der Schweiz, von dem Ornat
des heiligen Valerius von Saragossa erzählt. Weil dieses Ornat schon so ungewöhnlich
gut erforscht ist, wusste ich sofort, dass ich mit diesem Material arbeiten möchte. Fragen der Ästhetik oder die Form der Ornamente haben bei dieser Entscheidung keine
Rolle gespielt.

Nach der Lektüre des Restaurierungsberichts von Mechthild Flury-Lemberg bestand eine
erste Konzeption und Planung darin, mich zeichnerisch mit den irrwitzigen Umrisslinien
der einzelnen Fragmente zu befassen. Zudem wollte ich mir ihre jeweils aktuelle museale
Umgebung anschauen. Das Projekt sollte eine Erkundung der Zeit und korrespondieren-
der Zeitebenen sein. Ausgehend von dieser Konzeption, habe ich mich zunächst auf das
Pluviale, den halbkreisförmigen Mantel beschränkt. Damit jedes noch so kleine Fragment
eine eigene Bühne erhält, habe ich die Umrisslinie zur Binnenzeichnung, den Linien des
Ornaments, auf jeweils einem eigenen Blatt ins Verhältnis gesetzt. Die Individualität der
Stücke wird so, in einer Abfolge von 124 Zeichnungen sichtbar.
    Zu dem Pluviale gehört auch eine in zwei Fragmenten erhaltene Borte – das eine befin-
det sich heute in Madrid, das andere in Boston. Diese Borte zeigt, anders als das geo-
metrische Muster des Grundstoffs, Vögel und Bäume. Vielleicht war es die Figürlichkeit
des Motivs, die mich veranlasst hat, mir mein Ausgangsmaterial genauer, ernsthafter,

---

4   Leonie von Wilckens: *Mittelalterliche Seidenstoffe* (Bestandskataloge des Kunstgewerbemuseums
     18), Berlin 1992.

konkreter anzuschauen. Dadurch wurde mir etwas Selbstverständliches immer wichtiger: Ich arbeite gar nicht mit Stoffen. Stattdessen hantiere ich mit ziemlich schlechten Kopien von Schwarz-Weiß-Fotografien.

Die schlechte Kopie der Fotografie vermittelt genauso wie der hinter Glas zu sehende Stoff im Museum und die Geschichten der Historiker eine Vorstellung von dem Stoff. Die Erkenntnis, dass es sich jeweils um vermittelte Vorstellungen handelt, ist zunächst banal. Sie hat aber in dem Moment das Projekt vom Kopf auf die Füße gestellt und dazu geführt, dass ich die Fernbeziehung zu dem Stoff aufgegeben habe und eine Nahbeziehung zu der Kopie eingegangen bin. In der schlechten Kopie einer alten Schwarz-Weiß-Fotografie, die eine nicht mehr datierbare Ausstellungssituation des Pluviale zeigt, ist von dem Stoff nur noch ein sehr vager Nachhall zu sehen. Diesen zeichne ich, so präzise wie möglich, genauso wie den Lichtreflex im Glas oder die Rasterpunkte, die der Offsetdruck in der Buchpublikation verursacht.

Die Formen der Vermittlung im Blick, eröffnet sich eine unüberschaubare Menge an Material als möglicher Ausgangspunkt für Zeichnungen: Kopien von Abbildungen, Inventarisierungskarten oder Rechnungen, die ihrer Qualität nach schon Kopien von Kopien sein müssen, Dokumentationsmaterial mit zum Teil handschriftlichen Anmerkungen der Wissenschaftler, Publikationen, Museumsführer, Vitrinen und Museumsarchitektur. All dies so weit wie möglich ergänzt durch eigene Anschauung, Fotos und Filme, die ich bei solchen Gelegenheiten machen durfte. Bei jeder Vermittlung, Übertragung, Übersetzung geht Substanz verloren und andere wird hinzugewonnen. Meine Zeichnungen setzen diesen Prozess fort und führen die vielen verschiedenen Ebenen wieder auf einer Ebene zusammen. Dabei ist mein Anliegen in der Zeichnung eine treue Übertragung. Ich folge dem Stoff durch seine vielen Transformationen, medialen Vermittlungen und spüre den Verzweigungen nach. So mache ich mir den Gegenstand vertraut. Ich möchte dabei das Gefühl für den Verlust, der in all diesen Prozessen liegt, wach halten und trotzdem der Lust am Neuen nachgehen.

Im Kunstgewerbemuseum Berlin konnte ich ein Fragment fotografieren, das aus der Albert-Speer-Sammlung stammt. Dieses Fragment hat die ungefähre Größe eines Handtellers und wurde rüde aus zwei Stücken derart montiert, dass das eigentliche Muster nicht mehr erkennbar ist. Die Webstruktur ist ebenfalls weitgehend zerstört. Das Foto wurde auf das Maß 70 x 100 cm vergrößert und dann mittels Raster, einer sehr alten Zeichentechnik, mit allen mir zur Verfügung stehenden Farbstiften so genau wie möglich gezeichnet. In einer Ausstellung konnte ich dann erleben, wie Besucher, von der Zeichnung animiert, mir phantastische Geschichten erzählten, z.B. von dem Dorf, in dem sie zuvor gelebt hatten. In einem anderen Beispiel wird das Stoff-Fragment, das die Fotokopie der Inventarisierungskarte des Cooper Hewitt Museums zeigt, in der präzisen Übertragung durch die Zeichnung als Sternkarte lesbar.

Die Zeichnungen entstehen in einem lange dauernden Prozess, das ist für mich von großer Bedeutung. Ähnlich wie das Gewebe strukturiert und ornamentiert ist, erlebe ich auch mein Tun über weite Strecken als ornamental, d.h. von Wiederholungen getragen. Wiederholung ist ein wesentlicher Aspekt meiner Arbeit. Wiederholungen bilden das

Gegenprogramm zu den vielen Auflösungsprozessen, mit denen ich mich befasse, jenen, die materiell in den Stoff eingeschrieben sind und jenen, die durch ihre Medialisierung verursacht werden. Dieses Gegenprogramm macht das oben benannte Paradoxon erst möglich: das Gefühl für den Verlust wachzuhalten und der Lust am Neuen nachzugehen.

Wiederholung heißt für mich, im Nachvollzug, immer wieder neu, dieselbe Bewegung auszuführen. Beim stundenlangen, tagelangen, manchmal wochenlangen Zeichnen pendele ich dabei zwischen konzentrierter Aufmerksamkeit und fehlerhaftem Träumen hin und her. Dieser Prozess und Zustand lässt sich auch als eine Form des Wartens beschreiben. »Warten können ist die Grundbedingung jeden Verstehens, weil im Warten die Bedeutungsanteile sich problemlos mischen und kombinieren«, so Wilhelm Genazino.[5] In diesem Sinne forsche ich als Künstlerin.

Die vielen verschiedenen Museen haben Fragmente des Ornats des Heiligen Valerius aus sehr unterschiedlichen Motiven in ihre Sammlung aufgenommen. Die Stoffe dienen als Beleg für katalanische Kultur, gelten als Überreste islamischer Kultur in Spanien, erfreuen sich ernsthafter Liebhaberei, unterstützen eine intellektuelle Kultur, oder dienen – wie in Berlin – der Weiterentwicklung der Handwerkskunst. Diesen unterschiedlichen Motivationen liegen entsprechende ethisch-moralische Systeme zugrunde. Gemeinsam ist allen Sammlungsmotiven, dass sie Aspekte der Vergangenheit beschwören, um Türen in die Zukunft zu öffnen. Demgegenüber möchte ich mit meinem Tun bzw. mit meinen Arbeiten Gegenwart herstellen. Diese Gegenwart vermag ich mit meinem verzögerten, mäandernden Arbeitsprozess zu erreichen. Sie erlaubt mir, zugleich romantisch, nüchtern, alt, neu, phantastisch, real, subjektiv und objektiv zu sein.

Es ist kein Ende in Sicht. Es gibt keinen Plan für eine bestimmte Anzahl von Zeichnungen. Jede Zeichnung eröffnet den Vorstellungsraum für die Nächste. Würde ich das Projekt heute beenden, wäre es vollständig. Bestimmt werde ich aber noch ein weiteres Jahr daran arbeiten.

Der Titel für diesen Text wurde schon festgelegt, bevor abzusehen war, wohin mich die Ausarbeitung führen würde. Inzwischen halte ich das Wort »Beutezüge« nicht mehr für ganz angemessen. In diesem Wort stecken noch Reste einer Hierarchisierung, wie sie sich auch im Verhältnis von freier und angewandter Kunst wiederfindet. Richtiger wäre es, von »Schöpfungen an den Rändern des Gegenstandes« zu sprechen. Diese vermeintlich randständige Veränderung des Titels führt möglicherweise abermals dazu, das Projekt *Unendlichkeit in kleinen Fetzen* neu zu definieren.

---

5   Genazino: *Der gedehnte Blick*, a.a.O., S. 59.

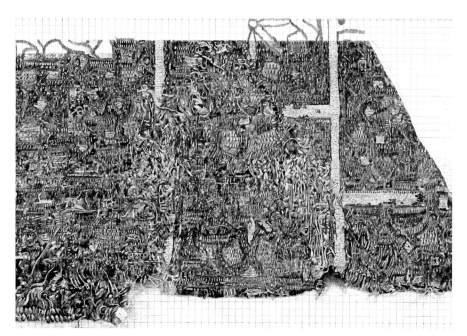

Abb. 3: Juliane Laitzsch: »Unendlichkeit in kleinen Fetzen – das Pluviale«, 2013, Bleistift und Buntstift auf Papier, 2013, 70 cm x 100 cm.

Abb. 4: Detail von Abbildung 3.

Abb. 5: Juliane Laitzsch: »Unendlichkeit in kleinen Fetzen – das Pluviale«, 2013, Bleistift und Buntstift auf Papier, 70 cm x 100 cm.

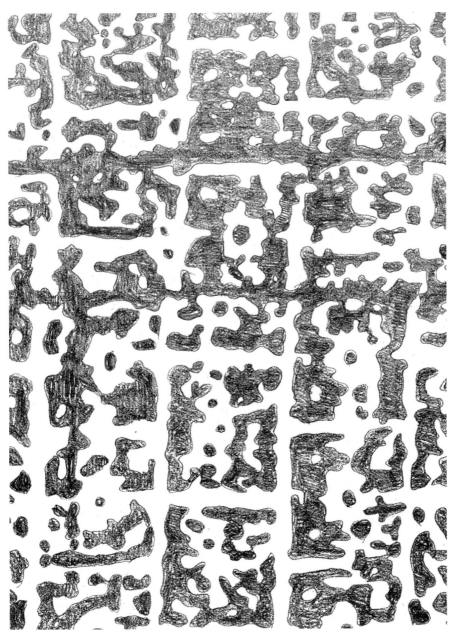

Abb. 6: Detail von Abbildung 5.

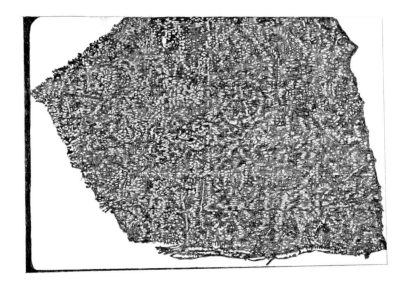

New York
Cooper Hewitt Museum

683

Abb. 7: Juliane Laitzsch: »Unendlichkeit in kleinen Fetzen – die Kasel«, 2013, Bleistift auf Papier, 59,4 cm x 42 cm.

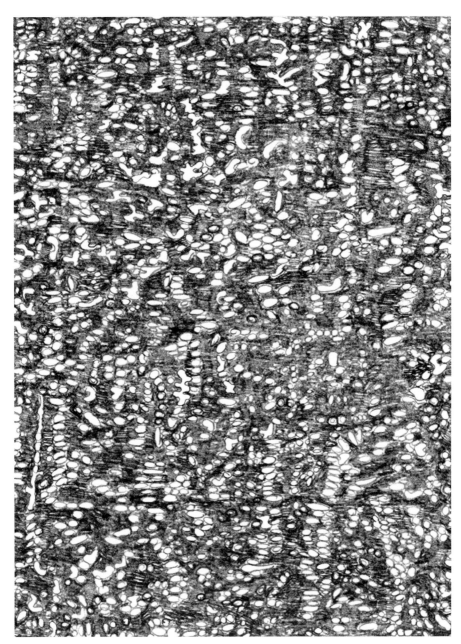

Abb. 8: Detail von Abbildung 7.

Abb. 9: Juliane Laitzsch: »Unendlichkeit in kleinen Fetzen – die Kasel«, 2013, Bleistift und Buntstift auf Papier, 42 cm x 59,4 cm..

Abb. 10: Detail von Abbildung 9.

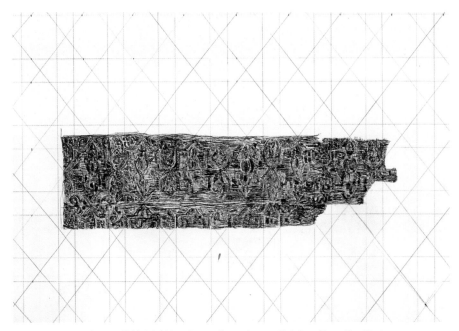

Abb. 11: Juliane Laitzsch, »Unendlichkeit in kleinen Fetzen – die Kasel«, 2013, Bleistift und Buntstift auf Papier, 70 cm x 100 cm.

Abb. 12: Detail von Abbildung 11.

Revision und Neuerfindung

Kulturgeschichte

Emma Wolukau-Wanambwa

Margaret Trowell's School of Art
A Case Study in Colonial Subject Formation

The power to narrate, or to block other narratives from forming and emerging, is very important to culture and imperialism, and constitutes one of the main connections between them.[1]

I

When Margaret Trowell began campaigning for the formal teaching of arts and crafts to British colonial subjects in the Uganda Protectorate in the 1930s, she was partly motivated by her concern for the apparent decline of the region's 'native' cultures. Unless something was done, she warned,

> "one whole side of the life of the African people will, at best, be submerged under western materialism for several generations, at the most it may even go altogether."[2]

Trowell had reasonable grounds for making such a prediction: in the nineteenth and early twentieth centuries, Christian missionaries had set out to undermine and to dismantle the indigenous cultures of East Africa so as to demolish the 'pagan' belief systems within which they were embedded. Producing Christian converts entailed, as they saw it, the obliteration of "native claims to culture",[3] and thus swathes of indigenous cultural production and practice were destroyed, confiscated and outlawed.

Until the 1930s, in the handful of schools in the Uganda Protectorate that offered a western-style education to the children of the indigenous elite, arts and crafts occupied the most inferior position in the hierarchy of subjects. To a certain extent, the parents were responsible: they sent their children to school "to learn the skill of the European":[4] they saw no sense in schools offering subjects that could just as easily be taught at home. Trowell also observed that handwork was something the students themselves seemed to feel was beneath them: "During those early years", she later recalled, "any attempt to arouse interest in the indigenous crafts was met with a deep suspicion as an attempt to keep [the African students] down to a lowly level".[5] This was a reflection of

---

1 Edward Said: *Culture and Imperialism*, New York 1994, p. xiii.

2 Margaret Trowell: "Suggestions for the Treatment of Handwork in the Training of Teachers for Work in Africa", in: *Oversea Education*, Vol. 7, No. 2 (January 1936), pp. 78–84, here p. 78.

3 Olu Oguibe: "Nationalism, Modernity, Modernism", in: Olu Oguibe: *The Culture Game*, Minneapolis/London 2004, p. 47–59, here p. 49.

4 Esther Koeune: "Our African Schools", in: *Uganda Teachers Journal*, Vol. 4, No.1 (July 1937), p. 38, quoted in George Kyeyune: "Art in Uganda in the Twentieth Century", University of London 2002, p. 48 (unpublished PhD Thesis).

5 Mrs Margaret Trowell MBE, "School of Fine Art, Makerere University, Uganda", Memorandum, Margaret Trowell Papers, Bodleian Library, Oxford, MSS. Afr. s. 1825/114.

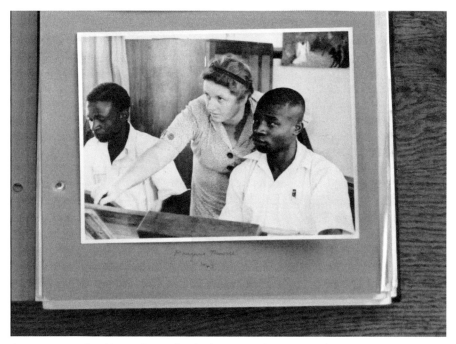

Fig. 1: Margaret Trowell teaching at Makerere College (students' names unknown, circa 1953).

Fig. 2: Margaret Trowell installing an exhibition of her students' work (date and location unknown).

local class politics – as Trowell herself explained, "[i]n Uganda there is a definite native aristocracy, and crafts are considered to be the work of the peasants";[6] but it was also perhaps an indication of the perceived superiority of a European 'academic' curriculum.

It should be noted that the colonisers' wholesale reorientation of local economies, in particular the creation of a peasant class and an urban sub-proletariat, was designed to promote western materialism at the expense of indigenous cultural and economic practices. And given that an important function of any colony was to provide a market for the "cheap", "shoddy" western products that Trowell so despised, it should have come as no surprise to her that it proved so hard to persuade "the girls" (that is, her adult female servants) to so much as "sew their own dresses".[7]

Margaret Trowell fundamentally questioned the value of promoting materialist western culture in Britain's African colonies. She conceded that one could not "reasonably" expect self-sufficiency from Africans already living and working in "European towns",[8] but she suggested that in a "primitive" place like the Uganda Protectorate, for the majority of indigenous population, "machine-made goods" were the "real luxuries", because most of them still lived in abject poverty and squalor.[9] She described contemporary indigenous life thus in an essay published in the British government journal *Oversea Education* in 1936:

> "Home for [indigenous Africans] means a leaking mud hut, furniture a low stool, a few horizontal sticks covered with a skin for a bed, cooking and eating utensils badly fired earthenware pots, clothing a skin or strip of cheap cotton knotted toga-wise over one shoulder."[10]

The teaching of arts and crafts was, Trowell argued, key to the success of Britain's 'civilising mission'. Given the "primitive" poverty in which, she claimed, most East Africans lived: "Of what use [was] it to attempt to raise their standard of living unless by the work of their own hands?"[11] At an "out-school" in a remote rural area, where the indigenous population still lived the "simple" life, for example, Trowell proposed, children could "really set to work to improve their local conditions" by making the things that their communities needed for "better living".[12]

In advocating for the elevation of craft and craftsmanship as the soundest route to a civilised life in East Africa, Trowell repeatedly cited medieval Europe, "where small groups of people were self-supporting and yet where civilisation reached a high standard" as her inspiration and her example.[13] By 1910, less than 20 years after the establishment of the Uganda Protectorate, the indigenous population was already agitating for the kind of academic education that (they assumed) would make them eligible for positions of

---

6   Margaret Trowell: "The Kampala Art Exhibition – A Uganda Experiment", in: *Oversea Education*, Vol. 10, No. 3 (April 1939), pp.131–135, here p. 132.
7   Margaret Trowell: *African Arts and Crafts: Their Development in the School*, London 1937, p. 35.
8   Ibid., p. 35–6.
9   Trowell: "Suggestions for the Treatment of Handwork", l.c., p. 80.
10   Ibid., p. 80.
11   Ibid.
12   Trowell: *African Arts and Crafts*, p. 35–36.
13   Trowell: "Suggestions for the Treatment of Handwork", l.c., p. 80.

authority within the colonial administration.[14] But to Trowell's mind, by 1936 there was *already* an "overabundance" of young East Africans in search of white collar jobs.[15] What she felt was required, rather, was "the vigorous craftsmanship of a healthy peasant population",[16] and it was Europe in the twelfth, and not the twentieth century that she deemed the most appropriate model. The Middle Ages were, Trowell claimed, the "door [...] best fitted" to East Africans' "stage of development" – a view which closely reflects the social evolutionist ideology that underpinned British imperial policy in this period, according to which, the brain structure and intellectual capabilities of Africans were believed to be far less developed than that of Europeans. "The African", according to the colonial administrator Lord Frederick Lugard's famous formulation, "[held] the position of a late-born child in the family of nations, and must as yet be schooled in the discipline of the nursery".[17]

Trowell's desire to remake twentieth-century East African culture in the mould of medieval Europe was also borne of her strong religious convictions. Although, to my knowledge, neither she nor her husband Hugh were ever formally employed as missionaries, they had met through the London University Student Christian Movement, and they both appear to have had a strong sense (Hugh was a medical doctor) that they had been called to East Africa, where there was "exciting work"[18] to be done. Like many other committed European Christians of the period, Trowell displayed a marked dislike for the industrialised society into which she herself had been born. To her, modern Britain was "unimaginative" and "mechanical" – a profoundly alienating and spiritually impoverished place, where people were "cold and blasé and [had] lost the gift of entering into the world".[19] What appealed to her about the Middle Ages was the centrality of religion to everyday life: it was, in her eyes, a time when work, play and the natural world were infused with spirituality, when "all the craft of the artist and musician, all the colour and wealth of drama were given back to the Creator".[20] The strong correlation between medieval Europe and early twentieth century Africa was, for her, evinced by the central role that religion and spirituality were known to have played in pre-Christian African societies, and in particular by the supreme importance of sculptural objects in ritual and worship in Central and West Africa.[21] Life and society had changed too greatly in Britain for the clock to be turned back, but shaping the development of supposedly primitive,

---

14   "... Uganda is in very bad need of education to enable her people to meet modern affairs. The present schools we have in Uganda are under the management of missionaries whom we thank very much but the standard of these schools is very low. It is so low that one who leaves these schools after having obtained a first certificate hardly gets any good job in offices." ("Minutes of a meeting of the Young Baganda Association, 22 December 1919", in: Donald Anthony Low: *The Mind of Baganda*, London 1971, p. 52, quoted in George Kyeyune: "Art in Uganda in the Twentieth Century", l.c., p. 34).

15   Trowell: "Suggestions for the Treatment of Handwork", l.c., p. 79.

16   Ibid., p. 79.

17   Frederick Lugard: *The Rise of Our East African Empire*, Vol.1, Edinburgh/London 1893, p.74–75, quoted in: Sunanda K. Sanyal: "Imaging Art, Making History: Two Generations of Makerere Artists", Emory University 2000, p. 32 (unpublished PhD thesis).

18   Elsbeth Joyce Court: "Margaret Trowell and the Development of Art Education in East Africa", in: *Art Education*, Vol. 38, No. 6 (November 1985), pp. 35–41, here p. 37; and Margaret Trowell: *African Tapestry*, London 1957, p. 15.

19   Trowell: *African Arts and Crafts*, l.c., p. 19, p. 7–8.

20   Ibid., p. 7.

21   Ibid., p. 23.

culturally impoverished East African societies clearly represented an opportunity to resuscitate the lost medieval idyll, and unlike the generation of missionaries who preceded her, Trowell hoped that the spiritual dimension of East African cultures, rather than being erased, might simply be retooled in the service of a Christian god.[22] In fact, given the low literacy rates among the indigenous population, very few East Africans could read the Bible for themselves, and so the visual arts and the theatre were crucially important ways of spreading the gospel. Art, she argued, was "far more important in the education of the child or convert than is argument, because it appeals to our subconscious emotions which lie deeper than our rational mind".[23] Faith might be preached and read in the churches, but Trowell claimed that the "natives" needed to "see […] with their eyes in order to understand".[24]

But schooling for Trowell – and, I suspect, for Lugard – did not refer merely to practical, technical and religious education; its aim was also to teach Africans to understand and hence to fit them to occupy the subordinate position ascribed to them within the colonial hierarchy. East Africans' "blind leap from the primitive to twentieth-century life" had resulted in what Trowell considered to be a worrying "absence", in Africans, "of any historical sense of the achievements and discoveries of the past".[25] She observed, in "[t]he more sophisticated native who has had some education, has drifted to the towns, and has begun to use the material comforts provided by the white man", not only a near total lack of agency (note the passivity of the indigenous subject of her sentence here), but also:

"an extraordinary lack of imagination or wonder; an acceptance of the achievements of the white man as something obtained without struggle or perseverance by the superior race. An aeroplane is just the white man's bird which he has in all probability always possessed, cotton piece-goods may have grown in bales for all he knows and cares, and the solution of the problem of a rainproof roof will always be satisfactorily met by a sheet of corrugated iron."[26]

In Trowell's view, exposure to European goods and technology under colonialism was not spurring East Africans into innovation and self-improvement. Rather, she perceived it to be fuelling their apparent laziness and complacency. Teaching "good" craftsmanship would, she argued, meet an "obvious", and *psychological* need": firstly it would teach the colonised to appreciate the value of labour – "the worth of doing" – within the capitalist colonial economy. Secondly, the effort of learning to make things themselves would help to instil in Africans the idea that "the white man's" social, economic and

---

22 For a fascinating discussion of pre-industrial ('pre-lapsarian') England as a model for missionaries seeking to 'remake' indigenous communities in nineteenth-century South Africa, for example, see John L. Comaroff: "Images of Empire, Contests of Conscience: Models of Colonial Domination in South Africa", in: *American Ethnologist*, Vol. 16, No. 4 (November 1989), pp. 661–685.

23 Trowell: *African Arts and Crafts*, l.c., p. 16.

24 "As one old native woman remarked after a Christmas play, 'We hear you preach and read in church, but we don't understand. Now we have seen this thing with our eyes and we can understand.'" (Ibid., p. 13.)

25 Trowell: *African Arts and Crafts*, l.c., p. 36.

26 Trowell: "Suggestions for the Treatment of Handwork", l.c., p. 79.

political advantages were borne of merit. In other words, learning crafts would help teach British colonial subjects to know their place.[27]

II

By the 1930s there was more or less a consensus within the British colonial establishment, based on beliefs akin to Trowell's, regarding the benefits of teaching the indigenous African population crafts that would be "useful to various missions in the colony".[28] But the question of whether or not to educate them in the making of fine art – that is, art "created primarily for aesthetic and intellectual purposes and judged for its beauty and meaningfulness"[29] – remained far more controversial. Within the racist schema of social evolutionist doctrine, whereby, to quote Trowell herself, the "native African" was, in 1937, of equivalent intelligence and ability to "the unspoilt European child",[30] the sophisticated aesthetic sensibility purportedly required for the production of fine art remained "a crucial signifier" of the "civilised station" that so many Europeans still maintained Africans were as yet incapable of attaining.[31] Thus, for example, Sir Hugh Clifford, a Governor of the Gold Coast colony, remarked:

> "The West African Negro has often been reproached with his failure to develop any high form of civilisation. It has been pointed out *ad nauseam* that he has never sculpted a statue, painted a picture, produced a literature, or even invented a mechanical contrivance worthy of the name, all of which are perfectly true."[32]

As Olu Oguibe notes in his 1995 essay, "Nationalism, Modernity, Modernism", this "underprivileging fiction" – that Africans were incapable of producing fine or 'high' art – "translated into a pedagogical principle", and many of Trowell's contemporaries involved in indigenous education elsewhere on the continent took the position that, since only Europeans possessed a genuine aesthetic sensibility, "[t]eaching an African the art of a white man [was] not only a waste of time but also a misplaced value".[33]

But Margaret Trowell did not share this point of view. Her neo-medieval aspirations for an artisanal god-fearing Africa were predicated on a rejection of the European post-Renaissance segregation and hierarchisation of fine and applied arts, and the concomitant fetishisation of individual genius and sensibility. She preferred to define art as "all worthy human handicraft", "of the people and natural to the people".[34] As she wrote in an article for the *Uganda Journal* in 1939:

---

27   Trowell: *African Arts and Crafts*, l.c., p. 36 (my italics).
28   Akinola Lasekan: "Western Art on African Shores", University of Nigeria, Nsukka 1966 (unpublished manuscript), quoted in: Oguibe: "Nationalism, Modernity, Modernism", l.c., p. 48.
29   "Fine Art", in: *Wikipedia*, http://en.wikipedia.org/wiki/Fine_art (last accessed 21 September 2013).
30   Trowell: *African Arts and Crafts*, l.c., p. 49.
31   Oguibe: "Nationalism, Modernity, Modernism", l.c., p. 48.
32   Quoted in ibid., p. 48.
33   A comment by George Fowler left in the visitors book of the celebrated Nigerian modernist painter Aina Onabolu (1882 – 1963) in his studio in Lagos, 13 August 1938, quoted in ibid., p. 48.
34   Trowell: *African Arts and Crafts*, l.c., p. 4.

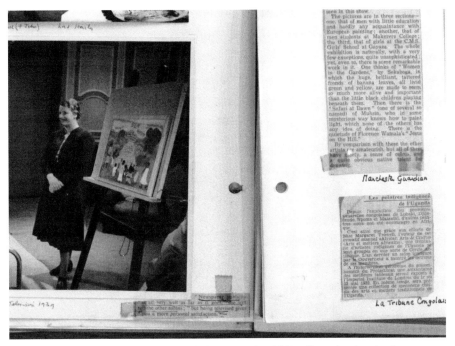

Fig. 3: Margaret Trowell on London Television in 1939 (left), promoting the exhibition of her students's work at the Imperial Institute.

"Anything which man makes, his house, his tools, his pots, can be a work of art, and when we are considering the art of a people who had no paper, canvas or paint, we must use the word in this wider sense. Even the usual distinction of 'arts' and 'crafts' gives the making of utilitarian but beautiful things a lesser artistic value than painting or sculpture, a distinction which I think we should try to avoid."[35]

Trowell's position was that Africans were already artists, and the evidence was there for all to see. Furthermore, she believed that "pageantry and colour and symbolism" in all possible forms and media had to be pressed into the service of Christian religious instruction. Art was "necessary" to religion – "necessary as an expression of the feelings of the worshippers and necessary as an instrument of education", used "both to express the highest in man and to teach a humble illiterate people, whose book had perforce to be picture, drama, and stone".[36] Painting and sculpture were, then, vital tools in the struggle to bring indigenous East Africans closer to a Christian god.

I would argue, furthermore, that by virtue of the teacher training she received at the Institute of Education in London in the 1920s, Trowell actually viewed fine art education as essentially consistent with and not antithetical to the social evolutionist doctrine that

---

35   Margaret Trowell: "From Negro Sculpture to Modern Painting", in: *Uganda Journal*, Vol. 6, No. 41 (1939), pp. 169–175, here p. 171.
36   Trowell: *African Arts and Crafts*, l.c., p. 16 and p. 7.

had hitherto precluded its admission to the indigenous curriculum in Britain's African colonies. Her teacher and long-time mentor Marion Richardson, pioneer of the British New Art Teaching and New Education Movements,[37] was an early proponent, within the United Kingdom, of ideas "centred on the proposition that art was an aspect of human development, the absence of which impaired mental growth and fitness".[38] Art must be taught, so the theory went, and creativity and self-expression must be encouraged in order for children to mature into healthy, well-rounded individuals. Thus Richardson developed and promoted a teaching practice designed to encourage "an essential creativity – and originating activity – in children not specifically destined for an aesthetic way of life", focusing on the nurturing and strengthening of each students' unique inner vision and their "power of seeing things in the mind's eye".[39] She did this by largely abandoning the traditional art syllabus, which was based on object drawing, and instead replacing it mainly with compositional exercises based on her students' mental visualisations. Unlike the technical and impersonal education then generally on offer, Richardson's teaching technique focused on the cultivation of sensibility. Giving the children "complete confidence in their inner vision as the seeing eye", would, it was hoped, enable them to express – and even to *be* themselves more fully when they grew up.[40]

Trowell was building on such ideas when she later argued that it was essential for the proper mental and psychological development of East Africans that they were encouraged to "exercise [their] emotional and instinctive faculties through the practice of the arts".[41] She claimed that the need for artistic expression had acquired "a special urgency in the transition of the African from the old primitive instinctual response to life to the new intellectual and rational approach":[42] in other words, art was crucial to their development into civilised beings. Like her progressive counterparts in Europe, Trowell spoke against "the dangers of an educational system that stress[ed] the absorption of knowledge [over] the development of original creative energy".[43] Her task, and that of her colleagues in the colonies, "distressed by the African's attitude towards education as a means to a higher wage rather than a doorway to a wider life"[44] was to "teach the African

---

37   "The essential features of [the New Education Movement] have been identified as: taking account of the personality of the child; and aiming for a better society, a better world, a new era." (Bruce Holdsworth: "Marion Richardson (1892–1946)", in: Mervyn Romans (ed.): *Histories of Art and Design Education*, Bristol 2005, EPUB File, Chapter 10.

38   David Therewood: "From Imperialism to Internationalism: Policy Making in British Art Education, 1853 – 1944, with Special Reference to the Work of Herbert Read", in: Kerry Freedman and Fernando Hernández (eds.): *Curriculum, Culture and Art Education*, New York 1998, pp. 133–148, p. 139.

39   Ibid. For more on the work and ideas of Marion Richardson, see: Marion Richardson: *Art and the Child*, London 1946; Peter Smith: "Another Vision of Progressivism: Marion Richardson's Triumph and Tragedy", *Studies in Art Education*, Vol. 37, No. 3 (Spring, 1996), pp. 170–183; and Bruce Holdsworth: "Marion Richardson (1892–1946)", l.c.

40   See Roger Carline: *Draw They Must: A History of Teaching and Examining of Art*, London 1968, pp. 168–170.

41   Mrs K. M. Trowell: "Modern African Art in East Africa", in: *Man*, Vol. 47 (January 1947), pp. 1–7, here p. 4.

42   Ibid.

43   Ibid.

44   Ibid. While I can only agree that a well-rounded education should offer more that the enhancement of one's earning capacity, I cannot help but find disingenuous Trowell's and her contemporaries' frequently articulated 'distress' at some Africans' money-oriented attitudes towards education.

how to live better".[45] Through lessons in art making and art appreciation, those Africans with access to formal European schooling could be led, Trowell argued, to develop more refined sensibilities, to acquire "good taste", and to discover the "richness of life".[46]

An appreciation of the arts would help educated East Africans, Trowell claimed, to acquire not only spiritual, psychological and emotional fulfilment and "a sense of the value which a cultured people should attach to art",[47] it would actually also help them to acquire *personality* itself: for she also believed that a key indicator of the backwardness of East Africans was what she deemed their weak sense of individual identity. And crucially, and in spite of her dislike of western materialism, she nonetheless viewed this lack of a strong sense of individual personhood as impeding East Africans' performance in the capitalist colonial economy: "Unsophisticated man", as she saw it, was insufficiently "conscious of himself as a person", and instead identified too strongly as a member of a community, a tribe or a group.[48] As she stated in an excoriating assessment of "traditional" African life, delivered in the course of her presidential address to the Uganda Society in 1946, in "the old African set-up", people were, in all aspects of life, excessively interdependent, and so there was little incentive for "over work as there was no money factor" and because all benefits were shared within the group, there was "no reason for storing the reward for extra work".[49] The "Pre-Logical stage" would, she claimed, only be passed when "the African cease[d] to be merely a part of the tribe, which in its turn [was] subjected to the unseen forces behind the visible world, and [became] an individual looking out on a world of individuals".[50] The child-centred New Art Teaching approach to the teaching of easel painting and sculpture in primary schools, in which the capacity for self-expression was nurtured and the pupil was encouraged to focus on developing and honing his or her own unique inner vision can, in this context, be seen, then, as an approach well-suited to encouraging indigenous East Africans to become more individualistic and self-sufficient – these qualities being "intrinsic" to the "pattern of life" to which an East African "must [...] acquiesce", Trowell argued, if "he is to make terms with the modern world and have his share of it".[51]

The indigenous population was at the bottom of the colony's economic and social hierarchies. The appeal of a 'European' education for them was obviously its promise of a pathway to power, wealth and self-determination.

45   Trowell: *African Arts and Crafts*, l.c., p. 39.

46   Ibid, p. 17. Trowell describes her "experiments with Africans in regard to 'good taste'" on p. 60–61.

47   Trowell: "The Kampala Art Exhibition – A Uganda Experiment", l.c., p. 133.

48   Trowell: *African Arts and Crafts*, l.c., p.6–7.

49   Margaret Trowell, quoted in Anonymous: "The African's Changing Values: Conflict Between Old and New: Uganda Society Presidential Address", in: *Uganda Herald*, Vol. 50, No. 1846, 30 (October 1946), pp. 3–5, here p. 4. Founded in 1923 as the 'Uganda Literary and Scientific Society', the Uganda Society fostered and facilitated scientific, literary, social, economic and cultural activities in the Uganda Protectorate and the subsequent Republic. The society has been publishing the *Uganda Journal* since 1934. It was one of the earliest, most successful and most influential literary and scientific journals to emerge from Britain's colonies. Until the late 1960s, the society was dominated by Europeans. Margaret Trowell was the Society's President in the 1940s (I have not as yet been able to establish the exact dates.).

50   Trowell: "From Negro Sculpture to Modern Painting", l.c., p. 173.

51   "But Africa has now tasted the new and having once tasted she cannot go back; she must go on into the new world and not pick and choose what she wants and leave the rest. *If she chooses the new world of better* living *conditions*, of transport and schools and hospitals, of cups and clothes and bicycles, *she must take it under the same conditions as the rest of the world* and *her pattern of life*

It was ultimately on the basis of these arguments – that, contrary to popular European opinion, Africans were indeed capable of art and, albeit to an limited extent, were already producing it; that learning to make and to appreciate the 'higher arts' would enhance their intellectual and psychological capabilities; that art would aid in the process of converting them to Christianity and better fit them to fulfil and to appreciate the role assigned to them in the British colonial state – that, in 1937, Trowell was able to persuade Douglas Tomblings, the then Principal of Makerere College School for Boys in Kampala, to permit her to offer classes to volunteer students on the verandah of her nearby house. Only three young men attended the first lesson, but the class soon grew in size, its initial make-up comprising chiefly pupils from the school, assistant teachers and dressers from nearby Mulago Hospital.[52] In 1939, following successful exhibitions of her students' work at Namirembe Anglican Cathedral in Kampala and at the Imperial Institute in London,[53] Trowell's art classes were officially incorporated into the Makerere College curriculum, becoming first a "minor subject" and then an "optional major subject" on a par with English and Mathematics in the College Higher Arts Diploma – which was, at that time, the highest educational qualification attainable by Africans in the Protectorate.[54] When, after World War Two, Makerere College School began negotiations to enter into special relations with the University of London, Trowell mounted a spirited and ingenious campaign for the retention of the art classes.[55] She was successful, and so, when Makerere College was elevated to university status in 1949, it was highly unusual in doing so with a Fine Art department. The Makerere College School of Art is, to date, the first art school in East Africa known to have been based on the European model, and it was, until comparatively recently, one of a mere handful of institutions in all of anglophone Africa where it was possible for Africans to gain 'professional' training in the subject. It quickly attracted students from across the continent.

---

and thought must change accordingly." (Margaret Trowell, quoted in Anonymous: "The African's Changing Values", l.c. pp. 3–5, p. 4 [my italics].

In Elsbeth Court's account of Trowell's teaching methodology, written in the 1980s, she observes that "[i]n the thirties there was no indigenous society or class larger than the tribe, *hence* there was no genre of contemporary or inter-tribal art" (my italics; Elsbeth Joyce Court: "Margaret Trowell and the Development of Art Education in East Africa", l.c., p. 39). This seems to imply that for Court (and perhaps also for Trowell), one requires the context of a form of social organisation akin to the nation-state in order to produce contemporary art – or, at the very least, for Europeans to perceive a non-European art practice as being truly contemporary. It would follow, that an underlying long-term aim or outcome of teaching art in the colonies would be the development or strengthening of a 'national-type' cultural identity. I say 'national-type' rather than 'national', of course, because colonies are *not* nations.

52   Trowell: *African Tapestry*, l.c., p. 103.

53   Ibid, p. 105–107. Established as a result of the British Colonial and Indian Exhibition in London in 1886, the Imperial Institute was to establish permanent exhibition space for the British Empire in the nation's capital. The British government changed its name to the Commonwealth Institute in 1958. It was closed in 2000.

54   Trowell: "School of Fine Art, Makerere University", l.c., p. 6.

55   Trowell: *African Tapestry*, p. 107– 109. See also Margaret Trowell: "Development of the Art School". Memorandum, 1949. Makerere School of Art, 3 June – 29 July 1949. Collection: Confidential (Office of the President), Box 67, Ref. 593. Uganda National Archive.

III

It was this fine art curriculum, which Trowell developed with the support and guidance of Marion Richardson and her former tutors at the Slade School of Fine Art in London, that made the art school what Trowell herself described as a ground-breaking "experiment of great value".[56] This is because by teaching figurative drawing, painting and sculpture, she was effectively introducing entirely new art forms to the region. Unlike in West and in Central Africa, there was no pre-existing tradition of figurative art in the East that Trowell felt she could either refer to for aesthetic strategies or, indeed, build upon. In the apparent absence of "great traditions" to observe and to negotiate, Trowell designated the cultural terrain in which she began teaching as "almost unspoilt virgin soil". The "game" – which is how she referred to her task of developing of indigenous fine art practice in an essay in 1939 – began, as far as she was concerned, on 'terra nullius', and wholly under British instruction.[57]

It is here, in relation to the teaching of figurative arts 'not native' to East Africa, that the concern first emerges, within Trowell's texts, about the extent to which these art works, produced by African students under the instruction of a European teacher, trained in Europe, might be distinguished from those produced by artists or art students of European extraction. Her writing articulates a strong desire for this 'new art' to bear little or no European resemblance – even though, as she understood it, her students' work had no indigenous aesthetic antecedents, and even though the form, the materials and the media had effectively all been introduced by her.

It must be acknowledged that Trowell's aspirations for a distinct, "*true* African tradition of art"[58] are partly borne of her genuine appreciation of African cultures and cultural practices, and of her desire for those practices, rather than simply being "swamped beneath the inrush of Western goods and Western teaching", to evolve and develop with self-confidence in the modern age.[59] And as Elsbeth Court points out, they are also rooted in Trowell's mistaken belief that figurative image-making is a universal technique and not a "culturally-derived" practice.[60] Believing "picture-making" to be universal, she imagined that was possible, to a greater or lesser extent, to teach "the principles of art" without also imparting the cultural value system within which those principles were embedded.[61]

---

56 Trowell: "Modern African Art in East Africa", l.c., p.1. See also Trowell: *African Tapestry*, l.c, pp. 103–128.

57 Margaret Trowell: "The Kampala Art Exhibition – A Uganda Experiment", l.c., p. 132. There was one other British art teacher in the Uganda Protectorate at the time that Trowell began her classes: Geraldine Fisher, who taught art to the daughters of the indigenous elite at Gayaza – a Church Missionary School near the capital city of Kampala. She and Trowell mounted a few joint exhibitions of her students' work but Fisher published very little, and she never enjoyed Trowell's level of influence or recognition. For more on Geraldine Fisher, her approach and the work of her students, see George Kyeyune: "Art in Uganda in the Twentieth Century", l.c., pp. 60–64.

58 Lord Hailey, quoted in Trowell: *African Tapestry,* l.c. p. 106 [my italics].

59 Trowell: *African Arts and Crafts*, l.c., p. 2.

60 Elsbeth Joyce Court: "Margaret Trowell and the Development of Art Education in East Africa«, l.c., p. 39.

61 "I think that we should give to the African all that we have in our experience – the principles of art, the use of material, and the like, but that we should leave him as far as possible to express the African spirit in the product. We may then establish in time a true African tradition of Art." (Colonial

Trowell's arguments in favour of the teaching of arts and crafts in the colonies are based upon the same assumption as the civilising mission itself – namely that the indigenous African population could learn from and adopt aspects of other cultures. Given East Africans' supposed cultural abjection, this was deemed an imperative: the colonial administrator Sir Donald Cameron, in his address to the Royal Empire Society stated, as a matter of official British Government policy, that "the cultural poverty of the native tribes" of East Africa made it "inevitable that they must get their culture from the West."[62] But as Mr H. Jowitt, then Director of Education in the Uganda Protectorate, warned in his preface to *African Arts and Crafts,* Trowell's guide for European art teachers, in 1937, "to alienate [the African] from his own art" would be "as deplorable as to alienate him from those of his own blood".[63] It was of vital importance, therefore, that Trowell and her many 'friends' working in missions and schools all over Britain's African colonies, taught art and craft to the indigenous population. But it was of equally vital importance, however, that they found a way, in Trowell's own words, to "*keep* the children's work *really African*".[64]

It is my contention that it is here, in relation to the question of the aesthetic of this 'new' 'African' 'fine art', that the conflicting dynamics of colonial subject formation that inform Trowell's ideas and teaching methodology become visible. The social evolutionist theory underpinning British Imperial policy, to which Trowell herself subscribed, envisaged a progressive development of African cultures, but nonetheless held that those cultures would eternally remain (a) subordinate to European cultures and (b) as discrete, distinct and as circumscribed by genetic difference as it imagined racial categories to be.[65] Thus, in her arguments in favour of the British teaching arts and crafts to Africans, even though she was advocating the extensive transformation of a broad range indigenous cultural practices, Trowell in no sense appeared to conceive of British interventions as in any way altering the "essence" of these African cultures (or conversely, of British culture being altered by them).[66] As Sir John Hathorn-Hall, Governor General of Uganda, stated in his introduction to "Culture Contact and Social Change", Trowell's presidential lecture to the Uganda Society in 1946, the British perceived their involvement in colonised cultures to be akin to the horticultural practice of grafting, whereby a shoot or twig is inserted into a slit on a trunk or stem of another living plant from which it then receives sap:

Administrator Lord Hailey, opening the exhibition of Trowell's students' work at the Imperial Institute in London in 1939, quoted in: Trowell: *African Tapestry,* l,c., p. 106).

62   Colonial Administrator Sir Donald Cameron, quoted by G. C. Latham in: "Indirect Rule and Education in East Africa", in: *Africa: Journal of the International African Institute,* Vol. 7, No. 4 (October 1934), pp. 423–30, here p. 424.

63   Trowell: *African Arts and Crafts,* l.c., p. viii.

64   Ibid., p. 3 (my italics).

65   See Charles H. Lyons: *To Wash an Aethiop White: British Ideas of Black African Educability 1530 – 1960,* New York 1975.

66   See above.

"Culture was not a thing that could be transplanted, but it could be grafted. The job of those in the Protectorate who were not themselves African was to help the African evolve a culture suitable to his environment."[67]

The claim, in other words, was that it was not feasible for British culture to be assimilated by indigenous East Africans, but it was, however, possible for an 'alien' European culture to improve and to strengthen its colonised counterpart – *but without essentially altering it*. British involvement in the teaching of arts and crafts is therefore framed as proffering, with sympathy and understanding, no more than (much-needed) technical assistance and expertise.[68]

However, according to the theory that was gaining ground among influential anthropologists like Franz Boas, Alfred Kroeber and Ruth Benedict during the same period, and which has since become widely accepted, there is nothing *essential* about culture at all. Research demonstrated, rather, that cultural traits and cultural practices are borne of pedagogical relations – that is, they are learned behavioural practices which are developed by particular groups within specific contexts and under specific conditions, but they neither result from nor are reducible to biological inheritance.[69] Cultural practices migrate between groups. They evolve and mutate over time. If culture is, then, as Michel Foucault would later describe it, a set of "properties", produced by particular "training practices", it follows that a cultural practice cannot be viewed as the inherent property of a particular group. So-called cultural 'essences' are *learned*. And allowing for age, fitness, inclination and opportunity, "*anyone* can learn *anything*."[70]

Trowell's contradictory aims, then, were to introduce new art forms derived from European culture into the context of the Uganda Protectorate in the 1930s and to ensure their immediate assimilation into an essentialist 'ethno-nationalist ordering'.[71] I would like to argue that both her motives in attempting to foster the development of an authentic un-European East African figurative art and her practical approach to achieving this were informed by the policy of Indirect Rule – a strategy of colonial governance adopted by the British in the late 19th century. Her approach to indigenous art education closely mirrors colonial policy in the same period, and provides a valuable example of

---

67   Quoted in: Anonymous: "The African's Changing Values: Conflict Between Old and New", l.c., p. 3.

68   See, for example, William Bryant Mumford's admiring description of the efforts of their contemporary Albert Charton, Inspector-General of Education in French West Africa to improve and develop the standard of weaving in French colonies by giving the 'natives' instruction in the European techniques of the making and using of looms at regional craft schools run by European specialists quoted in: William Bryant Mumford: "Notes on Mrs Trowell's Proposals", in: *Oversea Education*, Vol. VII, No. 2 (January 1936), pp. 84–86. Trowell cites the example of Charton in both *African Arts and Crafts*, l.c., p. 46–7 and "From Negro Sculpture to Modern Painting", l.c., p. 174.

69   See for example Franz Boas: *Race, Language and Culture*, Chicago 1995 (1940); Alfred L. Kroeber: *Anthropology: Race, Language, Culture, Psychology, Prehistory*, New York 1948; Ruth Benedict, *Patterns of Culture*, New York 1934.

70   Paul Bowman: "Universalism and Particularism in Mediatized Martial Arts", Conference Paper presented at the Conference "Total: Universalism and Particularism in Postcolonial Media Theory", Institute for Media Studies, University of the Arts, Braunschweig, Germany, May 2013, in: http://www.academia.edu/3447058/Universalism_and_Particularism_in_Mediatized_Martial_Arts (last accessed 21 January 2014, unpublished), p. 4–5 [my italics]. See also Jacques Rancière, *The Ignorant Schoolmaster: Five Lessons in Intellectual Emancipation*, Stanford 1991.

71   Bowman, "Universalism and Particularism", l.c., p. 4.

how colonialism intervened on the symbolic level in an attempt to create and to control a colonised subjectivity.

IV

With Indirect Rule, the British essentially gave up trying to turn the colonised into 'pseudo' or 'potential Europeans'. They abandoned the policy of proscribing and destroying 'native' political systems and granting the colonised equal rights under British law (albeit, in almost all cases, only on paper). While the former approach, as General Jan Smuts, then Prime Minister of South Africa, explained in 1929, had given the "native [...] a semblance of equality with whites", it was, he argued, "little good to him" because it supposedly "destroyed the basis of his African system which was his highest good".[72] If Africa was to be "redeemed", Smuts went on, so as "to make her own contribution to the world", then the British had to "proceed on different lines and evolve a policy" which would, he claimed, "not force her institutions into an alien European mould" but would rather "preserve [Africa's] unity with her own past" and "build into future progress and civilization on specifically African foundations". What Smuts advocated was full "institutional segregation":

> "It is only when segregation breaks down, when the whole family migrates from the tribal home and out of the tribal jurisdiction to the white mans' farm or the white man's town, that the tribal bond is snapped, and the traditional system falls into decay. And it is this migration of the native family, of females and children, to the farms and the towns which should be prevented. As soon as this migration is permitted the process commences which ends in the urbanized detribalized native and the disappearance of native organization. It is not white employment of native males that works the mischief, but the abandonment of the native tribal home by the women and children."[73]

Within this gendered imperialist ideology, woman figured as the emblem and carrier of culture. While fathers were thought to give children their ethnic or tribal affiliation, it was women who gave them "language and therefore the feeling of affiliation to their race."[74] The stabilisation of "native" family life within the "tribal home" and "tribal jurisdiction", therefore, was vital for the stabilisation of tribal or ethnic distinctions upon which the political system relied.[75]

Arguably, what imperialist ideology held to be true of woman as the emblem of culture was held equally true of culture (and cultural practice) itself. And so just as Indirect Rule

---

72 General J. C. Smuts: *Africa and Some World Problems, Including the Rhodes Memorial Lectures Delivered in Michelmas Term, 1929*, quoted in: Mahmood Mamdani: *Citizen and Subject: The Legacy of Late Colonialism*, Kampala 2004, p. 5.
73 Ibid., p. 6.
74 Daniel Joseph Walther: *Creating Germans Abroad: Cultural Policies and National Identity in Namibia*, Cleveland 2002, pp. 46–63, p. 46 and 47. See also: Ann McClintock, *Imperial Leather: Race, Gender and Sexuality in the Colonial Contest*, New York & London 1995.
75 Smuts: *Africa and Some World Problems*, l.c., p. 5.

created legal institutional boundaries that enshrined and enforced the segregation of colonizer and colonized in South Africa and beyond, so too on a symbolic and aesthetic level, we can see in Margaret Trowell's work and in her writings how she seeks to erect and enforce symbolic boundaries in order to produce and preserve 'native culture' and 'European culture' as wholly separate entities, subject to discrete aesthetic jurisdictions.[76]

This is one function of Trowell's habit of referring to African colonial subjects in only the most essentialist of terms. Outside of *Tribal Crafts*, the book she wrote with Klaus Wachsmann,[77] in which she describes the material culture of a diverse range of Uganda's ethnic and social groups, I have found few instances, prior to 1958, of her referring to the cultural production of sub-Saharan Africans in anything other than the most monolithic of terms. She begins her 1947 essay, "Modern African Art in East Africa", for example, by describing, in a nuanced and differentiated fashion, the material cultures of East Africa's many and diverse ethnic groups. But by the second half of the essay, these differences have been entirely subsumed: from then on, she speaks exclusively – and *always* in conjunction with the definite article – of "*the* African's attitudes", "*the* African's needs", "*the* African's ideas" and "*the* African's abilities".[78] This is not an "essentialist red herring"[79] that in the supposedly more enlightened 21st century can simply be passed over; rather I would argue that such language is key: it is one of the ways in which in her work Trowell inscribes, in totalising and ultimately reductive terms, the mindset and the cultural practices of Africans as homogenous, and produces and maintains a concept of European culture as its polar opposite:

"Every race and every nation has its *own tradition of art* and its art can *only be great* when it develops from that tradition and does not merely try to copy the art of other people. This is as true of Africa *as of any other country* [sic]."[80]

It is on the basis of this constantly reiterated distinction between 'the African' and 'the European' that Trowell is able to build an argument for the insurmountable cultural difference between the coloniser and the colonised. In her texts, Trowell regularly reminds her imagined European reader,[81] that these so-called 'Africans' have a "very different form of expression"[82] which she then goes on to claim is alien, incomprehen-

---

76 See Michèle Lamont and Marcel Fournier: *Cultivating Differences: Symbolic Boundaries and the Making of Inequality*, London/Chicago 1992.

77 Margaret Trowell and Klaus Philipp Wachsman: *Tribal Crafts of Uganda*, London 1953.

78 Trowell: "Modern African Art in East Africa", l.c.

79 "[another essentialist red herring but I'll leave that to one side too!]" John Picton, commenting, in parentheses, on Trowell's recollection of her desire to "contribute to the development of the art of another race" in John Picton: "Reality and Imagination: An Introduction to Visual Practice in Kenya, Uganda and Ethiopia", in: John Picton, Robert Loder and Elsbeth Court (eds): *Action and Vision: painting and sculpture in Ethiopia, Kenya and Uganda from 1980*, Rochdale 2002, p. 11.

80 Margaret Trowell: *Art Teaching in African Schools: Picture-Making*, London 1952, p. 7 [my italics].

81 The six-page picture book *The Prodigal Son: Pictures for Africans* (1938) and five-booklet series *Art Teaching in African Schools* (1949 – 1954) were the only books that Trowell wrote specifically for an indigenous African audience.

82 Trowell: "From Negro Sculpture to Modern Painting", l.c., p. 169.

sible and difficult to describe.[83] Even after more than 20 years of research and teaching in East Africa, in her memoir *African Tapestry*, published upon her retirement in 1957, she restates her sense of the utter remoteness of the colonised from her own European sensibility, with a turn of phrase arguably intended to echo the title of Joseph Conrad's 1899 novel: "we" – that is, Europeans, she writes – "cannot contact the heart of the matter in them".[84] Despite decades of intimate contact and exchange, the ideas, beliefs and experiences of the colonised remain dark and mysterious to Trowell, it seems, to the very end.

V

It is important to note that, within the colonial discourse of cultural essentialism, 'separate' cultures did not, nor was ever intended to mean 'equal' cultures: the problem Indirect Rule was invented to solve was that there was no sustainable or legitimate reason to deny equal rights to the colonised when both they and their colonisers were integrated within the same European-style juridical frameworks. If and when this occurred, the "fallacies" upon which the colonised were "deemed inferior and deserving of colonization"[85] were in constant danger of being exposed. Those who profited most from colonialism would be seen, then, for what they were – an 'alien minority' – who held power over those who suffered most – an 'indigenous majority'. What Indirect Rule enabled, therefore, was the stabilisation of racialised European domination through the establishment of "a politically enforced system of ethnic pluralism".[86]

The false logic of colonial cultural essentialism is exposed by the continual necessity for political enforcement. Without it, the system could not survive. The Governor General of the Uganda Protectorate may well claim, as he did in 1946, that the indigenous population needed to "evolve" a culture "suitable" to its "environment",[87] but it was colonialism that was responsible for the changes in the local environment, and colonialism that required the transformation of indigenous ways of life. It was for this reason that it was always necessary for colonial subjects to be 'civilised': that is, *taught* to adopt specific aspects of European culture and behaviour.[88]

If, however, the "native", who was being educated in European culture, should eventually start to behave exactly like the European or "prove to be of like endowment", then the "fundamental principle" of their "colonial dependence" would immediately cease to be sustainable.[89] Indeed, this was something the British were acutely aware of. As early

---

83   For example: "[...] we know practically nothing at all about the African's sense of beauty." (Trowell: *African Arts and Crafts*, l.c., p. 21).

84   Trowell: *African Tapestry*, op. cit., p. 111.

85   Oguibe: "Nationalism, Modernity, Modernism", l.c. p. 48.

86   Mamdani: *Citizen and Subject*, l.c., p. 6.

87   Anonymous: "The African's Changing Values: Conflict Between Old and New", l.c., p. 3.

88   "[B]ourgeois individualism and the nuclear family, [...] private property and commerce, of rational minds and healthily clad bodies, for the practical arts of refined living and devotion to God" (John L. Comaroff: "Images of Empire, Contests of Conscience: Models of Colonial Domination in South Africa", in: *American Ethnologist*, Vol. 16, No. 4 (November 1989), pp. 661–685, p. 673.

89   Oguibe: "Nationalism, Modernity, Modernism", l.c., p. 48.

as the Imperial Education Conference of 1914, they acknowledged, on the one hand, the need to educate their African subjects,[90] but on the other hand, they recognised that if they genuinely equipped the colonised to compete economically with Europeans, "the question of colour" would "come to the front at once" and there would be "a danger of uniting all tribes against the white population".[91] It was for this reason that, as Olu Oguibe argues, the colonial authority "inserted and institutionalized a corridor of slippage that granted the colonized only partial access to the possibility of transition and transformation":

"[...] as long as the colonized was precluded from acquiring full mastery of European ways, for as long as a passage of difference was maintained and the colonized remained confined to a state of aspirant inferiority, colonial dependence could be guaranteed. To undermine this dependence was to endanger the project of Empire and risk the loss of the colonies".[92]

This is what the institutional segregation of Indirect Rule enabled: it created, under the guise of "pluralism", the "corridor of slippage" that rendered the cultural and political superiority of the coloniser unassailable by 'naturalising' the subordinate status of the colonised.[93]

It is through the correlation of contemporary East Africa and medieval Europe that Trowell inserts just such a "corridor of slippage" in her curriculum: it is important in order to help African students develop their own work, she explains, to show them "good examples of the work of other nations".[94] She recommends showing them reproductions of images like "medieval illuminated manuscripts", "some of the early Adorations" and "Japanese colour prints"[95] and advises teachers always to choose "the simpler forms which are *more easy to understand than European painting from the Renaissance upwards.*"[96] "Present day art", in her terms, was European art, and even though much of the most significant European art of the time was being influenced and inspired by the very sculptures and masks from West and Central Africa that Trowell wished her students would embrace as "their great inheritance",[97] she would show them none of it, claiming that to do so would be to "overburden" them with European arts' "conventions

---

90   Not least because the cost of Indian labour in East Africa was becoming prohibitively expensive. See Kyeyune: "Art in Uganda in the 20th Century", l.c., p. 38.
91   *Imperial Education Conference Papers, East African* Protectorate, London: His Majesty's Stationery Office, 1915, p. 22, quoted in: Sunanda K. Sanyal: "Imaging Art, Making History", l.c., p. 42.
92   Oguibe: "Nationalism, Modernity, Modernism", l.c., p. 47–48.
93   Mahmood Mamdani argues in *Citizen and Subject: The Legacy of Late Colonialism,* (l.c.) that the logical conclusion of this principle is the Bantu Education Act, passed by the apartheid government in South Africa in 1953, which, while supposedly making provision for development of ethnically distinct institutions, in actual fact aimed to drastically curtail the educational opportunities of the black population.
94   Trowell: *African Arts and Crafts*, l.c., p. 59.
95   Ibid., p. 54.
96   Ibid., p. 59 [my italics].
97   Trowell: *African Tapestry*, l.c., p. 111. When I interviewed the late Charles Ssekintu, one of Trowell's original group of students in October 2012, he told me that he and his fellow students thought that the West African sculptures Trowell showed them were "really ugly".

and accretions".[98] One of the key "accretions" that she refused to teach in the early years was two-point perspective, which she felt was alien to her students' sensibility and world view. "When the African does discover how to represent a scene in perspective", Trowell wrote in 1947, "he almost always draws as though he was observing his subject from high above it."[99] The "crux of the matter", she wrote, was

> "that the unspoilt English child, or native African, will, if not interfered with, produce for his own pleasure, works of the nature of such things as the Bayeux tapestries or the illuminated manuscripts of the old monasteries."[100]

This, in turn, was the style of work that received institutional endorsement: one of Trowell's students' earliest patrons, for example, was the British War Artists Advisory Committee, who acquired ten paintings from the school in 1943 under a scheme "to encourage" the painting of local war activities by "Native-born Colonial artists".[101] According to the Imperial War Museum in London, in whose collection these paintings are now held, this scheme "favoured work that *avoided imitation*" of contemporary European art.[102]

Trowell and her contemporaries further sought to guard against the potentially destabilising consequences of a too convincing 'native' performance of European cultural practice by casting the ability to appropriate and master the language and idioms of European visual expression in the most negative of terms. In fact, the ability to imitate, long recognised as a crucial feature of human learning processes – and, as Sidney Kasfir's research has demonstrated, a practice that has long played a sophisticated and important role in aesthetic and philosophical schema in many East African cultures[103] – was framed instead as a positive threat to African development. Thus Governor-General Sir Philip Mitchell warned, in his Foreword to the catalogue for the exhibition of Trowell's students' work at the Imperial Institute in London in 1939, that Africans' supposedly "special aptitude for imitation may be a great danger to them in the realm of art and aesthetics".[104] Art was "a language", Trowell asserted, and "to speak well a man must

---

98   Trowell: "From Negro Sculpture to Modern Painting", l.c., p. 175. We know that Trowell was aware of the significance of West African sculpture and Central African masks for the European avant-garde because one the key intellectual authorities to whom she refers when making her case for the high calibre of African art are the essays of the avant-garde artist Roger Fry, who organised some of the first exhibitions of 'primitive', cubist, postimpressionist and child art in the United Kingdom in the 1920s and who also championed the work of Marion Richardson. See, for example: ibid, p. 169 and: *African Arts and Crafts*, p. 31, also Roger Fry: "Teaching Art", in: *The Athenaeum*, No. 4663 (12 September 1919), pp. 887–8.
99   Trowell: "Modern Art in East Africa", l.c., p. 5.
100   Trowell: *African Arts and Crafts*, l.c., p. 49.
101   "Recruiting (Art.IWM ART LD 2742". *Imperial War Museum.* http://www.iwm.org.uk/collections/item/object/20585 (last accessed 7 January 2014). The war in question was the Second World War.
102   Ibid. [my italics].
103   See Sidney Littlefield Kasfir: "African Art and Authenticity: A Text with a Shadow", in: *African Arts*, Vol. 25, No. 2 (April 1992), pp. 40–53 and pp. 96–97.
104   Sir Philip Mitchell: "Foreword", in: *Catalogue of the Uganda Exhibition, 22 April–13 May*, The Margaret Trowell Papers, Bodleian Library, Oxford. MSS, Afr. s. 1825/114. As Rey Chow has pointed out, such assertions also serve to reinforce the claim of the white coloniser that his language and his culture is the "original" and relegates colonised language and culture "to the position of the inferior, improper copy" (Rey Chow: "Keeping Them In Their Place: Coercive Mimeticism and Cross-Ethnic

use his own tongue" and no other.[105] Copying was to be strongly admonished and actively discouraged.[106] Thus any imitation of Western-style art by Africans is always described by Trowell, in her writings, as "poor",[107] and thus Trowell must "battle" with Gregory Maloba, her most talented early student, who was discovered as a boy at a Catholic mission making copies "in clay of Victorian plaster saints from photographs in some ecclesiastical catalogue", to "counteract the plaster saint influence".[108]

And should a 'native' student deign to exhibit any art work in the European style, it does not appear to have been well received by the colony's (majority European) community of fine art appreciators: in the review of the Makerere Students Exhibition that appeared in the *Uganda Herald* in July 1946, for example, the anonymous reviewer confesses "a feeling of disappointment" in the work of a student named Farhan, who was apparently studying for an Art Teacher's Certificate Course at the time. Except for his subjects, the reviewer complains,

> "there is nothing African about his painting – pure Slade School style, executed with very great skill, but completely conventional in the use of colour and design. Possibly as he intends to become a professional Art teacher that is desirable, but we hope that he will not attempt to restrain the imagination of his future pupils".[109]

It is worth noting how restraint and conformity, two of the qualities that the British claimed the colonised needed to acquire if they wished "to enjoy a greater share in the administration of their own affairs", are here viewed as unbecoming.[110]

For Trowell, as for her counterparts in the colonial administration, artistic practices and cultural production of the indigenous population had, they claimed, to be developed "from *their own* past, guided and restrained by the traditions and sanctions which *they* have inherited".[111] But as Lord Hailey's remarks at the opening the exhibition of

---

Representation", in: *The Protestant Ethic and the Spirit of Capitalism,* New York 2002, pp. 95–127, here p. 100).

105   Trowell: *African Arts and Crafts*, l.c., p. 51.

106   "We do not set children to copy other people's essays, nor should they copy other people's pictures; if they do that they will never learn to do anything on their own. Even a poor original picture is worth more than a good copy; copying should never be allowed in the school." (Trowell: *Art Teaching in African Schools: Picture-Making*, l.c., p. 7–8.) This text appears at the end of the introduction to every booklet in the *Art Teaching in African Schools* series.

107   Trowell: *African Arts and Crafts*, l.c., p. 51.

108   As Trowell recounts it in *African Tapestry*, Maloba, who was the first of her students to become a 'professional artist', did gain access through her to images of contemporary European art, but only by sneaking into her library to look at books when she was out of the house (*African Tapestry*, p. 104).

109   Anonymous: "Modern African Art: Makerere Students' Exhibition", in: *The Uganda Herald*, Vol. 50, No. 1831, p. 15.

110   G. C. Latham, the director of Indigenous Education in Rhodesia and the Uganda Protectorate stated: "educated Africans must realise that if they wish to enjoy a greater share in the administration of their own affairs they just fit themselves for such responsibility, and that what they need is not so much a matter of book knowledge as of character. They have to learn self-criticism, reliability, self-control, and a genuine sense of responsibility before they can be entrusted with a considerable share in the direction of the destinies of their race." ("Indirect Rule and Education in East Africa", in: *Africa: Journal of the International African Institute*, Vol. 7, No. 4 [October 1934], pp. 423–430, p. 427).

111   Ibid., p. 423 [my italics].

Trowell's students' work at the Imperial Institute in London in 1939 revealed, Africans were *not entirely* free to express or even to define the so-called Africanness of their art: they were, he said, to be left "as far as possible" to develop in their own way, but the reality was that these were parameters over which they themselves did not enjoy over-all control. As in other areas of colonial governance, ultimately it was not Africans who reserved the power to 'name' or designate their culture as appropriate or genuine:[112] in art, as in the drawing up of the penal code, the "traditions and sanctions" of the colo-nised were "moulded or modified [...] on the advice of British officers, and by the general advice and control of those officers."[113] When necessary, the colonisers felt free either to invent cultural practices or to import them from elsewhere.[114] Trowell's introduction of figurative art can be seen as an example of this: as Sunanda K. Sanyal has noted, despite her sophisticated knowledge and appreciation of East Africa's indigenous arts, she never once encouraged her students to draw on the formal aspects of traditional artefacts as a resource for the development of a modern artistic genre of painting and sculpture. In this respect, she consistently favoured the traditional European mode of picture making that she introduced from abroad.[115]

VI

And all the while, Trowell maintained that her influence on the aesthetic of her students' work was minimal. She was, she said, less of an "instructor" than a "friendly critic": sim-ply there to offer encouragement, to help "the students follow their own path and avoid snares by the wayside, and to facilitate their constructive criticism of one another's work".[116] But actually, and for all its considerable merits, the "friendly critic" method of teaching was more intrusive than it may have at first appeared. As Roger Carline noted, in his assessment of the methods developed by New Art Teaching Movement in which Trowell had been trained: "However much the professor may have considered himself as a figure in the background – a source of encouragement only [...] this is difficult to achieve, and doubly so when the teacher is a strong personality. Children are quick to note the teacher's reactions, observing what he praises or dislikes, and their work reflects his influence accordingly."[117] Given Trowell's status and the institutional power

---

112   See Stephanie Lawler: "Disgusted Subjects: The Making of Middle-Class Identities", *The Sociological Review*, Vol. 53, Issue 3, pp. 429–466.
113   Latham: "Indirect Rule and Education in East Africa", l.c., p. 423.
114   See "[I]n East Africa the cultural poverty of the native tribes makes it inevitable that they must get their culture from the West" (Sir Donald Cameron quoted in: Ibid., p. 424). See also Terence Ranger: "The Invention of Tradition in Colonial Africa", in: Eric Hobsbawn & Terence Ranger (eds.): *The Invention of Tradition*, Cambridge 1983, pp. 211–262.
115   Sanyal: "Imaging Art, Making History", l.c., p. 87–8 and 91–93. Sanyal further argues that another reason Trowell refused to draw upon the aesthetics of traditional East African artefacts in her teaching of painting and sculpture because it would have resulted in abstract or non-figurative forms. Trowell displayed a marked personal antipathy to modernism in art; and her students' work also had to be figurative if she was to achieve her aim of pioneering a religious pictorial genre (see Trowell: "From Negro Sculpture to Modern Painting", l.c., p. 170; and Trowell: *African Tapestry*, l.c., p. 160).
116   Carline: *Draw They Must*, l.c., p. 160, Trowell: *African Arts and Crafts*, l.c., pp. 50–1 and Trowell: *Art Teaching in African Schools: Picture-Making*, l.c., p. 28–29.
117   Carline: *Draw They Must,* l.c., p. 160.

that she wielded, it is hard to imagine that her pupils did not try to make things they thought she would like.

Trowell's avowed aim was to externally "stimulate" – but without unduly influencing – her students towards the development of "a widespread school of national or racial painting or sculpture".[118] She sought to achieve this by rarely if ever demonstrating how to achieve particular visual effect herself, and, following Marion Richardson, preferred to use storytelling to provide her students with a starting-point for their art works.[119] At the start of each class, Trowell recalled that she would deliver a carefully prepared description of a scene, or a poem or story, "vivid enough", in her words, "to create a picture in the pupil's mind and yet sufficiently vague to allow full play to his own imagination". The idea was that the pupil would "learn to sit with his eyes shut, searching round in his mind until he [could] realise his picture clearly as a whole and in its various details", then set to work to get it down on paper.[120]

As Sanyal demonstrated in his analysis of the sample description Trowell provides in *African Arts and Crafts*, this is a far from neutral way of setting work. He is able to show that Trowell actually provides verbal layouts for the images, suggesting areas of focus, telling her students what to include and what to ignore: "*Close in front of you* are two women", she says at one point. And elsewhere, perhaps more coercively: "But all this", she says, "is as it were, *in the back of our picture. You do not see it very clearly. For it is not that of which you are thinking.*"[121] In a further sample description, in *Art Teaching in African Schools,* a set of pamphlets she wrote for African art teachers, she also dictates the mood of her students' work, saying: "It is all very exciting, and although I am sad for the man, I love the colours which I see."

Trowell was also reported to have actively discouraged experimentation of types of which she disapproved. Charles Ssekintu, one of Trowell's earliest students recalled that she once set them the task of making a suitcase out of papyrus reeds, sisal and raffia. When Ssekintu went further than instructed by painting and varnishing the suitcase he had made, Trowell was infuriated and reprimanded him publicly. Such was the magnitude of his offence, Ssekintu recounted, that she made him swear on the Bible that in any future class, if she told him to end a task at a particular point, he would "stop", and "never go beyond". Because answering her back might have carried a penalty of expulsion from Makerere College School, Ssekintu claimed that, thereafter, he always did exactly what he was told.[122]

---

118   Trowell: "Modern African Art in East Africa", l.c., p. 1.
119   "They were, of course, very annoyed that I would not teach them the way. They have told me since that they felt I was lazy because I would never take up a brush and show them how." (Trowell: *African Tapestry,* l.c., p. 115).
120   Trowell: *African Arts and Crafts*, l.c., p. 51 and 53.
121   Sanyal: "Imaging Art, Making History", l.c., p. 88–90 [my italics].
122   Kyeyune: "Art in Uganda in the 20th Century", l.c., p. 68–9.

VII

In his seminal analyses of colonialism, written in the early 1980s, Homi Bhabha described mimicry as "one of the most elusive and effective strategies of colonial power and knowledge" A "complex strategy of reform, regulation and discipline", colonial mimicry, as Bhabha defined it, was "the desire for a reformed, recognisable Other, as *a subject that is almost the same, but not quite.*"[123] This was because, inasmuch as the objective of colonial discourse is "to construe the colonised as a population of degenerate types on the basis of racial origin, in order to justify conquest and to establish systems of administration and instruction",[124] a system of "interpellation" – that is, a partial reform of the colonised's manners, behaviour and personal identity – is required for the colonial system to function successfully in the interests of power.[125] The effect of mimicry on colonial discourse, Bhabha writes, is "profound and disturbing": "For in 'normalising' the colonial state or subject, the dream of post-Enlightenment civility alienates its own language of liberty and produces another knowledge of its norms."[126]

Under Margaret Trowell's direction, with official sanction and widespread approval, art education in the Uganda Protectorate participated fully in the interpellation of African colonial subjects and in the development of a non-identical colonised cultural space. An analysis of her approach further reveals the "other" knowledge of her pedagogical "norms" to be the "reforming, civilising" mission's "disciplinary double",[127] whose con- stant presence incites, within Trowell, complex forms of identification and disidentifica- tion. These result, in her work and in her writings, in a near-constant oscillation between venerating and despising East Africa's colonised cultures, and between the assumption and abdication of her colonial agency.

Trowell's ideas continue to impact decisively on discourses of art in and about this region.

---

123   Homi K. Bhabha: "Of Mimicry and Man: The Ambivalence of Colonial Discourse", in: *October*, Vol. 28 (Spring 1984), pp. 125–33, here p. 126.
124   Homi K. Bhabha: "The Other Question", in: *Screen*, Vol. 24, No. 2 (1983), pp. 18–36, here p. 23.
125   Bhabha: "Of Mimicry and Man", l.c., p. 127.
126   Ibid., p.126.
127   Ibid., p.127.

Judith Raum
im Gespräch mit Susanne Stemmler

Das deutsche Bagdadbahn-Bauprojekt zwischen 1888 und 1918
Postkoloniale Recherche zu widerständigen Gesten in künstlerischer Form

Judith Raum: In meinen künstlerischen Arbeiten zum deutschen wirtschaftlichen Engagement im Osmanischen Reich beschäftigt mich die Art und Weise, wie deutsche Unternehmer und Bankiers im Zuge des Baus der Anatolischen Eisenbahn und der Bagdadbahn ab 1888 zunächst imaginär auf dem Papier und dann sehr konkret in ein dem ›Orient‹ zugerechnetes Land vordrangen, es sich aneigneten und ausbeuteten. Die Deutsche Bank war Eignerin der beiden Bahngesellschaften und Philipp Holzmann die verantwortlich zeichnende Firma für den Großteil der Gleisanlagen, Bahnhofsgebäude, Brücken und Tunnel. Der Versuch der wirtschaftlichen Durchdringung des Osmanischen Reichs, der fest mit dem Bahnbau verbunden war, geschah unter den Prämissen von Profitmaximierung und Rationalisierung, also dem effektiven Ausschöpfen von Möglichkeiten. Es handelt sich um ein Unternehmen, das der materiellen Umwelt letztlich gewaltvoll begegnet.

Susanne Stemmler: Die Art und Weise, wie in diesem Unternehmen mit der Natur umgegangen wurde sowie die damit verbundenen Gesten bilden momentan einen Schwerpunkt deines künstlerischen Projekts mit dem Arbeitstitel *objects as situation*, das zum einen aus intensiven Recherchen besteht, zum andern in Malerei, Installationen und Lecture Performances mündet. Ich möchte zunächst den Rechercheprozess in den Vordergrund stellen, um danach die künstlerischen Formen anzusprechen. Inwiefern dokumentieren die Anpflanzungsexperimente im Zuge des Bagdadbahn-Projektes die oben beschriebene gewaltvolle Begegnung mit der Natur und dem ›Anderen‹?

J.R.: Am Bagdadbahn-Projekt interessieren mich Gärten und der Umgang mit der Pflanzenwelt als Momente, die zur Sprache der Macht und zu den Formen, in denen diese sich ausdrückt, im Widerspruch stehen *können*. Die am Bagdadbahn-Projekt beteiligten Unternehmer und Banker haben sich im großen Stil für die Nutzung und Ausbeutung der anatolischen Landwirtschaft interessiert – Bewässerungsanlagen für die Ebenen um Konya und Adana etwa, Musterfarmen zur Belehrung der lokalen Bauern, Bodentests, Pflanzversuche und Importe landwirtschaftlicher Maschinen wurden in Angriff genommen. Das führt zu einem ganz bestimmten Umgang mit den Pflanzen und ebenso – was noch viel schwerer wiegt – mit den Menschen vor Ort. Der eigene Wille (der hier auf maximale Erträge, auf optimale Ernten zielt) und die Methoden, die man zu seiner Durchsetzung anwendet, treffen in der Landschaft und in den Pflanzen auf ein Gegenüber, das selbst wächst und sich nach eigenen Prinzipien bewegt. In den Versuchsfeldern und Gärten sehe ich einen Raum, der symptomatisch für das Verhältnis zwischen dem eigenen Willen und dem ›Anderen‹ ist. Wie viel Freiraum lässt man Bewegungen und Phänomenen, die ohne das eigene Zutun zustandekommen, die man nicht oder nur begrenzt kontrollieren kann? Inwiefern greift man nur stützend und unterstützend ein, oder inwiefern versucht man weitestmöglich zu kontrollieren? Wie stark oder wie schwach ist der Druck, den man ausübt; wie stark oder wie schwach ist die Einflussnahme? Für mich ist dieser Raum auch ein Bild für die Verhältnisformen, die im künstlerischen Arbeitsprozess eine Rolle spielen: der Umgang mit dem Material und mit dir selbst während der Arbeit. Dieses Verhältnis will immer wieder neu ausgehandelt werden. Meine Recherchen zur deutschen Wirtschaftsgeschichte führe ich als bildende Künstlerin durch. Ich beziehe sie dann im künstlerischen Arbeitsprozess auf ästhetische Fragestellungen.

Mich beschäftigen in der Arbeit zum Bagdadbahn-Bauprojekt die von deutschen Landwirtschaftsingenieuren penibel geplanten und angelegten Musterfarmen, Baumschulen und Versuchsfelder, wie sie in den Korrespondenzen im Historischen Archiv der Deutschen Bank dokumentiert sind. Sie stellen Orte dar, die der absoluten Rationalisierung unterworfen waren. Auf meinen Reise durch Anatolien in den Jahren 2010, 2011 und 2012 habe ich entlang der Linie der Anatolischen Eisenbahn und der Bagdadbahn nach Spuren dieser Maßnahmen gesucht. Die Orte, an denen deutsche Landwirtschaftsingenieure einst Versuchskulturen und Baumschulen angelegt oder Pflanzversuche durchgeführt haben, ergaben meine bzw. unsere Reiserouten – ich bin meist in Begleitung von Iz Öztat, Künstlerkollegin aus Istanbul, gereist. Die Frage war, ob sich Reste der Rationalisierungsmaßnahmen finden lassen, Reste der Monokultur und der effizienten Gesten, die damals angestrebt wurden. Und wie sie sich in die Landschaft eingeschrieben haben. Aber an vielen Orten sind die ehemaligen Ordnungen längst überwuchert, oft umfunktioniert. Das habe ich einerseits dokumentiert.

Andererseits ging es in der Auseinandersetzung mit dem Archivmaterial immer schon um das Aufspüren widerständiger Momente. Das können Erwähnungen lokaler Methoden sein, die den deutschen Interessen im Weg stehen, oder auch das Eingeständnis von Pannen oder die Zeugnisse punktuellen Scheiterns. Und auch auf den Reisen wurde es immer wichtiger, nach alternativen Modellen eines anderen Umgangs mit Pflanzen zu suchen. Dabei sind mir vor allem die heutigen privaten Gärten entlang der Bahnlinie aufgefallen. Sie haben einen anderen Maßstab, sind kleiner als Großplantagen und nur auf Eigenbedarf ausgerichtet. Es gibt dort Momente, wo großzügig, spielerisch, auch auf gewisse Art demütig mit dem, was da wächst, umgegangen wird. Der Garten ist also für mich ein Bild für einen bestimmten Zustand des Individuums – eine Art Spielfeld, wo man eigene Fähigkeiten testen und Formen und Anwendungen dafür finden kann. Es handelt sich um Orte, an denen man ohne viel Hemmung Impulsen nachgeht, an denen man aus ganz spezifischen sinnlichen Erfahrungen zu Lösungen für ein Problem kommt. Das geschieht intuitiv, ohne viel kognitiven Einsatz. Man tastet sich an die Dinge heran, tariert Spannungen und Verhältnisformen aus. In diesem Sinn verstehe ich den Garten als möglichen emanzipativen Raum, der es zulässt, dass improvisiert wird, dass man sehr individuelle Lösungen anwendet.

S.St.: Welches sind die Indizien eines solchen anderen Umgangs mit der Natur, jenseits des Herrschaftswissens, des Kultivierens und Kolonialisierens?

J.R.: Einerseits gibt es wuchernde Orte, die eine Diversität an Pflanzen aufweisen. Ich verstehe sie als Momente des Unkontrollierten, auch Unproduktiven, in denen die Pflanzen über das damals geschaffene System, über die Anlagen in ihrer Regelhaftigkeit hinwegwachsen und in denen sich Machtverhältnisse zu verschieben scheinen. Dann wiederum gibt es die kleinen Gärten, in denen eine Vielzahl an Früchten wächst, und die voller leicht ablesbarer Gesten sind. Es handelt sich aus meiner Sicht um potentiell widerständige Techniken: Menschen stehen in regelmäßigem Kontakt mit den Pflanzen und finden eigene Lösungen, deren Wachstum zu unterstützen. Das geschieht, indem sie Äste, Zweige oder Ranken hochbinden, auf eine fragile, beweglich bleibende Art, oder indem sie Spannsysteme aus Drähten oder Schnüren in den Garten einarbeiten, in denen Pflanzen flexibel wachsen können, ihren Bewegungsspielraum behalten. Es gibt viele Arabesken in diesen Gärten. Die Drähte oder Schnüre sind nicht stramm gezogen oder fest montiert, sie sind gewickelt, gewunden, verhakt … Ins Auge fällt zudem die unorthodoxe oder ikonoklastische Verwendung alter deutscher Eisenbahnmaterialien, die oft noch mit »Krupp« oder anderen deutschen Firmennamen bestempelt sind. Schwellen und Gleise werden zum Abstützen von Erdreich für Terrassen, auf denen Obstbäume gepflanzt sind, oder als stützende und tragende Elemente von Weinlauben verwendet. Das ist eine wuchernde Kreativität, die Material nach einer Art Patchwork-Verfahren umfunktioniert. Viele der Gesten, die ich hier beschreibe, greife ich in meinen Skulpturen und Malereien und auch in den skulpturalen Handlungen während der Lecture Performances wieder auf, wo ich nach ähnlichen Verfahren Seile im Raum verspanne, um Stoffbahnen daran hochzuziehen, oder Metallstangen zwischen Decke und Boden verkeile, die zu provisorischen Halterungen und Trägern für weitere Elemente werden.

S.St.: Tauchen die Gemüsesorten, die einst von den Deutschen Unternehmern eingeführt wurden, heute noch auf?

J.R.: Das ist schwer zu sagen. In der Hinsicht hat mein Nachfragen nichts ergeben. Aus den Akten der Zeit von 1895 bis 1914 kenne ich viele Details der Versuche, die die Deutschen auf anatolischem Boden durchgeführt haben. Mit diesen Informationen bin ich in bestimmte Landstriche Anatoliens gefahren und habe die Bewohner gefragt, ob sie sich daran erinnern oder von ihren Vorfahren gehört haben, dass z.B. eine aus Deutschland importierte blaue Kartoffelsorte, die man bei Eskişehir getestet hat, besonders gut angewachsen sei, oder dass gezielt Felder zwischen den Ländereien der Bauern gepachtet und bebaut wurden, um der Bevölkerung rationellere Arbeitsmethoden und Fruchtfolgen zu zeigen. Aber niemand hat das bestätigt, sondern die Reaktion lautete: »Ach, was hätten uns die Deutschen denn beibringen sollen, wir wussten doch sehr gut, wie man Kartoffeln pflanzt.« Gute Antwort. Diese Art zu fragen, war eine Sackgasse. Zumal die Modernisierung der Landwirtschaft und die Einrichtung von Musterfarmen auch vom Osmanischen Reich selbst offensiv betrieben wurde.

Interessanter sind Fragen, die sowohl die Modernisierungsversuche von osmanischer Seite als auch die von deutscher Seite betreffen: Welche Umgangsweise mit der Bevölkerung und den Umständen vor Ort erzeugen solche Modernisierungs- und Rationalisierungsversuche? Welche Haltungen treten hier zutage, treffen aufeinander? Und im Fall der Deutschen Bank und des Bagdadbahn-Bauprojekts ist es wichtig zu verstehen, welche Ausmaße dieses Projekt annahm: Der Versuch, sich ein Land nicht nur infrastrukturell und geopolitisch, sondern vor allem wirtschaftlich ›anzueignen‹, war umfassend:

das bezog sich auch auf den landwirtschaftlichen Sektor. Die Art der Aneignung der anatolischen Landschaft kam einem semi-kolonialen Ansatz gleich, auch wenn diese Begrifflichkeit offiziell vermieden wurde. Es ging darum, in der Region die Vorherrschaft zu erringen – vor England und Frankreich – und sich den Zugang nach Mesopotamien zu sichern. Die Kommerzialisierung der bis dahin fast ausschließlich für den Eigenbedarf produzierenden Landwirtschaft Anatoliens und die Profite, die man aus dem Boden schlug, sollten die Bahn erst rentabel machen. Welche Auswirkungen hat es aber auf ein Land, wenn man lokale Produkte und lokale Arbeitsmethoden geringschätzt?

S.St.: Inwiefern wird der ›Andere‹ dabei herabgesetzt und als defizitär dargestellt?

J.R.: Belege dafür findet man wortwörtlich in den Briefen der deutschen Landwirtschaftsingenieure an die Vorstandsvorsitzenden der Deutschen Bank. Sie sind durchgehend aus einer Position der Überlegenheit formuliert, aus einer Perspektive, wie sie für den damaligen eurozentristischen Blick auf den sogenannten ›Orient‹ typisch war: »Die dortigen Methoden sind primitive«. »Die Wirtschaftsweise ist völlig unrentabel«. »Das Vieh befindet sich in einem erbärmlichen Zustand.« »Die Obstsorten sind degeneriert«. »Der türkische Schlendrian besteht fort und fort«.

S.St.: Welchen Status nimmt die Recherche in der künstlerischen Arbeit ein?

J.R.: Ich betreibe keine ethnologische Forschung. Die intensiven Reisebegegnungen und die zahlreichen Fotos fließen einerseits in subjektive Prozesse im Atelier ein – also in Malerei, Zeichnung und Objekte. Andererseits bemühe ich mich um einen analytischen, vielleicht didaktischen Beitrag, in Form von Lecture Performances oder Archivbereichen innerhalb meiner Ausstellungen bzw. Installationen, die abseits der sinnlichen Objekte zugänglich sind. Diese von Fotos und Texten geprägten Bereiche dienen mir dazu, Fragestellungen, die mich umtreiben, mit realen historischen Fakten zu verknüpfen und darin bestimmte Momente lesbar zu kritisieren.

Als bildende Künstlerin habe ich zunächst vor allem mit den Medien Malerei, Zeichnung und dem Herstellen von Objekten gearbeitet. Wichtig wurde, nach meiner eigenen Rolle und Verfasstheit im künstlerischen Arbeitsprozess zu fragen: nach der Grundlage, auf der ich Entscheidungen treffe; nach dem Verhältnis zwischen Körper und Kopf beim Arbeiten; welche Rolle spielen dabei Humor, Leidenschaft, Obsessionen, also Idiosynkratisches, Subjektives? Welche Rolle spielen Erfindung, Zufall, der Widerstand des Materials, welche Möglichkeiten hat man im Umgang mit dem Material? Und eigentlich stehen solche Fragestellungen auch am Anfang meines Interesses an dem Projekt zur Bagdadbahn. Sie betreffen letztlich die Frage: Welche Formen des Umgangs mit der Welt gibt es? Die ingenieurstechnische und ökonomische Steuerung des Bagdadbahn-Projekts, effizient vorzugehen, Dinge penibel zu planen, sich Zugriff zu verschaffen auf Dinge, also (Macht-)Beziehungen einer bestimmten Qualität herzustellen, sind ja mögliche Formen des Umgangs mit der Welt. Und ich kenne ähnliche Verhältnisformen aus der künstlerischen Praxis. Mit den Objekten und Malereien stelle ich die Frage nach den unterschiedlichen Umgangsformen mit der Welt auf ästhetischer und phänomenologischer Ebene,

Abb. 1: Judith Raum: Garten entlang der Bagdadbahn, Belemedik, Taurusgebirge, 2012.

Abb. 2: Judith Raum: Garten entlang der Bagdadbahn, Belemedik, Taurusgebirge, 2012.

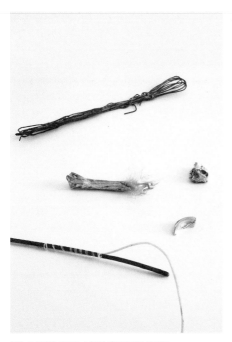

Abb. 3: Judith Raum: *A kind of material plenty*,
Serie #2, 2012.

Abb. 4: Judith Raum: *harmless entrepreneurs*,
Piano Nobile, Genf, 2013.

aber es interessiert mich gleichzeitig, sie auf sozialer, geschichtlicher und wirtschafts-
geschichtlicher Ebene zu stellen.

Sicher hat mein theoretisches Studium Einfluss darauf, dass ich diese verschiedenen
Felder verbinde – ich habe parallel zum Kunststudium Philosophie und Psychoanalyse
studiert. Im Folgenden ging es mir darum, für mich als Künstlerin eine Arbeitsweise
zu entwickeln, die theoretische, analytische und faktische Komponenten ebenso enthält wie künstlerische Prozesse und Arbeitsweisen, die ich als subjektiv, sinnlich und
abstrakt bezeichnen würde. So bin ich auch dazu gekommen, die Medien Malerei und
Objekt als Installationen zu zeigen, um neben dem, was sie selbst sagen, aus ihrer Bezo-
genheit aufeinander Argumente bauen zu können und sie in einen diskursiven Kontext
zu stellen. In den Installationen sind die sinnlichen Objekte wie schon gesagt in räumlicher Nähe zu Archivmaterialien, Texten und Photographien zu sehen. Oder es befindet
sich Audiomaterial im selben Raum, und historische Briefe, von Schauspielern gelesen,
werden hörbar. Eine andere Variante sind Lecture Performances, die ich zusammen mit
den Objekten und malerischen Arbeiten präsentiere. Elemente dieser Performances ver-
bleiben im Raum, etwa improvisierte skulpturale Eingriffe oder die Skripte, so dass die
ausgestellten Arbeiten weiter kontextualisiert werden.

Neben den sinnlichen, sehr taktil verfassten malerischen Arbeiten und Objekten, die
ihre ganz eigene Sprache bzw. Lesbarkeit haben, zeige ich also Material, das durch seine
Textform sehr explizit wird. Das didaktische Anliegen ist intendiert, es geht darum, die
Details aus den Archiven zu kommunizieren. Sie sind zu wichtig und dabei weitestgehend unbekannt, um sie zu verschlüsseln. Ein Beispiel für ein solches Detail ist der lapi-

dare Ton, mit dem im Kontext der deutschen wirtschaftlichen Interessen im Osmanischen Reich über die Massaker an den Armeniern berichtet wird – deutsche Interessen seien dabei »nicht in Gefahr«. Ein anderes Beispiel ist ein Streik der Eisenbahnarbeiter, der als Problem dargestellt wird, das ja letztlich »nur auf Kosten der osmanischen Regierung« ginge, nicht zu Lasten der Eisenbahngesellschaft. Die »sozialistische Wühlarbeit« hätte nun auch schon im Osmanischen Reich begonnen. Die Korrespondenzen zwischen den Direktoren der Deutschen Bank in Berlin und einzelnen deutschen Unternehmern vor Ort in Anatolien argumentieren im Sinne des profitträchtigen Fortschritts des Projekts. Die Konfrontation mit dem ›Anderen‹, ›Fremden‹ scheint keinerlei Perspektivwechsel oder Selbstkritik zu bewirken.

Die Existenz eines deutschen Orientalismus – ich greife den von Edward Said geprägten Begriff des Orientalismus als eurozentristischen Diskurs auf – ist kaum bekannt. Das hat die US-amerikanische Orientalistin Suzanne Marchand in zahlreichen Beiträgen deutlich gemacht. Weil es mir wichtig ist, diese wenig bekannten Fakten zu vermitteln, verwende ich die entsprechenden Dokumente und schriftlichen Quellen gern sehr detailliert im Original.

S.St.: Sie ließen sich durch die Malerei allein nicht übermitteln?

J.R.: In der Malerei kann ich durch die abstrakten Mittel, die das Medium zur Verfügung stellt, *Verhältnisformen* ausdrücken. Im Fall der *cotton pieces* (2010–2012) zum Beispiel, jenen Trägern möglicher Existenzspuren deutscher Hausweber, die einst für den anatolischen Markt produzierten, schreibe ich nicht in die Bilder. Was ich mit der Malerei zeigen will, sind Qualitäten von Berührung und Berührtwerden – wie sie damals wie heute stattfinden können. Die Baumwolle, auf der ich male, wird zu einer Fläche, in die sich Erfahrung im Sinne von Michel Serres eintätowiert. Prozesse und Verhältnisse schreiben sich in ihr ein, bleiben offen und erscheinen auch nach der ›Fertigstellung‹ noch in ihrer Prozesshaftigkeit – in Klecksen, Spuren und unverbundenen Schichten. An bestimmten Stellen hat man etwas intensiv oder obsessiv einschreiben, förmlich einreiben müssen, an anderen Stellen hat man Dinge einfach geschehen lassen. Auch davon, ob Humor oder die Fähigkeit zur Selbstdistanzierung vorkommt, kann Malerei sprechen.

S.St.: Ein Element der Lecture Performances sind Re-Inszenierungen von Passagen aus Briefen oder anderen Archivdokumenten. Oft liest du diese im Nachhinein als monströs erscheinenden Dokumente selbst. Kann man in der performativen Situation mit dem eigenen Körper das Scheitern dieses Projektes herausarbeiten?

J.R.: Sigmund Freud geht davon aus, dass sich Dispositionen, die wir haben, bestimmte Haltungen der Welt gegenüber, symptomatisch auf alle möglichen Arten und Weisen ausdrücken, die zu uns und unserem Auftreten gehören. Also nicht nur dadurch, was wir sagen, sondern *wie* wir es sagen. Im Fall des Performativen kann das der Habitus sein, wie man sich bewegt, welchen Tonfall, welche Geste, welche Körpersprache man benutzt. Ich trage die historischen Korrespondenzen im Rahmen einer Performance vor, ich trage sie nicht als Historikerin vor. Und dadurch werden zusätzliche Elemente zum Träger der Botschaft: mein Körper, meine Stimme, mein Kostüm, meine Bewegung auf

der Bühne, die Projektion von Bildern im Hintergrund in ihrem Verhältnis zum vorgetra-
genen Text usw.

Ich versuche einerseits, immer auch die ›offiziellen‹ Seiten der Geschichte zu zeigen.
Im Fall des Bagdadbahn-Projekts sind das die ingenieurstechnische Leistung, das Pio-
nierhafte und Heroische sowie die Nähe zum Abenteurertum, die dem ganzen Unterfangen anhaften und die in den gängigen Darstellungen der Geschichte gern betont werden. Daneben steht meine Kritik an der offiziellen Geschichte, ergänzt durch Momente,
die aus meiner Sicht unbeachtet blieben. Ich will zeigen, wo meine eigenen Begrenzt-
heiten, aber auch meine eigenen Möglichkeiten als Künstlerin liegen. Es gibt also die
offizielle Geschichte, die fragmentarisch aufleuchtet, es gibt meine inoffizielle alternative Geschichtsschreibung oder Erzählung, und dann gibt es noch die Ebene, auf der der
Prozess der Auseinandersetzung mit diesem Themenkomplex als *künstlerischer* Auseinandersetzungsprozess transparent und auch angreifbar wird.

S.St.: Durch diese neuen Konstellationen gelangen die Archivmaterialien neu und anders
zur Sprache. Handelt es sich um die nachträgliche Neuanordnung subjektiver Geschichten inklusive ihrer Leerstellen?

J.R.: In den Dokumenten findet sich ein Großteil dessen, was mich interessieren würde,
nicht. Die Akten bilden eine bruchstückhafte Geschichte ab. Es wird immer indirekt *über*
jemanden berichtet, von ›Anderen‹ ist die Rede, aber mit einer eigener Stimme tauchen
diese Akteure – seien es Arbeiter der Bahn, Angestellte osmanischer Herkunft, Bauern,
lokale Bevölkerung – kaum auf. Ich bin allerdings auf einige Briefe von Eisenbahner-
gewerkschaftsführern während der Zeit des wichtigen Streiks von 1908 gestoßen,
außerdem auf Zeichnungen, beißende Karikaturen, die an die Deutsche Bank in Berlin
geschickt wurden, um Vetternwirtschaft und Eigennutz auf der Verwaltungsebene der
Bahngesellschaft anzuprangern.

Der subjektive Aspekt meiner Forschung besteht darin, dass ich ganz bestimmte Interessen oder Fragestellungen habe, nach denen ich die Akten durchsehe und nach denen
ich die Landschaft durchreise. Ich messe das nicht an den scheinbar objektiven Methoden eines Historikers. Ich finde es wichtig, sich die Welt anzusehen. Dazu gehören die
materiellen und ideologischen Hinterlassenschaften und besonders die Lücken, die hinterlassen wurden. Sie alle prägen ja unsere Gesellschaft immer noch sehr.

S.St.: Im künstlerischen Ansatz, das Bagdadbahn-Projekt von innen heraus zu dekonstruieren, es mit seinen eigenen Materialien zu entlarven, wird das ›andere‹ Wissen als
widerständige Geste herausgearbeitet. Ein Beispiel dafür wäre das Wissen der lokalen
Bewohner. Kann man diese Bearbeitung der Macht- und Herrschaftsverhältnisse, in
denen sich dein Bagdadbahn-Projekt bewegt und die es selbst hervorbringt, als einen
postkolonialen Ansatz künstlerischer Wissensproduktion beschreiben?

J.R.: Es postkoloniale Geschichtsschreibung zu nennen, wäre zu hoch gegriffen. Ich
selber bin sicher nicht frei von Vorurteilen und vielleicht auch nicht frei von deutscher
Gründlichkeit. Ich beschäftige mich mit dem deutschen Imperialismus und dem deutschen Reich in einer Zeit des erstarkten Nationalismus, sowie mit der ersten Hochphase

Abb. 5: Judith Raum: *harmless entrepreneurs*, Amerikahaus Berlin, 2012.

des Kapitalismus und der Industrialisierung in Verbindung mit einem ausgeprägten (Kultur-)Protestantismus. Und ich frage danach, wie stark wir als deutsche Gesellschaft, Wirtschafts- und Exportnation von damals entstandenen Haltungen bis heute geprägt sind. Ich möchte sichtbar machen, dass Zerbrechliches, Zögerliches, Spielerisches, Fehlerhaftes und Improvisiertes, also ganz bestimmte Qualitäten eine Rolle spielen können, und dass es durchaus Orte gibt, an denen sie aufscheinen, auch innerhalb eines wirtschaftlichen Großprojekts wie des Bagdadbahn-Bauprojekts.

Echo Ho
in conversation with Birgit Hopfener

Art as Interface

Birgit Hopfener: In your work questions of how our perception of the world is consti-
tuted through negotiations of culturally different frameworks seems to be central. It is
in this regard that you are particularly interested in experimenting – with the traditional
Chinese concept of the world as transformational process generated through the continuous interaction of the complementary aspects of yin and yang[1] and its subsequent
impact on concepts of art as well as on notions of the self.

Echo Ho: It is my deep concern to work through this Chinese lens since structural
differences of how we experience the world have been an important topic for me, not
only as an artist but also more existentially: as a person living and working in-between
different cultural frameworks. For example the concert "Still Noise"[2] that I played
together with the traditional *Guqin*[3] player Wu Na and the experimental Trio Brachiale can
be understood in this regard. The title "Still Noise" expresses only seemingly a dualistic
relation. In fact I do not understand stillness and noise as two different manifestations
of one physical phenomenon, but as two complementary aspects that, similarly to the
yin and yang principle explained above, generate sound by continuously interacting
with each other. It is my understanding of sound that it is generated in dynamic, and
therefore always uncertain, time-space-relations. Sound, as much as all things, appear
to me as part of an ongoing transformation and negotiation based on certain structures.
Understanding myself in complementary relation to the world it is my task as an artist
to find out about these underlying conditions and structures or – to adopt a notion from
Daoist philosophy – to find out about the Way (*dao*).[4]

---

1 In contrast to the dominant European concept that is strongly influenced by the Christian-Jewish
   narrative of the world created by God, the Lord of Creation, in China the world historically has been
   conceptualized as continuous process, originating from the transcendent and immanent principle
   of effect and creation, *dao*, itself. This process of "self-so-ing" (*ziran*) unfolds autopoietically within
   continuous processes of division. Initially, the two complementary aspects yin and yang come into
   being by the first divisional action of the entity *dao*. The so-called "ten thousand things" (*wan
   wu*) – a conception of the world based on transformational processes – are generated in reciprocal
   interpenetration processes of *yin* and *yang*. *Yin*, the feminine and passively receiving principle, and
   yang, the masculine and active principle, are the two complementary poles of the circulating life
   "breath" *qi*. *Qi* is the transcendental and immanent cosmological energetic life force; it generates
   itself as an expression of the continuous transformational processes which are the world and
   life, respectively. This understanding of the world and life as being generated through processes
   of division, differentiation, and transformation is not just central to the *dao* but to all Chinese
   cosmologies. In this view everything, all occurrences and events, is connected, since these are all
   results, or, better, temporary situations of cosmic, self referential divisional processes that have
   their origin in *dao*.
2 During the opening night of the Graduale 13 Symposium *Perception, Experience, Experiment,
   Knowledge. Objectivity and Subjectivity in the Arts and the Sciences* at the Graduate School for the
   Arts and the Sciences at the Berlin University of the Art, October 10th 2013.
3 Ancient Chinese string instrument (see below).
4 道

B.H.: To find out about the Way (*dao*) through art historically meant to be able to mediate that the world is a continuous transformational and autopoetic process and by so doing at the same time contributing to the continuity of the world and life. Noise has a very strong relation to the topic of continuation of life in China.

E.H.: In general Chinese people like it noisy because noise represents life. The popularity of noise emanating practices such as burning fireworks, breeding crickets to sing and to attach whistles to pigeons are to be understood against this backdrop since the production of noise is like a guarantee that life is still continuing and we are still alive. I am also fascinated by the physical experience of noise as a mediator of history. When I am listening to a historical recording for example, history comes alive in the contemporary context because it travels and reverberates through the air where I am now breathing. It draws a temporal landscape with no boundaries. It is in this respect that for the "Still Noise" project, I re-visited and re-invented historical musical materials such as notations of classical Chinese music and the ancient Chinese instrument *Guqin*.

B.H.: Art and especially music were powerful mediums in historical China. Especially music played an important role in rituals and was therefore a tool for regulating and harmonizing society and in earlier times even cosmological processes. You told me that until today people stick to the old conventions of playing *Guqin* and that more conservative people have been criticizing your re-invention of the instrument. What does playing the *Guqin* mean from a cultural historical perspective and why did you choose to re-invent exactly this instrument? Could you comment on the names you chose for your instrument: Slow *Qin* (Man *Qin*)[5] and Bugu *Qin*[6]? What aspects of the *guqin* are you particularly interested in?

E.H.: The *Guqin* is not only an instrument, it is a strong symbol for a highly refined Chinese elite culture. Historically it was tightly connected to the culture of literati scholars and to its representatives as the political and intellectual elite in pre-modern China. The *Guqin* was not an instrument played for entertaining a big public audience. Instead it was a very private and intimate practice. The *Guqin* was understood as a medium between human beings and nature. A person playing the *Guqin* next to a waterfall as an articulation of this practice of mediation was a central topic in traditional Chinese landscape painting. Because the instrument was considered bourgeois it became an endangered cultural heritage during the Cultural Revolution. In our days in relation to China's economic rise, the *Guqin* has experienced a renaissance. People even again believe in its ability to function as a ritual interface, that it can regulate and harmonize society like it did in ancient times. The surviving texts about the *Guqin* are mixtures of Daoist, Confucian and Buddhist philosophies. The main message of these texts is that the *Guqin* as a physical object should potentially benefit and harmonize the world. It restores divine nature and restrains low passions. It takes the body to rest and the mind to peace. It brings the world in line with the Way (*dao*) it should naturally be. Music of the *Guqin* as nature's

---

5   慢琴
6   不古琴

Fig. 1: Zhang Da Qian (1899–1983): #松下抚琴图, *Song Xia Fu Qin Tu*, Chinese painting, ink, paper, 116 x 67cm, 1945.

melody' is also expressed in poems through "heavenly naturalness"[8] – it captures life as nature does. Resembling and mediating nature in this way is the highest possible praise for art and music in ancient China.[9]

Similar to Zen meditation the *Guqin* is not simply an instrument to entertain human ears; it is a way of to approach yourself. It has a unique place in Chinese culture; according to our most accurate information, it has been played in China regularly since the time of Confucius. This would mean its performance tradition goes back at least 2500 years. In the 1970s when NASA sent the golden record "Voyager" to the outer space, *Guqin* music – "Flowing Water" – was included as part of the important human cultural heritage to represent our earthling civilization to aliens/others. A new interpretation of this piece played by Wu Na on *Guqin* and myself on Slow Qin also appears on my "still noise 01" record. *Guqin*[10] literally translated means "old instrument" and "Bu Guqin" means just the opposite. "Bu Guqin" manifests the contemporariness in its building materials and playing concept. Slow *Qin* propagates the idea that slowness is the essential immateriality of the *Qin*.

B.H.: To mediate and guarantee continuity of the world as well as history has been a central aspect in Chinese art history and aesthetics and has to be understood in the broader cultural and even cosmological context that the world is conceptualized as continuously re-generating itself anew. Would you please comment how you critically reflect upon this concept?

E.H.: On the one hand I am interested in the quality of freedom that the concept of continuous continuity implies. On the other hand I am also hinting at the danger of this framework, that people are not taking full responsibility because they are confident that in the end nature's self-generating power will take care of everything. For example, my work "Weather report" (2012) problematizes how far the dangerous air pollution in Beijing is not taken seriously. I created a contemporary landscape out of skyscrapers – photographs of the landmark CCTV tower created by the star architect Rem Koolhaas – surrounded by clouds and rocks imprinted from a set of models from the Manual of the Mustard Seed Garden[11] and inscribed by the formula of smog "pm 2.5". This particulate matter (pm), fine particles with a diameter of 2.5 micrometres or less, can adversely affect human health and also have impacts on climate and precipitation. In traditional Chinese landscape paintings harmony, even though the balance between *yin* and *yang*

---

7   天然調
8   天然
9   然琴之為物，聖人製之以正心術，導政事，和六氣，調玉燭；賫天地之靈器，太古之神物；乃中國聖人治世之音，君子養修之物，獨縫掖黃冠之所宜。- 朱權 in Shen Qi Mi Pu (神奇秘譜) 1425 CE.
10   古琴
11   The *Manual of the Mustard Seed Garden* (*Jieziyuan huazhuan*, 1679–1701) comprises five fascicles. It is a manual for landscape painting and its first edition was published in 1679. The first fascicle deals with the general principles of landscape painting, the second of the painting of trees, the forth of how to paint people and houses, and the fifth comprises the selected works of great landscape painters. Later on two more parts were added which deal with the painting of flora and fauna. Since *Qing*-dynasty the manual was the major element in the training of a painter. Paintings were created by modular method, through reproducing and recombining existing images.

Fig. 2: Echo Ho: "Resembling Shanshui – Tuned To Site" (2012), performance, video still, courtesy of Echo Ho.

and therefore the continuity of the world is sometimes seriously endangered, can always be re-constituted. This is different today since this equilibrium is often not achievable anymore. Nature will not be able to integrate the air pollution much longer and we have to realize that it is unhealthy and in the end also life threatening to live in Beijing for a longer time.

B.H.: Creating landscapes and gardens is a recurrent topic in your work. "Tuned in Site" (2011/2012) for example looks like a contemporary re-invention of a Chinese landscape painting with a *Guqin* player. They are photographs of yourself playing Slow Qin in the midst of urban landscapes. What are differences between "Tuned in Site" and a traditional landscape painting?

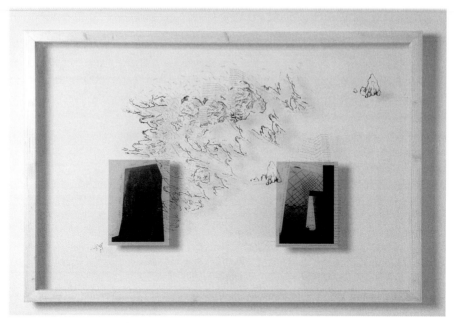

Fig. 3: Echo Ho: "WeatherReport" (2012), perspex, wood, stamp prints, 180cm x 110cm x 20cm, courtesy of Echo Ho.

E.H.: I intend to reproduce a typical motif from traditional Chinese landscape painting by substituting the context nature with the context of mega city landscapes – in this view, skyscrapers are the new mountains, highways are the new rivers. In its midst I am playing the Slow *Qin* – my re-invention of the traditional instrument. I am persuaded that we have to find an appropriate way to deal with all these changes. Instead of drawing a science fiction prediction of the future I replaced old with new elements. If we believe nature is a continuing transformational process, this contemporary landscape still mediates the same bodily involvement as in the ancient times. We have to be aware and responsive to our living conditions. This is the motivation for me to modify the *Guqin* the way I'm doing it right now with my experiments. I change the *Guqin* to Slow *Qin* by adding new modules to the old ones. All new combinations have the potential for endless possibilities. I try to not only change the physical presence of the instrument as well as the technique of playing it. I especially focus on working with its function as an interface. Through the computational part I am extending the body of the *Guqin* and at the same time I am extending the instrument's capabilities by means of reprogramming what the connected computer software modules can do. Instead of aiming for virtuous perfection of playing an instrument that stays the way it has always been, it is my aim to emphasize openness and to continuously rethink and reinvent *Guqin's* possibilities.

B.H.: A central issue in your works reflects upon art's potential to act as an interface and you lay a particular emphasis on bodily involvement through art. Can this be understood as an examination of Chinese art's traditional function of mediating the physical interrelation between man and nature as a necessary precondition that the world as transformational process keeps on going?

E.H.: One has to keep in mind that in historical Chinese culture it is not God who has created the world. Instead, as you have explained, the world was conceptualized as a transformation process continuously generating itself through the interaction between *yin* and *yang*. The human body functions the same way and as such is a relational part of this continuous process that is for example articulated in descriptions of landscape paintings. Landscape paintings were described as human bodies for example by referring to rivers as arteries. Furthermore the rather small scale of human beings in landscape paintings is also signifying that humans are understood as just one element among others that through their continuous interrelation are part of the world as transformational process.

My interest in art as interface is related to the traditional Chinese framework of sig-nification that emphasizes the inter-relational between all elements that make up the world. It is in this regard that I am also researching modular production systems that according to Lothar Ledderrose are dominant in Chinese culture on various levels such as for example the modular system of Chinese script:

"Chinese script, which is arguably the most complex system of forms that humans devised in pre-modern times, is a module system par excellence. Its fifty thousand characters are all composed by choosing and combining a few modules taken from a relatively small repertoire of some two hundred parts... Modules are interchangeable building blocks that are put together in varying combinations to make the written characters. For instance the modules representing "word"[12] occur in the motto in the character for "variation"[13] and "explain".[14] Modules also have different levels of complexity. Complicated modules may contain simple modules, and most modules can also be used as independent characters. Modules change their size and proportions according to their position in the units. And all modules are individually executed and hence display small differences in their shapes."[15]

In my understanding today's globalized capitalism is also highly modular in nature and in my work I am referring to the old Chinese modular thinking in order to scrutinize today's global framework. In my works "Mustard Seed Garden" (2012) and "Weather report" (2012) I have applied this very old modular technique to produce a contemporary image in order to articulate that the old is not dead but still alive today. Every "seed" is a signifier of life; at least it carries a chance to become a life, so life comes from life. I have used the "Mustard Seed Garden" manual not only as a reference to painting styles of traditional Chinese painting but as an encyclopedia of anthropology or natural history and therefore I did not learn or practice any style of these paintings in the book. Instead

---

12 言
13 變
14 說
15 Ledderrose, Lothar: *Ten Thousand Things: Module and Mass Production in Chinese Art/The A.W. Mellon lectures in the fine arts 1998*, The National Gallery of Art, Washington, D.C. Bollingen Series XXXV, No. 46, Princeton/New Jersey, pp. 10–16.

Fig. 4: Echo Ho: "The Mustard Seed Garden" (2012), wood stamps, dimensions: variable, courtesy of Echo Ho.

I re-sampled images of stones, plants and clouds by making stamps that function as modular elements. This is how the book was originally printed. This way of reproduction is giving the potential of generating the new out of the old. My choice of using those images was not according to its artistic value, but drew attention to the transformation of the old into the new with regards to certain contemporary urban landscapes and social historical events such as for example in the work "Weather report" explained above.

B.H.: In some of your works, for example in "Endlessnessnessnessness" (2012) you are appropriating furniture of a famous Swedish furniture store as assisted readymades. Would you draw structural comparisons between capitalist distribution structures of such modular furniture available globally and the traditional Chinese modular script system as Lothar Ledderose has described it?

E.H.: In my readymade works like "Endlessnessness" I draw attention to the uniform that is created and established by modules that constitute the whole. It seems so efficient and perfect: a global furniture shop is offering a washbasin well designed by a Swedish designer for a very cheap price – under what conditions is that possible? It is produced in a modular way in a factory on the basis of cheap labor. Through my work I am asking how can I break through an enclosed system and add something new which is not new at its visible level and disturbs the smooth operation of the unity. I adopt this modular production principle to provoke people to pay attention to our daily living environment, like with this seemingly endless water running out of such a known basin unit infinitely in the work "Endlessnessnessnessness".

Fig. 5: Echo Ho: "ikkykaboom" (2013), ready-reassembled-installation, dimensions: variable, courtesy of Echo Ho.

Fig. 6: Echo Ho: "The Smallest Circus in the Universe" (2013), perspex, wood, motor, lights, 3D prints, disco ball, 70cm x 70cm x 30cm, courtesy of Echo Ho.

I think capitalism certainly shares a very similar principle and desire with the traditional modular system that originated in China in very ancient times and was applied to architecture, script, printing techniques, ceramics, clothing, huge artifacts production like for example the famous terracotta army and even in art education and food cooking. Nearly everywhere the modular system and production profoundly affected the logical patterns of thought in China and shaped the fabric of Chinese society in many different ways. Early Chinese civilization was inspired and interlinked with the traditional concept of nature as transformational process and the related understanding of creating objects and shapes as dynamic and temporary states through continuous interaction of the complementary aspects yin and yang:

"Large quantities of units, building units with interchangeable modules, division of labor, a fair degree of standardization, growth through adding new modules, proportional rather than absolute scale, and production by reproduction."[16]

Does nature grow infinitely? Will nature mutate into some other existence after we overused its resources? Is the development of globalization a coincidence? Is globalization really a human invention or is it forced to happen by the demand of nature?

B.H.: By adopting everyday objects, by intervening in urban spaces and by inviting the audience to become part of your artworks, you seem to be interested in reflecting art's role in society? You once said to me "I can improve, but I am not able to step outside. In how far can we regulate the world anyway?" What are your understandings of the relationships between art and life and art and criticality?

E.H.: The world regulates itself in a way that nature wants it to become but as we are acting consciously or unconsciously, we are all taking part in this big party. I am especially interested in everyday objects, particularly those that are dominant in our globalized world like furniture by the well-known Swedish furniture store. To produce in a modular mode has proven to be a very successful economic strategy because it meets the demands of high quantity and cheap prices necessary in order to be able to compete globally.

At the same time through their modular furniture they propagate a standardized aesthetics and with their philosophy of life they penetrate into nearly every culture on this globe. Once you think closer it becomes quite perverse, since one day you wake up and it looks the same in every household. I am interested in perversion because as a negative force it brings sometimes even fundamental mutations to life. It is in this regard that I like to go to techno parties. The music performs some meditative force and helps me to forget all ontological problems and that the world is or could be an illusion. It is absolutely possible that we are to be kicked out by nature but who will come instead of us? Are there any of the others? This was the motivation for me to create the piece "The Smallest Circus in the Universe" (2013). If nature is a combination of true and false, to be critical is a basic attitude to live a life. I prefer to be an artist because I do not like to be a politician. I am not searching for a solution for anyone. For me doing art is close to a sorcerer performing magic, I understand myself as an interface.

16   Ibid., p. 6.

Experiment

Bio-Art in der Performance

Lucie Strecker

Der Schwindel in der Experimentalvorführung des genetischen Nachweises

Vor-Schwindeln

Die Performancegruppe BIOS:ZOË, zu deren Kollektiv ich gehöre, konzipiert derzeit die öffentliche Vorführung eines genetischen Nachweises unter dem Titel *Spitparty*. Die Inszenierung steht in der Tradition der Experimentalvorführung, aus der sich der heute gebräuchliche Experimentalvortrag der Naturwissenschaften entwickelt hat. Darstellung tritt dabei in ein Verhältnis zu Forschung.[1] Es stellt sich in dieser Konstellation einerseits die Frage, wie sich theatrale Darstellungsform mit Wissenschaftspräsentation verbindet, anderseits stellt sich die Frage, wie diese Darstellungsform Erkenntnis stiftet. Die Experimentalvorführung erhebt den Anspruch, mehr zu leisten als reine Illustration oder gar Illusion. Da die Experimentalvorführung selber aber kein wissenschaftliches Experiment mehr ist, sondern dieses wiederholt, kann sie als »Jahrmarktsspektakel« erlebt werden, das nur »Zauberbuden-Effekte« zeigt, ohne Erkenntnisgewinn zu intendieren. Dies trägt dazu bei, dass die Experimentalvorführung mit dem Begriff des Schwindels, verstanden als Täuschung, in Verbindung gebracht wird.[2] Ich möchte im Folgenden zeigen, dass der Schwindel, wenn er jedoch in seiner gleichzeitigen Bedeutung als somatischer *und* psychischer Schwindel erscheint, zu einem geeigneten künstlerischen und erkenntnisstiftenden Mittel der Experimentalvorführung wird. Der Schwindel als Bezugspunkt für die Konzeption der Inszenierung eines genetischen Nachweises verursacht nicht nur Täuschung, sondern auch Einsicht in den dargestellten Gegenstand. Der Essay verfolgt aus diesem Grund, wie der Schwindel mit somatischer Gleichgewichtsstörung, philosophischem Zweifel und künstlerischen Illusionsstrategien in Beziehung steht. Darüber hinaus sehe ich in der metaphorischen Bezugnahme auf die Vieldeutigkeit des Schwindels und in der szenischen Entwicklung der Vorführung entlang dieser metaphorischen Bezugnahme die Möglichkeit, die theatergeschichtlich viel diskutierte Opposition[3] von Illusion und Realität im Hegel'schen Sinne zu deuten: In der übergreifenden Realität der künstlerischen Experimentalvorführung sind die geschlossenen Realitäten des »Illusionierten« und des »Realen« aufgehoben, ohne ihre Eigenschaften zu verlieren.

Gründe des Schwindels

Christina von Braun hat in ihrem *Versuch über den Schwindel* den Vorgang des Betrachtens eines Gegenstandes oder Sachverhaltes mit Distanznahme und einem damit ein-

---

1   Vgl. Sibylle Peters: *Der Vortrag als Performance*, Bielefeld 2011, S. 86.
2   Ebd., S. 87.
3   Vgl. Ulrike Hentschel: »Das sogenannte Reale. Realitätsspiele im Theater und in der Theaterpädagogik«, in: Gabriele Klein, Wolfgang Sting (Hg.): *Performance. Positionen zur zeitgenössischen szenischen Kunst*, Bielefeld 2005, S. 131–146, hier S. 136.

her gehenden Schwindelgefühl in Beziehung gesetzt.[4] Sie verknüpft die Distanz, die zwischen betrachtendem Subjekt und betrachtetem Objekt eintritt, mit der Möglichkeit der Täuschung und des Getäuscht-Werdens über das betrachtete Objekt. Sie zeigt, wie das somatische, durch Distanz verursachte Erleben von Schwindel – im Sinne von Taumel und Orientierungsstörung – mit dessen metaphorischer Bedeutung als Täuschung zusammenfällt. Sie führt Gottfried Wilhelm Leibniz an, der in Schwindel verfällt angesichts der Unmöglichkeit, eine Gewissheit zu finden, auf die eine Beweiskette aufbauen könnte. Leibniz kommt zu dem Schluss, dass eine Gewissheit angenommen werden müsse. Christina von Braun formuliert: »Die Logik beruht also auf einer Hypothese, und um keinen Schwindel zu erleiden, muss sie einen Schwindel – die ›angenommene‹ Sicherheit – verüben«.[5] Sie verweist somit darauf, dass die Geschichte des Logos und der Objektivierung mit der Geschichte des Schwindels einhergeht. Im Akt der »konstruierten Annahme« verwischen die Grenzen von aktiv zugefügtem Schwindel und passiv erlittenem Schwindel: Leibniz begeht einen Schwindel, um eine Beweiskette zu ermöglichen und um sich damit vor dem Schwindel eines Abgrunds der Beweislosigkeit zu bewahren.[6]

Wird das menschliche Selbst in seinem biologischen, kulturellen und sozialen Weltbezug zum Gegenstand der Betrachtung, entsteht der Schwindel durch die Aufspaltung des Selbst in eine leibliche biologische Identität und eine simulierte, quasi virtuelle Identität, im Sinne einer Selbstbeobachtung.[7] Imagination ermöglicht es, sich selbst als einen simulierten zweiten Körper vorzustellen. Auch hier zeigt sich, dass der Schwindel sowohl mit der produktiven Fähigkeit zur Imagination in Beziehung steht als auch mit der ambivalenten Gefahr der Täuschung oder des Vertauschens.

Die Simulation eines zweiten Körpers findet ebenfalls in der genetischen Analyse statt. Der genetische Nachweis ist ein biotechnologischer Versuch, Identität zu bestimmen. Er schließt sich einer langen Reihe von Techniken und Methoden der medizinischen Wissenschaftsgeschichte an, deren Ziel es ist, menschliche Identität zu erkennen und festzulegen.[8] Der durch die Biotechnologie abgebildete zweite Körper setzt sich aus einer Vielzahl komplexer Zeichen und Daten zusammen. Ähnlich dem durch Imagination entstehenden zweiten Selbst erzeugt auch das biotechnologisch generierte Gegenüber sowohl somatischen als auch psychischen Schwindel.

»Die Orientierung der Natur an dem von der Physik/Chemie entworfenen Zeichensystem des Körpers lässt den Betroffenen nicht mehr unterscheiden, ob sein Körper Natur oder Spiegelbild ist. Damit kommen sich das Entsetzen darüber, dass es keine Natur jenseits der Spiegel mehr gibt und die Utopie, dass die Natur selbst schon Spiegelbild ist, sehr nahe.«[9]

---

4   Vgl. Christina von Braun: *Versuch über den Schwindel. Religion, Schrift, Bild, Geschlecht*, Zürich 2011, S. 24.
5   Ebd., S. 18.
6   Ebd.
7   Ebd., S. 21.
8   Vgl. Simon A. Cole: »Fingerabdrücke: Spuren der Konstruktion von ›Rasse‹«, in: Jens Hauser (Hg.): *Paul Vanouse. Fingerprints… Index – Abdruck – Spur*, Berlin 2011, S. 67–68, hier S. 68.
9   Klaus Spiess: »Die Erscheinung des Menschen im BlutzuckerSpiegel«, in: Manfred Faßler (Hg.): *Ohne Spiegel leben. Sichtbarkeiten und posthumane Menschenbilder*, München 2000, S. 142–157,

Der Übergang vom leiblichen Selbst zum simulierten, fingierten oder auch biotechnologisch erzeugten Selbst kann von Lust und Angst oder einer ambivalenten Angst-Lust begleitet sein.[10] Die Lust am Schwindel bewegt sich somit an den Grenzen des psychischen und physischen Erlebens als »[...] Lust, sich selbst gegenüber zu stehen«.[11] Aktive und passive Vorgänge gehen dabei Hand in Hand. Das Subjekt erlebt sich als aktiv, wenn es in die Virtualität eintaucht, andererseits als passiv, wenn es von ihr aufgesogen wird. Die Gleichzeitigkeit von Omnipotenz und Ohnmacht ist ein Merkmal im Erleben des Schwindels.[12]

Künstlich oder willentlich herbeigeführt wird der Schwindel zum Element eines Spiels, das auf die Verschiebungen der psychischen und physischen Grenzen und das Erzeugen einer damit einhergehenden Angst-Lust zielt. Roger Caillois entwirft in seiner Spieltheorie eine Kategorie, in der er die kulturellen Anordnungen und Konstruktionen physischer und psychischer »Schwindel-Spiele« untersucht. Er gibt der Kategorie den Namen: *Ilinx*. *Ilinx* wird aus dem Altgriechischen mit Wasserwirbel übersetzt und bezeichnet in diesem Zusammenhang eine Drehbewegung, die einen körperlichen Schwindel auslöst.[13] Eine gemeinsame Qualität der Spiele des *Ilinx* ist, dass sie für begrenzte Zeiträume die Stabilität der Wahrnehmung irritieren und den Bezug zur Außenorientierung stören. Dies geht mit einem neuartigen, veränderten Selbsterleben einher. Spiele des *Ilinx* reichen von den Achterbahnfahrten und Jahrmarktsschaukeleien über Walzertänze, Drogenkonsum und Glücksspiele bis hin zu dem Begehen von Festen und deren Momenten ritualisierter Überschreitung moralischer Grenzen.[14]

Festliches Schwindeln

Ausgehend von Berichten über *spitparties*, die die Unternehmerin Anne Wojcicki in New York, USA veranstaltet, um *celebrities* zu Gentests zu animieren, integriert BIOS:ZOË die öffentliche Präsentation eines genetischen Nachweises in ein »Spuckfest«. Der Speichel der Gäste des »Spuckfestes« wird dabei einer genetischen Analyse in Echtzeit unterzogen. Anne Wojcickis *spitparties* gleichen der strategischen Inszenierung eines Werbe-Events. Sie haben das Ziel, im Rahmen der Party den Speichel der Gäste zu »ernten« und einen Vertrag zu dessen genetischer Analyse mit den Gästen abzuschließen. Damit stehen diese *spitparties* unter dem Kalkül einer Ökonomie, entgegengesetzt zu der verschwenderischen Unproduktivität rauschhafter Feste.[15] Die Partys werden hier unter den Gesichtspunkten des Sieges und Gewinns gefeiert: Sie zielen darauf, einen gigantischen

---

hier S. 155.

10 Vgl. Knut Ebeling: »Ilinx. Zur Physik der Sensation in der surrealistischen Spieltheorie«, in: Anna Echterhölter, Dietmar Kammerer und Rebekka Ladewig (Hg.): *Ilinx. Berliner Beiträge zur Kulturwissenschaft*, Heft 1, Hamburg 2010, http://edoc.hu-berlin.de/ilinx/1/ebeling-knut-141/PDF/ebeling.pdf, S. 164–165 (aufgerufen: 17.10.2013).

11 Braun, *Versuch über den Schwindel. Religion, Schrift, Bild, Geschlecht*, a.a.O., S. 21.

12 Ebd., S. 23.

13 Vgl. Ebeling: »Ilinx«, a.a.O., S. 164–165.

14 Ebd.

15 Vgl. Roger Caillois: »Die Spiele«, in: Echterhölter u.a.: *Ilinx*, a.a.O., S. 99.

Daten-Pool für die Wissenschaft herzustellen, und die dadurch gewonnenen Profite mit den »Spendern« der Geninformationen zu teilen.

> »Spit, urine, semen or blood: They all can be frozen and nicely stored in biobanks. Take them all, add a little percentage and resell them for a profit! Don't waste your spit! Genetic information is our new currency!«[16]

Und weiter heißt es in einer von BIOS:ZOË inszenierten Rede Anne Wojcickis: »Genetics can be fashion's natural extensions!«[17] Anne Wojcicki verbindet ihre Partys mit *fashion shows*. Damit wird die Potenz der Genetik, das Selbst zu designen und einen entsprechenden Lebensstil zu entwerfen, beschworen. Das entspricht gänzlich einem neoliberalen Dogma, demzufolge das Individuum Gestalter und Unternehmer seiner selbst ist. Es geht um Berechnungen von Unvorhersehbarkeiten für das biologische Selbst und gleichzeitig um dessen ökonomische Kontrolle.

> »Der Naturkörper [...] wird zu einem aus physikalischen und biochemischen Zeichen generierten Datenstrom aus dem Körper, der dann öffentlich und international werden und auch ökonomischen Anforderungen entsprechen kann.«[18]

In der Gegenüberstellung von Fest und Funktion finden wir Spuren des Falschspiels. Anne Wojcicki begeht aktiv einen Schwindel, indem sie das Format des Festes funktionalisiert, denn ihre Profitorientierung widerspricht den Entstehungsbedingungen eines für ein Fest unabdingbaren Rausch- und Schwindelgefühls:

> »[...] die Vergeudung der während einer langen Zeit angehäuften Güter, die zur Regel gewordene Regellosigkeit, alle durch die ansteckende Gegenwart der Maskierten umgekehrten Normen bewirken, dass der allgemeine Rausch zum Kulminationspunkt und zum Band des kollektiven Daseins wird.«[19]

Das Feiern eines Festes ist verbunden mit einer spielerischen Qualität, »[...] einer unproduktiven Verausgabung, die weder Reichtum noch sonst ein neues Element erschafft.«[20]

Die Experimentalvorführung von BIOS:ZOË: *Spitparty* untersucht die Zeichen der Berechnung und der Kontrolle, die in den kommerziellen *spitparties* eines Gen-Unternehmens aufzufinden sind und überaffirmiert sie mit inszenatorischen Mitteln. Die Überaffirmation besteht darin, dass die Kontrolle und die Kommerzialisierung im Rahmen der Party so ernst genommen werden, dass dadurch Ironie entsteht. Der Schwindel – im Sinne

---

16   Anne Wojcicki nach: Klaus Spiess: »BIOS:ZOË: Proof of Concept #3«, 2013, unveröffentlicht.
17   Ebd.
18   Klaus Spiess: »The Competent Cell. The Immune System as a Metaphor, Sign, Language and Culture«, in: *PubMed*, US National Library of Medicine, 2001, S. 98–101, hier S. 100.
19   Caillois: »Spiele«, a.a.O., S. 99.
20   Ebd., S. 16.

einer Täuschung –, den Anne Wojcicki selber begeht, indem sie das Format des Festes funktionalisiert, wird durch Ironie aufgedeckt und für die Gäste erlebbar.

In der Inszenierung von BIOS:ZOË: *Spitparty* haben Popmusik-Zitate, Drinks, Animation und die Verwendung von neoliberaler Sprache die Funktion, Oberflächen einer scheinbar in sich geschlossenen Medien- und Marktwelt aufzuspüren und diese soweit zu überspannen, dass sie Risse bekommen, in denen sich der Raum eines unvorhersehbaren Spiels eröffnen kann, der wiederum Schwindel erzeugt. Der Begriff des Schwindels ist an dieser Stelle in seiner Vieldeutigkeit aufgerufen, die von der Betrachtung temporärer, rauschhafter Verwirrung der Theaterzeichen über produktiven Zweifel an ihnen, bis hin zu Empfindungen von Lug und Trug oder auch zu einem organischen Zustand des Außer-sich-Seins reicht. *Voice-over*, als Dissoziation von Stimme und Körper, gesellt sich zu einem Nebeneinander von Zeitebenen in der Erzählung, zur Verkörperung mehrerer Figuren durch einen Darsteller neben gecasteten Performern, die Publikumsgäste spielen. Das Austeilen von medizinisch-statistischen Fragebögen und Formularen für informierte Einwilligung verleihen den medizinisch-biotechnologischen Vorbereitungen der Genanalyse Authentizität. Es sind alle Voraussetzungen erfüllt, damit die ›Veranstalter‹ der Experimentalvorführung die genetischen Daten, die im eingesammelten Speichel enthalten sind, analysieren können. Die Inszenierung zielt darauf, Zeichen der Authentizität neben Zeichen der Illusion zu stellen. Die hier ansatzweise angeführten künstlerischen Mittel intendieren die leibliche Ver-rückung des Menschen darzustellen, die er angesichts seiner individuellen genetischen Prognostik erfährt.

Im weiteren Verlauf der Inszenierung findet ein Übergang vom strategischen Werbeevent zur rauschhaften Party statt. Dies wird durch das Anbieten von Alkohol, die Erhöhung der Lautstärke der Musikeinspielung, das suggestive Spiel mit akustischen Impulsen und das Initiieren von Schwindel- und Glücksspielen forciert. Im Prozess der Inszenierung gehen wir von der Annahme aus, dass sich die Gegenwart des Spektakels längst in die Darstellungsformen zeitgenössischer Körper- und Performancepraktiken eingeschrieben hat.[21] Hypertrophierend ergänzen wir *Die Gesellschaft des Spektakels* mit dem Angebot, genetische Kontrolle und Design auch im Kunstkontext zu verwenden. Darsteller und Betrachter werden animiert, sich als durch Gen-Tests optimierbare Ware zu erleben, ihre genetischen Merkmale zu bestimmen und sich den Ergebnissen entsprechend in das Spektakel einzuordnen.

Als widerständige Praxis dazu bieten wir den Teilnehmern des Festes sogenannte kontergenetische Praktiken an, die eine bewusste Entscheidung gegen Kontrolle und Vereinnahmung ermöglichen: Die Verführung der Partygäste zu wechselseitigen Kussorgien unterläuft aufgrund des Speichelaustausches die Eindeutigkeit genetischer Identifikation und richtet sich damit gegen die Kapitalisierung genetischer Daten. Der Kuss transformiert den Speichel von einer Ware zu einem ritualisierten Geschenk. Wir führen damit die Unterscheidung zwischen Warenwert des Körpers und seinem Geschenkwert ein. Der Kuss steht hier auch für eine Subversion des *brandings* und der Vermarktung der *Direct to Consumer Genetik* durch *spitparties*. Nach einem Modell von Georges Bataille wendet

---

21   Vgl. Gerald Siegmund: *Abwesenheit. Eine performative Ästhetik des Tanzes*, Bielefeld 2006, S. 21.

sich die kommerzielle Party sukzessive in ein Spiel der Anti-Ökonomie.[22] Die Idee der Verausgabung steht hier Modell für eine Ökonomie, »[...] die nicht nach Maßgabe des Haushaltens und der Produktion von Gütern funktionierte – sondern im Gegenteil nach der Maßgabe einer interessenlosen Verschleuderung jeglichen Gutes und Wertes.«[23]

Wer dabei letztlich zum Falschspieler oder Spielverderber wird, wem schwindelt und wessen leibliches Selbst ver-rückt wird, ist Teil des Schwindel-Spiels mit der eigenen genetischen Disposition. Die Zurschaustellung des ursprünglich intimen Blicks auf den Körper durch die Darstellung der genetischen Analyse ver-rückt auch die Position des Betrachters, der im Kontext der Experimentalvorführung zugleich Datenspender geworden ist.

Kontext-Schwindel

Wir können in Forschungsexperimente und Schau-Experimente unterscheiden.[24] Die hier besprochene Experimentalvorführung ist ein Schau-Experiment. Sie wiederholt Techniken, die in den Laboren entwickelt wurden und zeigt diese in ihren gesellschaftlichen, kulturellen und ökonomischen Zusammenhängen, in diesem Fall in Gestalt einer *spitparty*. Die Merkmale der Party werden mit wissenschaftlichen Texten, Handlungsabläufen genetischer Labore und Gesten ihrer Handhabung verknüpft. Der Speichel des Publikums wird mit sterilen, medizinischen Wattestäbchen professionell abgenommen und eine Einverständniserklärung muss unterschrieben werden. Die tatsächliche, reale und professionelle Durchführung eines Gentests und die öffentliche Präsentation und Erklärung der Ergebnisse verbindet die Party mit den Ansprüchen einer Experimentalvorführung. Die verbale Erklärung der verwendeten Medien der Genetik wird dabei zum Text der Inszenierung und in erweiterter Form zur politischen Erzählung der Geschichte der Genetik. Medien der Wissensproduktion werden auf diese Weise offengelegt.[25]

Die Darstellung dieser mitunter latenten Zusammenhänge biotechnologischer Praktiken führt uns zu einem weiteren Anzeichen des Schwindels in der Experimentalvorführung. Der Modus der Vorführung gibt Raum für eine Darstellung des *Kontextes* von Biotechnologie. Da der Blick auf den Kontext uns ermöglicht, multiple Koppelungen wahrzunehmen, verursacht dieser Blick mitunter Orientierungsstörungen. Die Veranschaulichung vor einem Publikum erzeugt das Erleben neuer Relationen. Dies wirkt zurück auf die Lesbarkeit des Dargestellten selber. »Was sich zeigt, wenn ein Experiment gezeigt wird, wird erst dadurch entschieden, was dazu gesagt wird, es steht im Verhältnis von Sagen und Zeigen immer wieder in Frage.«[26] Zwar handelt es sich bei der von BIOS:ZOË inszenierten *spitparty* um einen genetischen »Nachweis« und nicht um die Vorführung eines

---

22   Vgl. Ebeling: »Ilinx«, a.a.O., S. 166–167.
23   Ebd.
24   Peters: *Der Vortrag als Performance*, a.a.O., S. 88.
25   Vgl. Hans-Jörg Rheinberger: »Riskante Vernunft: Produktive Spannung zwischen Kunst und Wissenschaft bei Paul Vanouse«, in: Hauser (Hg.): *Paul Vanouse*, a.a.O., S. 94.
26   Peters: *Der Vortrag als Performance*, a.a.O., S. 87.

genetischen »Experimentes«, dennoch sind Instrumente an dem Nachweis beteiligt, die im Verlauf ihrer Entwicklungsgeschichte Gegenstand eines biotechnologischen Experimentes gewesen sind. Innerhalb der Inszenierung wird der politische, philosophische und (medien-)ästhetische Gehalt dieser Entwicklungsgeschichte relevant.

Die Perspektivierung des genetischen Nachweises ermöglicht darüber hinaus ein Verständnis für die labilen Verortungen der an ihm beteiligten Subjekte und Objekte. Als wechselnd in der Subjekt- und Objektposition befindlich verstehe ich hier: Die Speichelspenderin und den Speichelspender, deren Speichel, sowie seine Enzyme, die verwendeten Enzyme und Substanzen der Biotechnologien, die Maschinen und Medien selber, deren Benutzerinnen, also Molekularbiologinnen und medizinisch-technische Hilfskräfte, das Publikum, die Performerinnen und Performer, die Regisseurin und den Art and Science Direktor. All diese Subjekte und Objekte stehen während der Vorführung des genetischen Nachweises miteinander in Beziehung. In diesem Miteinander kann, im Idealfall, etwas entstehen, was Jens Hauser im Gespräch mit Ingeborg Reichle und Hans-Jörg Rheinberger als Co-Corporealität bezeichnet:

> »Es gibt einen tollen Satz bei Maturana: Wenn in der Biologie ein Forscher ein biologisches System betrachtet, dann beobachtet ein biologisches System ein anderes. Es ist die Position eines Beobachters zweiter Ordnung. Was ich [...] sagen will ist, dass der Ort der Kunst sich in den Körper des Betrachters verlagert, weil in dem Moment, in dem das eine biologische System ein anderes beobachtet, Körperbild und Bildkörper sich überlagern. Auch verlagern sich gewohnte mesoskopische Ebenen von Performativität auf eine mikroskopische, die aber wiederum makroskopische Auswirkungen hat.«[27]

In demselben Gespräch weist Hans-Jörg Rheinberger auf die Erfahrung hin, dass sich der Organismus als Gegenstand der Untersuchung immer wieder entzieht, er benennt den »[...] immer wieder fragmentarischen Versuch, den Organismus komplett zu erfassen.« Er formuliert weiter, dass dabei »[...] immer ein Moment des Fremdwerdens entsteht, im Sinne dass einem plötzlich etwas gegenüber steht, das man als solches vorher gar nicht wahrgenommen hat.«[28]

Schluss-Schwindel

Betrachten wir abschließend mit Christina von Braun in diesem Zusammenhang das Wort Schwindel etymologisch: Schwindel leitet sich von dem Wort Schwinden ab und wir können in dem Verschwinden einen Entzug von Wirklichkeit identifizieren, ein

---

27 Ingeborg Reichle im Gespräch mit Hans-Jörg Rheinberger und Jens Hauser: »Synthetisch: Biologie und Kunst. Die Technisierung des Lebendigen und die Verlebendigung von Technik«, *Jahresthema ArteFakte: Synthetische Biologie*, Berlin-Brandenburgische Akademie der Wissenschaften, Berlin 2011, http://jahresthema.bbaw.de/2011_2012/mediathek/jahresthema-synthetische-biologie/Synthetische_Biologie_Jahresmagazin_2011_12.pdf (aufgerufen: 1.11.2013), S. 45.

28 Ebd.

Unwirklich-Werden.[29] Bezugnehmend auf Hans-Jörg Rheinberger könnte man also sagen, dass dem Schwindel in der Experimentalvorführung ein Erkenntnismoment innewohnt, denn der Schwindel trägt dazu bei, dass die Dinge fremd werden, ein »Anderes«, von dem der Teilnehmer der Experimentalvorführung durch die Wahrnehmung seines »Entzuges« angezogen wird. Dieter Mersch sieht in dem sich ebenfalls zeitlich permanent Entziehenden eine Qualität des Performativen: Es lässt mich, auch aufgrund seiner Flüchtigkeit, aufmerken und versetzt mich in den Stand, in dem ich den Anspruch des Anderen, des Fremden beachte und ihm eine Antwort gebe.[30] In der Experimentalvorführung des genetischen Nachweises heben sich so die Gegensätze des performativen »Realen« und des inszenatorischen »Als-ob« in der Doppelbedeutung des Begriffes des Schwindels auf. Es eröffnet sich die Möglichkeit, das inszenatorische »Als-ob«, den Trug, die Illusion als zugleich performativ-reale Eigenschaft des sich zeigenden Gegenstandes – der genetischen Prognostik – zu erleben.

---

29   Von Braun: *Versuch über den Schwindel. Religion, Schrift, Bild, Geschlecht*, a.a.O., S. 14.
30   Vgl. Dieter Mersch: *Ereignis und Aura. Untersuchung zu einer Ästhetik des Performativen*, Frankfurt/Main 2002, S. 291.

Klaus Spiess

Mimikritische und (post-)animistische Praxen in BioPerformances

Für die Kooperation von Künstlern und Molekularbiologen bei der Entwicklung einer Performance, die biologische Medien zum wesentlichen Inhalt hat (›BioPerformance‹), fehlen meist Praxen der Zusammenarbeit. In der Entwicklung einer Performance mit dem Titel *Spitparty* (ursprünglich BIOS/ZOË), die Live-Genanalysen aus Publikumsspeichel kritisch reflektiert, musste sich die Gruppe daher an den bestehenden Grundsätzen und Regeln der Naturwissenschaften und denen der Künste orientieren. Molekularbiologen und Performer entwickelten dabei einen Prozess gegenseitiger Nachahmung und Täuschung. Mit der Anwendung von Konzepten kultureller Mimikry wird dieser Vorgang genauer beschrieben. Damit lässt sich darstellen, wie in der Entwicklung von *Spitparty* Nachahmung und Täuschung einerseits soziale Machtstrukturen und Ambivalenzen offenlegen und andererseits dekonstruieren. Die dadurch sichtbar werdenden Nuancen und Kontinua vermitteln zwischen Naturwissenschaften und Künsten und ermöglichen die Aneignung neuer Rollen.

Mikrobiologen und Künstler begegnen sich mit der diskursiven Ambivalenz, die in der Beziehung von Natur und Biotechnologie zu Kultur liegt. Dies wird an der unterschiedlichen Wahrnehmung der sinnlichen Bedeutungsebenen des Speichels für die unterschiedlichen Berufsgruppen und an Fragen der Tötung und Verwandlung der verwendeten Biomaterialien evident. Erst durch wechselseitige Nachahmung und Mimikry zwischen Performern und Mikrobiologen werden die Biomaterialien als transformierte Bio*medien* verstanden, die den Raum zwischen Subjekt und Objekt performativ besetzen. Durch wechselseitige Nachahmung und Mimikry entsteht ein performatives Verständnis des Biomaterials (i.e. des Speichels und bakterieller Produkte). Weil die Zusammenarbeit unter dem Aspekt *kontrollierter Andersheit* stattfand, konnte sie den jeweiligen Grundsätzen des molekularbiologischen und des künstlerischen Experiments nur bedingt folgen. Damit stellt eine solche Zusammenarbeit derzeit ein eigenständiges Hybrid dar.

Während im ersten Teil dieses Beitrages beschrieben wird, wie Nachahmung den Menschen in unterschiedlichen Regelsystemen ermöglicht, zu kooperieren und ein Verständnis für Biomedien zu entwickeln, die den Raum zwischen Subjekt und Objekt besetzen, wird im zweiten Teil historisch abgeleitet, wie Nachahmung unterschiedliche Leitmotive von Subjekt und Körper miteinander verbinden kann. Die Bedeutung von Mimese und Mimikry in der Durchlässigkeit von Subjekt zu Objekt wird dabei skizziert. Anhand historischer Beispiele wird beschrieben, wie Angleichung, Heilung, Nachahmung und Anrufung als spirituelle und animistische Praxen den Körper beseelten und wie der beseelte Körper mit diesen Praxen kontrolliert werden konnte. Säkularisierte Abstraktionen des Körpers ersetzten diese animistischen und spirituellen Techniken zunehmend. Zeitgleich mit der Verselbstständigung dieser Abstraktionen wurde die Beseelung des Körpers als unwissenschaftlich abgewertet. Abschließend wird dargestellt, wie BioPerformances auf die Erbschaft früher animistischer Praxen reagieren und den autonomen Zeichenkörper in eine Erfahrungswelt des »Körper Werdens« re-integrieren. Mit einer derartigen Rück-führungspraxis soll Subjektivität transindividuell auf der Seite des Subjekts und der des Körpers ermöglicht werden, ohne dass die mit der Subjektivierung des Körpers einher-gehende Erfahrung in den Bereich übernatürlicher und spiritueller Steuerungsinstanzen abgedrängt wird. Das Biomedium wird somit zu einem postanimistischen Akteur, der die seit der Aufklärung verlorene Subjektivität der Dinge und des Körpers neu definiert

Mimikritische Praxen

Autorisierte Andersheiten

In der Performance *Spitparty* ›ernten‹ die Performer den Speichel von den Mitgliedern des Publikums mit dem Ziel, deren genetische Identität zu bestimmen. In der Planung der Performance war vorgesehen, dass der Speichel dem Publikum als Gabe zurück geschenkt würde. Der Nutzwert des Speichels sollte so seinem Geschenkwert gegen-übergestellt werden. Weil jede Analyse und Speicherung von genetischen Daten aus menschlichem biologischen Material durch das Gentechnologiegesetz genau geregelt ist, wurde die Performance während der Konzeptionsphase mit Vertretern der zustän-digen Bioethikkommission diskutiert. Diese stellten die Auflage, dass die Performance-gruppe den geernteten Speichel vernichten oder ihn mit einem Protokoll in einer Bio-bank archivieren sollte. Die Ethikkommission war der Auffassung, dass Performances vorbildgebende soziopolitische Präzedenz haben. Aus diesem Grund entwickelte die Kommission folgende Befürchtung: Alle Patienten der Krankenhäuser könnten auch ihre Blutproben zurückfordern, nachdem sie den Wert ihrer Körpersubstanzen in der Perfor-mance erfahren hätten. Dies würde durch den zusätzlichen Arbeitsaufwand die medizi-nischen Labore ökonomisch überlasten.[1]

Die Ethikkommission zeigte sich in der Beurteilung der Performance ambivalent: Einerseits wurde die Performance von der Kommission als schwach dargestellt, da sie als »Theater« ihrer Meinung nach nie glaubhaft die biologische Wirklichkeit vertreten könne, als deren ausschließlicher Bevollmächtigter sich die Kommission verstand. Andererseits war die Befürchtung, das »Theater« könne sich als zu mächtig erweisen, indem es einen soziopolitischen Einfluss erreichte. Da die Werte der Ethikkommission verfremdet und transformiert werden könnten, entschied sich die Ethikkommission, das »Theater« zu kontrollieren. Damit wollte sie gewährleisten, dass die Performance als »Double« ihren Grundhaltungen entsprechen würde, zwar mit Makeln ausgestattet und ungeeignet, aber ihren Regeln gehorchend. In ihrem Kontrollverhalten zeigte sich die Ethikkommission ambivalent. Zum einen *braucht* die Kommission zu ihrer Selbst-legitimation Kontrollobjekte wie hier in Form einer Performance, denn sie definiert ihre Werte und Normen entlang von abweichenden Systemen. Zum anderen muss sie ihre Kontrollobjekte in ihrer Andersartigkeit *beschränken* – sie den Normen der Kommission

---

1   Wie die Entscheidungen von Ethikkommissionen durch ökonomische Werte auch im neoliberalen
     Sinne beeinflusst werden, wurde mehrfach in der jüngsten Literatur untersucht: Ute Kalender: »Die
     neoliberale Umstrukturierung lokaler Ethikkommissionen«, in: Ute Kalender: *Körper von Wert*, Biele-
     feld 2012, S. 86–88.

angleichen. Sonst würde die Performance eine anti-neoliberale Ideologie innerhalb des medizinischen Gemeinwesens verbreiten. Das »Double« der Ethikkommission könnte trotz seiner Makel die hierarchische Ordnung stören und selber zum Maßstab der Ordnung werden. Gerade dadurch, dass die Ethikkommission nicht nur in der Performance ihr »Double« erkennen, sondern es *aktiv* schaffen würde, könnte sie sich die Mächtigkeit des »Theaters« aneignen und gleichzeitig die spezifische Differenz kontrollieren.

Die Entscheidungen der Ethikkommission drohten die dramaturgische Struktur von *Spitparty* zu korrumpieren. Gesetzt den Fall, dass die Ethikkommission tatsächlich auf die Dramaturgie der Performance Einfluss nähme, würde die Performance der Ethikkommission zu ähnlich werden. Um einer Vereinnahmung durch die Ethikkommission zu entgehen, machte die Performancegruppe deren Vorgehensweise zum Gegenstand der Performance. In der Konzeptualisierung der Performance arbeitete sie die Differenz heraus, die zwischen der Nachahmung der Vorschriften und den Vorschriften selber liegt. Die Ethikkommission sieht den Nutzen der Speichelernte in der Bestimmung von Risikofaktoren oder in der Archivierung in Biobanken zu Zwecken weiterer Forschung. Für die Performer hingegen wird der Speichel Teil ihres Körpers. Sie entdecken den Speichel in den Probenarbeiten auch als Element ihrer sinnlichen Körperlichkeit. Im Zustand der Angst wird zu wenig, während eines Kusses aber vermehrt Speichel abgesondert. Der Speichel wird dadurch zum Indikator des Erregungszustandes des Körpers. Als erregter Begleiter eines Kusses verliert der Speichel seine diagnostische und archivierende Funktion: Durch den Kuss und die dabei stattfindende Speichelvermischung ›schenken‹ sich die jeweils Küssenden gegenseitig Speichel. Durch die Speichelvermischung der Küssenden wird andererseits die Identifizierung genetischer Identität verunmöglicht.

In der Performance wurde der Speichel nun als Saft des Kusses und als Teil des sexuell erregbaren Körpers erlebbar gemacht. In Röhrchen für Speichelproben abgefüllt, konnte er – nun mit neuen Werten besetzt – zurückgeschenkt werden. Die Performance tritt mit dieser Konzeption an, sich der Kommerzialisierung des Körpers mit den Mitteln des Körpers selbst zu widersetzen. Der Auflage der Ethikkommission, den Speichel zu vernichten, wird damit Folge geleistet, andererseits wird sie unterlaufen. Im Wertesystem der Ethikkommission ist der Speichel unbrauchbar geworden, die von der Performance neu geschaffenen Werte wurden aber dennoch weitergegeben.

Die Ethikkommission erhebt den Anspruch, Andersheit zu autorisieren. Dadurch dass ihre eigenen Werte und Normen in der Performance *Spitparty* befolgt werden, erzeugt die Kommission ungewollt eine mit Makeln versehene ironisierende ›Doublette‹ ihrer selbst. Nicht nur bringt die Machtausübung der Ethikkommission unwillkürlich Widerstand hervor; es wird der Ethikkommission auch das Scheitern ihrer eigenen Strategien präsentiert. Die Performance greift eine fragmentierte Form der Realität auf, die die Macht der Ethikkommission per se in Frage stellt, ironisiert und ihr damit den Spiegel vorhält.

Vom Bühnen-Opfertier zum Yellowstone-Bakterium in der Maschine
Spitparty setzt sich kritisch mit der sogenannten *Direct-to-Consumer-Genetik*[2] auseinander. *Direct-to-Consumer-Genetik* bezeichnet Unternehmensstrategien, die genetische Analytik für Konsumenten zugänglich macht, ohne dass medizinische Institutionen an diesem Ablauf beteiligt sind. Der Titel *Spitparty* lehnt sich an Werbeveranstaltungen eines der Unternehmen an, das auf den New York Fashion Weeks unter dem Motto ›Genetics is Fashions' Natural Extension‹ Partys mit *Celebrities* veranstaltet, die während der Party ihren Speichel abgeben, um ihn genetisch analysieren zu lassen. Die Unternehmen werben mit der Vorstellung, dass Körpersekrete wie der Speichel nicht bloß für das Überleben nützlich sind, sondern dass diese Sekrete auch wertvolle Daten enthielten. Diese Daten hätten auch ökonomischen Nutzwert für die Forschung. Die Performance *Spitparty* thematisiert also auch die Bedeutung vom »Nutzwert des Lebens«. Aus diesem Grund befragten die Künstler und Molekularbiologen ihren eigenen jeweiligen »Nutzwert« in der Zusammenarbeit. Der Lohn der Mitglieder der Performancegruppe war höchst unterschiedlich: Der Stundenlohn der teilnehmenden Mikrobiologin war dreimal höher als der der Performer und Künstler. Diese Tatsache führte zu der Frage, wodurch Werte in den unterschiedlichen Berufsgruppen entstehen.

Die Molekularbiologin hatte während ihrer bisher sechsjährigen Tätigkeit an der Universität eine große Anzahl genmanipulierter Ratten mit Gas eingeschläfert. Die Molekularbiologen begasten grundsätzlich ganze Tierfamilien gemeinsam. Dies reduzierte den Stress der Tiere, während sie getötet wurden und sie verhielten sich während der Tötung ruhiger. Der Stress reduzierte sich dadurch auch für die tötenden Molekularbiologen. Die Molekularbiologin hatte ebenso vielen Rattenembryonen für Reizleitungsversuche am peripheren Nervensystem mit einer Schere den Schädel abgeschnitten. Wenn die Molekularbiologin von diesen Tötungen berichtete, zeigte sie heftige Affekte der Trauer und des Ekels. Die Tötung eines Tieres ist mit den Ursprüngen des Theaters verbunden:[3] Die anthropozentrische Tragödie entstand mit dem Verschwinden des Opfertieres von der Bühne.[4] Die Tragödie grenzte die Realität des menschlichen Selbst klar von der animalischen Körperlichkeit des Tieres ab. Im postdramatischen Theater, das seine Methoden reflektiert, kehrt das Tier zurück.[5] Das Dasein des Tieres, ohne Bewusstsein seiner selbst und ohne Sprache, bricht theatrale Fiktionen und Funktionsweisen. Da Tiere auf der Bühne vom Publikum rasch als ausbeutbarer Organismus erkannt werden, führen sie dem Publikum seine eigene Ausbeutbarkeit als Teil derselben Ökonomie vor.[6]

Im Probenprozess zu *Spitparty* wollten die Künstler die Geschichte des Opfertieres im Theater mit der Erzählung der Molekularbiologin verbinden. Ein kleiner, wenig ansehnlicher maritimer Wurm sollte auf der Bühne zur Gewinnung von DNA getötet werden.

---

2   Jane Kaye: »The Regulation of Direct-to-Consumer Genetic Tests«, in: *Hum Mol Genet* 17 (2008), R2 R180–3.

3   Suzana Marjanic: »The Zoostage as Another Ethical Misfiring«, in: *The Spectacle of the Animal. Victim in the Name of the Art*, *Performance Research* 15:2, 2010, S. 74–79.

4   Romeo Castelucci: »The Animal Being on Stage«, in: *Performance Research* 5:2 (2000), S. 23–28.

5   Hans-Thies Lehmann: *Postdramatisches Theater*, Frankfurt/M. 1999, S. 387.

6   Nicholas Ridout: »Animal Labour in the Theatrical Economy«, in: *Theatre Research International*, 29:1 (2004), S. 57–65.

Abb. 1: Lucie Strecker, Klaus Spiess: *Spitparty*, 2013.

Die Molekularbiologin lehnte dieses Vorgehen als unethisch und ekelerregend ab. Den nötigen Transport des ihrer Meinung nach zu transportsensiblen Tieres von einem Wiener Labor zu einer Bühne in Belgien verweigerte sie mit der gleichen Begründung. Sie befürchtete, dass der Wurm durch die Erschütterungen beim Transport verenden könnte. Die Performer wollten den Akt der Tötung nicht fiktional nachahmen. Sie wollten die ihnen unbekannten Praxen der Tötung an dem zur Rede stehenden Wurm in der Realität anwenden. Den Akt der realen Tötung bewerteten sie als einen performativen Akt des »Ähnlich-werdens«, ein transformierendes Mitmachen, das über reine Nachahmung hinausgehen würde. Die Molekularbiologin wiederum hatte mit der Teilnahme an einer Performance gänzlich andere Erwartungen verbunden. Sie wollte ihre Mitarbeit jenseits von Tötungen erleben. Auf der Ebene des Bühnenspiels sollte ihre Tötungsroutine in die weniger todbringende soziale Ordnung der Bühne transformiert werden.

Die Künstler erwarteten von der Molekularbiologin jedoch, dass diese durch die Tötungen das bloße »nackte Leben« in der Performance thematisieren würde. Sie antizipierten, dass sie durch den Tötungsakt Affekte erleben würden, der sie den Wert der Kontrolle eben jener Affekte begreifen ließe. Damit würden sie erfahren, wie der gesellschaftliche Nutzwert in der Molekularbiologie auch durch die Kontrolle von Lust und Trauer bei diesen Tötungen entstünde. Durch die so differenzierten Unterschiede zwischen einem Biologen und einem sekundär ›biologisierten‹ Künstler sollte Erkenntniswert für die weitere Konzeption der Performance entstehen.[7] Die Molekularbiologin formulierte, dass sie sich bedroht fühlte, wenn sich die Tötung nun auch im Spiel wiederholen würde. Dadurch waren die Performer aufgefordert, ihre Lust und ihre Ambivalenz zu reflektieren, die mit dem Wunsch einhergingen, an der Tötung zu partizipieren. Dabei entdeckten sie, dass die Herangehensweise der Molekularbiologin einerseits den historischen Bezug thematisierte, den das Theater zur Tötung von Opfertieren hat, andererseits destabilisierte der Widerstand der Molekularbiologin die unmittelbare affektive Reaktion als künstlerisches Erkenntnisinstrument.

Die Molekularbiologin machte den Vorschlag, die neoliberale Ausbeutung von Tieren zeitgemäßer zu thematisieren: In *Spitparty* wurde für die Genanalyse auf der Bühne eine sogenannte PCR-(Polymerase Chain Reaction)Maschine zur Genanalyse verwendet. Von den Entwicklern dieser Maschine waren zwei Arten von Bakterien identifiziert worden.

---

7   Kathy High: »Playing with Rats«, in: Beatriz da Costa, Kavita Philip (Hg.): *Tactical Biopolitics. Art, Activism, and Technoscience*, Cambridge 2008.

Diese Bakterien wurden zur ›Arbeit‹ in der Maschine verwendet. Die einen Bakterien waren gegenüber den hohen Temperaturen der Maschine resistent, die anderen konnten die DNA unter den vorgegebenen Bedingungen mit ihren enzymatischen Bestandteilen zerschneiden. Erst der Einsatz dieser Bakterien als maschinelle Arbeitshilfen ermöglichte die starke Beschleunigung der Arbeitsabläufe, die die umfassende kommerzielle Anwendbarkeit der PCR-Maschinen für Genanalysen ermöglichte.[8] Dieses hitzeresistente Bakterium wurde ursprünglich in den heißen Geysiren des Yellowstone-Parks identifiziert. Wegen der Kapitalisierung des Bakteriums für die Gentechnologie forderten die US-Parkautoritäten erstmals Kompensationen bei der Nutzung von solchen Ressourcen durch die Wissenschaftler.[9]

Die Molekularbiologin und die Performer einigten sich auf die Verwendung der von diesen Bakterien produzierten Enzyme als Stellvertreter des Opfertieres. Die bakteriellen Enzyme würden ironisierend von der Kapitalisierung und Ausbeutung der Natur zeugen. Sie würden den Nutztieren und ihrer Tötung ähneln und so ein lebendes Substitut für Tiere und deren Tötung sein. Zudem wären die Bakterien und ihre Bestandteile als programmierbare biologische Messgeräte oder Biomedia »bereits transformierte Wesen«[10], in deren Biologie sich die auf der Bühne so rasch wahrnehmbare Ausbeutbarkeit von Tieren bereits längst eingeschrieben hätte.

Die Molekularbiologin hatte damit den Tötungswunsch der Performer ›normalisiert‹. Umgekehrt versuchten aber auch die Performer die Molekularbiologin aus der Sicht der Notwendigkeiten des Theaters zu ›normalisieren‹. Sie verwiesen die Mikrobiologin auf ihren Status als ungeeignetes Double eines Performers, auf die offengelegte Differenz zwischen Molekularbiologie und Performance. Sie wurde als Expertin für die Maschine inszeniert, die über Erklärungen der Arbeitsweisen der Maschine vom Spiel gewissermaßen entbunden war. Die Molekularbiologin wie die Performer blieben mit einem Makel behaftet. Die Tötungsakte der Molekularbiologin in ihrem realen Arbeitsleben waren nicht nachahmend-mitmachend aufgegriffen worden. Eine aus der Geschichte des Opfertieres im Theater und der des Nutztieres in der Molekularbiologie entstehende ethische Grundhaltung konnte dadurch nicht im möglichen Ausmaß entwickelt werden.

(Post-)Animistische Praxen

Aneignungen, Umwandlungen, Verwandlungen
In den Proben zu *Spitparty* haben wir eine technische Randbemerkung der Molekularbiologin aufgegriffen: Die Teilnehmer aus dem Publikum müssten sich den Mund vor der Speichelabnahme sorgfältig mit Wasser spülen. Falls die Teilnehmer Milchkaffee konsumiert hätten, bestünde die Gefahr, nicht die DNA des jeweiligen Teilnehmers zu bestimmen, sondern die der Kuh, von der die Milch stammte. Aus dieser Bemerkung

---

8   Paul Rabinow: *Making PCR: A Story of Biotechnology*, Chicago 1997.
9   Jim Robbins: »The Search for Private Profit in the Nation's Public Parks«, in: *The New York Times*, 28. November 2006, http://www.nytimes.com/2006/11/28/science/28yell.html?_r=0 (aufgerufen: 3.1.2014).
10   Eugene Thacker: *Biomedia*, Minneapolis 2004.

über die DNA der Kuh gemeinsam mit der Auflage der Ethikkommission entwickelten wir das oben skizzierte konterforensische Vorgehen. Dass sich hier die gesamte Erbsubstanz eines großen Tieres, der Kuh, ganz beiläufig und unauffällig in ein menschliches Wesen einschleichen könnte, löste bei den Performern Erheiterung und Erschrecken gleichzeitig aus.

Der größte Teil der Aneignung von fremdem Eiweiß geht in den unsichtbaren Tiefen des Körpers vor sich. Bereits im 2. Jahrhundert n. Chr. beobachtete der Arzt Galen den im Mund stattfindenden ersten Akt dieses geheimnisvollen Prozesses. Er betrachtete Speisereste im Mund, die über Nacht in den Zahnlücken zurückgeblieben waren, und roch an ihnen. Den Speisen werde, so schrieb er dann, durch die Kraft des Speichels, die Wärme des Munds und den Kontakt mit dem Fleisch des eigenen Körpers dessen Beschaffenheit »gleichsam eingeprägt [...] denn weder ist das Brot dann noch genau Brot, noch das Fleisch, es riecht vielmehr so wie der Mund des Lebewesens«[11], schreibt er und stellt die Formung und Umwandlung eines (toten) Lebewesens durch ein anderes in den Vordergrund seines Verständnisses von Verdauung und Ernährung. Dieses war für ihn noch ein Problem der Angleichung und Assimilation: Wie kann Fremdes zu Eigenem werden? Erst wesentlich später, im 18. Jahrhundert, wurden Stoffwechsel und Energiebilanzen nicht mehr als Aneignung der Welt verstanden, sondern als deren Verwertung.

Die genetische Information der hier zur Rede stehenden Kuh wird letztlich nicht in das menschliche Genom eingebaut. Die lebende menschliche Zelle kann ihre Integrität nur dann aufrechterhalten, wenn die genetische Information für sie sinnvoll erscheint. Deswegen erkennt und zerschneidet sie die fremde DNA und die beinhaltete Information, die zerlegten Bestandteile der DNA werden jedoch in modifizierter Form von den menschlichen Zellen zu deren Replikation von DNA weiterverwendet. Auch wenn damit die Kuh ihre spezifische genetische Identität verliert, werden ihre basalen Bausteine zum Aufbau menschlicher DNA weiterverwendet. Der Mensch besteht dann letzten Endes aus den Bestandteilen der Nahrungsmittel, die er sich aneignet, hier eben der Kuh. Obwohl die innere Substanz ständig ausgetauscht wird, bleibt das äußere Erscheinungsbild unverändert. Eine derartige Verwandlung erinnert an ein zentrales Element der christlichen Glaubenslehre: Die Transsubstantiation. Die Wesensverwandlung des realen Leibes und des Blutes Christi in Brot und Wein stand für medizinische Denkmodelle schon früh Pate.[12]

Christliche Spuren des Körpers

Seit dem 9. Jahrhundert ist das divergierende Verständnis der Präsenz und Wesensverwandlung Christi Anlass für Auseinandersetzungen und Kriege.[13] Die Frage, ob Christus in der Hostie symbolisch oder real, präsent, transzendent oder immanent ist und seine Verwandelbarkeit sich auf Symbolisches oder Reales bezieht, wird deswegen

---

11   Galenos: »Die Kräfte der Physis«, In: *Werke des Galenos. Übersetzt und erläutert von Erich Beintker und Wilhelm Kahlenberg*, Bd. 5., Stuttgart 1912, S. 172–224 und Bd. 6., Stuttgart 1913, S. 417–448.
12   Hartmut Böhme: »Transsubstantiation und symbolisches Mahl. Die Mysterien des Essens und die Naturphilosophie«, in: (o. Hg.) *Zum Naturbegriff der Gegenwart*, Stuttgart 1994, S. 139–158.
13   Josef R. Geiselmann: »Abendmahlstreit«, in: Josef Höfer, Karl Rahner (Hg.): *Lexikon für Theologie und Kirche,* Freiburg 1986, Band 1, S. 33–45.

so wichtig, weil sie eine wesentliche ontologische Frage aufgreift: Die des Verhältnisses des Subjekts zu seinem (biologischen) Körper. Sind Individuen – respektive individuelle Körper – mit Subjektivität ausgestattete, handelnde Wesen oder sind abstrakte – hier symbolische – Allgemeinbegriffe mit Subjektivität ausgestattete handelnde Entitäten? Luther hat die Wesensverwandlung gerade wegen der von der katholischen Kirche angenommenen Realpräsenz Christi als eine nicht vernunftgemäße Vorstellung bezeichnet. In den katholischen Kirchen bestimmt sie bis heute die Eucharistie. Durch eine *Anrufung* Christi mit den Worten: »Hoc est corpus meum« wird die Verwandlung eingeleitet.

Würde man die Transsubstantiation mit wissenschaftlichen Begriffen erörtern, die auch in der Biologie den Körper authentisch abbilden sollen, erscheinen am ehesten die semiotischen Begriffe des »Präparates« und der »Spur« geeignet. Das Präparat bildet nichts ab, sondern ist eine reale Präsenz seiner selbst. Um das Präparat jedoch authentisch erscheinen zu lassen, müssen die Mittel seiner Präparation unsichtbar gemacht werden.[14] Das Präparat lässt also Realität verschwinden, um Realität zum Erscheinen zu bringen. Im Präparat wie auch bei der indexikalischen Spur fallen Darstellung und Bedeutung zusammen. Durch ihre geteilte Materialität sind Präparat wie Spur mit dem Objekt verbunden. Das Bildliche und die Berührung, das Bild und der Prozess, die Gleichheit und die Abänderung sind dabei unmittelbar verwoben.[15]

   Die Logik der Spur stellt sich jedoch als ihr größtes Problem heraus. Das nicht zwingend am gleichen Ort der Spur Anwesende ist nur rückwirkend kausal mit seiner Spur verknüpft. Es ist hinsichtlich seiner Existenz nicht offenkundig. Das Feuer, das den Rauch bedingt, kann bereits längst erloschen sein. Diese Problematik betrifft auch das Verhältnis des Körpers zu den von ihm produzierten (genetischen) Daten, denen der Charakter der Spur anhängt. Wie zwingend sind diese Daten, die der Körper produziert hat, mit ihm verbunden und mit welchen Methoden können sie wieder verkörpert werden? Angesichts der vielfältigen Aspekte der christlichen Realpräsenz und Wesensverwandlung und ihrer Beziehung zu körperlichen Vorgängen verwundert es kaum, dass sie sich häufig als Zitat in bioperformativen künstlerischen Arbeiten wiederfindet. Neben Paul Vanouse verwenden Critical Art Ensemble, Orlan, Cynthia Verspaget, Nina Sellars, Alicia King und andere Relikte der Eucharistie.

Fiktive Täterwesen im Inneren des Körpers

Heute braucht man keine Kuh zu erwerben, um Milch für den Kaffee zu bekommen. Es bleibt jedoch nicht nur die vom Menschen aufgenommene Milch untrennbar mit dem Menschen verbunden. Auch ist der Mensch selber bereit, seinen Körperteilen tierische Eigenschaften zuzuschreiben. Gernot Böhme beschreibt, dass das Spüren des eigenen Körpers nicht unbedingt den durch die Anatomie gegebenen Strukturen des Körpers entsprechen müsse. Die Art und Weise, wie die Hand gespürt wird, brauche eine Gliederung

---

14   Hans-Jörg Rheinberger: »Präparate – Bilder ihrer selbst. Eine bildtheoretische Glosse«, in: Horst Bredekamp, Gabriele Werner (Hg.): *Bildwelten des Wissens. Oberflächen der Theorie. Kunsthistorisches Jahrbuch für Bildkritik,* 1(2) 2003, S. 9–19.
15   Jens Hauser: »Fingerprints … natürlich technisch«, in: Jens Hauser (Hg.): *Paul Vanouse, Fingerprints … Index – Abdruck – Spur,* Berlin 2011, S. 8–27.

in fünf Finger nicht zwingend zu enthalten.[16] Aus der von der Anatomie unabhängigen Manipulierbarkeit des körperlichen Selbsterlebens folgt, dass sich der Mensch auch als Tier erleben kann.

Historisch entwickelte selbst die medizinische Lehre entsprechende Vorstellungen zum Körpererleben als Tier. Bereits Hippokrates und Platon beschreiben die Gebärmutter als »Tier in einem Tier«, das sich frei im Körper bewegen könne, sowie dass die Gebärmutter sich an wohlriechenden Düften erfreue und schlechte Gerüche fliehe. Durch die Wanderungen der Gebärmutter entstehe Druck auf Nerven, Arterien und andere Organe, der eine Vielzahl von Symptomen verursache.[17] Die Vorstellung der Wanderungen unbekannter Wesen im Körperinneren setzt sich fort bis zu Sigmund Freuds Theorie des frei flottierenden Unbewussten. Freud beschreibt eine Art »Mind within the Mind«: einen fremden Antrieb im eigenen Bewusstsein mit Tendenzen zur wechselseitigen Nachahmung. Auch Jackie Stacey beschreibt, wie Körpererfahrung und Anatomie in Konflikt geraten können. Es bestehe die Bereitschaft bei Frauen, sich mit bösartigen Wucherungen im eigenen Körper positiv zu identifizieren nach dem Vorbild einer Schwangerschaft.[18]

Obwohl die Mikrobiologie vorgibt, ›objektiv‹ zu sein, führt sie Tätigkeiten und Kräfte ein, wo es besser wäre, Zustände zu sehen: Insbesondere in der deutschen Sprache subjektiviert sie Zellen und Gene und führt diese in Menschengestalt vor. Die im Sprachenvergleich dominante Rückbezüglichkeit der deutschen Sprache (»Ich rasiere *mich*« anstelle von »I shave«) verstärkt die Anthropomorphisierung der Gene und Zellen weiter. Andererseits erzielt nur die (indo-europäische) Subjekt-Prädikat-Grammatik die notwendige Unterscheidung zwischen Form und Inhalt, außen und innen, Körper und Psyche.[19] Benjamin Lee Whorf hat die These von einem »fiktiven Täterwesen« aufgestellt, das zudem geschlechtlich ausgestattet ist.[20] Wir lesen Täterwesen in die Natur hinein, weil unsere Verben Substantive vor sich haben müssen. *Der* Krebs befällt uns und dann schmerzt *es*.

Viele biologische Metaphern besitzen Züge eines »imitativen Zaubers« (Killerzellen töten Krebszellen – Ähnliches produziert Ähnliches) und »Kontaktzaubers« (Krebszellen werden von industriell produzierten Chemotherapien effektiv getötet, Dinge, die einmal Kontakt gehabt haben, beeinflussen einander fortwährend). Die beschreibende Metapher wird dabei oft zu einer erklärenden Metapher. Dabei werden bildliche und ordnende Bestandteile gemischt und die freie metaphorische Beziehung buchstäblich.[21]

---

16 Gernot Böhme: *Anthropologie in pragmatischer Hinsicht. Darmstädter Vorlesungen*, Frankfurt 1994.
17 Stavros Mentzos: *Hysterie. Zur Psychodynamik unbewusster Inszenierungen*, Göttingen 2012.
18 Jackie Stacey: *Teratologies. A Cultural Study of Cancer*, London 1997.
19 Roland Littlewood: »The Individual Articulation of Shared Symbols«, in: *Operational Psychiatry*, No. 15 (1984), S. 17–24.
20 Benjamin Lee Whorf: *Sprache Denken Wirklichkeit*, Reinbek 1984.
21 Sjaak van der Geest und Susan Rynolds Whyte: »The Charm of Medicines: Metaphors and Metonyms«, in: *Medical Anthropology Quarterly* 3–4, (1989), S. 345–367.

Von den Anrufungen der Natur zur Herrschaft der Zeichen

Für den frühen Animismus und die Magie betont insbesondere Theodor W. Adorno das Modell der Nachahmung. Statt sich die Welt durch das Identitätsprinzip zu unterwerfen, mache der Schamane sich den Dämonen ähnlich, um sie zu bannen. In der Nachahmung sieht Adorno die erste Sprachpraxis: Der Ruf des Schreckens, mit dem das Ungewohnte erfahren werde, werde zu seinem Namen.[22] Ding und Name würden auseinanderfallen, weil der ursprüngliche Name erschreckter Ausruf angesichts der unbegreiflichen Übermacht der Natur sei. Adorno schreibt, dass der Name zunächst ›Bildcharakter‹ gehabt habe, weil sich der Ausrufende dem Unbegriffenen durch Ähnlichwerden zu bemächtigen suchte. Historisch sei dieser mimetisch-bildhafte Name dann aufgeteilt worden in ein berechenbares Zeichen im Rahmen der Wissenschaft und in ein nachahmendes Abbild in den Künsten.[23]

In dem Maß allerdings, in dem nun Sprache und Zeichen in der Moderne autonom wurden und sich vom Subjekt emanzipierten, wurde die Sprache selbst als Subjekt verstanden, Worte als lebendig gedacht und zu animistischen Akteuren aufgewertet. Gleichzeitig wurde die Auffassung, dass Dinge, Tiere und Pflanzen beseelt sind, als Fehlinterpretation der Wirklichkeit entwertet.[24] Adorno spricht davon, dass in einer Welt, in der Zeichensysteme aufgewertet werden, Individuen zu austauschbaren Exemplaren einer Gattung werden, während es in der Magie noch »spezifische Vertretbarkeit« gegeben hätte.

Sich dem Dämon Rasse ähnlich machen

Kunst übernimmt nach Adorno das magische Erbe, das verlorene mimetische Verhalten, und habe die Aufgabe, die Entzweiung von Körper und Zeichen in modifizierter Form wieder aufzuheben. Dies trifft im besonderen Maße auf BioPerformances zu, die per definitionem ein Kommunikationsmedium in ein Biomedium übersetzen. Dabei verwenden Künstler in Bioperformances Biotechnologien nicht nur, um sie mimetisch zu bannen, sondern verwenden sie für ein ›selbsttransformierendes‹ Mitmachen.

Mit der Anrufung der erschreckenden Begriffe von »Rasse und Rennen« macht sich der Künstler Paul Vanouse in seiner Arbeit RVID (*Relative Velocity Inscription Device, A Race about Race in which the Body has been Erased*)[25] qua DNA dem unbekannten Dämon der Genetik ähnlich, um ihn zu bannen, sich seiner zu bemächtigen und ihn zu transformieren. Im Detail wandert in Vanouses Arbeit die DNA seiner ›gemischtrassigen‹ Familienmitglieder entsprechend ihrer Proteingröße unterschiedlich schnell durch ein elektrisch geladenes Gel. Den DNA-Lauf verbindet er über einen Computer mit einem sakralen, triptychonartig aufgebauten Video. Die Familienmitglieder laufen auf

---

22   Nicolas Dierks: »Adornos Konzept mimetischen Verhaltens – ein Kommentar mit Wittgenstein«, in: Elisabeth Nemeth, Richard Heinrich und Wolfgang Pichler (Hg.): *Papers of the 33rd International Wittgenstein Symposium Bild und Bildlichkeit in Philosophie, Wissenschaft und Kunst*, Kirchberg am Wechsel 2010, S. 64–66.

23   Ebd., S. 65.

24   Irene Albers und Anselm Franke: »Einleitung«, in: Irene Albers und Anselm Franke (Hg.): *Animismus. Revisionen der Moderne*, Zürich 2012, S. 7–15.

25   Siehe dazu auch die Abbildungen zu *Relative Velocity Inscription Device* im Beitrag von Jens Hauser in diesem Buch.

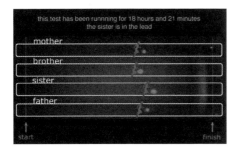

Abb. 2: Paul Vanouse: *RVID – Relative Velocity Inscription Device*, 2002.

den Videoscreens um die Wette. Das Ergebnis des Wettlaufs gerät immer verschieden, abhängig vom gewählten Genlocus und nicht von der jeweiligen Person.[26]

Neben politischen Aspekten greift Vanouse in seiner Arbeit auch eine ältere Analogie der Biosemiotik auf, nämlich dass sich Zellen und Signale unter ähnlichen Bedingungen durch den Körper bewegen, wie dies Menschen und Autos sowie deren Signale in einer Stadt täten.[27] In der analogen Logik der Naturwissenschaften wird ein Bereich – die Basis – auf einen anderen – das Ziel – übertragen, das die Basis nachahmt. Dabei muss die Basisdomäne sorgfältig verstanden und ausgesucht werden. Die Basisdomäne muss vielfältig verbundene Elemente mit der Zieldomäne aufweisen, um etwas über die Zieldomäne sagen zu können.[28] Die elektrische und mechanische Bewegung der Proteine durch das Gel, hier die Basis, kann allerdings logisch sehr wenig über die Art der Bewegung in der Zieldomäne, dem digitalen Video, in der künstlerischen Arbeit von Paul Vanouse aussagen.

Die Familienmitglieder, respektive ihre DNA, müssen sich, unter Strom gesetzt, unwissend um ihr Schicksal, entlang den vorgegebenen opak-klebrigen Strukturen des Gels und der Stromspannung bewegen. Die Arbeit von Paul Vanouse erzeugt also nicht nur Bedeutung durch die Evokation der analogen Konzepte von »Rasse und Rennen«. Sie schafft auch Betroffenheit durch einen ›imitativen Zauber‹ und ›Kontaktzauber‹, der die Grausamkeit des Rassismus für den Betrachter ›taktil‹ werden lässt. Erst indem sich Nachahmungspraxen derart mit Biotechnologie verschränken, entsteht die Transformation des Zeichenkörpers.

Von wissenschaftlichen Grenzziehungen zur Transformation

Zunehmend werden sich die Menschen der Tatsache bewusst, dass sich in ihren Körpern Anderes findet als von außen sichtbar ist. Das vermehrte Wissen über die Symbiose des menschlichen Körpers mit Bakterien gibt den alten Vorstellungen von Verwandlung neuen Inhalt. Zehnmal mehr fremde Bakterien als eigene Zellen leben im menschlichen Körper (von denen Millionen täglich beim Zähneputzen und Händewaschen als Zeichen

---

26 http://www.paulvanouse.com/rvid.html (aufgerufen am 9. 1. 2014).
27 Jesper Hoffmeyer: »Molekularbiologie und Genetik in semiotischer Sicht«, in: Thure von Uexkuell, *Psychosomatische Medizin*. 5. Auflage, München/Wien/Baltimore 1996, S. 53–62.
28 Dedre Gentner: »The Mechanisms of Analogical Reasoning«, in: Stella Vosniadou and Andrew Ortony (Hg.): *Similarity and Analogical Reasoning*, Cambridge 1989, S. 199–233.

steten Wandels eliminiert werden). Nicht nur die Idee der Verwandlung bekommt damit neue reale Inhalte, auch die Grenzziehungen zwischen dem Eigenen und dem Fremden, dem Eigenen und dem Tierischen sind herausgefordert.

Der vieldeutige Begriff der Immunität versucht, den Beziehungen zwischen dem Menschen und seinem inneren bakteriellen Reich eine neue wissenschaftliche Struktur zu geben. Er wurde nicht von ungefähr in der Zeit des Kalten Krieges zu einer Meistermetapher, die politische, kulturelle, soziale und biologische Repräsentationen ambivalent ein- oder ausschließt. Roberto Esposito fragt, ob der menschliche Drang, Grenzen aufzulösen, nicht ebenso lebenserhaltend sei wie der Drang, solche Grenzen aufrecht zu erhalten. Jean-Luc Nancy hingegen meint, dass ein Eindringling seine typischen Charakteristika von Fremdheit verliere, wenn er in einer nicht gewaltsamen Form eintrete, unabhängig, ob er in einen Körper oder sozialen Zusammenhang eintrete. Viele Phänomene des Eindringens des Fremden in den Körper sind wissenschaftlich bisher nicht gut erklärbar. Warum etwa Föten, obwohl sie körperfremdes Eiweiß enthalten, nicht vom Immunsystem angegriffen werden, oder warum sich Krebszellen mit fetalem Eiweiß maskieren, eröffnet einen weiten Spielraum für Interpretationen.

Die Performance-Künstlerin Marion Laval-Jeantet der Gruppe Art Orienté Objet transformiert mit einer (post-)animistischen Nachahmungspraxis ihren eigenen immunologischen Zeichenkörper. Sie greift in ihrer Performance *Que le cheval vive en moi*[29] die immunologisch definierten Gattungsgrenzen in ihrer Ambivalenz zwischen biologischer und sozialer Begrenzung auf. Sie erweitert den Zentaur-Mythos, indem sie sich über den Zeitraum von mehreren Monaten in steigender Dosierung Immunglobuline eines Pferdes injizieren ließ. Wegen der dadurch entwickelten progressiven Toleranz gegenüber den fremden tierischen Eiweißkörpern, erlitt sie bei der Verabreichung von Pferdeglobulin während ihrer Performance keinen anaphylaktischen Schock. Die Künstlerin setzt in ihrer Arbeit ihr Immunsystem als eine die Pferdeantigene nachahmende Maschine ein. Ihre Arbeit lässt sich damit auf Niels Jernes Theorie des Immunsystems beziehen. Der Nobelpreisträger von 1984 beschreibt in seinem Modell, wie das Immunsystem das fremde Antigen nachahmt und dadurch kontrolliert.[30]

Schamanen rufen in ihren Ritualen die Eigenschaften der Tiere an, die während des Rituals erscheinen und ›Gast‹ im Schamanen werden. Auch Marion Laval-Jeantet ruft das Tier an. So wie der Schamane durchlässig gegenüber den Tieren wird, zeigt auch die Künstlerin erhöhte Sensitivität gegenüber dem Pferd. Sie berichtet über ihren Zustand während des Selbst-Experiments folgendes: »Es war praktisch unmöglich für mich, eine Woche lang zu schlafen und ich hatte extreme und abwehrende Reaktionen auf Reize – eine zufallende Tür oder eine Hand auf der Schulter. Ich empfand die Hyperreaktivität des Pferdes in meinem Fleisch.«[31] Anstelle des Versuchs, eine Homöostase, einen Zustand physiologischer Balance zu erreichen, versucht die Künstlerin, mittels ihres Immunsystems den Prozess einer synthetischen »Transi-Stasis« zu erreichen, in

---

29   Siehe dazu auch die Abbildungen zu *Que le cheval vive en moi* im Beitrag von Jens Hauser in diesem Buch.

30   Niels K. Jerne: Idiotypic Networks and other Preconceived Ideas, in: *Immunological Reviews 79*, (1984), S. 5–24.

31   Leon J. Hilton: »The Horse in My Flesh«, in: *Transpecies Performance and Affective Athleticism, GLQ: A Journal of Lesbian and Gay Studies*, 19:4 (2013), S. 487–514.

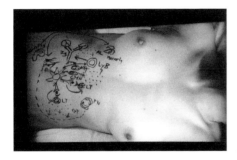

Abb. 3: Art Orienté Objet: *Que le cheval vive en moi*, 2011.

welcher die einzige Konstante die kontinuierliche Transformation und Adaption durch Immunität ist.[32]

Die Ambivalenz gegenüber Verwandlungen
BioPerformances verbindet mit den Queer Studies ebenso wie mit der Immunologie der gemeinsame Referent. Sie befassen sich mit der Neudefinition von Grenzen zwischen biologischen Strukturen und dem damit verbundenen Verhältnis von Subjekt zu Körper. Die Impfung von Marion Laval-Jeantet mit antigenen Pferdeglobulinen erhöht ihre Empfindsamkeit gegenüber dem Pferd genauso, wie das Spritzen von Testosteron die Sensitivität des Transgender-Aktivisten Leslie Feinberg erhöht, sein Leben als Mann zu wahrzunehmen. Sowohl BioPerformances wie Queer Studies und Immunologie werfen Fragen der hybriden Identitäten und zum Eigentum des Körpers sowie zu Stereotypen und zur Erfahrung des Anderen auf. Während BioPerformances, weil sie den Bestimmungen des Gentechnologiegesetzes unterworfen sind und im Falle der Beteiligung medizinischer Universitäten von den zuständigen Ethikkommissionen für eine Realisierung freigegeben werden müssen, müssen Transsexuelle für eine Operation die Zustimmung von Ärzten und Psychologen erreichen.

Eine komplexe Reaktion auf Phänomene von BioPerformances und *Queerness* zeigt sich auch bei zwei weiteren gemeinsamen Referenten: ›Nähe‹ einerseits und ›Frankensteinsche Monstrosität‹ andererseits. Queer Studies wie BioPerformances setzen sich kritisch mit Konzepten der Dominanz auseinander: die Macht von Mann über Frau, Weiß über Schwarz, Geist über Körper, Körper über Geist, ›normal‹ über ›anders‹ wird reflektiert. Damit formulieren sie eine Kritik des Rassismus in seinen unterschiedlichsten Erscheinungsformen.

Tiere und Biomedien als Agenten postanimistischer Subjektivität

Die einteilenden Begriffe ›Bios‹ und ›Zoë‹ haben den Nachteil, dass sie das Verhältnis von Körper und Kultur binär anlegen. Der Körper lief dadurch seit jeher Gefahr, als eine

---

32   »Que le cheval vive en moi (May the Horse live in Me)«. http://we-make-money-not-art.com/archives/2011/08/que-le-cheval-vive-en-moi-may.php (aufgerufen: 8.11.2013).

konservativ-politische Arena und als umkämpfter Raum anthropomorphisiert zu werden.[33] Mimese und Mimikry führten die Auflösung der Unterscheidbarkeit zweier Wesen (im Falle der Mimikry, um ein drittes Wesen zu täuschen) bereits als Topos ein. Die in den letzten Jahren in verschiedenen Fachbereichen entstandenen Modelle einer Speziesüberschreitung gehen darüber hinaus. Diese wird gleichsam als kollektive Erinnerung verstanden und herangezogen, um das binäre Verhältnis von ›Bios‹ und ›Zoë‹ einer Prüfung zu unterziehen. Dabei werden insbesondere die Gattungsgrenzen zwischen Mensch und Tier befragt.[34] Die der Befragung zu Grunde liegende anti-speziesistische posthumanistische Theorie möchte die Tiere in eine ontologische Prüfung einbeziehen. Dadurch soll versucht werden, die Topoi der körperinneren fiktiven Täterwesen, des Embodiment und der Transformation der fleischlichen Materialität nicht ausschließlich anthropozentrisch zu entwickeln.[35]

Der *animal turn* bereitete eine solche Befragung vor, indem er die dem Menschen und dem Tier gemeinsamen Sinnesempfindungen in den Vordergrund wissenschaftlicher Betrachtung rückte. In der extravagantesten Ausprägung des *animal turn* fungiert das Tier als unabhängiger anthropologischer Akteur, der ein typisches interspeziesistisches Verhalten beim Menschen erst provoziere und damit untersuchbar mache.[36] Darüber hinaus betont Haraway in dem von ihr innerhalb eines globalen *nature culture*-Modells formulierten *companion species*-Modells eine Mensch und Tier verbindende simultane Biographie, im Rahmen derer Mensch und Tier gegenseitige Verantwortung trainierten.[37] In diesen Modellen wird eine Auflösung der Binarität von Mensch und Tier, von Seele und Körper, von Subjektivität und Objektivität angedacht, indem das ansonsten dinghaft gedachte Tier verstärkt in den Menschen ›einrückt‹. Einen aktuellen Beitrag zur Auflösung darwinistisch geprägter Mensch-Tier Beziehung liefert der Anthropologe Eduardo Viveiros de Castro.[38] Auf Basis seiner Untersuchungen bei den amazonischen Indianern positioniert er ein Modell, in dem Tiere als ehemalige Menschen gesehen werden. In diesem Konzept haben die Menschen in Amazonien, anders als in westlichen Gemeinschaften, nicht den gleichen physiologisch-fleischlichen Körper, jedoch die gleiche Kultur wie Tiere.

Eine grundsätzliche Erweiterung anti-speziesistischer posthumanistischer Theorien erfolgte mit der Einführung des Begriffes des transformierenden »Werdens« durch Gilles Deleuze und Félix Guattari. Sie führen das »Tier-Werden« als prototypisches transformierendes Geschehen ein. Im Gegensatz dazu steht Haraways Modell, in dem Tier-Werden immer in der konkreten Beziehung *mit* dem Tier als *Gefährten* stattfindet. Dies hat

---

33   Rosi Braidotti: »Biomacht und posthumane Politik«, in: Marie-Luise Angerer und Christiane König (Hg.): *Gender goes Life*, 2008, S. 19–38.
34   Julie Livingston und Jasbir K.Puar: »Interspecies«, in: *Social Text* 106: 29 (2011), S. 3–14.
35   Rossini Manuela: »Zoontologien: *Companion Species* und *Ribofunk* als theoretische und literarische Beiträge zu einem kritisch-posthumanistischen Feminismus«, in: Marie-Luise Angerer und Christiane König (Hg): *Gender goes Life*, Bielefeld 2008, S. 41–62.
36   Vgl. Eben Kirksey und Stefan Helmreich: »The Emergence of Multispecies Ethnography«, in: *Cultural Anthropology* 25: 4 (2010), S. 545–576.
37   Donna J. Haraway: *The Companion Species Manifesto*, Chicago 2005.
38   Eduardo Viveiros de Castro: »Exchanging Perspectives. The Transformation of Objects into Subjects«, in: *Common Knowledge* Vol. 10, No. 3 (2004), S. 463–484.

ihr den Vorwurf eingebracht, dass sie Materielles mit Ideellem verwechsele. Deleuze und Guattari verstehen unter dem Begriff des »Tier-Werdens« eine Transformation von Typen in Ereignisse und von Objekten in Aktionen. Das Tier-Werden wird mit dem Affekt verschränkt und meint damit im weitesten Sinne ein Intensiv-Werden durch den Affekt. Es steht für eine Praxis des ›Körper-Werdens‹ des Menschen und einen Vorgang des ein ›Anderer-Werden‹ im Allgemeinen.[39] Während Haraway und der *animal turn* also in ihrem Versuch der Identifizierung von Durchlässigkeiten zwischen Mensch und Tier einer arteigenen, nativen, wesenhaften und immanenten ästhetischen Theorie folgen, die Epistemologie einschließt, orientiert sich die Arbeit von Deleuze und Guattari stärker an einer transzendenten, ideellen, metaphysischen Ontologie. Diese bezieht den Raum jenseits der unmittelbaren materiell-sinnlichen Erfahrung ein. Intensiv-Werden wird bei Deleuze und Guattari nicht als etwas gedacht, das individuell herstellbar wäre, sondern als etwas, das mediatisiert das Subjekt von außen ergreift. Um das Ergreifen von außen zu verdeutlichen, wird das Tier nicht als einzelnes konzeptualisiert, sondern im Umfeld der Meute und des Rudels.

Die von außen ergreifende Empfindung überquert dabei die Domäne des physischen Körpers und der immateriellen und körperlichen Emotion – für *Que le cheval vive en moi* als »affektiver Athletizismus« beschrieben.[40] Dabei entsteht die »Transindividualität«, die sich dann besonders stark in der Kunst ausdrücke, weil Kunst die Empfindungen sowohl von den erfahrenden als auch den affizierten Objekten nehme und sie in einem kunstimmanenten *Block* autonomer Empfindung bündele.[41] Empfindsam-Werden ist die Aktion, durch die etwas oder jemand unablässig etwas anderes wird – während er gleichzeitig andauert, das zu sein, was er ist. Aus dieser Sicht ist das Werden der Mimese und der Mimikry verwandt, der Fokus richtet sich jedoch verstärkt auf die Aktion selbst und das Medium. Mit dieser medialen Betrachtungsweise ist die mimetische Nachahmung für Deleuze und Guattari eine falsche Alternative. Vielmehr ist das Werden selbst real, der *Block des Werdens* und nicht die feststehenden Zustände, in die derjenige, der wird, übergehen würde.

Bei Deleuze und Guattari wird weniger das konkrete Verhältnis von Mensch zu Tier oder Mensch zu Körper revidiert, vielmehr soll das ›Anderer-Werden‹ kulturelle Bewusstheit erzeugen und das kategorische Denken selbst rekonfigurieren.[42] Nicht ›Person sein‹, sondern ›Person werden‹ re-integriert die abgespaltene Animalität des Menschen. Tier-Werden ist damit auch ein anarchischer Prozess, der Identitätskonzepte unterläuft. Während Haraway das Anderer-Werden auch in einem Fleisch-Werden der Maschine sieht und so die Technologie konkret in die Natur hineinnimmt, führen Deleuze und Guattari Maschinen und Medien wie die Tiere als Agenten einer deterriorialisierenden Subjektivität ein. Wesentlich bei Deleuze und Guattari ist der Charakter des Nicht-Repräsentativen; das Tier- und Intensiv-Werden ist real und repräsentiert nichts. Ihm kommt daher in der Brechung der Vorrangstellung des Symbolischen oder der Signifikanten (bei den erwähnten BioPerformances die Brechung der Parameter des Immunsystems

---

39   Gilles Deleuze, Felix Guattari: *Tausend Plateaus. Kapitalismus und Schizophrenie*, Berlin 2010.
40   Hilton: »The Horse in My Flesh«, a.a.O., S. 487 –514.
41   Ebd.
42   Ebd.

und der DNA) eine besondere Bedeutung zu. Dieser Prozess ist wesentlicher Teil der Methode von BioPerformances. Die entstehende Intensität wird weder qualitativ noch quantitativ, sondern nur als Intensität gesehen und als vitale Emotion unmittelbar in den Körper übertragen. Damit sollen die Figuren von erzählenden und repräsentierenden Elementen zugunsten einer transformierenden Verkörperung und zugunsten einer Sättigung der Zeichen befreit werden.

Auch wenn die im ersten Teil dieses Beitrags beschriebene *Spitparty* wesentlich auf Elementen der Repräsentation beruht, entwickelt sich *Spitparty* durch die beschriebenen mimikritischen Prozesse auch entlang der Brechung der eingeführten Signifikanten.

In *Spitparty* werden der Speichel sowie bakterielle Produkte als Biomedien inszeniert. Beide führen anfangs als Agenten von kommerzialisierter Subjektivität dem Publikum seine eigene Ausbeutbarkeit vor. Der Speichel der Publikumsmitglieder bricht jedoch im weiteren Verlauf als inszenierter Agent von körperlicher Subjektivität die diagnostischen und archivischen Funktionen der DNA. Nicht mehr diese, sondern eine DNA kommt zur Abbildung, die durch eine Analyse der durch Küsse entstandene Speichelmischungen entsteht und auf erregte Körper jenseits diagnostisch-archivischer Funktionen verweist.

In jeder der in diesem Beitrag beschriebenen BioPerformances soll gerade dieser Prozess der Transformation vom Kommunikationsmedium in ein Biomedium mit allen seinen Konnotationen wahrgenommen werden. Der Vorgang kann auf der Ebene der DNA-Transkription, der Anpassung des Immunsystems, der Sprache oder der Dokumentation stattfinden und bringt entsprechend der gewählten Ebene Lebendigkeit unterschiedlicher Schwellenwerte hervor. Erst dieses ›Dazwischen-Sein‹ auf allen Ebenen der Repräsentation definiert das ›Werden‹ einer Person und das ›Werden‹ eines Körpers.[43]

Wenn BioPerformances und BioArt die Übersetzung eines Kommunikationsmediums in ein Biomedium als Prozess darstellen, wird das Biomedium anstelle des Kommunikationsmediums zum Agenten der transindividuellen, grenzauflösenden, körperlich gewordenen Subjektivität. Diese okkupiert als Biomedium den ambivalenten Raum zwischen Subjekt und Objekt. Die Hierarchie zwischen einer wörtlichen und einer metaphorischen Bedeutung wird aufgelöst und die diesem Prozess anhängliche Transsubstantation als mediale Aktion zum Inhalt gemacht.

Diese transindividuelle Konzeption von Subjektivität verwebt die BioPerformances mit den sogenannten ›postanimistischen‹ Praxen in einem Wechselspiel von unmittelbarer Erfahrung des Körpers und dessen biotechnologischer Auslegung. Dadurch muss weder die Natur durch Anthropozentrismus subjektiviert werden noch die Subjektivität eine übernatürliche, übersinnliche oder spirituelle Position wie im Animismus einnehmen. Vielmehr kann sich die Subjektivität in dieser Konzeption gleichzeitig auf Subjekt- und Objektseite aufhalten.[44]

War die frühe Kunst durch ihre Rituale noch stark in der Realität verankert, ließ sie sich in der Folge ins Fiktionale verbannen, um angesichts der Verweltlichung aller Lebensbe-

---

43 Tagny Duff: »Going Viral. Live Performance and Documentation in the Science Laboratory«, in: *Performance Research*, Vol. 14, No. 4 (2009), S. 36–44.

44 Angela Melitopoulos und Maurizio Lazzarato: »Maschinischer Animismus«, in: Albers/Franke (Hg.): *Animismus. Revisionen der Moderne*, a.a.O., S. 278–287.

reiche nicht als animistisch eingestuft zu werden. In den BioPerformances fordert Kunst ihre nicht-fiktionalisierende Arbeitsweise zurück. Parallel zu dieser neuerlichen Annäherung an das Reale wurde der Animismus revidiert und damit viele fetischisierende Beziehungen zu toten Objekten wie Sprache, Wissenschaft oder Verstand als ein Animismus der Moderne gesehen.[45] Seit dieser Revision kann Kunst bestimmte naturwissenschaftliche Praxen mit dem Fiktionalen in einer neuen Form kritisch verbinden und die sich entwickelnden ›postanimistischen‹ Praxen der BioPerformance können das Verhältnis des Menschen zu seinem Körper neu definieren.

---

45   Vgl. Irene Albers und Anselm Franke: »Einleitung«, in: Dies. (Hg.): *Animismus*, a.a.O., S. 12.

Jens Hauser

Molekulartheater, Mikroperformativität und Plantamorphisierungen

Mit dem Aufstieg der Biologie zur Leitwissenschaft und angesichts der zunehmenden Verfügbarkeit biotechnologischer Methoden auch für die Kunst verschieben sich die Inszenierungsmodalitäten von Körperlichkeit. Heute gehören Transgenese, Synthese von DNA-Sequenzen, sogenannte *Biobricks* der Synthetischen Biologie, molekularbiologische Analyse- und Bildgebungsmedien wie Gel-Elektrophorese oder DNA-Chips, in Echtzeit im Wachstumsprozess beobachtbare Zell- und Gewebezucht, der Gebrauch von Retroviren und das Klonen bakterieller Plasmid-DNA, neuro-robotische Installationen oder gar immunbiologische Selbstexperimente zum Repertoire einer resolut experimentellen Gegenwartskunst. Sowohl in den bildenden als auch in den darstellenden Künsten kann demzufolge als ›Körper‹ nicht einfach mehr nur der mesoskopisch-menschliche Körper als zentrale Instanz verstanden werden. In einer Kunst der Transformation biologischer Systeme *in vivo* und *in vitro* verlagert sich der Fokus einerseits auf die mikroskopische Kleinstebene von Molekülen, Zellen, Enzymen etc., andererseits eröffnen sich dadurch Perspektiven der Inszenierung eines Lebenskontinuums, welches das Spektrum menschlicher Handlungen um die Aktionspotentiale des Tierischen und des Pflanzlichen erweitert und es zu diesen ontologisch und epistemologisch in Beziehung setzt. Künstler reagieren höchst unterschiedlich auf die Herausforderungen der *Life Sciences*. Neben traditionell metaphorischen Strategien von Repräsentation lässt sich derzeit ein die darstellende und bildende Kunst verbindender Trend hin zu inszenierter Präsenz erkennen. Festzustellen ist ein Umschlagen von einer *Kunst der Performance* in eine allgemeine *Performativität in der Kunst*, die sich auch in hybriden, von den Technowissenschaften inspirierten Formen zeigt. Als solche sollen hier ästhetische Strategien von *Molekulartheater* und *Mikroperformativität* diskutiert werden, wobei letztere exemplarisch in Hinblick auf den Spezialfall von *Mikrotransplantationen* beleuchtet werden soll.

Molekulartheater

Eingangs lassen sich derartige Formate von Molekulartheater und Mikroperformativität symptomatisch anhand einer Gegenüberstellung der experimentellen Bühnenvorführung *Spitparty* des Projekts BIOS:ZOË und der biotechnologischen Live-Installationen des Medienkünstlers Paul Vanouse veranschaulichen. Beide greifen die genetische Analytik sowohl thematisch wie auch methodisch auf und hinterfragen, wie DNA-Sequenzen als ontologisierte Körperfragmente zu Stellvertretern von Identität, als Datenkörper zu Ware, Währung oder Beweismaterial sowie zu biopolitischen ›Akteuren‹ werden.

Bei der szenischen Aufführung *Spitparty*, welche die Regisseurin Lucie Strecker und der Internist, Psychoanalytiker und Medizinanthropologe Klaus Spiess unter dem Projektnamen BIOS:ZOË als *Work-in-Progress* entwickeln, handelt es sich um eine Art dokumentarisches Molekulartheater, an dem eine Tänzerin und Schauspielerin, eine Molekularbiologin, im Publikum verstreute Performer sowie das Publikum selbst als Akteure beteiligt sind. Mit klassischen Bühnentechniken wird zunächst die Figur der Anne Wojcicki eingeführt, die einheizend gestikulierend, marktschreierisch mit Begleitmusik und Cocktails offerierend, beim Publikum für die real existierende Firma 23andMe sowie für Partys wirbt, auf denen potentielle Käufer von individuellen Gentests für Zuhause zur Speichelabgabe zwecks DNA-Extraktion animiert werden. Bei dieser sogenannten *Direct-to-Consumer*-Genetik werden Daten gewonnen, auf deren Basis solche kommerziellen Genetikfirmen dem Konsumenten Auskunft über Wahrscheinlichkeiten für das Auftreten von Krankheiten sowie Aufschluss über andere mutmaßlich genetisch determinierende Anlagen zu geben versprechen. Doch über die andere Seite des Geschäfts fühlen sich Speichel-Spender oft hinweggetäuscht. Denn jene *Direct-to-Consumer*-Unternehmen profitieren doppelt von den so erhaltenen Datensätzen für medizinische Forschungsvorhaben, die kommerziell motiviert sind und potentiell in neuen Patenten resultieren.[1] Sieht es bei der *Spitparty* zunächst nach einer konventionellen Theateraufführung aus, in der real existierende Personen als Rollen verkörpert sind, so wird die diegetische Theaterzeit dann aber abrupt gebrochen und gleitet ins realzeitliche Performative, wenn das Publikum nun selbst aufgefordert wird, per Mundschleimhautabstrich mit sterilen Wattestäbchen Zellproben abzugeben und Einverständniserklärungen zu unterschreiben, wodurch die Zuschauer in ihrer eigenen Körperlichkeit zu Teilnehmern werden. Der ebenfalls in Echtzeit ablaufende Prozess genetischer Analyse der ›Daten-Körper‹, d.h. der Speichelproben, in einem in den szenischen Raum integrierten Labor wird allerdings in seiner Effizienz kompromittiert, indem die Zuschauer zum Küssen animiert werden, so dass eine Eindeutigkeit der genetischen Identifikation nicht mehr gegeben ist.

Dieses hybride Projekt entspricht Eugen Thackers als *Biomedia* beschriebener Dialektik, wonach Körperlichkeit im biotechnologischen Zeitalter komplementär auf zwei Arten verstanden werden muss: zum einen als ontologisch-materiell existierender »biologischer, mikro-molekularer, durch seine Art oder durch seinen Status als Patient definierter Körper«, und zum anderen als »mittels Visualisierung, Modellisierung, Datenerhebung oder *in silico*-Simulation ›kompilierter‹ Körper.«[2] Biomedien verfahren demnach »durch duale Einbettung in die biologische Materialität, welche die informatische Fähigkeit, biologische Materialität aufzuwerten, beinhaltet [...], als ›laterale Transzendenz‹ oder Rekontextualisierung eines ›Körpers, der zu mehr als ein Körper‹«[3] wird. Das Konzept von *Biomedia* als generelle Operationalisierbarkeit biologischer Systeme kreist um die zentrale Frage *What can a body do*[4] – wobei *Body* hier allerdings unabhängig von Skalierungen, insbesondere unterhalb der Skala von Organismen als biologisch funktionale Einheit verstanden wird, z.B. auf zellulärer und molekularer Ebene. In der szenischen Inszenierung von *Spitparty* bleibt es nun trotz des Übergangs von theatralischer Repräsentation zur performativen Präsenz bei der Dominanz menschlicher Körperhandlungen in Interaktion mit ihren ›Datenkörpern‹. Die DNA-Sequenzen selbst, als ontologisierte

---

1   Vgl. Megan Allyse: »23andMe, We, and You: Direct-to-consumer Genetics, Intellectual Property, and Informed Consent, in: *Trends in Biotechnology*, Bd. 31, Nr. 2, 2012, S. 68–69.
2   Eugene Thacker: *Biomedia*, Minneapolis 2004, S. 13.
3   Ebd., S. 6.
4   Ebd., S. 2.

Körperfragmente, werden nicht zentral funktionalisiert oder ästhetisiert, so dass es angebracht ist, hier von Molekulartheater zu sprechen.

Mikroperformativität

Auf der Ebene eben dieser mikroskopischen Körperfragmente als eigentliche ›Akteure‹ basieren dagegen die genomkritischen biotechnischen Live-Installationen von Paul Vanouse, die den Strategien von Mikroperformativität zuzurechnen sind. Auch bei Vanouse spielen experimentelle Dispositive mit Laborcharakter eine Rolle, in welche der Künstler zuweilen selbst als handelnde Person darstellend eingreift. Doch geht es in erster Linie um eine aufklärerische Darstellung der Herstellung von sogenannten ›genetischen Fingerabdrücken‹, deren Metaphorik und Aura nahelegen, es handele sich bei diesen im Gelelektrophoreseapparat entstehenden Bandenmustern um von ›Mutter Natur‹ persönlich und unveränderlich ins Genom eingeschriebene Personalausweise jeder einzelnen lebendigen Kreatur.[5] Dagegen will Vanouse demonstrieren, dass jenes »kulturell konstruierte Artefakt (welches vom Labor determiniert und von gegebenen Standards geleitet ist) naturalisiert (als der Laborintervention vorgänglich erscheinend gemacht) wird.«[6] Vanouse dekonstruiert den Authentizitätsanspruch der erzeugten Bandenmuster, indem er ihre experimentelle Hervorbringung durch die je nach Protokoll verschiedenen Enzyme, Primer und Molekularsonden betont und sie somit denaturalisiert. Dazu nutzt er die *analytische* Labormethode subversiv *synthetisch*, indem statt der üblichen abstrakten Muster einer *unbekannten* DNA-Probe hier aus *bekannter* DNA die resultierenden Bandenmuster gezielt gesteuert werden und dabei wiedererkennbare Motive entstehen – in seinem *Latent Figure Protocol (LFP)* (Abb.1) zum Beispiel ID, 01, das ©-Symbol, Henne und Ei oder das Piratenzeichen ›Skull & Crossbones‹. Hier rekurriert der Künstler nicht auf DNA-Proben von konkreten Versuchspersonen, sondern setzt das Plasmid *pET – 11a* aus dem T7-Expressionssystem ein.[7] Plasmide sind Miniaturkörper und Biomedien zugleich und damit eine »einzigartige Instanz, in welcher biologisches ›Leben selbst‹ gleichzeitig Werkzeug und Objekt, Produkt und Produktions-

---

5   Der ›genetische Fingerabdruck‹ ist genaugenommen kein *Abdruck* wie in der klassischen Daktyloskopie, sondern eine per Labor-Protokoll manipulierte Körper-*Spur* aus Blut, Speichel, Sperma oder Hautzellen. Schon gar nicht muss sie vom Finger stammen. Spitzfindig könnte man auch anmerken, dass man ein Profil zwar ausgehend von der in einer Spur vorgefundenen Desoxyribonukleinsäure – der materiellen Trägerin von Erbinformationen – erstellt, doch wird dieses nicht an Proteine codierenden Bereichen der DNA festgemacht, sondern an individuell variierenden Minisatelliten. Diesen nicht-codierenden Gen-Zwischensequenzen in den Introns wird ein direkter Einfluss auf den Phänotyp eines Organismus abgesprochen. Vgl. Jens Hauser (Hg.): *Paul Vanouse. Fingerprints… Index – Abdruck – Spur*, Berlin 2011.
6   Paul Vanouse: »Discovering Nature, Apparently. Analogy, DNA Imaging, and the Latent Figure Protocol«, in: Beatriz Da Costa und Kavita Philip (Hg.): *Tactical Biopolitics. Art, Activism, and Technoscience*. Cambridge, 2008, S. 177–178.
7   Dieses standardisierte Experimentalsystem ist benannt nach dem T7-Phagen – einem Virus, für welches das Darmbakterium *E. Coli* anfällig ist. Plasmide sind kurze und meist ringförmige DNA-Moleküle bakteriellen Ursprungs, die sich autonom replizieren können und in der Molekularbiologie als Vektoren benutzt werden, um Genfragmente zu vervielfältigen oder zum Ausdruck zu bringen.

prozess ist.«[8] Die Homophonie mit *pet* im Sinne des englischen Wortes für Haustier verweist dabei schelmisch auf den Status jener domestizierten »niedersten Arbeitstiere der Molekularbiologie, die nicht wirklich lebendig sind, aber symbiotisch mit lebenden Organismen interagieren«[9] und somit ausdrücklich als performative Instanzen thematisiert werden. Damit steht diese Arbeit im Gegensatz zu vielen galeriefreundlichen ›DNA-Portraits‹, die lediglich auf ein fixiertes Endresultat abzielen und in letzter Zeit inflationär auch in konventionellen Formen von Gegenwartskunst das biotechnologische Zeitalter bebildern.[10] In seiner Arbeit *Suspect Inversion Center (SIC)* (Abb. 2) betreibt Vanouse ein offenes, funktionstüchtiges Labor, in dem *live* und für jedermann einsehbar in wochenlanger Kleinst- und Handarbeit ›genetische Fingerabdrücke‹ aus bekannten Kriminalfällen reproduziert werden – in diesem Fall das DNA-Profil aus dem Gerichtsverfahren des mutmaßlichen Mörders und US-amerikanischen Footballstars O. J. Simpson – allerdings aus des Künstlers eigener DNA! Wird in Streckers und Spiess' *Spitparty* die Identifikation durch die menschlichen Handlungen der Kussorgien kompromittiert, so erfolgt die Usurpation einer fremden Identität bei *SIC*[11] auf der molekularen Ebene selbst.

Noch deutlicher werden die Modalitäten von Mikroperformativität in Vanouses auratisch inszenierter Versuchsapparatur *Relative Velocity Inscription Device (RVID)* (Abb. 3). Hier tragen verschiedene die Hautfarbe codierende Gensequenzen der multi-ethnischen Familienangehörigen des Künstlers jamaikanischer Abstammung – Paul Vanouse hat einen ›weißen‹ Vater, eine ›schwarze‹ Mutter und eine Schwester – in den vier ›Laufbahnen‹ des Gelelektrophoresebeckens ein absurdes Rennen gegeneinander aus, um ihre genetische *Fitness* zu testen. Mittels UV-Fluoreszenz-Bildgebung werden die jeweiligen ›Renn‹-Positionen automatisch in Echtzeit visualisiert. Der Versuchsaufbau verlagert den Fokus von den physischen Körpern seiner Subjekte hin zu ihrer bloßen DNA. Vanouse vermutet, Diskurse über *race* verschöben sich heute ins Molekulare, von individuellen Körpern zu molekularen Körperfragmenten, und von der Eugenik zur Genetik. Es ist ein »race about race in which […] the body has been erased.«[12] Das Ergebnis variiert dann allerdings von Durchgang zu Durchgang. Es hängt nicht von irgendwelchen Funktionen der Sequenzen, sondern allein von deren Größe ab, weil kleinere Molekülketten schneller im Agarose-Gel des Gelelektrophoreseapparates zur Genanalyse vorankommen als größere. Ausschlaggebend für den ›Sieg‹ ist nicht, von welcher Person die Proben stammen, sondern welchem *Locus* des DNA-Strangs sie entnommen wurden. So

---

8   Eugene Thacker: »Biomedia«, in: W.J.T. Mitchell und Mark B.N. Hanson (Hg.): *Critical Terms for Media Studies*, Chicago 2010, S. 127.

9   Interview des Autors mit Paul Vanouse, Buffalo, 5.4.2009, unveröffentlicht.

10   Auch kommerzielle Genetikfirmen wie z.B. DNA 11 bieten ästhetisch ähnliche individuelle ›DNA-Portraits‹ für das eigene Heim in allen Kombinationen passend zu Sofa- und Tapetenfarben feil. Wie bei 23andMe kann jeder sie mittels eines eingesandten Zellabstrichs anfertigen lassen. Vgl. www.dna11.com (aufgerufen: 13.1.2014).

11   Das Kürzel *SIC* kehrt dabei als Anagramm symbolisch einerseits den sogenannten *CSI*-Effekt um: Während in der US-amerikanischen Fernsehserie *Crime Scene Investigation* rasend schnelle Aufklärung dargestellt wird, findet *SIC* in Echtzeit über einen Zeitraum von mehreren Wochen statt. Andererseits kann *SIC* kann aber auch gelesen werden als *sic erat scriptum*, im Sinne einer Kennzeichnung eines Fehlers in einer zitierten Quelle, ›zitiert‹ Vanouse hier doch O. J. Simpsons DNA als Text und das Chromatogramm als Bild.

12   Paul Vanouse: »The Relative Velocity Inscription Device«, in: Eduardo Kac (Hg.): *Signs of Life. Bio Art and Beyond*, Cambridge 2007, S. 278.

entpuppt sich auch der Werktitel als mehrdeutiger Paratext. Denn mit *relative velocity* ist gleichermaßen die Geschwindigkeit der Bewegung eines Teilchens relativ zu anderen Teilchen durch das Gel als auch die Geschwindigkeit der Familienangehörigen, der *relatives*, gemeint.

Derartige Präsentationsformen einer mit Biotechnologien operierenden bildenden Kunst schließen an das dialektische Verhältnis zwischen realer Präsenz und metaphorischer Repräsentation in der Performance Art an. Ver-körpert und spielt der Theaterschauspieler eine Rolle, so bringt der Performer sich selbst als Körper, Identität und Biographie ein, so dass für den Rezipienten ein bipolarer emotionaler Spannungsraum zwischen den möglichen Wahrnehmungsmodi der Aktion entsteht. Ebenso kann der Betrachter solch biotechnologischer Kunst umschalten zwischen dem symbolischen Raum und dem durch organische Präsenz suggerierten ›richtigen Leben‹ der wenn auch fragmentarisch-mikroskopischen Prozesse, die dem Rezipienten eine leibliche Ko-Präsenz durch die Materialität der Darbietung nahelegen, wenn sich die Physis des Biomedialen mit der Eigenkörperlichkeit des Kontemplierenden überlappt.

Wenn hier von Mikroperformativität die Rede ist, sei betont, dass Performativität selbst als eine technisch-kulturelle Hybridform zu begreifen ist. In seinem Buch *Entangled: Technology and the Transformation of Performance* zeigt Chris Salter, dass sich die performativen Formen in der Kunst durch die Faszination des *Maschinischen* entwickelt haben, obwohl »die Geschichte der Verflechtung von Performance-Praxis und Technologie oft ignoriert oder heruntergespielt wurde.«[13] Was häufig als *performative Wende* bezeichnet wird, käme nun aber insbesondere dadurch zustande, dass es nicht nur um *Performance* als Untersuchungs-*Gegenstand* geht, sondern um *Performativität* als Untersuchungs-*Methode* – das Performative bekommt epistemologische Qualitäten. Zumindest vier Disziplinen haben dabei eine Rolle gespielt:

1) In der Linguistik führt John Langshaw Austin mit seinem Buch *How to Do Things With Words*[14] dieses Verständnis des Performativen ein. Man müsse neben der sprachlichen Seite auch den pragmatischen Charakter der Sprache und deren Akte betrachten. Performativ ist für ihn jede Äußerung, die eine Handlung vollzieht oder deren integraler Bestandteil ist, und zwar in einer nicht deskriptiven, sondern konstitutiven Art.

2) Dann nehmen sich die *Gender Studies* des Performativen an; Autorinnen wie Judith Butler[15] untersuchen die politische Bedeutung davon, wie jede(r) seine oder ihre Identität, Sprache und sozialen Konventionen ›performiert‹ und wie das soziale Geschlecht (*gender*) genauso wie das biologische (*sex*) konstruiert wird.

3) Parallel dazu machen Soziologie und Ethnologie, unter dem Einfluss vor allem des Anthropologen Victor Turner und des Theatermanns Richard Schechner, das Performative zu einer Technik der Selbstreflexion, um die Tätigkeiten, die den Forschungsgegen-

---

13   Chris Salter, *Entangled: Technology and the Transformation of Performance*, Cambridge 2010, S. xxxv.

14   John Langshaw Austin: *Zur Theorie der Sprechakte (How to Do Things with Words)*, Stuttgart 1972. Mit seiner Auffassung von Sprechen als Handeln bricht Austin mit der traditionellen Sprachphilosophie und unterscheidet zwischen *lokutionären* Akten (die eine *Bedeutung* haben), *illokutionären* Akten (die eine *Kraft* haben) und *perlokutionären* Akten (die *Wirkungen* haben). Vgl. Jérôme Denis: »Préface: Les nouveaux visages de la performativité«, in: *Études de communication*, Nr. 29 (2006), Heft 1, S. 8–24.

15   Judith Butler: *Das Unbehagen der Geschlechter*. Übers. v. Kathrina Menke, Frankfurt/Main 1991.

stand ausmachen, besser beobachten und beschreiben zu können – hier wird das Performative nun zur *Methode,* die sich weniger für die sprachlichen Übermittlungsformen als für das Nonverbale, Rituelle und Körperliche interessiert.

4) In der Wissenschaftssoziologie, den *Science and Technology Studies* (STS), dient das performative Programm nicht nur zur Analyse der Vorgänge der Erkenntnisproduktion in den Laboratorien, es untersucht auch, wie die technischen Anlagen selbst die performative Kraft theoretischer Aussagen steigern. Die mit den Namen Bruno Latour, Michel Callon und John Law verbundene Akteur-Netzwerk-Theorie (ANT) berücksichtigt dabei nicht nur menschliche Akteure, sondern auch das komplexe Netzwerk der nicht-menschlichen Lebewesen, Modellorganismen, Bakterien, Pflanzen und technischen Objekte.

Es ist festzustellen, dass diese *performative Wende* an einer *epistemologischen Wende* in den Künsten teilhat, die mit den Wissenschaften interagieren und sie hinterfragen. Sie bildet offenbar ein Gegengewicht zu der Konzentration auf Text und Bild in den vorangegangenen Wenden – dem *linguistic turn,* für den jedes Forschen stets die Sprache und den Diskurs zum Gegenstand hat, und dem *pictorial turn,* der die zentrale Bedeutung der Untersuchung von Bildern in Form einer transdisziplinären Ikonologie propagiert.

Unter Berücksichtigung dieser Aspekte soll nun betrachtet werden, wie sich das Performative künftig nicht mehr auf menschliche oder tierische Handlungen oder auf deren ›Mikro-Akteure‹ beschränkt, sondern wie und warum insbesondere auch das Vegetative als Modalität von Mikroperformativität in den Fokus rückt und künstlerische Praxen inspiriert, die sich als *Mikrotransplantationen* erklären lassen können.

Mikrotransplantationen

›Transplantation‹ ist zunächst eine epistemologische Metapher, die Disziplinen wie Botanik, Agronomie, Medizin, Anthropologie und heute selbst die Molekularbiologie miteinander verbindet. Aufgrund ihrer Transversalität und ihrer lang zurückreichenden historischen Entwicklung könnte man auch von einer naturalisierten erkenntnistheoretischen Metapher[16] sprechen, oder von einer ›inkarnierten Metapher‹, wenn man die Ausweitung vom Pflanzlichen auf das Animalische hervorheben will. Transplantation impliziert gleichzeitig Übertragung, Einpflanzung, Verwurzelung, Entwicklung, Wachstum und potentiell das Einwirken einer biologischen Einheit auf eine andere räumlich-funktionale Zielentität. Dies bedeutet die Umsetzung des Transplantats aus einem Milieu in ein anderes, ganz in der ursprünglichen Logik der Agrarpraxis. Der Begriff der Transplantation bzw. des Pfropfens ist positiv konnotiert, weil er eine Optimierung durch Chimärisierung oder Hinzufügen bezeichnet – in der Landwirtschaft größere oder süßere Früchte,

---

16   Dahinter verbirgt sich der Bezug auf die »naturalisierte Erkenntnistheorie« von Willard Van Orman Quine, für den die Epistemologie keine metaphysische »Überphilosophie« sein soll, sondern Sache von Aushandlungen zwischen den empirischen Naturwissenschaften, ohne dass Begriffe und die Sprache über die »irdischen« Erkenntnisse herrschen. Vgl. Willard Van Orman Quine: »Naturalisierte Erkenntnistheorie«, in: *Ontologische Relativität und andere Schriften,* übers. v. Wolfgang Spohn, Stuttgart 1995, S. 97–126.

in der Chirurgie den ebenbürtigen Ersatz für etwas Verlorenes. Wie Nicole Karafyllis in ihrer *Phänomenologie des Wachstums* aufzeigt, werden »menschliche Organe (Leber, Niere, Herz) und Medien (Blut) [...] plantamorphisiert, wenn man von ihrer Transplantation spricht«.[17] Diese semantische Dekontextualisierung hin zum Vegetabilen akzentuiert das Phänomen des Wachstums und der Fähigkeit zur Assimilierung von Einheiten beliebiger Form in einem flexiblen *Wirklich-Werden,* das eine unproblematische *Verwurzelung* in unterschiedlichen Milieus impliziert, »wohingegen menschliche und tierische Organe sich in Körper räumlich integrieren müssen«.[18] Das 20. Jahrhundert ist nun nicht nur das einer Perfektionierung von Techniken der Organ- oder sogar Gesichtstransplantation gewesen, sondern auch das einer semantischen Übertragung: Mit den Fortschritten der Embryologie, Zell- und Molekularbiologie hat der Transplantationsbegriff seit den 1950er und 1960er Jahren zunehmend Anwendung auf Techniken der Übertragung des Kernmaterials (oder des gesamten Kerns) einer Zelle auf das Aufnahmemilieu einer entkernten Zelle gefunden, ebenso wie auf das Klonen, wenn DNA-Fragmente bzw. Genome in eine Eizelle ›verpflanzt‹ werden, aus der dann ein vollständiger Organismus entsteht. Ein Klon trägt immer aber auch Charakteristiken des Vegetabilischen in sich, liegt ihm doch stets das Prinzip vegetativer Vermehrung ohne sexuelle Fortpflanzung zugrunde. So bezeichnet Klon zunächst den pflanzlichen Spross, und Klonen inkludiert die Gartenpraxis von Ablegern, Stecklingen oder Pfröpflingen. In der Trenddisziplin der Synthetischen Biologie spricht der amerikanische Biologe und Unternehmer Craig Venter jüngst ebenfalls von ›Transplantation‹, um seinen spektakulären Transfer eines vollständig synthetischen Minimalgenoms in das Bakterium *Mycoplasma capricolum* zu beschreiben, welches dadurch aktiviert und voll funktionsfähig wird. Zur Evokation der technischen Meisterleistung, die Zelle als die Grundeinheit des Lebens zu entkernen und ihr ein synthetisch programmiertes Betriebssystem ›einzupflanzen‹, wird die Mikrotransplantation als ultimative naturalisierte epistemologische Metapher beschworen – nicht zuletzt wohl auch, um die Brisanz der gentechnischen Operation herunterzuspielen und zu mildern. Man darf vermuten, dass ein Kommunikationsstratege wie Venter auf das beschwichtigende Vokabular pflanzlicher Techniken nicht nur aus epistemologischen Gründen zurückgreift, sondern auch aus soziopolitischen Beweggründen. Die Wegbereiter der synthetischen Biologie – von Kritikern auch »Extreme Gentechnik« genannt[19] – vermeiden nur allzu gerne jene öffentliche Polemik, die sie bereits schmerzhaft bei der Debatte um gentechnisch veränderte Organismen erlebt haben.

Wenn nun also selbst die gentechnische Veränderung von Organismen als Mikrotransplantation durchgeht, wie (re)agieren daraufhin die Künste? Eine Reihe von Beispielen soll veranschaulichen, wie die Kunst im Zusammenspiel von Mikroperformativität, dem Vegetabilen und dem Biotechnischen alternative Dialektiken für ihr Spiel mit Identität

17   Nicole C. Karafyllis: *Die Phänomenologie des Wachstums. Eine Philosophie und Wissenschaftsge-schichte des produktiven Lebens zwischen Natur und Technik,* Habilitationsschrift Philosophie, Universität Stuttgart, 2006, S. 506.

18   Ebd., S. 195.

19   ETC Group, »Extreme Genetic Engineering. An Introduction to Synthetic Biology«, 16.01.2007, http://www.etcgroup.org/content/extreme-genetic-engineering-introduction-synthetic-biology (aufgerufen: 13.1.2013).

und Alterität entwirft, das die Denkfigur einer ›Animalisierung‹ *(devenir animal)*[20] zunehmend um eine ›Verpflanzlichung‹ erweitert.

So beschäftigt sich der Choreograph Yann Marussich nicht mehr mit *physischen* Bewe-
gungsformen, sondern mit den *physiologischen* Mechanismen dessen, was auf den ersten Blick als Bewegungslosigkeit erscheint. Seine Performance *Bleu Remix* (Abb. 4) ist,
so gesehen, ein frappierendes Beispiel von Mikroperformativität. Marussich inszeniert
auf subtile Weise eine interne biochemische Choreographie von Methylenblau, das nach
und nach aus allen Öffnungen seines Körpers rinnt – aus Augen, Mund und Nase und
schließlich aus sämtlichen Poren. Bei dieser Reise durch die Haut liegt der Performer
regungslos in einem Glaskasten, während Klangkünstler die inneren Körpergeräusche
live *remixen*. Er lenkt die Aufmerksamkeit auf die beständigen inneren körperlichen Vorgänge, auf die Rhythmen seines vegetativen Systems, die keiner bewussten Kontrolle
unterliegen, aber für die Homöostase, das Gleichgewicht des inneren Milieus sorgen. Er
hinterfragt damit ganz bewusst die vermeintliche Passivität nicht-kognitiver Handlungen
und spielt mit der Polysemie des Begriffes des *Vegetativen*: Es ist Synonym des Pflanzlichen, als Vegetativum bezeichnet es das viszerale Nervensystem, das Vitalfunktionen
wie Stoffwechselaktivität, Atmung und Herzschlag reguliert, während in der Pathologie
das Pflanzliche Untätigkeit zum Ausdruck bringt – der Kranke ist in seinem vegetativen
Zustand nach französischem Sprachgebrauch nur noch ›Gemüse‹. Marussich ›trans-
plantiert‹ zwar nicht, absorbiert und kontrolliert aber präzise Fluss und Wirkung des
Methylenblau, eines histologischen Färbemittels, das auch als neuroaktives Schmerz-
mittel dient. Die Evokation des Pflanzlichen entspricht einer Negierung jeglicher Gesten
und Tanzbewegungen, die sich als Sprache interpretieren ließen, und in der man durch
Worte und qua Negation das Abwesende ausdrücken kann, während sich die Arbeit der
Anwesenheit bei Marussich als eine Arbeit der absenten Sprache – des *ab-sens* (wie
Jean-Luc Nancy[21] mit Blanchot sagt) in der Anwesenheit – versteht.

Auch in der Performance *Que le cheval vive en moi* (»Auf dass das Pferd in mir lebe«)
des französischen Duos *Art Orienté Objet* (Abb. 5 und 6) dienen Körperfluide als Trans-
positionsmedien. Hier handelt es sich um ein extremes medizinisches Selbstexperiment
einer die Artenschranken überschreitenden Blutsbrüderschaft, mit dem Marion Laval-
Jeantet und Benoît Mangin mehr ökologische Verantwortung des Menschen einfordern,
der mit seinen Technologien das tierische und pflanzliche Andere zunehmend instru-
mentalisiert. Zwar gelten Bluttransfusionen gemeinhin nicht als Transplantationen,
weil bei der medizinischen Behandlung darauf geachtet wird, dass die Blutgruppen von
Spender und Empfänger miteinander verträglich sind, so dass man keine immunsup-
pressive Behandlung braucht. Riskanter wird es aber, ähnlich wie bei transplantierten
Organen, wo man einer Abstoßungsreaktion des Immunsystems vorbeugen muss, wenn
die im Blut enthaltenen Immunglobuline unterschiedlich sind. Die Künstlerin Marion
Laval-Jeantet hat sich deshalb für diese physiologische Performance zum Versuchska-
ninchen gemacht und ließ sich über mehrere Monate hinweg Pferde-Immunglobuline

---

20   Gilles Deleuze und Félix Guattari, *Tausend Plateaus. Kapitalismus und Schizophrenie*. Übers. v.
      Gabriele Ricke u. Ronald Vouillé, Berlin 1992, Kap. 10 (»1730 – Intensiv-Werden, Tier-Werden,
      Wahrnehmbar-Werden …«), S. 317–422.
21   Jean-Luc Nancy, *Die Erschaffung der Welt oder die Globalisierung*. Übers. v. Anette Hoffmann, Zürich/
      Berlin 2003, S. 105.

injizieren, um gegenüber den fremden Antikörperproteinen eine progressive Toleranz zu entwickeln. Nach dieser Mithridatisationsphase konnte ihr dann im Februar 2011 Pferdeblutplasma mit dem gesamten Spektrum equestrischer Immunglobuline gespritzt werden, ohne einen anaphylaktischen Schock zu provozieren.

Hier kann insofern von Mikrotransplantation gesprochen werden, als dass die Pferde-Immunglobuline auf diese Weise das Immunsystem der Künstlerin überwinden und in ihren Blutkreislauf eintreten, sich mit den Proteinen ihres Körpers mischen oder sogar an ihre Stelle treten und in dieser Synthese letztendlich Effekte provozieren mögen, die sonst eher mit den Körperfunktionen des Pferdes assoziiert werden. Als Botenstoff-Proteine informieren bestimmte Immunglobuline unter anderem die endokrinen Drüsen, die großen Einfluss auf das Nervensystem haben, so dass die Künstlerin im Anschluss an das Experiment über Wochen von Veränderungen ihres Biorhythmus, aber auch ihres Bewusstseins berichtet, sowie von Überempfindlichkeit und Reizbarkeit. Auch wenn die diesen Aktionen zugrundeliegenden Plasma- und Immunglobulinreaktionen nicht genau verstanden und kontrolliert, sondern nur empirisch erfahren werden konnten, so ist es das immunitäre Andere, das im Zentrum dieser Performance steht. Es ist jene »doppelte Fremdheit«, von der Jean-Luc Nancy spricht, wenn er zurückdenkt an die eigenen, seiner Herztransplantation nachfolgenden Behandlungen »mit einem Immunglobulin, das vom Kaninchen stammt und zu diesem ›anti-humanen‹ Gebrauch bestimmt ist«; er erinnert sich »an die überraschenden Nebenwirkungen, an beinahe konvulsivische Tremorattacken.«[22]

Nach der Transfusion, deren Immuneffekte gewissermaßen als ›Mikroprothetik‹ konzipiert waren, kam es zu einem Kommunikationsritual zwischen Pferd und Künstlerin – nun auf mesoskopisch-körperlichen, speziell zu diesem Anlass angefertigten Hufprothesen, um auf Augenhöhe zu sein – bevor ihr Hybridblut abgenommen und gefriergetrocknet wurde: Die physiologische und die ethologische Dimension sollten sich überlappen. Die Aktion spielt auf die Möglichkeit an, über Fremdimmunglobuline als therapeutische »Booster« möglicherweise Autoimmunkrankheiten zu heilen. Als radikales Experiment, dessen Langzeitwirkungen nicht absehbar sind, hinterfragt Art Orienté Objet mit *Que le cheval vive en moi* die anthropozentrische Grundhaltung, die unserem technologischen Weltbild innewohnt. Statt nach Homöostase, dem physiologischen Gleichgewicht, zu streben, bringt das Duo mit dieser Performance gewollt ein Konzept von *Transistase* ins Spiel, bei dem einzig und allein Veränderung und Anpassung Konstanten sind.

Ein weiteres Beispiel von Mikroperformativität spielt nicht nur auf Bluttransfusion und Immunologie an, sondern auch auf die pflanzliche Konnotation von Transplantation. Das Projekt *Natural History of the Enigma* von Eduardo Kac materialisiert die Reflexion über die Kontinuität zwischen unterschiedlichen Arten als eine Art ›Gentransplantation‹. Dazu wurde aus dem Blut des Künstlers die genetische Sequenz mit dem Code für die leichte Kette des Immunglobulins G (IgG) isoliert, das ein integraler Bestandteil des Immunsystems und damit zuständig für die Identifikation von Fremdkörpern ist. Mittels eines viralen Vektors wurde die Sequenz aus der DNA des Künstlers dann in das Genom einer Petunie übertragen, so dass diese in ihrer Verbindung von menschlicher und pflanzlicher DNA in den roten Adern der Blume ein menschliches Protein produziert – Eduardo

---

22   Nancy, *Der Eindringling/L'Intrus,* a.a.O., S. 32ff.

Kac nennt die Blume deshalb ›Edunia‹. Handelt es sich dabei um ein Immunglobulin, das zum Immunsystem gehört, wird somit genau das, was normalerweise ›das Andere‹ abstößt und vor Fremdmolekülen schützt, in ›das Andere‹ integriert und bewirkt dort mit Hilfe eines Promotors die Genexpression im roten Gefäßsystem der Blume. Während die rosa Grundfarbe des Blütenblatts an die blasse Haut von Kac erinnert, wird die manipulierte Pflanze zum lebendigen Bild menschlichen Bluts, das durch die Adern einer Blume fließt.[23]

Bei näherer Betrachtung allerdings gilt es, sowohl die sprachlichen als auch die technischen Kunstgriffe des Verfahrens zu dekonstruieren. Denn die von der DNA des Künstlers erzeugten Proteine werden zwar in der Tat nur im Geäder der Petunie exprimiert. Diese hat ihre roten Adern allerdings bereits auch ohne den Eingriff, und die produzierten Proteine sind farblos. Was will uns der Künstler damit ›sagen‹? Dass sich das vermeintlich Monströse, das mit genmanipulierten Pflanzen häufig verbunden wird, unserem auf dem Sehsinn begründeten Unterscheidungsvermögen entzieht? Dass erst die Sprache die Evidenz des technowissenschaftlichen Diskurses produziert? Oder dass sich auch die Wissenschaft wirkmächtiger Metaphern bedient, deren heuristische Überzeugungskraft stets genau und skeptisch begutachtet werden muss? Ist das blumige, die Metaphorik bis hin zum Kitsch übertreibende Bild vom ›Blut des Künstlers, das durch die Adern der Pflanze fließt‹, nicht seine eigene *mise en abyme?* Die sprachliche und piktorale Herangehensweise kontrastiert stark mit dem performativen Charakter des im Wortsinne lebendigen Werks.

Edunia ist für Kac ein(e) *plantimal,* ein Pflanzentier, das als solches nicht nur an die phantasievollen Verbindungen anthropischer und botanischer Formen bei Giuseppe Arcimboldo erinnert, sondern auch an das Vokabular, das Julien Offray de la Mettrie im 18. Jahrhundert in seiner Schrift *L'Homme-Plante* benutzt. La Mettrie spricht in der Tat bereits von »Tierpflanzen«, von »Zwitter- oder Mischwesen, die ich so nenne, weil sie Kinder beider Reiche sind«.[24] Er denkt dabei z.B. an Polypen. Kac hingegen postuliert mit dem Pflanzentier ein *continuum vitae* mit Homologien zwischen menschlichen und pflanzlichen Gensequenzen, und dies aus den gleichen Gründen, aus denen auch Deleuze und Guattari das Loblied auf die Pflanze anstimmen, die zu »deterritorialisierten Strömungen« und zur »Rhizombildung« imstande sei, neben ihrer Fähigkeit, sich zu verwurzeln, »ihr Gebiet durch Deterritorialisierung zu vergrößern, die Fluchtlinie auszudehnen, bis sie alles Bestehende als eine abstrakte Maschinerie überdeckt«.[25] Diese abstrakte Maschinerie besteht bei Deleuze und Guattari genauso wie bei Kac aus Mikrotransplantationen von DNA, wenn in *Mille Plateaux* von »Querverbindungen zwischen differenzierten Linien« die Rede ist, »die die Stammbäume durcheinanderbringen. Man muss immer das Molekulare oder sogar das submolekulare Teilchen suchen, mit dem wir ein Bündnis eingehen.«[26] Anders als die Verpflanzung von Organen, Geweben oder Proteinwirkstoffen, die eine *a posteriori*-Übertragung in ein organisiertes organisches

---

23   Vgl. www.ekac.org/nat.hist.enig.german.html (aufgerufen: 13.1.2014).
24   Julien Offray de la Mettrie, *L'Homme-Plante/Der Mensch als Pflanze* (1748), hg. v. Maria Eder, Weimar 2008, S. 52.
25   Deleuze und Guattari, *Tausend Plateaus,* a.a.O., S. 22.
26   Ebd., S. 21.

Milieu – einen Organismus – darstellt, ist die als Verpflanzung vorgestellte Transgenese eine Instruktion, eine *a priori*-Einwirkung auf eine biologische Entität, die noch organisiert werden muss, wobei die möglichen Komplikationen weniger Abstoßungsreaktionen als vielmehr Missbildungen oder Funktionsstörungen sind.

Die ›Verpflanzung‹ tierischer DNA ins Vegetative ist auch Ausgangspunkt der transgenen Skulptur *Light, only light* von Jun Takita (Abb. 7 und 8). Ein Magnetresonanz-Scan des Gehirns des Künstlers wurde dreidimensional ausgedruckt und mit transgenem, fluoreszierenden Moos bepflanzt, das auf einer ähnlichen Technik beruht wie die in der Wissenschaft routinemäßig verwendeten Biomarker. Das Gen, das beim Glühwürmchen den Code für das Luziferase-Enzym enthält, wurde auf das Kleine Blasenmützenmoos (*Physcomitrella patens*) übertragen, einen Modellorganismus für die Erforschung der Pflanzenentwicklung. Indem uns Takita eine leuchtende, mit bloßem Auge in absoluter Dunkelheit sichtbare Pflanze zeigt, regt er zum Nachdenken an über die Leistung des menschlichen Hirns, Pflanzen hervorzubringen, die Licht abstrahlen – was bisher nur einigen Tierarten vorbehalten war. Die Mikroperformativität – die Oxydation des Luziferin zum Oxyluziferin, die zur Emission von Photonen führt – lässt auch für den Betrachter eine performative Situation entstehen, der die gleichermaßen sinnliche und symbolische Ambiguität erfährt: Kann ich die Umrisse sehen, nehme ich sie wahr, oder bilde ich sie mir nur ein? Ist es überhaupt ein Gehirn, wenn es doch die Maße eines Schädels hat, der an Motive der Vanitas und des Memento Mori erinnert? *Light, only light* ist eine kontemplative, intime Bildlandschaft, die eine nahezu haptische Nahsicht verlangt und an die dunklen Atmosphären von Stillleben-Gemälden erinnert.

Auch in Tuur van Balens Projekt *Pigeon d'Or* (Abb. 9) geht es um eine mikroperformative biotechnologische Intervention, die aber konsekutive makroskopische und ökologische Problemfelder anspricht. Insofern als dass hier Synthetische Biologie zum Einsatz kommt – jenes Forschungsgebiet, das sich mit Gen- und Proteintechnologie oder künstlichen Stoffwechselwegen befasst, um neue oder veränderte Organismen mit nützlichen Funktionen zu kreieren – kann hier von ›extremer Mikrotransplantation‹ gesprochen werden. Während sich bei den bisher erwähnten Kunstprojekten die Manipulation auf den Gentransfer natürlich vorkommender Sequenzen beschränkte, geht es der Synthetischen Biologie um die Konstruktion von Organismen nach Maß. Das geschieht beispielsweise auf der Basis sogenannter *Biobricks*, die man sich als abstrakte, standardisierte genetische Schaltkreismodule vorzustellen hat und die seit 2003 im Katalog der standardisierten biologischen Komponenten des Massachusetts Institute of Technology (MIT) in Cambridge erfasst werden.[27] Van Balens Projekt *Pigeon d'Or* bedient sich zweier dieser Module und zielt darauf ab, Stadttauben zum Ausscheiden von Seife zu bringen. Er will jene Tiere, die für gewöhnlich als ›fliegende Ratten‹ gelten, zu unfreiwilligen Reinigungskräften machen. Dazu soll ihr Verdauungsstoffwechsel modifiziert werden, indem Heubazillus-Kolonien (*Bacillus subtilis*) mittels zweier implantierter *Biobricks* entsprechend programmiert werden. Eines der beiden Biomodule regt die Bakterien zur Produktion von Fett abbauenden Lipasen an. Das andere beeinflusst den pH-Wert, sodass die Auswürfe mit Glyzerin vergleichbar werden. Durch Nahrungsköder sollen diese Bakterien in

---

27   Vgl. www.partsregistry.org/; wwwpartsregistry.org/Catalog und www.biobricks.org (alle aufgerufen: 13.1.2014).

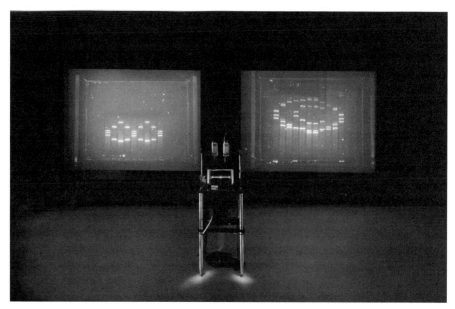

Abb. 1: Paul Vanouse: *Latent Figure Protocol (LFP)*, 2007.

den Verdauungstrakt der Tauben gelangen. Der Künstler hat vorausschauend bereits Taubenschläge fürs Fensterbrett entworfen sowie Halterungen, die man am Auto als Landeplätze zum Einseifen der Windschutzscheibe anbringen kann. Es bleiben aber noch einige Probleme zu lösen, die ebenfalls performativer Art sind. Neben dem technischen Problem des Austauschens der Darmflora ist beispielsweise auch der juristische Status der Tauben noch ungeklärt. Die Tiere selbst sind ja nun nicht genetisch verändert, können aber zur Verbreitung gentechnisch hergestellter Organismen, der Bakterien, beitragen. Van Balen spielt hier auf die neue Disziplin der sogenannten Metagenomik an, welche die Interaktion von DNA-Sequenzen nicht nur am individuellen Organismus, sondern in der komplexen Interaktion mit seiner Umwelt erforscht.

Wen soll Greenpeace dann attackieren? Und: Wird die menschliche Gattung ihre Einstellung gegenüber diesen defäkierenden Drohnen verändern, wenn sich ihre Nützlichkeit erweist? Werden sie die neuen australischen Kaninchen sein? Lässt der technophile Anthropomorphismus neue invasive Arten entstehen?

In diesen Beispielen zeichnet sich ab, dass Molekulartheater, Mikroperformativität und Plantamorphisierung sich gleichermaßen als Strategien der darstellenden Kunst (*art vivant*) wie auch einer bildenden Kunst des Lebendigen (*art du vivant*) manifestieren. Damit verbunden ist einerseits ein epistemologisch geprägter interdisziplinärer Ansatz, der die Naturwissenschaften verstärkt einbindet, und andererseits die Zentralstellung des Performativen jenseits der Realisierung fixer Objekte, welche die reale Existenz bzw. Präsenz der in Szene gesetzten organischen Entitäten, Organismen oder biotechnologischen Prozesse betont. Wenn bei der hier verhandelten biotechnologischen Kunst von Repräsentation gesprochen werden kann, dann zuvorderst in dem Sinne, wie es Hans-Jörg Rheinberger auch in Bezug auf das wissenschaftliche Experiment in der

Abb. 2: Paul Vanouse: *The Suspect Inversion Center (SIC)*, 2011.

Biologie tut – »nicht eine Darstellung ›von‹, sondern eine Darstellung ›als‹«[28] in gleicher Weise wie »*in vitro*-Systeme [...] Modelle für *in vivo*-Vorgänge«[29] sind, d.h.: »als Wirklichwerden einer Sache«.[30] Die Künste werden nicht mehr von den neuen biopolitischen Herausforderungen lediglich inspiriert, sie wirken fortan aktiv daran mit.

---

28 Hans-Jörg Rheinberger: »Von der Zelle zum Gen. Repräsentationen der Molekularbiologie«, in: Hans-Jörg Rheinberger, Michael Hagner und Bettina Wahrig-Schmidt (Hg.): *Räume des Wissens. Repräsentationen, Codierung, Spur*, Berlin 1997, S. 266.
29 Ebd.
30 Ebd., S. 272.

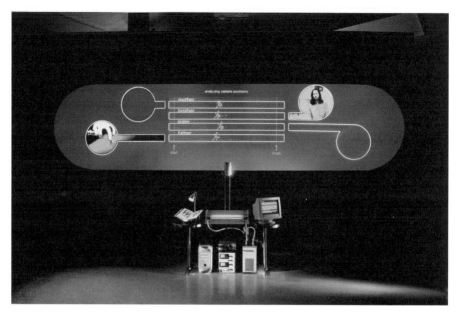

Abb. 3: Paul Vanouse: *The Relative Velocity Inscription Device (RVID)*, 2011.

Abb. 4: Yann Marussich: *Bleu Remix*, 2009.

Abb. 5: Art Orienté Objet (Marion Laval-Jeantet und Benoît Mangin): *Que le cheval vive en moi (Auf dass das Pferd in mir lebe)*, 2011.

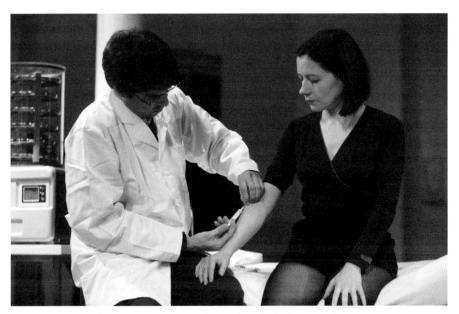

Abb. 6: Art Orienté Objet (Marion Laval-Jeantet und Benoît Mangin): *Que le cheval vive en moi (Auf dass das Pferd in mir lebe)*, 2011.

Abb. 7: Jun Takita: *Light, only light*, 2004.

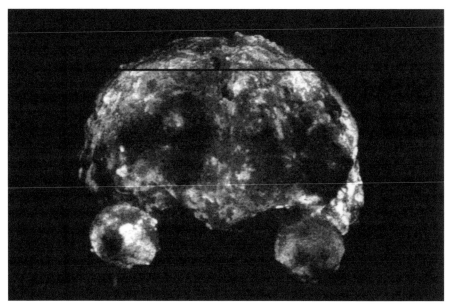

Abb. 8: Jun Takita: *Light, only light*, 2004.

Abb. 9: Tuur van Balen: *Pigeon d'Or*, 2011.

Stefan Apostolou-Hölscher

Dynamis ohne Ende
Biokapitalismus als unendliche Machtform

Im gegenwärtigen Entwicklungsstadium des Kapitalismus lässt sich die Biopolitik innerhalb eines Konfliktes zwischen zwei Unendlichkeiten situieren, so die erste hier zu verfolgende These. Einerseits ist sie als grenzenloses Kalkül zu denken, andererseits nimmt sie noch nicht ausgeführte Tätigkeiten in ihr Visier. Letztere umfassen das ebenfalls unbegrenzte Vermögen des Menschen als Gattungswesen, dessen Kontrolle und Anordnung entlang von Mittel- und Zweckrelationen die Biopolitik anvisiert. Hiervon bleibt auch die Kunst nicht unberührt: Anstatt sich einem partizipatorischen Paradigma zu verschreiben, darauf wird am Ende kurz eingegangen, sollten sich deren Akteure auf das Problem des ›Schönen‹ zurückbesinnen und sich daran erinnern, dass es sich bei ihm um ein Versprechen handelt, das mit jeder bereits produzierten Lebensform bricht und sich nicht vollständig kontrollieren lässt.

»Die *Kontrollgesellschaften* sind dabei, die Disziplinargesellschaften abzulösen. ›Kontrolle‹ ist der Name, den Bourroughs vorschlägt, um das neue Monster zu bezeichnen, in dem Foucault unsere nahe Zukunft erkennt«[1], schreibt Gilles Deleuze 1990, ein Jahr nicht nur nach dem Fall der Berliner Mauer, sondern auch zu Beginn dessen, was heute oft Globalisierung genannt wird. Das Monster der Kontrolle, so Deleuze im Anschluss an Foucaults Vorlesungen zu *Sicherheit, Territorium, Bevölkerung* und *Die Geburt der Biopolitik* Ende der 1970er Jahre am *Collège de France*, kennt weder Anfang noch Abschluss, hört nie auf zu fressen, kann *jeden* verdauen und geht bereits im Vorhinein immer schon weiter als der Widerstand gegen es. Kontrolle bezieht sich nicht auf endliche Räume und Zeiten sowie die in ihnen *faktisch* stattfindenden Ereignisse, sondern auf ein geradezu unendliches Kontinuum schierer Möglichkeiten, deren Verwaltung sie sich zur Aufgabe macht. Das perfide an ihr ist, dass sie, im Gegensatz zu den ihr vorausgehenden Machtformen, Kräfte nicht in einer bestimmten Konstellation feststellt, sondern sie unendlich weiter freisetzt und gleichzeitig ihre Entfaltung anhand eines Kalküls steuert.

Für die Kontrolle stellen das Leben *als* Lebendiges[2] und seine *dynamis* kein Hindernis dar. Im Gegenteil beruht sie sogar auf den Kräften, welche sie freisetzt, in entsprechende Bahnen lenkt und so nutzbar macht. Deleuze und Guattari behaupten im *Anti-Ödipus*, dass die kapitalistische Axiomatik nicht mehr einer despotischen Übercodierung gehorcht, sondern prinzipiell *alles* integrieren und verwerten kann, indem sie es freisetzt:

> »Die generalisierte Decodierung der Ströme im Kapitalismus hat die Codeströme nicht minder als die anderen auch befreit, deterritorialisiert, decodiert – so dass die automatische

---

1   Gilles Deleuze: »Postskriptum über die Kontrollgesellschaften«, in: Ders.: *Unterhandlungen*, Frankfurt am Main 1993, S. 255.

2   Vgl. Maria Muhle: *Eine Genealogie der Biopolitik*, Bielefeld 2008.

Maschine sie immer mehr in ihren Körper oder in ihre Struktur als Kräftefeld interiorisiert hat.«[3]

Foucault wiederum versuchte später, dieser Regierung von Kräfteverhältnissen bzw. einer Regelung der *dynamis* selbst, welche er Biopolitik nannte, näherzukommen, indem er sie auf den Geist des christlichen Pastorats zurückführte. Er erkannte in ihr die Wechselwirkung zwischen Hirten und Schafen – von Weide zu Weide und ohne Umzäunung – in einer ihnen gemeinsamen Fortbewegung:

> »Die Macht des Hirten ist eine Macht, die nicht auf ein Territorium ausgeübt wird, sondern eine Macht, die *per definitionem* auf eine Herde ausgeübt wird, genauer auf eine Herde in ihrer Fortbewegung, in der Bewegung, die sie von einem Punkt zu einem anderen laufen läßt. Die Macht des Hirten wird wesentlich auf eine Multiplizität in Bewegung ausgeübt.«[4]

Wenn man in der Biopolitik eine Regierungsweise sieht, welche auf die Beschleunigung, Kanalisierung und Instrumentalisierung von Bewegungsflüssen (respektive die funktionale Zirkulation von Rohstoffen, Arbeitskräften, Waren, Dienstleistungen und Kapital) abzielt, ohne sie dabei stillzustellen, ist jede Grenze nur dazu da, um überschritten zu werden. Ob es ein Außen dieser neuen Machtform gibt, wird dann zunehmend fraglicher. Anzunehmen, Kontrolle begänne am Morgen nach dem Aufstehen, wäre demnach falsch, weil sie auch in der Nacht nicht aufgehört hat und weitergehen wird, wenn wir die Schule, die Fabrik, das Büro und am Ende auch noch das Krankenhaus verlassen haben werden.[5]

Was Foucault als liberale Gouvernementalität bezeichnet und im 18. Jahrhundert aufkommen sieht, ist eine *unendliche Machtform* und darin seinen früheren Untersuchungen zu souveränen und disziplinären Dispositiven diametral entgegengesetzt. Ihm zufolge geht es der Souveränität darum, ein Territorium abzustecken und durch ihr ständiges *Nein* dynamische Prozesse im Keim zu ersticken, und die Logik der Disziplinarapparate ist dadurch gekennzeichnet, dass in ihnen entlang verschiedener Einschließungsmilieus scharfe Segmentierungen im derart gekerbten Gesellschaftskörper vorgenommen werden. Im Gegensatz dazu verwandelt das biopolitische Kalkül die Gesellschaft in einen glatten Körper,[6] sagt erst einmal zu allem *Ja* und ist weniger mit Einschränkungen als vielmehr mit den permanenten Modulationen einer *dynamis* befasst, die *überall* anzutreffen ist, in Subjektivitäten[7] ebenso wie in den vielfältigen kooperativen Beziehungen

---

3   Gilles Deleuze und Félix Guattari: *Anti-Ödipus*, Frankfurt am Main 1977, S. 299.
4   Michel Foucault: *Sicherheit, Territorium, Bevölkerung – Geschichte der Gouvernementalität 1*, Frankfurt/M. 2006, S. 187f.
5   Vgl. Bernhard Stiegler: *Von der Biopolitik zur Psychomacht*, Frankfurt/M. 2009.
6   Vgl. Deleuze und Guattari, *Anti-Ödipus*, a.a.O., sowie dies., *Tausend Plateaus*, Berlin 1992.
7   In dem späten Werk *Chaosmose* führt Félix Guattari sein Konzept einer *Produktion von Subjektivität* ein und definiert Subjektivität folgendermaßen: »Considering subjectivity from the point of view of its production does not imply any return to traditional systems of binary determination – material infrastructure/ideological superstructure. The various semiotic registers that combine to engender subjectivity do not maintain obligatory hierarchical relations fixed for all time. Sometimes, for example, economic semiotisation becomes dependent on collective psychological factors – look at the sensitivity of the stock exchange to fluctuations of opinion.« (Félix Guattari: *Chaosmosis – An Ethico-Aesthetic Paradigm*, Bloomington & Indianapolis 1992).

zwischen ihnen. Hinsichtlich seiner Konfrontation von Foucaults Thesen mit einem marxistischen Vokabular kommt Maurizio Lazzarato deshalb zu dem Schluss, dass es in der Biopolitik sogar um eine Kapitalisierung der Produktion von Subjektivität geht:

> »A politics of growth cannot simply point to the problem of material investment, of physical capital on the one hand, and of the number of workers multiplied by the hours of labour on the other. What needs to be changed is the level of content of human capital and to act on this ›capital‹ a whole series of dispositifs are needed, to mobilise, solicit, incite and invest ›life‹.«[8]

Letztlich, dies sei die zweite These, der nun nachgegangen wird, liegt Foucaults Vorlesungen zur *Geschichte der Gouvernementalität* der von Karl Marx geprägte Begriff der Arbeitskraft[9] zugrunde.[10] Um kurz zu rekapitulieren: Ich habe erstens behauptet, dass Biopolitik auf die Regierung dynamischer Prozesse abzielt und als solche eine unendliche Machtform ist. Ort der Entfaltung von *dynamis* ist zweitens nicht nur, wie bei Foucault explizit ausgeführt, ein abstraktes Leben in der Gänze seiner Prozesse, sondern implizit auch vom Menschen konkret ausgeführte Arbeit, also Tätigkeiten, die quantitativ und qualitativ gemessen und einer instrumentellen Vernunft unterzogen werden. Foucault äußerte bereits in *Der Wille zum Wissen*, dass diese »neuen Machtprozeduren, die ihrerseits auch nicht mehr auf dem traditionellen Recht der Souveränität beruhen«,[11] nicht einzelne Körper anvisieren, sondern als Vielheiten aufgefasste Bevölkerungen in ihren Blick nehmen und damit »das Leben, verstanden als Gesamtheit grundlegender Bedürfnisse, konkretes Wesen des Menschen, Entfaltung seiner Anlagen und Fülle des Möglichen«.[12] Darauf aufbauend unterstreicht Paolo Virno, dass sich ein solcher Lebensbegriff in Bezug auf Marx sehr viel besser verstehen ließe.

> »Was bedeutet also ›Arbeitskraft‹? Der Begriff bedeutet: die Potenzialität zur Produktion – das heißt: Kraft, Potenz, Vermögen, Fähigkeit, *dynamis*. Eine generische Potenzialität, die selbst unbestimmt bleibt: In ihr ist nicht die eine oder andere spezifische Art von Arbeitstätigkeit vorgegeben, sondern in ihr ist jede beliebige Art angelegt, die Herstellung einer Autotür ebenso wie die Birnenernte, der freundliche Ton einer Telefonistin vom Call-Center ebenso wie die Fahnenkorrektur eines Buchs.«[13]

Virno zufolge lässt sich das unbestimmte Potential des Lebens – als Ort der Entfaltung von Kräfteverhältnissen und als »Behälter der *dynamis*«[14] – in einer dreifachen Gleichung kondensieren: Leben (Foucault) = Arbeitskraft (Marx) = Behälter der *dynamis* (Virno).

---

8   Maurizio Lazzarato: *Biopolitics/Bioeconomics – A politics of multiplicity*, http://www.diplomatie. gouv.fr/en/IMG/pdf/Lazzaratoeng.pdf (aufgerufen: 4.10.2013).
9   Vgl. Karl Marx, *Grundrisse der Kritik der politischen Ökonomie*, Berlin 1974.
10 Vgl. hierzu auch Thomas Lemke: *Foucault, Governmentality, and Critique*, http://www.thomaslemke-web.de/engl.%20texte/Foucault,%20Governmentality,%20and%20Critique%20IV.pdf (aufgerufen: 7.10.2013).
11 Michel Foucault: *Der Wille zum Wissen – Sexualität und Wahrheit 1*, Frankfurt am Main 1977, S. 173.
12 Ebd., S. 172f.
13 Ebd., S. 85.
14 Paolo Virno: *Grammatik der Multitude*, Berlin 2005, S. 87.

Hier wird deutlich, inwiefern Biopolitik nicht nur als Machtform unendlich ist, weil sie keine Grenzen kennt und sich auf alles und jeden erstrecken kann. Versteht man Biopolitik nämlich als eine Produktionsweise, so ist auch ihr *Gegenstand*, die menschliche Arbeitskraft im Sinne noch nicht ausgeführter Tätigkeiten oder als Vermögen zur Produktion von *irgendetwas* unendlich. Vor diesem Hintergrund konstatiert Maria Muhle, dass vom biopolitischen Kalkül anvisiertes Leben nicht nur Gegenstand der Politik ist, sondern zugleich zu deren funktionalem Modell würde: »Die Biopolitik bezieht sich in einer Weise auf das Leben, die die Dynamik des Lebens imitiert bzw. aufnimmt.«[15]

Biokapitalismus provoziert einen Konflikt zwischen zwei Unendlichkeiten, ohne ihn in eine der beiden Richtungen lösen zu können: Zwischen dem Behälter einer unendlich vielfältigen *dynamis* einerseits und deren unendlicher Ausschüttung in Mittel- und Zweckrelationen andererseits. Nach der Veröffentlichung von *Der Wille zum Wissen* (1976) stürzte Foucault in eine mehrere Jahre andauernde Krise seines Denkens. Zuvor hatte er registriert:

> »Kann man als ›Bio-Geschichte‹ jene Pressionen bezeichnen, unter denen sich die Bewegungen des Lebens und die Prozesse der Geschichte überlagern, so müßte man von ›Bio-Politik‹ sprechen, um den Eintritt des Lebens und seiner Mechanismen in den Bereich der bewußten Kalküle und die Verwandlung des Macht-Wissens in einen Transformationsagenten des menschlichen Lebens zu bezeichnen.«[16]

Es ist der zuallererst von Ludwig Feuerbach entwickelte[17] und dann von Marx aufgegriffene *generische* Begriff des Menschen als Gattungswesen, der zur zentralen Arena in Foucaults später Beschäftigung mit einer um 1800 aufkommenden Form der Macht wird, obwohl er selbst diese Referenz leider ausblendet. Nina Power allerdings hat in einem Vortrag mit dem Titel *Marx, Feuerbach, and Non-Philosophy*[18] darauf hingewiesen, dass es heute dringender denn je wird, zum Problem des Generischen zurückzukehren. Das gilt umso mehr, wenn es unter den Bedingungen, die manche als Postfordismus, andere als Umsetzung von Marx' Szenario einer *realen Subsumption* lebendiger Arbeit unter die Bewegung des Kapitals bezeichnen, mehr und mehr zu einer Ausbeutung dessen kommt, was *noch* nicht statthat, wohl aber stattfinden *könnte*. Laut Foucault zielt das biopolitische Kalkül dabei auf Folgendes ab:

> »Das Territorium nicht mehr befestigen und markieren, sondern die Zirkulationen gewähren lassen, die Zirkulationen kontrollieren, die guten und die schlechten aussortieren, bewirken, daß all dies stets in Bewegung bleibt, sich ohne Unterlaß umstellt, fortwährend von einem Punkt zum nächsten gelangt, doch auf eine solche Weise, daß die dieser Zirkulation inhärenten Gefahren aufgehoben werden.«[19]

---

15   Muhle: *Eine Genealogie der Biopolitik*, a.a.O., S. 11.
16   Foucault: *Der Wille zum Wissen*, a.a.O., S. 170.
17   Vgl. Ludwig Feuerbach: *Grundsätze der Philosophie der Zukunft*, Frankfurt/M. 1983.
18   Vgl. Nina Power: *Marx, Feuerbach, and Non-Philosophy*, 2007, unveröffentlicht.
19   Foucault: *Sicherheit, Territorium, Bevölkerung*, a.a.O., S. 101.

Demgegenüber liegt Giorgio Agambens eigenwilliger Lesart der Biopolitik und seiner Behauptung, durch sie würde »nacktes« Leben (*zoë*) vom politischen Leben (*bios*) abgespalten, eine falsche Annahme zugrunde. Agamben postuliert:

> »Politik gibt es deshalb, weil der Mensch das Lebewesen ist, das in der Sprache das nackte Leben von sich abtrennt und sich entgegensetzt und zugleich in einer einschließenden Ausschließung die Beziehung zu ihm aufrechterhält.«[20]

Es müsste vielmehr heißen: Politik gibt es immer dann, wenn das Gattungswesen namens Mensch beweist, dass es eine ihm eigene Form hat, welche sich vom biopolitischen Kalkül nicht vollends verrechnen lässt. Nur wenn man dem Monster der Kontrolle die Idee des Menschen als Gattungswesen, welches gerade nicht »nacktes« und heillos ausgeliefertes Leben, sondern vermögendes Leben ist, das sich nie restlos kalkulieren lässt, entgegenhält, wird eine Alternative denkbar.

Sicherlich trägt das partizipatorische Paradigma mancher zeitgenössischer Kunstdiskurse, das durch Nicolas Bourriauds relationale Ästhetik[21] in Umlauf gekommen ist, zu Prozessen bei, die der Kontrollgesellschaft entsprechen – hierauf hat jüngst Claire Bishop in *Artificial Hells* hingewiesen, und auch Markus Miessens Kritik daran trifft ins Schwarze.[22] Es ist Jacques Rancière zu verdanken, in seiner Rückbesinnung auf die Ursprünge der Ästhetik, welche simultan mit der Biopolitik um 1800 aufkam und in der Frage nach dem ›Schönen‹ virulent wurde, einen Ausweg aus manchen zeitgenössischen Dilemmata aufgezeigt zu haben. Immerhin hatte schon Marx zugegeben, »der Mensch formier[e] daher auch nach den Gesetzen der Schönheit.«[23] Doch das ist eine andere Geschichte.

---

20 Giorgio Agamben: *Homo Sacer – Die souveräne Macht und das nackte Leben*, Frankfurt am Main 2002, S. 18.

21 Vgl. Nicolas Bourriaud: *Relational Aesthetics*, Paris 1998.

22 Vgl. Claire Bishop: *Artificial Hells – Participatory Art and the Politics of Spectatorship*, New York 2012 und Markus Miessen: *Alptraum Partizipation*, Berlin 2012.

23 Karl Marx: »Die entfremdete Arbeit«, in: Ders. und Friedrich Engels, *Ergänzungsband: Schriften – Manuskripte – Briefe bis 1844, Erster Teil*, Berlin 1968, S. 517.

Teilen

Kollektive, Module und Autonomie

Abb. 1 Hendrik Quast/Maika Knoblich: *Ur-Forst*, 7.9.2013, Zerschneiden im Laubhaufen und Drahten am Tisch, Innenhof der Berliner Sophiensæle. (Alle Fotos in diesem Beitrag von Arne Schmitt.)

Hendrik Quast

Techniken des ›falschen Wachstums‹
Die ritualisierte Bindetechnik des Kränzens als geteilte Expertise

Im Rahmen der Performance-Aktion *Der Ur-Forst* wurde am 15. Februar 2014 eine deutsche Stieleiche in den Festsaal der Berliner Sophiensæle gepflanzt.[1] Im zweiten Akt wurde dieser Baum – 1989 wurde die Stieleiche zum »Baum des Jahres« gewählt – im Rahmen einer Gala erneut gefeiert und anschließend bei einem gemeinsamem Lagerfeuer mit dem Publikum im Innenhof verbrannt. Wegen der Laubarmut in den Wintermonaten riefen wir bereits im September 2013 das ›Deko-Team Ur-Forst‹ zusammen, um im Innenhof unter freiem Himmel zum sechsstündigen *Kränzen für den Ur-Forst* einzuladen. Mit Hilfe der herbstlichen Girlande aus Eichenlaub versuchten wir, dem Winter bei der geplanten Premiere im Februar konstruktiv zu begegnen. Die Girlande wurde im Anschluss an ihre Herstellung von der Fassade entfernt und in luftdichten Vakuum-Beuteln komprimiert und verpackt. Diese wurden im Keller kühl eingelagert und erst zur Uraufführung im Februar erneut im Licht der Bühne ausgepackt.

Schneiden und Drahten

Die von uns erprobte Tradition des Kränzens stammt aus dem ländlichen westfälischen Raum.[2] Darüber hinaus findet das Ritual bis heute Verbreitung in ländlichen deutschen Regionen und erfährt regionalspezifische Abwandlungen. *Kränzen* zielt auf die Herstellung einer wulstförmigen Girlande für den Türrahmen oder das Portal eines Eingangsbereichs ab. In ihren dekorativen und gestalterischen Dimensionen wird dieser Praktik des Herstellens und Schmückens die soziale Funktion eines Übergangsrituals zugeschrieben. Im Kontext von Hochzeiten und Jubiläen wird mit Freunden, der Familie, den Nachbarn sowie ausgewählten Arbeitskollegen »gekränzt«. Das traditionelle Kränzen umfasst die Auswahl des Grünmaterials, die Dekoration mit Kranzrosen sowie die es begleitenden Feierlichkeiten. Die Tradition des Kränzens ist also eine ›ritualisierte Bindetechnik‹, deren Arbeitstechnik und hergestellte Girlandenform auch in der professionellen Expertise der Floristik angewendet wird.

Das *Kränzen für den Ur-Forst* planten wir anhand der einzelnen Elemente des traditionellen Kränzens in einer für unseren Anlass modifizierten Form. Diese performative Anordnung stellten wir im Innenhof der Sophiensæle in einen theatralen Rahmen. Durch die Abwandlung des traditionell-rituellen Kränzens und die Verschiebung in den

---

1   Die Projekte *Der Ur-Forst* sowie *Kränzen für den Ur-Forst* sind in meiner Zusammenarbeit mit Maika Knoblich entstanden. Diese Kooperation mit den Sophiensælen Berlin, mit dem Knabenchor Berlin sowie mit den Berliner Forsten im Rahmen der Kampagne 300 Jahre Nachhaltigkeit wurde durch den Berliner Senat gefördert.
2   Dieter Sauermann: *Knechte und Mägde um 1900. Berichte aus dem Archiv für Westfälische Volkskunde*, Münster 1979, S. 61.

künstlerischen Kontext konnten in der Durchführung des *Kränzens* erweiterte Deutungs-
angebote auftauchen. Mit diesem künstlerischen Ansatz der ›theatralisierten Erprobung
von Tradition‹ werden auf den ersten Blick rituelle Praktiken im Raum des Theaters
durchgeführt. Bei genauerem Hinsehen offenbart sich darüber hinaus, dass rituelle und
theatrale Praktiken als zwei Formen des symbolischen Handelns verstanden und einander räumlich und sozial so angenähert werden, dass sie eine intervenierende und partizipatorische Theaterästhetik bestimmen. In der geteilten Expertise werden auch fiktionale
Deutungen des Kränzens aufgerufen, die die pragmatische Dimension des gemeinsamen
Tuns überschreiten. So werde ich in diesem Beitrag der Deutung der entstehenden Girlande als quasi-natürliche Ranke und der Interpretation des handwerklichen Vorgangs
als Wachstumsprozess nachgehen. Diese anfängliche Beschreibung der Performance-
Aktion *Kränzen für den Ur-Forst* führt mich zu Wachstumskonzepten und ihren Rezep-
tions- und Gebrauchszusammenhängen, die biologische und naturwissenschaftliche
Bereiche verlassen. Floristische, gärtnerische, agrartechnische, filmische, ökonomische
und metaphorische ›Techniken des falschen Wachstums‹ werden hier betrachtet und auf
ihre simulierenden Darstellungsweisen von Wachstum hin befragt. Durch die Verbindung
von theatralen, rituellen und floristischen Techniken spielt sich das *Kränzen für den Ur-
Forst* in einem symbolischen Pakt des ›Wachstums des Als-Ob‹ ab. Unter den Techniken
des ›falschen Wachstums‹, die ich vorstellen möchte, ist beim *Kränzen* in der gemeinsamen Erfahrungszeit der Teilnehmenden eine besondere Widersprüchlichkeit von Naturwahrnehmung angelegt, die sich im Spannungsfeld der Theatralisierungsverfahren und
der floralen Materialität abspielt. Wachstum und Natur treten hier stets als Techniken
und als Effekte destruktiven Zerteilens und synthetisierenden Zusammenfügens auf.

Die Sophiensæle sind seit Mitte der 1990-er Jahre eine Spielstätte des zeitgenössischen
Theaters und wurden 1905 als Ort des Handwerks eröffnet. Der 1844 gegründete Arbei-
terbildungsverein nutzte die Räume seitdem als Handwerkervereinshaus sowohl in der
Funktion einer handwerklichen Bildungsstätte als auch für sein soziales Zusammenkommen. So gesehen wird durch das *Kränzen* die historische Funktion dieses Ortes erinnert
und durch die erweiterte Theatergemeinschaft aktualisiert. Zum *Kränzen für den Ur-Forst*
wurden an unseren u-förmigen Arbeitstisch für ca. fünfzig Personen das Theaterpubli-
kum, die Nachbarn der umliegenden Wohnhäuser der Sophienstraße und Geschäfte in
Berlin-Mitte eingeladen und bildeten die ›Delegation der Kränzenden für den Ur-Forst‹.
Diese geladenen Gruppen erweiterten sich im Laufe des Nachmittags durch Freunde
und Verwandte sowie interessiertes Laufpublikum. Dabei wurden diverse Anknüpfungs-
punkte im Gespräch deutlich: Solidarität für das ambitionierte Unterfangen, die 25 Meter
lange Girlande zu binden, persönliche Erfahrungen mit dem traditionellen Kränzen,
Begeisterung an der Bindetechnik der Floristik oder Erfahrungen mit Natur im Theater.
Ein Ehepaar berichtete euphorisch über einen ›echten‹ Wald auf einer Berliner Bühne in
der Inszenierung von Peter Stein in den 1980-er Jahren. In den Tischgesprächen misch-
ten sich pragmatische Arbeitstexte, Anekdoten und Assoziationen, persönliche Erinnerungen und ihre Erzählungen zu einer zweiten Form des immateriellen Kränzens, das den
Arbeitsfluss durch den Sprachfluss des ›verbalen Kränzens‹ begleitete, ihn unterbrach
und neu vernetzte. Auf Distanz zum Geschehen konnte diese Anordnung von verschiedenen Standpunkten, auch aus einer nicht-teilnehmenden Außenperspektive, betrachtet

werden. Dadurch stand das Teilnehmen zur Wahl und die Teilnehmenden wussten um den Status ihres Beobachtet-Seins, was die theatrale Grundanordnung räumlich etablierte. Die räumliche Distanz wurde für die Zuschauenden akustisch überbrückt und die Arbeitsgespräche am Tisch verstärkt. Fachliche Unterstützung erhielten wir durch die ausgebildete Floristin Irmhild Siemering, die die technische Ausführung überwachte und anleitete und selbst die aktiv in traditionellen kränzenden Kontexten tätig ist.

Das Laub für das *Kränzen* stammte von einem Zwillingseichbaum im Berliner Grunewald, der Ende August 2013 bei einem Sturm umgestürzt war, uns durch die Berliner Forsten gespendet wurde und nun seinem neuen Zweck in Form der Girlande zugeführt wurde. Als Grünmaterial für die Girlande unseres *Kränzens* wählten wir Eichenlaub, weil wir uns für die Installation einer Stiel-Eiche auf der Bühne der Sophiensæle entschieden hatten. Diese Aktion ehrte im Format einer Gala die Stieleiche als ersten »Baum des Jahres« von 1989. Die Tradition wurde 1989 von der Dr. Silvius Bordarz Stiftung ins Leben gerufen, um dem bedrohten Status bestimmter Baumbestände durch die Ehrung zum Jahresbaum eine besondere Aufmerksamkeit zu schenken und ihre Anpflanzung anzuregen. Der durch die Jahreszahl angedeutete Zusammenhang mit der deutschen Wiedervereinigung ist nicht intendiert, allerdings nutzen wir dieses naheliegende Missverständnis aus, um das Spannungsfeld von der materiellen Dimension des Baumes und seiner (national-)symbolischen Aufladung abzustecken.

Die floristische Technik des Kränzens besteht aus zwei einfachen manuellen Vorgängen, dem Schneiden und Drahten. Das Astwerk für die Girlande muss erst auseinandergenommen werden, bevor es in der Form der Girlande wieder zusammengefügt wird. Aus den Maßen der Fassade der Sophiensæle ließen sich Grünmaterial und Hilfsmittel wie Scheren und Draht sowie die notwendige Arbeitskraft errechnen, die für die sechsstündige Aktion die Mithilfe des Publikums unbedingt erforderlich machte. Das Seil diente dabei als Unterlage für die Zweigstücke und als kräftiges Zentrum, das der hohen Gewichtsbelastung der angestrebten Aufhängung an der Fassade standhalten musste. Mittelgroßes bis großes Astwerk aus der Krone, das zeitnah zum Anlass und ohne Stamm und Wurzeln transportiert wurde, breiteten wir als formlosen Haufen am Ort des Geschehens aus. Dieser Blätterhaufen lag mittig im u-förmigen Ensemble der Arbeitstische in der Nähe zum Aktionsradius des Kränzens selbst. Die Äste wurden mit einer für das Material und die Hand der Schneidenden geeigneten Schere in handhabbare Zweigstücke gleicher Länge zerschnitten. Diese Länge hing dabei vom angestrebten Durchmesser der Girlande von zwanzig Zentimetern ab, so dass die Aststücke auf die gleiche Länge wie der Durchmesser geschnitten wurden. Der Durchmesser wiederum ließ sich aus dem angestrebten harmonisch-proportionalen Verhältnis von architektonischer Gegebenheit zur geplanten Gesamtlänge von 25 Metern für das Portal erklären, die für den anvisierten Rahmen an der Fassade, um den früher genutzten Lastenflaschenzug der Sophiensæle herum, benötigt wurde. Wir lernten von unserer Expertin, dass für die Zerteilung am besten die Schere an den blattlosen Astgabelungen und den verdickten Knoten des Astwerks zum Schnitt angesetzt wurde. Damit konnte garantiert werden, dass der Draht am holzigen Astwerk ausreichend Griff bekam, um nicht beim Drahten in das weiche Grünzeug einzuschneiden, sondern an den festen Abschnitten der Ästchen für Halt durch eine straffe Drahtverbindung sorgen zu können. Wenn hier die Blätter unverletzt blieben, konnte dies vor frühzeitigem Welken und Feuchtigkeits- und

Abb. 2 Hendrik Quast/Maika Knoblich: *Ur-Forst*,
7.9.2013, Anbringung der Kranzrosen an die Girlande
unter Anleitung von Irmhild Siemering, Innenhof der
Berliner Sophiensæle.

Abb. 3 Hendrik Quast/Maika Knoblich: *Ur-Forst*,
7.9.2013, Gemeinschaftliche Bewegung mit der
Girlande für die Aufhängung, Innenhof der Berliner
Sophiensæle.

Schimmelpilzbildung schützen und sollte so den Gesamteindruck des grünen Werkstückes bewahren.

Beim Drahten konnte durch das Anlegen der Zweigstücke auf das Seil im zweiten Arbeitsschritt die Dichte der Girlande bestimmt werden. Zwei bis drei Zweigstücke wurden entsprechend der angestrebten Formausprägung einer halbrunden Wulstform an das Seil in gleicher Richtung angelegt, damit der Blattverlauf nach dem Ordnungsprinzip der einfachen Reihe einheitlich war und eine Wachstumsrichtung simulierte. Dieses Prinzip legt nahe, dass in der durch das *Kränzen* genutzten floristischen Arbeitstechnik gestalterische Gesetze des ›falschen Wachstums‹ angewendet werden. Die angelegten Zweige wurden anschließend mit Draht fest umwickelt. Da die Girlande in dieser Länge dazu neigen würde, sich an der Fassade um sich selbst zu winden, musste auch die Hinterseite bearbeitet werden: regelmäßig wurden ein bis zwei Zweige, die qualitativ und optisch minderwertiger sein durften und sich nicht für die Frontseite eigneten, von hinten gegengelegt und umdrahtet. Dieser Handgriff des Anlegens und Drahtens wurde so oft wiederholt, wie die Girlande lang sein sollte. Die Kränzenden mussten regelmäßig die Girlande ablegen und zurücktreten, um den Girlandenverlauf im Gesamtbild im Auge zu behalten. An der Girlande konnten maximal zwei Personen beim Drahten arbeiten. Die zertrennende Arbeit des Schneidens hingegen konnte von mehreren Personen durchgeführt werden, weil sie auch mit der Auslese von guten und schlechten Zweigstücken verbunden war. Diese Entscheidung bedurfte gerade in einer Gruppe von unterschiedlichen Erfahrungshorizonten mit der Technik des Kränzens der Rückversicherung eines anderen Kränzenden. Beide Arbeitsschritte von Schneiden und Drahten konnten parallel durchgeführt werden. Jedoch musste der Bedarf an Zweigstücken sich an der Geschwindigkeit ihrer Verarbeitung zur Wulstform zumindest orientieren: Auf der einen Seite durfte kein Überfluss entstehen, der nicht verarbeitet werden konnte, damit auf der anderen Seite kein Mangel aufkam, der zum Anhalten des Arbeitsflusses führte. Parallel zum Schneiden und Drahten gab es das Angebot, gelbe Kranzrosen aus Servietten für die Girlande herzustellen und in Abständen von achtzig Zentimetern an die Girlande zu drahten, um den Kranz optisch aufzuwerten und zum ›Erblühen‹ zu bringen. Die Kranzrosen nahmen die gelbe Farbe im außen angebrachten Schriftzug der Sophiensæle auf und bildeten einen harmonischen Einklang mit dem Design des Theaters.

Das Herstellungsverfahren der Girlande in geteilter Expertise erlaubte Entscheidungs-freiräume für die Schnittstellen am Astwerk und die Ausgestaltung der Dichte. Sowohl beim Schneiden als auch beim Drahten gab es durch die individuelle Ausführung der Teilnehmenden gestalterische Spielräume und eine ästhetische Formvarianz. Auch der Rhythmus des Arbeitsvorganges verräumlichte sich durch die Ablösung der Kränzenden und die Unterbrechung des Arbeitsflusses im Gesamtverlauf der Girlande. Durch diese Entstehensbedingungen war die Girlande von kollektiven Verzweigungen und Wuche-rung gekennzeichnet. Die ausgehängte »Tagesordnung des Kränzens« und die auf der floristischen Bindetechnik basierende angeleitete Arbeit legte auf der einen Seite die zeitliche und räumliche Ordnung fest. Ausgehend von diesen transparenten und ein-gängigen Regeln konnte die Tätigkeit erst subjektive gestalterische Freiräume beim *Kränzen* öffnen. Auf der anderen Seite führten auch die erlebten Freiräume zu neuen Gestaltungsweisen und zum Überarbeiten der vorgegebenen Ordnungen. Daher lässt sich *Kränzen* im Verhältnis von unserer Initiative und Vorbereitung zu den Teilnehmen-den als ineinander verschränkter Parallelprozess von geskripteter Improvisation und improvisiertem Skripten beschreiben.

Nach getaner Arbeit wurde die Girlande an der Fassade der Sophiensæle mit profes-sioneller Unterstützung eines Theatertechnikers aufgehängt. Der lose Blätterhaufen war im Laufe eines Nachmittags zu der ästhetischen Form der Girlande um-organisiert worden. Das floristische Werkstück verwies während der zehnminütigen Dankesrede, die wir aus unserer doppelten Perspektive der Initiatoren und der Kränzen-Lernenden sprachen, als dekorativer Rahmen auf den zukünftigen Anlass der Performance-Aktion *Der Ur-Forst* im kommenden Februar und wurde anschließend für die Einkühlung sofort wieder von der Fassade entfernt.

Wachstum und Form

Das *Kränzen* ist geprägt von Übergängen: vom logistischen Transport aus dem Wald in den Innenhof des Theaters, vom Zuschauen zum kränzenden Teilnehmen, von der Form-entwicklung eines formlosen und unorganisierten Laubhaufens zur festlichen Form der Girlande, letztlich, so ließe sich sagen, von Natur zu Kunst.

Beim *Kränzen* werden durch die ›wurzellose Verpflanzung‹ von natürlichem Laubma-terial in das künstliche Milieu des Theater-Innenhofs nicht nur Natur- und Kulturräume miteinander verschränkt. Während die Inszenierung des *Kränzens* einerseits räum-liche Übergänge sichtbar macht, werden anderseits durch den künstlerischen Eingriff in die Natur und ins Ritual die Übergänge von Kunst, Kultur und Natur in räumlicher, begrifflicher, erfahrungsbezogener, rezeptions- und produktionsästhetischer Hin-sicht dynamisiert. Der darin angelegte Grenzbereich von Natur-Kunst und Kultur stellt widersprüchliche Wahrnehmungsangebote für die Zuschauenden bereit und markiert diesen Zwischenraum als instabilen Übergangsraum von Natur und Kultur, Kunst und Handwerk, Zuschauen und Teilnehmen. Die Flora des Theaters beheimatet hier abge-schnittene, neu und re-situierte oder zusammengesetzte ›Grenzgewächse‹ zwischen Kunst und Natur. Durch diesen Status der Bühnen-Gewächse ist die Floralisierung des Theaters als naturalistische Performance-Aktion zu bewerten. *Der Ur-Forst* und seine performativen Anordnungen wie die Pflanzung eines gefällten Baums ins Theater oder der gemeinschaftlich hergestellten Girlande aus abgeschnittenem Laub werfen Fragen nach der Wahrnehmung von Natur und ihrer Zeitlichkeit des Wachstums auf.

In der zeitlichen Bedingtheit von natürlichen und theatralen Prozessen stoßen Natur- und Kunstbegriffe an ihre Grenzen, weil sie die zeitlichen Übergänge nicht beschreiben und abbilden können. Wachstumsdarstellung ist auf Darstellungstechniken angewiesen, die im Visualisierungsverfahren den objektiven Anspruch und die bildgebende (künstlerische und gestalterische) Form zusammenführen. Ein besonderer Grenzfall ist der natürliche Prozess des Wachstums der Gewächse. Dieser Prozess kann in verfügbaren Darstellungstechniken und auf der Bühne nur als ›falsches Wachstum‹ dargeboten werden. Diese Bezeichnung spielt im Sinne eines ›vorgetäuschten oder simulierten Wachstums‹ nicht darauf an, dass es ihm gegenüber ein essentielles Wachstum gäbe, das ›richtig‹ wäre oder ›natürlich‹ sein könnte, sondern lenkt den Fokus auf die unzulängliche und konstruierte Eigenheit in der medialen Übertragung von Pflanzenwachstum.

Weniger eine Rekonstruktion und der Versuch der Neubestimmung von Natur-, Kultur- und Kunstbegriffen kann hier also in der Frage nach Modalitäten ›falschen Wachstums‹ fruchtbar sein, als vielmehr die Frage danach, wie Wachstum konzeptionalisiert wird und welche naturwüchsigen Semantiken geprägt werden und in anderen Gebrauchs- zusammenhängen florieren. Denn derart wird ein Licht sowohl auf die Bedingungen des Wachstums und seine Zeitlichkeit als auch auf die soziale Dimension von Wachstum geworfen, in deren Konstellationen sich das Verhältnis von Mensch, Kunst, Umwelt und Natur artikuliert.

Unter diesen Darstellungstechniken stellt das organische Wachstum des Gewächses ein komplexes biologisches Konzept dar: Organisches Wachstum ist bestimmt durch Grenzen und durch Stadien des Ausgewachsenseins sowie der Stagnation und Regression.[3] Ferner unterliegt das organische Wachstum des Gewächses – wie das des Menschen – der Variabilität der Wachstumsbedingungen. Aufgrund der spezifischen nicht-wahrnehmbaren Zeitlichkeit mit dem bloßen Auge und der Schwierigkeit, eine geteilte Echtzeit mit dem Gewächs auch räumlich zu erfahren, stößt organisches Wachstum in Bildverfahren der Naturwissenschaften an viele Grenzen – es scheint *zu langsam* zu wachsen. Die Übertragung biologischen Wissens in die mediale Konfiguration z.B. des Theaters zeigt daher den unablässigen Versuch, diese langsame Zeit und die Raumaus- breitung des Gewächses in eine bestimmte nachvollziehbare Form zu bringen. ›Naturge- treue‹ Nachahmung liegt schließlich außerhalb der räumlichen und zeitlichen Grenzen der verfügbaren Darstellungsmedien.

Durch die technische Erneuerung der filmischen Bewegtbild-Techniken konnte in sogenannten *Time-Lapse*-Verfahren das langsame Wachstum als »filmische Natur«[4] dar- gestellt werden, kam aber in dieser Visualisierung auch nicht ohne eine zeitliche Mani- pulation aus. Dies ist ein interessantes Beispiel für eine Technik ›falschen Wachstums‹: Diese Wachstumssimulation machte das langsame Wachstum durch Beschleunigung

---

3   Bernhard H.F. Taureck: »Wachstum über alles. Die Karriere einer Metapher«, in: Holger Kube Ventura und Sabine Schaschl: *Über die Metapher des Wachstums/On the Metaphor of Growth*, Kunstverein Hannover, Kunsthaus Baselland, Frankfurter Kunstverein, Basel 2011 (Kat. Ausst.), S. 16–28.

4   Andreas Becker: *Perspektiven einer anderen Natur. Zur Geschichte und Theorie der filmischen Zeit- raffung und Zeitdehnung*, Bielefeld 2004, S. 47–186, S. 225–302.

sichtbar. Diese Darstellungsform der ›beschleunigten Verlangsamung‹ stellt eine Modalität des ›simulierten Wachstums‹ dar, die im Verhältnis zur chronometrischen ›Echtzeit‹ des Wachstums eine widersprüchliche Struktur mit gegensätzlichen Dynamiken kennzeichnet.

In der Beschreibungsproblematik von Wachstum und der durch diese Unüberwindbarkeit aufklaffende Deutungsoffenheit haben die Karrieren schief gelagerter Wachstumsmetaphern ihre Wurzeln. Oft überlagern sich gegensätzliche Deutungsansätze desselben Gegenstands und bilden aufgepfropfte Verwachsungen ›falschen Wachstums‹ aus. Im ökonomischen Gebrauchszusammenhang zum Beispiel korreliert das mathematischexponentielle Wachstum mit dem organischen Wachstumsbegriff und nimmt – der Biologie entlehnt und stark verkürzt – den produktiven Teil für eine positive Fortschritts- und Vermehrungserzählung in den Dienst. Einerseits tritt in der Geldwirtschaft gegenüber der Ökonomie und ihren Effizienzprinzipien das Ökologiebewusstsein beinahe achtlos in den Hintergrund.[5] Andererseits wird durch die Biologisierung bzw. Naturalisierung metaphorisch die eigenständige Vermehrung und Fortpflanzungsfähigkeit des Geldes suggeriert. Diese Metaphern halten den Glauben an den Tauschwert des Geldes am Laufen.[6] Sie aktualisieren das Währungssystem als einen gemeinsam geschlossenen Pakt, der belebt und als gesellschaftliche Grundfiktion einer ›falschen Wachstumsfähigkeit‹ durch die sprachliche Metaphorik am Leben erhalten wird.

›Falsches Wachstum‹ ist, wie das *Kränzen* zeigt, auch eine Herausforderung für die Medien der Kunst, die übertragene, metaphorische Deutungsversuche von Wachstum anbieten.[7] In der ausgedehnten Theaterzeit des *Kränzens* ist die Verlangsamung der gewohnten Wahrnehmungsstrukturen der Zuschauenden angelegt. Darin werden Merkmale des organischen Wachstums von Regression und Stagnation in die Dramaturgie des *Kränzens* eingebunden. Bezogen auf das ›simulierte Wachstum‹ der Girlande stellt sich das *Kränzen* als manipulierte Beschleunigung dar, weil sich das ungewohnt schnelle Wachstum einer Ranke im Laufe eines Nachmittags ereignet. Im Verhältnis von Wachstumszeit und Form ist hier eine ›verlangsamte Beschleunigung‹ ähnlich wie im Fall der »filmischen Naturen« vorzufinden, die sich durch die gegensätzlichen Dynamiken zwischen der formatbezogenen Zeit der Darstellung und der dargestellten Zeit des Wachstums abspielt. Das *Kränzen* kann als eine Metapher des organischen Wachstums und seiner Zeitlichkeit angesehen werden, für die die räumlichen und zeitlichen Konstituenten einer mehrstündigen Performance-Aktion prädestiniert sind, weil sie eine geteilte Zeit mit dem Gewächs und seiner räumlichen Ausbreitung ermöglichen. Der natürliche Prozess des organischen Wachstums wird hier in eine theatralisierte Wachstumszeit übersetzt. Beim *Kränzen* wird durch das Format der *durational performance* ein Arbeitsvorgang in Echtzeit angelegt, der im künstlichen Rahmen einen hyperrealistischen Charakter annimmt. Performativ ist das *Kränzen* im buchstäblichen Sinne deshalb,

---

5   Vgl. Hans Christoph Binswanger: *Geld und Natur. Das wirtschaftliche Wachstum im Spannungsfeld zwischen Ökonomie und Ökologie*, Stuttgart 1991; Hans Christoph Binswanger: *Vorwärts zur Mäßigung. Perspektiven einer nachhaltigen Wirtschaft,* Hamburg 2010.

6   Vgl. Christina von Braun: *Der Preis des Geldes*, Berlin 2012, S. 86–220.

7   Vgl. Holger Kube Ventura und Sabine Schaschl: *Über die Metapher des Wachstums/On the Metaphor of Growth*, Kunstverein Hannover, Kunsthaus Baselland, Frankfurter Kunstverein, Basel 2011 (Kat. Ausst.).

weil es – wie das organische Wachstum selbst – die materielle Wirklichkeit in Form der hergestellten Girlande erzeugt.

Das ästhetische wie rituelle Ziel des *Kränzens* ist die Girlande, der offene Kranz, der als Rahmung und Dekoration für das Eingangsportal bestimmt ist. Die Girlande beim *Kränzen* erinnert in bindetechnischer Hinsicht auch an den geschlossenen Kranz und die floristische Kreisform, die vor allem als Gebinde zur Totenehrung gefertigt wird.[8] Dieses reifartige Gebinde verweist in antiker Tradition (lat. *corona*) auf die Auszeichnung oder den Sieg einer Person und ist bis heute in Trauerkulturen als ein Symbol der Dauerhaftigkeit vorzufinden.[9] Im floristischen Kranz ist ein Spannungsverhältnis angelegt, das die florale Materialität des abgeschnittenen Gewächses gegen die immaterielle Symbolik führt und den Lebenskreislauf von Werden und Vergehen andeutet. Die floristische Kunstform der Girlande als offener Kranz ist durch ihre zwei Girlanden-Enden augenscheinlich unterbrochen. Dies verschärft den Verweis auf die Vergänglichkeit, indem durch diese Unterbrechung verstärkt darauf aufmerksam gemacht wird, dass auch der natürliche Kreislauf Wald unterbrochen worden ist, aus welchem das Blattwerk der Girlande entnommen wurde. Diese Dynamik von Werden und Vergehen unterliegt also keiner einförmigen und linearen Aufeinanderfolge, sondern konstituiert sich aus formaler Gleichzeitigkeit, aus floristischen Schnitt- und Bruchstücken.

Die Tendenz, vor allem das Werden dominant darzustellen, ist in linearen Vorstellungen und Erzählstrukturen, die fragile Übergange durch naturwüchsige, aber einsträngige Semantiken verkitten, tief verwurzelt. Als genealogische und hierarchisch organisierte Denkmodelle gleichen sie der Vorstellung vom Aufbau der Bäume und ihres Spitzenwachstums, die als Wachstumskonzept in diversen traditionellen und symbolischen Gebrauchszusammenhängen am Werke sind. Deleuze und Guattari entwerfen im Gegensatz dazu das »Rhizom-Modell«, das unverbundenen und offenen Logiken folgen soll.[10] Dieses Denkmodell auf biologischer Grundlage kann durchaus kennzeichnend für die paradoxalen Wahrnehmungsangebote und Übergangsräume des *Kränzens* sein: *Kränzen* ist demnach ›angewandtes Rhizom‹. So gesehen wird beim *Kränzen* durch das Schneiden ein realer Baum und seine symbolische Form zerteilt, um im ›rhizomatischen Wachstumsprozess‹ neu zur Girlande zusammengesetzt zu werden.

Die gegensätzlichen Dynamiken von Regression und Stagnation sowie Wachstum und Verfall können im Konzept des organischen Wachstums als gleichzeitige integrale Bestandteile gedeutet werden, die darin zugleich als Wachsen und Verfallen angelegt sind. Diese Dynamiken bilden den ineinander verschränkten Parallelprozess, der beim *Kränzen* als dem Material und Vorgang inhärentes Spannungsverhältnis für die gegensätzlichen Wahrnehmungsangebote produktiv gemacht wird.

Die Form der für die Fassade bestimmten Girlande deutet die Formanalogie einer natürlichen Ranke an, welche zur von Menschen gemachten Kunstform der Girlande und ihrem eindeutigen Hergestellt-Sein durch die floristische Bindetechnik ein Spannungsverhältnis aufbaut: Diese Ranke ist hier nur scheinbar natürlich gewachsen und beharrt

---

8 Vgl. Ingeborg Wundermann: *Der Florist. Gestaltungslehre und Arbeitstechniken*, Stuttgart 1976, S. 178–203.
9 Vgl. Hans Biedermann: *Knaurs Lexikon der Symbole*, Augsburg (1989) 2000, S. 244f.
10 Gilles Deleuze und Félix Guattari: *Rhizom*, Berlin 1977, S. 29–35.

darauf in jeder Hinsicht durch ihre ›wurzellose Verpflanzung‹ in den Innenhof. Trotzdem kann sie einen fiktionalen Anreiz setzen und ihrer ›künstlichen Natur‹ ein naturhafter Status zugeschrieben werden. Im Vorgang des Schneidens und Drahtens und in der Vortäuschung von Wachstum zeigt sich weder allein eine beherrschte und kultivierte Natur, noch eine positivistisch mythisierte, dekorative, wehrhaft oder beseelte Vorstellung der Natur, sondern vor allem die pragmatische und (binde-)technische Dimension der Konstruktivität der Wahrnehmung von Natur bzw. Natürlichem.

Verfallendes Wachstum – wachsender Verfall
Kultivierende und konservierende Techniken des Pfropfens, Formschnitts und der Floristik

Gegenüber langfristigen Konservierungsmethoden wie den ›gepressten Naturen‹ der pflanzenphysiognomischen Sammlungen in Form von Herbarien, die das Wachstum anhalten und in ständige Stagnation versetzen, sind besonders kultivierende gärtnerische Praktiken wie das Pfropfen und der Formschnitt interessant. Sie beschneiden die Pflanzen und greifen dadurch aktiv ins Wachstum ein. Beide Techniken sind Modalitäten ›falschen Wachstums‹ mit unterschiedlichem ökonomischem und ästhetischem Nutzen.

Kulturtechniken des Beschneidens, bei denen Wachstumsmanipulation am lebendigen Gewächs auch ästhetische Ziele verfolgt, sind zur Beschreibung von Naturwahrnehmung (vor allem in alltäglichen, weniger in außeralltäglich gerahmten, Kunstformen) ein wichtiges Gebiet für Wachstumsfragen. Die professionelle und erwerbsmäßige Durchführung gärtnerischer und agrartechnischer Techniken hielt durch die DIY-Bewegungen seit den 1970-er Jahren Einzug in die private Sphäre und Hobbykultur. Durch die Anwendung der Techniken in der Freizeitgestaltung wurden sie einem großen Publikum zugänglich, das durch bestimmte Naturwahrnehmungen geprägt wurde. Beispielhaft wird hier der Hobbygärtner als ›zerstörerischer Beschützer‹ der Natur dargestellt und dadurch legitimiert, dass er die Natur vor ihrer eigenen Selbstzerstörung schützen müsse:

»Wer sich einmal mit der Kunst des Beschneidens vertraut gemacht hat, wird feststellen, dass sie ebenso wie die mit ihr verwandten Veredelungstechniken zu den schöpferischen Tätigkeiten im Garten gehört, denn sie bietet die Möglichkeit, auf Größe und Form der Pflanzen ebenso Einfluss zu nehmen wie auf Blüten und Früchte. Das Argument, Beschneiden sei wider die Natur, lässt sich schon bei einem kurzen Waldspaziergang aus dem Weg räumen. Die Natur selbst entledigt sich vieler Äste, allerdings auf eine grobe, willkürliche und unschöne Weise. Äste sterben ab, bleiben aber an den Bäumen und bilden Angriffsstellen für Krankheiten und Schädlinge. In spitzen Winkeln ansitzende Äste werden von Stürmen gebrochen und hinterlassen hässliche Risse am Stamm. Wenn ein Ast herabfällt, kann er die unter ihm wachsenden Sträucher beschädigen. Alle Pflanzen drängen zum Licht; nur die kräftigeren finden den Weg nach oben. Ein solcher Kampf ums Dasein sollte im Garten nicht stattfinden. Jedem Gärtner sollte daran gelegen sein, dass seine Bäume und

Sträucher Bedingungen vorfinden, unter denen sie ihre natürliche Form in voller Schönheit entwickeln können.«[11]

Die ökonomische Dimension von Wachstumseingriffen wird in der Agrartechnik des *Aufpfropfens* deutlich, genannt *Greffologie,* die zur Steigerung der Ernte bei Obstgehölzen angewendet wird. Die qualitative Steigerung dieser Veredelungspraxis kann laut Uwe Wirth als »gesteigerte Natur« durch den Zeitfaktor der Beschleunigung des Wachstums angesehen werden und ist in seiner Deutung sowohl eine Form der Kultivierung als auch der Konservierung.[12] Diese Konservierung sei ein nicht-sexuelles, künstliches Verfahren der Fortpflanzung, das Kopien erstellt und das Veredelte in Kopie (wie heute ein Massenspeicher) bewahre. Bei der Kulturtechnik des Pfropfens werden zwei Gehölze so miteinander verbunden, dass in die Rinde eines verwurzelten Gehölzes (genannt »Unterlage«) ein zweiter Ast eines anderen Gehölzes, der »Pfropfreis«, eingebracht wird.[13] Dazu wird eine Verbindungsstelle passgenau eingekerbt und anschließend mit Baumwachs versiegelt, so dass das aufgepfropfte Gewächs an der Schnittstelle mit seinem Wirt verwachsen kann.

Uwe Wirth untersucht den Übergang von *Aufpfropfung als Kulturtechnik* zu *Aufpfropfung als Kulturmodell.* Durch das Pfropfen könnten verschiedene Übergänge als metaphorologische Wissensfigur beschrieben werden, welche die Vorstellung von Kultur als Kulturprozess implizieren. Dabei spitzt Wirth die *Aufpfropfung* auf den Begriff der »Neu-Konfiguration« zu, da es sich nicht nur um einen Übergang, sondern sogar um eine Übersetzung von Natur-Dingen in Kultur-Dinge handle, die vom Naturzustand in den Kulturzustand versetzt würden.[14] Demnach konzeptionalisiere *Aufpfropfung* durch die technische Schnittstelle einen Zwischenraum, der durch intertextuelle, interkulturelle sowie materielle und konzeptionelle Prozesse der Aneignung und Übersetzung überwunden werde solle. Im *»Experimentalsystem der Aufpfropfung«* wurde Wissen experimentell erworben; die Voraussetzung der Distribution des gewonnenen Wissens waren mediale Techniken der Darstellung, in Form von Gartenhandbüchern oder Skizzen.[15] Die Bedingungen, unter denen hier mit Wachstum experimentiert wird, sind aber schon von vagem Wissen vorstrukturiert, das eine experimentelle Versuchsanordnung wie die Pfropfung als Form der induktiven und deduktiven geistigen Mobilisierung vor und nach dem Experiment überhaupt erst zustande bringt. Wirth unterscheidet zwei Dimensionen des Pfropfens: Während die geistig-theoriebildende Tätigkeit als »konzeptionelle *bricolage*« bezeichnet wird, charakterisiert er die biologisch-technische Tätigkeit als »biologische *bricolage*«. Er greift für seine Begriffsprägungen auf das Konzept von Ritualen als ereignishafte Spiele zurück, die im Modus der »Bastelei« oder »bricolage« nach Claude Lévi-Strauss auf dem Auseinandernehmen und Wieder-Zusammensetzen beruhen.[16]

---

11   Oliver E. Allen: *Pfropfen und Beschneiden. Time-Life Handbuch der Gartenkunde*, Amsterdam 1980, S. 8.
12   Uwe Wirth: »Kultur als Pfropfung. Pfropfung als Kulturmodell. Prolegomena zu einer Allgemeinen Greffologie (2.0)«, in: Uwe Wirth: *Impfen, Pfropfen, Transplantieren*, Berlin 2011, S. 9–10.
13   Allen: *Pfropfen und Beschneiden,* a.a.O., S. 60–65.
14   Wirth: »Kultur als Pfropfung. Pfropfung als Kulturmodell«, a.a.O., S. 13.
15   Ebd., S. 13. Uwe Wirth nimmt Hans-Jörg Rheinbergers Begriff des »Experimentalsystems« auf in: Ders.: *Experiment Differenz Schrift*, Marburg 1992, S. 16.
16   Claude Lévi-Strauss: *Das wilde Denken*, Frankfurt a.M. (1973) 1997, S. 47f.

Dieser Modus finde sich laut Lévi-Strauss in »Industriegesellschaften« in der Hobby-
und Freizeitsphäre wieder. Buchstäblich gefasst, kennzeichnet auch das *Kränzen* eine
Dynamik von Kreation und Destruktion, die so gesehen im Modus der »bricolage« stattfindet. In Lévi-Strauss' Modell gilt keineswegs, dass die »Materialien des Bastlers dem
bloßen Werden« unterstellt werden, sondern dass

> »[d]iese Logik [...] nach der Art eines Kaleidoskops [arbeitet]: eines Instruments, das Abfälle
> und Bruchstücke enthält, mittels derer sich strukturelle Arrangements herstellen lassen.
> Die Bruchstücke entstammen einem Prozess des Zerbrechens und der Zerstörung, der im
> Grunde zufällig war; allerdings müssen seine Produkte eine gewisse Ähnlichkeit zeigen: in
> Größe, Farbenfreudigkeit und Transparenz.«[17]

Für die Technik des Kränzens gilt das Gestaltungsprinzip der einfachen Reihe, die eine
simple Technik darstellt, die gerade als Expertise im Kontext eines Ritus einfach geteilt
und weiter vermittelt werden kann. Die soziale Dimension dieser ›floristischen *bricolage*‹
steht dabei zum Vorwissen, zur bindetechnischen Intuition und Naturnachahmung als
»konzeptionelle *bricolage*« in einem ähnlichen Verhältnis wie es Wirth für die Wissens-
genese beim Pfropfen herleitet. Auch die Imagination der Zuschauenden im Anblick des
Haufens, der zur Girlande verarbeitet werden soll, stellt eine vorausblickende Induktion
der Aktion und Form dar, die auf das Wachstum der Girlande spekuliert und eine selbst-
erklärende Technik darstellt. Insofern kann auch dem bastelhaften *Kränzen* der Status
eines ›ästhetischen Experimentierfeldes‹ zugesprochen werden.

Gerade in der Technik des Formschnitts überschneiden sich gärtnerische und künstlerische Ziele und Absichten in einer Kulturtechnik. Unter den verschiedenen Indienst-
nahmen der Aufpfropfungsmetaphern, die Wirth anführt, sticht für den Brückenschlag
zur ästhetischen Theorie die Beschreibung Gaston Bachelards hervor: Dieser beschreibe
die menschliche Psychologie und Einbildungskraft (räumlich an der Pflanze situiert im
Bereich über dem Stamm, also oberhalb der Aufpfropfung) und setzt diese mit der Kunst
ins Verhältnis: »Kunst ist von der Herkunft nach aufgepfropfte Natur«.[18]

Rückschnitt und besonders der Formschnitt (engl. *pruning, topiary*) gehören neben
der Agrartechnik des Pfropfens laut Oliver E. Allen zu den »schöpferischen Tätigkeiten«,
die bis auf die Antike zurückgehen und besonders im Rahmen der Garteninszenierung
in der Englischen Gartenkunde populär wurden. Dabei regt der saisonale Rückschnitt
des lebenden Gehölzes gezielt zum Wachstum und zur Formveränderung an, die länger-
fristig durch den Formschnitt erreicht werden soll. Diese Technik muss verantwortungs-
voll durchgeführt werden, weil sie sonst dem Gewächs auch ungewollten Schaden zufü-
gen kann. Diese ›lebenden Skulpturen‹ können von einfachen geometrischen Formen
bis hin zu tierischen, pflanzlichen oder menschlichen Ebenbildern variieren. Bei dieser
Praktik steht weniger eine ökonomische Dimension der Steigerung der Ernteerträge wie
bei Obstgehölzen und Beschleunigung von Wachstum im Vordergrund, als vielmehr
die Steigerung der optischen Wirkung durch eine gestalterische Technik. Dabei wird
das bearbeitete Gewächs (z.B. Sträucher oder Ziergehölze) durch das »Stutzen« und

---

17   Ebd. S. 48f.
18   Wirth: »Kultur als Pfropfung. Pfropfung als Kulturmodell«, a.a.O., S. 18.

»Scheren« einerseits angeregt, in die gewünschte Form hineinzuwachsen, andererseits aber auch im Rahmen dieser Form kurz gehalten und gehemmt, damit die Dichte des Gewächses verstärkt wird. Im Grunde genommen kennzeichnet auch diese Technik des ›gehemmten formbezogenen Wachstums‹ eine Dynamik der ›verlangsamten Beschleunigung‹.

Im Gegensatz zur Agrartechnik des Pfropfens dienen die durch den Gärtner des Formschnitts ausgeführten Schnittstellen vielmehr dem Auge eines außen stehenden Betrachters, der eine Form erkennen soll. Mit anderen Worten: Unter dieser Prämisse sind die technischen Schnittstellen des Gärtners – oder Begrenzungsstellen des Wachstums – solche der Sichtbarmachung oder Nicht-Sichtbarmachung einer dem Gewächs zugeschriebenen Form, an denen der erkennende Blick eines Betrachtenden zur Rezeption von Natur bzw. Kunst ansetzt.

Auch der abgeschnittene Teil des Gewächses kann weiterverarbeitet werden, wie die Gestaltungstechnik der *Floristik* lehrt. Durch ihre Gestaltungsprinzipien mit floralen Materialitäten kann sie als alltägliche Naturinszenierung gelten.[19] Sie ist eine von ihrem Material der getrockneten oder frischen Schnittblumen abhängige Konservierungsmethode, die mit ihren Gestaltungsformen Strauß, Gesteck, Kranz sowie Girlande grundsätzlich für den Innenbereich gedacht ist. Auch die Bindetechnik des Kränzens fällt unter die Floristik, die, wie im ersten Abschnitt über das Schneiden und Drahten gezeigt wurde, neben der zertrennenden Arbeit auch das Zusammenfügen des Schnittmaterials umfasst. Jedoch haben die durch Schneiden, Stecken und Binden hergestellten Formen der Floristik nur naturhaften Status, da sie mit abgeschnittenem, also bereits verwelkendem und totem Material arbeiten. Beim Arrangieren der Blumen stehen sie unter der gestalterischen Prämisse, einen Wachstumsmittelpunkt in den Gesteckformen zu simulieren.

Aber was macht den Anreiz und die Freude beim *Kränzen* aus, mit einem Haufen toter Äste und welkendem Laub Bindekunst zu betreiben? Dieser abgeschnittene Status, der beim *Kränzen für den Ur-Forst* zugrunde liegt, macht Blumen und – wie ich erweiternd behaupte: die florale Materialität an sich – ansehnlich und schön, wie Derrida in *Die Wahrheit der Malerei* behauptet. Die abgeschnittene Tulpe bezeichnet eine besondere Form der Trennung: ihr reiner Einschnitt kann nicht behoben werden und stellt einen absoluten Mangel her, der zweckmäßig ohne Zweck, die Spur von einer Abwesenheit des Zwecks hinterlässt. Dadurch konstituiert sich die Schnittblume – hier am Beispiel der Tulpe – als ästhetisch schöner Gegenstand und wirft die Frage nach dem Ursprung ihres Schönheitsempfindens auf, das in Wissenschaftsdiskursen wie der Botanik unbeantwortet bleibt:

»Diese Tulpe ist schön, weil sie frei oder vage ist, das heißt unabhängig. Sie genießt aus sich heraus eine gewisse Vollständigkeit. Es mangelt ihr an nichts, weil es ihr an Zweck mangelt (zumindest in der Erfahrung, die wir davon machen). Sie ist un-abhängig, für sich

---

19   Das Verhältnis von Trauerkultur und ihrer Symboliken zur floralen Materialität in der Floristik untersuche ich in der Lecture-Performance (2011) und dem Hörspiel *Trauer tragen* (Regie: Maika Knoblich und Hendrik Quast, WDR 2012, 53 Minuten).

selbst, in dem Maße ab-solut, absolviert – abgeschnitten – absolut von ihrem Zweck abgeschnitten [...]: folglich absolut unvollständig.«[20]

Die Paradoxie des tot-lebhaften Schnittblumen-Materials, das zugleich schön und
lebendig erscheint, deutet ein Genrebegriff aus der Kunstgeschichte und -theorie an:
das niederländische Stillleben in seiner Blüte des 17. Jahrhunderts teilt mit der Floristik formbezogene Analogien und gestalterische Absichten. Diese meist im Medium Bild
durch die Malerei ›festgehaltene Natur‹ erfindet ihre eigenen Gesetze, um die Widersprüchlichkeit von Natur und Wachstum ins Bild zu setzen. Ein einschlägiges Beispiel
sind solche Blumenarrangements in Gesteckform, die in einer widersprüchlichen Zeiten-
mischung Blumen aus allen Jahreszeiten zeigen, und somit eine Jahreszeiten überstei-
gende utopische Setzung und bedingungslose Wachstumsvorstellung darstellen.[21]

Die Floristik ist eine Wachstumssimulation oder »Bastelei«, die sich in ihrem synthetischen Arrangieren bewusst an der Natur orientiert: »Die Natur lehrt uns die Gesetze der
Gestaltung«, heißt es im floristischen Lehrbuch.[22] Diese Manipulation und naturhafte
Illusion von Natur wird dann entsprechend der Eigeninterpretation des Floristen und des
Zeitgeistes mehr oder weniger offengelegt. Aber wo diese Offenlegung ansetzt, zeigen
sich erneut die technischen Schnittstellen des Materials. Für einen Strauß zum Beispiel
wird die Tendenz durch die Wahl einer transparenten Vase, durch die Schnittstellen
gezeigt werden, oder der opaken Vase, aus der die Blumen scheinbar herauswachsen,
entscheidend induziert. Hier zeigt sich also die geleistete Arbeit am Strauß. Die Floristik
kann als alltägliche Kunstform und subtile Allegorie der Naturhaftigkeit gelten, die den
Status des Lebendigen und Toten, der Kunst und des naturhaften Objekts befragt und
dadurch Effekte von Natur für die Wahrnehmenden produziert.

Da das floristische Zerschneiden an ursprünglichen Wachstums- und Verzweigungs-
punkten des Gewächses ansetzt, um das Material als handhabbare Zweigstücke zur
Weiterverarbeitung vorzubereiten, ließe sich das Schneiden beim *Kränzen* als Anti-
Wachstum oder umgekehrtes Wachstum deuten. Aus ästhetischer und kunsthistori-
scher Perspektive drängt sich der formbezogene Vergleich der Girlande mit einer Collage, eben der ›Collage von Arbeitsstilen‹ auf. Der Collagenstil der Kubisten wird von
Juliane Vogel als *Anti-Greffologie* konzeptionalisiert, die sich mit scharfen Brüchen und
Schnitten von den naturwüchsigen Semantiken der Dadaisten abwandten.[23] Das *Krän-
zen* könnte zwischen beiden Konzepten eingeordnet werden: Es handelt sich zum einen
um eine collagenhafte künstlerische Praktik des Zerschneidens. Zum anderen folgt diese
Zusammenfügung durch Drahten wiederum aber einer naturwüchsigen Logik, die zur
Bedeutungsgenese bereitgestellt wird.

In der Bindetechnik des Kränzens deutet sich die gegensätzliche Struktur eines
erweiterten Wachstumsbegriffs von gleichzeitigem Wachsen und Verfallen als unlösba-
rer paradoxaler Widerspruch der Natur- und Wachstumswahrnehmung an: Aus totem
Schnitt-Material wird nach den Formgesetzen der Natur eine Ranke nachgeahmt, in der

20   Jacques Derrida: *Die Wahrheit in der Malerei*, Wien 1992, S. 117.
21   Julia S. Berall: *A History of Flower Arrangement*, London 1953.
22   Wundermann: *Der Florist. Gestaltungslehre und Arbeitstechniken*, a.a.O., S. 43ff.
23   Juliane Vogel: »Anti-Greffologie. Schneiden und Kleben in der Avantgarde«, in: Uwe Wirth: *Impfen,
     Pfropfen, Transplantieren*, Berlin 2011, S. 159–172.

die zerstörte Natur als gestalterisches Vorbild genutzt wird. Unter Berücksichtigung der natürlichen Bedingungen, denen die Girlande ausgesetzt wird, unterliegt sie bereits in ihrer Herstellung der Verwitterung. Wenn die Unzulänglichkeit der Wachstumsdarstellungen in der Theaterzeit auf die gegensätzlichen Dynamiken von organischem Wachstum trifft, begegnet man einer besonderen Modalität des ›falschen Wachstums‹: *Kränzen* ist verfallendes Wachstum und wachsender Verfall zur gleichen Zeit.

Theatralität und florale Materialität von Gewächsen

Die durch das *Kränzen* angeregte Erzählung des Ehepaars über die Natur-Inszenierung von Peter Stein auf einer Berliner Bühne gibt Anlass, nach dem Verhältnis von Theatralität und floraler Materialität beim *Kränzen für den Ur-Forst* zu fragen. Der Pragmatismus und die Buchstäblichkeit der gemeinsamen Arbeit an der Girlande bestimmen die dominante materielle Dimension der Performance-Aktion und bilden eine radikale Anwesenheit durch das florale Material. Durch die künstlerischen Eingriffe wird der theatrale Kontext bestimmt, der das Kränzen über die Materialität hinaus zu Deutungszuschreibungen öffnet. Theatralität – als etwas sich bedingendes An- und Abwesendes – und Materialität bauen hier als erlebbares Wechselverhältnis aufeinander auf und zeigen die Paradoxalität von Naturwahrnehmung: Mit Hilfe der floristischen Technik, die zwischen zerstörerischer Destruktion und schöpferischer Kreation angesiedelt ist, wird so ein Laubbaum zur Kunstform der Girlande verarbeitet.

Natur und das natürliche Material – Gewächse wie die Pflanze, der Baum, ferner das Tier, von dem hier aber nicht die Rede sein soll – sind in den Kunsträumen wie dem Theater in mehrfacher Hinsicht fehlplatziert und stellen als Bühnen-Gewächse ein schwerwiegendes ›theatrales Problem‹ dar. Der Theaterbetrieb als flexibler Produktionsraum muss in schneller Abfolge immer wieder neuen szenischen Einrichtungen Platz bieten. Dadurch werden nur ›wurzellose Verpflanzungen‹ möglich gemacht, weil natürliche Verwurzelungen in zeitlicher und räumlicher Hinsicht dazu im Widerspruch stehen. Das ist ein Widerspruch, den das *Kränzen* versucht, produktiv zu machen. Denn natürliche Materialien bieten unterschiedliche Reize und produktive Risiken für die Zuschauenden und Akteure, die auf Irreversibilitäten beruhen. In pragmatischer Hinsicht ist das natürliche Material der Verwitterung ausgesetzt und saisonalen Abhängigkeiten ausgeliefert. Deshalb nutzt das Format des theatralisierten *Kränzens* die saisonale Spezifik des herbstlichen Laubmaterials aus. Die Dimensionen des Gewächses, die es für die Bühne privilegieren und dabei mehrdeutige Erfahrungsräume eröffnen, können Zuschreibungen einer eigenen materiellen Realität sein, der Präsenz und – im Gegensatz zu den Teilnehmenden des *Kränzens* – mangelnde Intention unterstellt wird, die es auch mit dem Tier auf der Bühne teilt.[24] Durch die Zusammenlegung der doppelten Vergänglichkeit – des verwitternden Gewächses und der Theaterzeit – entgleitet das natürliche Material beim *Kränzen* stärker noch den Betrachtenden und ist in diesem Sinne doppelt flüchtig. Daher braucht es auch eine starke situative Rahmung durch Ortsspezifik und räumliche Nutzung – in diesem Falle des Innenhofs der Sophiensæle, durch den der Parallelprozess

---

24   Nicolas Ridout: *Stage Fright, Animals and other Threatrical Problems*, Cambridge 2006, S. 96–128.

der wachsenden Verwesung und des verwesenden Wachstums wirken kann. Das natürliche Material bietet beim *Kränzen* durch Haptik, Gewicht und Geruch einen besonderen
Widerstand. Je größer die räumliche Distanz zum Material und der Girlande im Innenhof der Sophiensæle, desto theatraler wird dabei die Wahrnehmung akzentuiert oder
durch die Zuschauenden gewählt, wie z.B. im Extremfall der Aufhängung der Girlande
und unserer Dankesrede als Gastgeber an die Teilnehmenden, bei der das Material aufgehängt an der Fassade gänzlich außer Reichweite gerät.

Das Verhältnis zwischen Zuschauenden und Akteuren läuft in Übereinkunft über das
simulierte Wachstum in einem *Modus des Als-Ob* ab, der beim Kränzen der *Pakt des
›falschen Wachstums‹* genannt werden kann. In diesem Modus des ›Wachstums des
Als-Ob‹ wird hier gemeinsam an der utopischen Setzung der Herstellung der Girlande
aus einem Haufen toten und floralen Materials gearbeitet. Die fiktionale Dimension
durch die Theatralisierung und florale Materialität machen also die zwei möglichen Einstellungen gegenüber dem Pakt aus, der von den Teilnehmenden angenommen oder
verworfen werden kann. Das *Kränzen* öffnet einen gemeinschaftsstiftenden Raum, der
durch die ernsthafte Einladung zur Teilnahme am *Kränzen für den Ur-Forst* hergestellt
wird. Auch weitere Ankündigungstexte im Vorfeld wie der Aufruf zum ›Deko-Team Ur-
Forst‹ sowie die Begrüßungs- und Dankesrede setzen diese para-textuellen Erzähleben-
nen und -stränge der im Entstehen begriffenen Gemeinschaft und der zu bewältigenden
Arbeit an der Girlande fort. Ausgehend von der konzeptionellen Rahmung des Ereignisses werden narrativ-fiktionale Manipulationsanreize für die Zuschauenden gesetzt und
können theatrale Konventionen ausreizen und überschreiten.

Wenn *Kränzen* keine Kultivierung im biologischen Sinne darstellt, so ist diese ›Erprobung von Tradition‹ eine Kultivierung des Wissens, die die Technik des Bindens und den
ländlichen Ritus des Zusammenkommens anwendet und praktisch erfahrbar macht. In
der Arbeit mit und an der Girlande ereignet sich ein Wissen und wird unter den Teilnehmenden als Diskurs von Form und Zeit des simulierten Wachstums aktualisiert, geteilt
und synthetisiert. Dieser Vorgang wird beim Kränzen verstärkt und in der theatralisierten Form des *Kränzens* durch das ›wissenhafte Sprechen‹ von uns als Initiatoren und
Gastgeber begleitet. Es beschreibt die Bindetechnik im Modus des *show and tell* und
benennt dabei den Status des Laubmaterials, seine Herkunft und Bestimmung. Dadurch
wird ein sprachlicher Zuschreibungsprozess in Gang gehalten, der die Erfahrungsräume
zwischen Totem und Lebendigem, Wachstum und Verfall stimuliert. Die florale Materialität der Girlande und die gesetzten Anreize der Fiktionalität bedingen Akte der Bedeu-
tungsstiftung und Zuschreibung im anhaltenden Prozess einer sich materialisierenden
Fiktion und einer fiktionalisierenden Materialisation. Dieser Zuschreibungsprozess geht
von der Materie aus und wird nicht von außen an sie herangetragen. Die sprachlichen
Äußerungen und Texte sind ›narrative Aufpfropfungen‹, die durch alltägliche Materialien, Techniken und Handgriffe neu gerahmt und wahrnehmbar gemacht werden können.
So wird z.B. das Einfrieren der Girlande in Vakuum-Beuteln als »frühzeitig eingeleiteter
Jahreszeitenwechsel für die Girlande aus Herbstlaub« beschrieben.[25]

---

25   Hendrik Quast und Maika Knoblich: *Dankesrede für das Kränzen für den Ur-Forst*, 2013, unveröffentlicht.

Durch die Rahmenform der Girlande wird auf die traditionelle Gerahmtheit der Guck-
kastenbühne und die Konventionen einer Aufführung angespielt. Weil die Girlande für
das Eingangsportal bestimmt ist, situiert sie sich an der Schwelle von Innen- und Außen-
raum. Das *Kränzen* wurde sozusagen zum Durchgangsbereich: Die Girlande setzte für
einen noch abwesenden Referenten und erst für den kommenden Anlass des *Ur-Forsts*
im Februar 2014 einen Rahmen. Durch den Status des organischen Materials löst sich
aber der Rahmen bereits wieder auf und befindet sich im verwelkenden Vergehen.

Da der Festakt beim *Kränzen für den Ur-Forst* gegenüber den vorbereitenden Tätigkeiten durch das kurze Aufhängen am Portal nur Nebensache der gesamten Aktion wird,
akzentuiert die Performance-Aktion das Probenhafte gegenüber der Aufführung. Keineswegs ist dies ein Ausweg des Nicht-Inszenierten aus der theatralisch-symbolischen
Situation, sondern stets eine Arbeit an der symbolischen Überlagerung des *Kränzens*
als ›erprobte oder theatralisierte Tradition‹ im Rahmen des Theaters. Dadurch, dass der
Rahmen, im Sinne einer Umrahmung und einer Grenzziehung zwischen Akteuren und
Zuschauern, hier (noch) nichts rahmt, ist er keineswegs überflüssig. Die multiplen Perspektiven der Ausführungen des Kränzens verschaffen der Girlande als materialisierter
»sozialer Skulptur« Geltung. Die Performance und ihre Performativität werden hier ganz
buchstäblich als die *Zusammen-Arbeit am Rahmen* verstanden, mit deren Hilfe Kunst in
die Bildung von Gemeinschaft überführt wird.

Die alternative Anordnung von Zuschauenden und Akteuren beim *Kränzen* hebt die
soziale Funktion des Theaterbaus hervor, der im Sinne Michel Foucaults zur *Heterotopie*
werden kann. Sein sozialer Charakter zeichnet sich dadurch aus, dass er eine »Gegen-
platzierung« ist und seine Funktion darin liegt, eine räumliche und zeitliche Trennung
vom Alltag zu ermöglichen, die eine Aussetzung von sozialen Normen und Konventionen
herstellt.[26] Als Eigenschaft einer *Heterotopie* nennt Foucault besondere Zeitschnitte, die
er in analoger Begriffsbildung zur *Heterotopie* »Heterochronien« nennt und die mit der
herkömmlichen Zeit brechen.[27] Auch wenn das *Kränzen* nicht im Theaterbau stattfindet, so wird durch die Mikrofonierung und die räumliche Anordnung der Arbeitstische
eine theatrale Situation kreiert und codiert. So gesehen ist der beim *Kränzen* entstehende theatrale Übergangsraum eine *Heterotopie*, weil sich seine soziale Funktion von
den Homotopien des Alltags unterscheidet und er sich erfahrungsbezogen zwischen
Aufführung und Probe situieren lässt. Hier grenzen der Raum des Zuschauens als kollektiver Erlebnisraum und ein performativer Raum als Ort des kränzenden Teilnehmens
aneinander. Beim *Kränzen* werden beide Räume an einer ortlosen Schnittstelle, die die
Zuschauenden selbst wählen können und die nicht wie im Theaterbau vorgegeben ist,
scharf oder durchlässig voneinander abgeschnitten. Also kann die von Foucault abge-
leitete theatrale Raumkonstitution beim *Kränzen* als erlebbares Wechselverhältnis von
sozialem Zuschauerraum und performativem Werkraum des *Kränzens* beschrieben werden. Der Theaterbau ist nach Foucault darüber hinaus ein System der Öffnungen und
Schließungen, das bestimmte Gesten in Kenntnis der theatralen Konventionen beim

---

26   Michel Foucault: »Andere Räume« (1967), in: Karl Heinz Barck, Peter Gente, Heidi Paris und Stefan
      Richter (Hg.): *Aisthesis. Wahrnehmung und heute oder Perspektiven einer anderen Ästhetik*, Leipzig
      1991, S. 34–46, hier S. 39.
27   Ebd., S. 43.

Betreten voraussetzt.[28] Also könnte man im Sinne Foucaults sagen, dass der *Theaterbau als Heterotopie* eine spezifische Form des sozialen Verhaltens und der Wahrnehmung definiert, die beide in der Anordnung des *Kränzens* und der geteilten Expertise zur Wahl gestellt werden.

Inwieweit der Zuschauer beim *Kränzen* an der Inszenierung beteiligt wird und dadurch der soziale Charakter oder der illusionäre Charakter der Heterotopie geöffnet bzw. geschlossen werden, hängt von der selbst gewählten Durchlässigkeit der Schnitt- oder Begrenzungsstelle von sozialem und performativem Raum ab. Diese Wahl lässt sich räumlich dadurch bemessen, wie groß die Distanz zum Material der Girlande durch die Teilnehmenden gewählt wird. Je durchlässiger die Schnittstelle, desto stärker ist der soziale Charakter der *Heterotopie* als alternativer Verhandlungsraum des Mitarbeitens und Teilnehmens und desto geringer die Distanz zum Material. Je schärfer die Schnittstelle als Begrenzung, desto illusionärer ist der Charakter der *Heterotopie* und desto mittelbarer die soziale Funktion als alternativer Vorstellungsraum, der auf Distanz der Zuschauenden beruht und die Girlande als naturhafte Ranke im Modus des ›Wachstum des Als-Ob‹ wirken lässt. In diesem Fall entfaltet der theatrale Charakter durch die Distanz zum Material eine größere Wirkung als der soziale Charakter der Zusammenarbeit beim *Kränzen*. Im *Pakt des ›falschen Wachstums‹* lässt er in diesem aufgeklafften Deutungsspielraum die naturhafte Girlande als urwüchsige Ranke imaginieren oder – wie im Derridaschen Modell der Schnittblume – als Abgeschnittenes und dadurch zugleich Schönes wirken.

Ökologie ohne Natur – Kunst ohne Künstler

An den technischen (sowie an den durch sie symbolisch wirkenden) Schnittstellen fordert das Bühnen-Gewächs nicht nur zu einer Begegnung mit dem Vergänglichen heraus, sondern auch zu einer Konfrontation mit dem Werden, wie das *Kränzen* zeigt. Das Werden ist dabei an sich schon mit dem künstlerischen Schaffen, der Kreation, assoziiert. Zu ihren Gunsten wird die destruktive Seite, also der abgeschnittene Rest, der wie im Formschnitt nicht mehr in die Form passt, vernachlässigt.

Auch wird das Vorher und Nachher der Theateraufführung als produktive wie destruktive Arbeit, z.B. beim Auf- und Abbau der Bühnen, häufig verschleiert. Er wird nicht mehr als Bestandteil des künstlerischen Vorgangs begriffen, der als ›sehenswert‹ gilt. Susan Stuart begreift diesen destruktiven Teil hingegen als das imaginative Potential, das Bestandteil jeder Kreation ist: »Without the freedom of reversibilty enacted in unmaking or at least always present as the potential for unmaking, we cannot give value to our making.«[29] Die Arbeitsweisen im künstlerischen Bereich und vor allem im Theaterbetrieb werden nur selten – eine Ausnahme bildet Annemarie Matzkes[30] Untersuchung der Probe – über eine diskursive Behauptung hinaus als integraler Bestandteil künstlerischer Präsentation deutlich gemacht und in ihren Arbeitskonzepten analysiert. Allerdings

---

28   Ebd., S. 44f.
29   Susan Stuart: *The Poet's Freedom. A Notebook on Making*, Chicago, London 2011, S. 1.
30   Annemarie Matzke: *Arbeit am Theater. Eine Diskursgeschichte der Probe*, Bielefeld 2012.

werden theatrale Prozesse erst dadurch wirksam, dass sie auf Entscheidungen von Auslassungen und Nicht-Sichtbarkeiten beruhen, die die Kreation immer wieder brechen
und durch diese Brüche die Dramaturgie für das anwesende Publikum oder die Teilnehmenden öffnet. In dieser Stiefmütterlichkeit gegenüber dem Destruktiven klingt der
Kreativitätsmythos des Künstlerdiskurses aus dem 19. Jahrhundert nach. Künstlerische
Tätigkeit wird hier als geniehafte und expressive Tätigkeit eines Künstlersubjektes verstanden, das in einem subjektiven definierten, augenscheinlich nicht nachvollziehbaren
und dadurch mythisch bleibenden Vorgang der Kreation *Inneres nach außen* überträgt.[31]
Die Natur- genauso wie die Künstlererzählung tendiert dazu, kohärent und linear geformt
zu werden. Bei dem Versuch, Schnittstellen, Regressionen und Stagnationen erzählerisch zu überbrücken, werden organologische Produktionsmetaphern des Wachstums
gebraucht. Auch sie sind eine metaphorische Technik des ›falschen Wachstums‹, die in
diesem Falle kreative Arbeit durch Semantiken des natürlichen Wachsens biologisiert
und naturalisiert. Noch heute sind diese metaphorischen Selbstdarstellungstechniken
beim Schreiben künstlerischer Werdegänge in Form des kurzbiographischen Schreibens
ein beliebtes Darstellungsmittel: Darin wird der Künstler zum Gewächs und Gärtner
gleichzeitig. Selbst beliebige Äste der Wissenschaften lassen sich auf die »Unterlage«
Künstler aufpfropfen und überschreiten meist die Gesetze der verwandtschaftsmäßi-
gen Aufpfropfung, nach denen die *Greffologie* ausgerichtet ist. Allerdings können sie
so *künstlich verwachsen* ganz *natürlich* erscheinen. Als besondere Gattung der Bühnen-Gewächse entwickelt sich der Künstler in dieser Darstellung in beschleunigter Pro-
duktivität weiter. Als Gärtner verfügt er über die Kontrolle seines Wachstums und den
Entscheidungsfreiraum, wie seine (Garten-)Projekte bestmöglich in Form zu schneiden
sind. Die kapitalen Nährstoffe, die durch die Wurzeln gefördert werden, passt er dabei
in die entscheidungsbezogene Unabhängigkeitserzählung seines Schaffens und seines
Status Quo als Künstler ein. Die als unabhängig empfundene Entscheidungsfähigkeit
beruht auf dem Konzept des freien Willens, das sich im Lichte aufklärerischer Selbst-
ermächtigung und sogar im künstlichen Lichte von Naturbeherrschungsphantasien her-
ausbildete. Dieses Konstrukt des künstlerischen Freiraums und seiner Kultivierung in
der Erzählung des Künstlers steht noch immer hoch im Kurs: »The concept of freedom
continually invites us to iniate, to choose, and to judge.«[32]

Kränzen betont in geteilter Expertise vor allem die gemeinsame Angelegenheit und
das ›Problem der Girlande‹ als abhängigen Entscheidungsprozess. Dadurch werden
klassische Künstlerbilder in der Performance-Aktion in Frage gestellt und jeder Teilneh-
mende wird zum Mitgestalten herausgefordert. »Wenn man eine keimende Eichel aus
der Erde zieht, dann ist das nicht dasselbe, als wenn man eine Ehrfurcht gebietende
Eiche fällt«, stellt Peter Singer aus bioethischer Perspektive fest.[33] Diese Feststellung
wirft für die Performance-Aktion *Der Ur-Forst*, die eine Verpflanzung einer gefällten Eiche
aus den Berliner Forsten in den Festsaal der Berliner Sophiensæle inszeniert, eine entscheidende pflanzenethische Frage auf, in der der Status der Eiche nicht mehr nur als

---

31   Andreas Reckwitz: »Vom Künstlermythos zur Normalisierung kreativer Prozesse. Der Beitrag des
     Kunstfeldes zur Genese des Künstlersubjektes«, in: Christoph Menke und Juliane Rebentisch (Hg.):
     Kreation und Depression, Berlin 2010, S. 98–117.
32   Stuart: *The Poet's Freedom*, a.a.O., S. 5, S. 199.
33   Peter Singer: *Praktische Ethik*, Stuttgart (1979) 1994.

Abb. 4 Hendrik Quast/Maika Knoblich: *Ur-Forst*, 7.9.2013, Aufhängung der Girlande an der Fassade der Berliner Sophiensæle.

Bühnen-Objekt verhandelt werden kann. Die Eiche und auch die Girlande beim *Kränzen für den Ur-Forst* sind aus dieser Perspektive sowohl Objekt als auch Subjekt der Aktion und unterliegen deshalb in der geteilten Expertise der Verantwortung aller Teilnehmenden. Dies zeigt, dass Entscheidungsprozesse zwangsläufig mit Verantwortlichkeiten Hand in Hand gehen, die in jeder gärtnerischen Disziplin, die mit lebendigem floralen Material arbeitet, noch deutlicher zu Tage treten als in der Kunst. Der Künstler wie der Gärtner steht in einem Abhängigkeitsverhältnis seiner Entscheidungen und sollte ebenso für jede seiner Entscheidungen Verantwortung übernehmen – ob sie Naturfragen involviert oder nicht. Die gärtnerische Kunst des Beschneidens zeigt eine komplexe Kulturtechnik, die an Schnittstellen durch den künstlichen Eingriff über frühzeitiges Absterben entscheiden kann: Sie ist eine abwägende Technik der Entscheidung von Natur- und Umweltfaktoren zwischen Gewächs und Mensch. Auch das *Kränzen* ist ein verantwortungsvolles Vermitteln zwischen Künstler, Rezipient und der künstlerischen Arbeit und dadurch der beschriebenen ethischen Perspektive ausgesetzt. Dementsprechend werden die zuschauenden Teilnehmer in der geteilten Expertise des *Kränzens* und der Handhabe des floralen Materials nicht dem ›anything grows‹ im raumzeitlichen Vakuum der Kunsträume wie *White Cubes* und *Blackboxes* überlassen.

Herausforderungen der Kunst stellen alternative Raumanordnungen von Zuschauenden und Akteuren dar, allerdings auch die Adressierung erweiterter Zielgruppen. Beide Ziele eines erweiterten Kunstbegriffs können aber nur wirksam werden, wenn klassische Künstlerselbstbilder überwunden werden. Timothy Morton fordert den kritischen Umgang der umweltbezogenen Ästhetiken am Beispiel der (literarisch) künstlerischen Produktion und wirft mit dem Ansatz eines radikalen Ecocritism die Frage auf, wie Ökologie ohne gängige Naturkonzepte zu denken wäre. Er behauptet, dass Natur in künstlerischen Versuchen entweder nur als Environment oder ›andere‹ Entität/Da-Seiendes (Pflanze, Gewächs oder Tier in Abgrenzung zum Menschen) gedacht werden kann. In diesem zweiteiligen Zuschreibungsfeld gäbe es zwei Tendenzen, die Natur entweder zu objektivieren oder subjektivieren – in diesen Darstellungsversuchen läge die Schwierigkeit darin, »to keep nature just where it appears – somewhere in between.«[34] Die hergestellte Girlande kann als ein in einem Zwischenraum angesiedeltes Durchgangsobjekt angesehen werden, das sowohl einen objektiven und subjektiven Status der Natur für sich in der Performance-Aktion beansprucht. Die floristische Bindetechnik produziert, wie gezeigt, in der Arbeit mit leblosem Material stets Effekte von Natur, die sich an diesem Durchgangsobjekt entzünden. Beim *Kränzen* zeigt sich durch den künstlerischen Ansatz der geteilten Expertise, dass der geforderte erweiterte Ökologiebegriff nur wirksam werden kann, wenn die produzierende Kunst ihre Begriffe und Selbstverständnisse über den Haufen wirft, und zugespitzt: auch Kunst ohne Künstler denkt.

Die Girlande wurde nach ihrem Auftritt beim *Ur-Forst* entdrahtet, kompostiert und wieder in den Kreislauf Wald zurückgeführt, aus dem das Laub entnommen wurde. Nur für den Draht gab es keine weitere Verwendung, er landete auf dem Müll.

---

34   Timothy Morton: *Ecology without Nature. Rethinking Environmental Aesthetics*, Cambridge, Massachussetts/ London 2007, S. 41.

Eva Könnemann

Kollektive Autorschaft als filmisches Projekt

Die Einladung zu einem Beitrag für dieses Buch führte mich wie automatisiert zu dem Gedanken, das müsse ich zuerst mit ›meiner Gruppe‹ absprechen – einer Gruppe, mit der ich zwei Jahre lang an der Realisierung eines Filmes[1] gearbeitet hatte, der die Frage nach der Möglichkeit einer kollektiven Autorschaft stellt.

Nun aber bin ich alleinige Autorin dieses Textes. Woher kommen mein schlechtes Gewissen und die Angst, damit eines unserer impliziten Gesetze zu brechen? Alles, was während der Arbeit an diesem Film entstand, ist unser gemeinsames Material und kann nur in Absprache mit den anderen genutzt werden – nicht nur der fertige Film, sondern auch die über achtzig Stunden Bild- und Tonmaterial, die ihm zu Grunde liegen, auch alle Skizzen, Fotos und E-Mails, die Gesamtheit unserer aufgezeichneten Gespräche und deren Transkriptionen. Aber gehören auch meine Erinnerungen und Erfahrungen sowie die Veränderungen, die durch die Arbeit in mir ausgelöst wurden, zu diesem gemeinsamen Material?

Hinter mir liegen zwei Jahre, in denen ich mich auf eine künstlerische Arbeitsweise eingelassen habe, in der alles, was ich einbrachte, von den Gruppenmitgliedern überarbeitet, ergänzt, dekontextualisiert und in Relation gestellt werden konnte und wurde. In diesem Text will ich es mir erlauben, über diese Erfahrung nachzudenken, ohne meinen Gedanken auch hier wieder die Positionen der anderen gegenüberzustellen oder meine Sichtweise mit der ihren abzustimmen.

Es gleicht schon beinahe einem geflügelten Wort, dass Filmemachen Teamarbeit sei. Zwischen den Begriffen Team und Kollektiv erstreckt sich jedoch viel Raum. Beim ›Team‹ denke ich an kollegiales Verhalten, Sport und Metaphern wie ›sich die Bälle zuspielen‹ oder auch die Idee, dass jeder Spieler seinen festen Platz im Feld brauche. Einen Film zu realisieren ist eine komplexe Angelegenheit, die unterschiedliches Können und Wissen benötigt, das selten in nur einer Person vereint ist. Und weil die Arbeit an einem Film nicht nur komplex, sondern meist auch sehr teuer ist, sind die Kompetenzbereiche im Team der klassischen Filmproduktion üblicherweise klar verteilt und hierarchisch geordnet. An der Spitze gibt es jemanden, der in Entscheidungsfragen das letzte Wort hat.

Der Begriff ›Kollektiv‹, so wie wir ihn gedacht und weitestgehend praktiziert haben: Jeder von uns ist für alles verantwortlich. Alle Entscheidungen werden gemeinsam gefällt. Diese Auffassung eines Kollektivs ist gewiss konsequent und ambitioniert, sie reglementiert aber auch vieles. Des Öfteren habe ich mich gefragt, ob eine Arbeitsweise, in der die Freiheit des Einzelnen vom Einverständnis oder zumindest der Auseinandersetzung mit der Gruppe abhängt, für einen künstlerischen Prozess überhaupt praktikabel sei. Obwohl ich fünf Personen an meiner Seite hatte, die das Projekt mittrugen und voranbrachten, war es mir nie zuvor schwerer gefallen, an einem Film zu arbeiten

---

1   Babak Behrouz, Eva Könnemann, Nick Koppenhagen, Marco Kunz, Katja Lell und Laura Nitsch: MATERIAL BETON (2014).

und ihn zu beenden. Die kollektive Autorschaft empfand ich als Kraftakt durch vereinte Kräfte.

Ich habe in den letzten Jahren eine Reihe von Filmen realisiert, die künstlerische Denk- und Arbeitsprozesse zum Inhalt der Erzählungen hatten. Oft bestand meine Arbeitsweise darin, eine fiktive Grundsituation zu initiieren, deren Gestaltung und Weiterentwicklung ich anderen Künstlern überließ, um die stattfindenden Prozesse dokumentarisch beobachtend filmen zu können. In meinen letzten Projekten hat sich mein Interesse dabei immer mehr auf Aspekte der Zusammenarbeit und darin liegendes Konfliktpotential fokussiert. Für meinen 2010 fertiggestellten Film – ENSEMBLE – habe ich ein Theaterensemble aus Schauspielerinnen und Schauspielern, einem Musiker und einem Tänzer, einer Bühnenbildnerin und einem Regisseur gecastet. Diese fiktive Gruppierung sollte eigens zum Zwecke der filmischen Beobachtung an einer Inszenierung von Büchners *Dantons Tod* arbeiten. Weder ich, die sie dabei filmte, noch die Darsteller wussten vorab, was in der gemeinsamen Arbeit passieren würde. Am Ende der unter realistischen Bedingungen stattfindenden Probenzeit stand eine Aufführung vor einem realen Publikum. Diese Premiere war zwar wichtig, um unsere Arbeit in der Wirklichkeit zu verankern und unser Tun vom bloßen ›Als Ob‹ zu befreien; aber es war eine einmalige Vorführung und nicht das, worum es mir ging. Indem alle wussten, dass sie das, was sie tun, letztendlich für den Film tun, entstand ein übergeordnetes Interesse für den kreativen Prozess an sich: Die Ursprünge, Ideen und Konflikte der Protagonisten, ihre Versuche, zueinander zu finden, ein Ensemble zu werden – all diese Zwischenschritte, Umwege und auch das finale Scheitern ihrer Bemühungen wurden zum Motor und Zentrum der Erzählung. Die Dreharbeiten waren sehr gemeinschaftlich organisiert. Ich hatte durch die Gestaltung der Grundsituation einen Rahmen gesetzt, mich dann aber in eine Beobachterposition zurückgezogen und die Entwicklung des Prozesses ganz den Protagonisten überlassen. Meine Autorschaft beschränkte sich in dieser Zeit auf das Führen der Kamera, die Entscheidungen dafür, welche Blickwinkel ich einnahm und mein Interesse für bestimmte Ereignisse und Aspekte. Erst nach Ende der Dreharbeiten wurde ich wieder zur aktiv gestaltenden Autorin. Mit über 100 Stunden Filmmaterial zog ich mich in den Schneideraum zurück und erarbeitete in einem Prozess von über einem Jahr meine Version der Geschichte: *eine* Version unter unendlich möglichen. Ich vermute, dass keiner aus dem Ensemble sich durch den Film angemessen repräsentiert fühlte. Ein jeder hätte aus dem Material andere Schwerpunkte ausgewählt und trug die Ereignisse anders in Erinnerung. Durch diese Erfahrung rückten grundsätzliche Fragen über meine Haltung als Filmemacherin und die Art und Weise, wie ich künstlerische Zusammenarbeit gestalte, in mein Bewusstsein. Was bedeutet es, einer anderen Person gegenüber zum Autor zu werden, eine Kamera auf jemanden zu richten und aus den entstehenden Bildern Geschichten zu montieren? Woher kam mein zeitweiliges Unbehagen, andere Menschen zu Material zu machen, wenn ich sie filmte, woher rührte das Gefühl, ihnen Bilder abzuziehen und mich vampiristisch an ihrer Persönlichkeit zu bedienen?

Der größte Reiz an der Arbeit in einer Gruppe liegt in der Hoffnung, mich durch andere verändern zu können und zu Sichtweisen und Ergebnissen zu gelangen, zu denen ich alleine nicht fähig wäre. Und so nahm auch die Idee, meine Autorschaft dem Kollektiv zu öffnen, erst im Zusammenspiel mit einem Außen und dem Einfluss von anderen Gestalt an. Als ich nach dem Theaterfilm ein neues Projekt in Angriff nahm, wollte ich meine Vorstellungen von Zusammenarbeit hinterfragen und erweitern. Ich beschloss, nicht einen weiteren Film über das Thema der Gemeinschaft zu realisieren, sondern den Schritt zu wagen, in Gemeinschaft an einen Film über Gemeinschaft zu arbeiten, einen Gruppenprozess nicht mehr von außen zu beobachten, sondern gleichzeitig ein Teil davon zu sein.

Statt im Theatermilieu, das ja an sich schon stark hierarchisch und eher zwangsvergemeinschaftet organisiert ist, schlug ich das Projekt an Kunsthochschulen vor. Ich war interessiert daran, mit Künstlern zu kooperieren, die bereits ein spezifisches Interesse für und Erfahrung mit kollektiver Arbeit mitbrachten. Die Radikalität, mit der die Frage nach der kollektiven Autorschaft schließlich gestellt wurde, verdankt sich der kritischen Haltung jener Künstler, die ich für das Projekt ansprach. Für fast alle wäre es undenkbar gewesen, an einem Projekt teilzunehmen, in welchem sie nicht die ganze Kontrolle oder zumindest die zu gleichen Teilen geteilte Kontrolle über das Endergebnis haben würden.

Während eines Workshops, an dem Studenten der Akademie der Künste München, der Universität der Künste Berlin und der Hochschule für bildende Kunst Hamburg teilnahmen, fand sich schließlich die Gruppe: Babak Behrouz, Nick Koppenhagen, Marco Kunz, Katja Lell und Laura Nitsch entwickelten die Idee, für den Film eine Künstlergruppe zu erfinden, die sich über nichts weiter als das gemeinsame Bekenntnis zum Material Beton konstituiert. Ich konnte mich sofort für diesen Grundgedanken begeistern, den wir gemeinsam zu einem Konzept entwickelten: In der filmischen Erzählung verkörpern wir zwei verschiedene Gruppierungen. Einmal nennen wir uns »Betongruppe« und als diese ist es unsere Aufgabe, gemeinsam eine Großskulptur aus Beton zu bauen. Daneben verkörpern wir auch das »Autorenkollektiv«, welches an einem Film über die »Betongruppe« und den Entstehungsprozess ihrer Skulptur arbeitet. Unseren Film dachten wir als eine Versuchsanordnung mit offenem Ausgang, in der wir Beobachter und Material der Beobachtung zugleich sind. Praktisch sah es so aus, dass wir während der zweimonatigen Dreharbeiten tagsüber als »Betongruppe« in einer ehemaligen Betonsteinfabrik an unserer Skulptur arbeiteten, wobei jeweils einer aus der Gruppe uns andere dabei filmte. Am Abend schauten wir uns diese Bilder dann stets als »Autorenkollektiv« an und diskutierten sie. Diese Gespräche nahmen wir auf Tonband auf, um sie anschließend zu transkribieren. Anhand der Transkripte entwickelten wir Szenen, welche zu einer zweiten Narrationsebene des Filmes wurden. Diese Erzählung beginnt fast kommentierend im direkten Bezug auf die Bilder, um im Laufe des Prozesses mehr und mehr zu einer Metaebene zu werden, welche die Entstehungsgeschichte des Filmes selbst thematisiert und hinterfragt.

Unter Autorschaft verstehe ich das Treffen einer Fülle von künstlerischen Entscheidungen – wie z. B. die Auswahl des Drehortes, der Protagonisten, der Kostüme und später dann die Auswahl der Kameraeinstellungen sowie die Entscheidungen, wann die Kamera läuft und vor allem die Selektion und Kombination des Materials im Schnitt und zuletzt auch den finalen Beschluss, wann der Prozess und damit der Film beendet ist. Viele dieser Entscheidungen laufen unbewusst ab. Viele dieser Entscheidungen basieren auf Erfahrungen. Wenn ich diese Entscheidungen nicht mehr für mich alleine treffen würde, sondern sie in der Gruppe besprechen musste – könnte ich auf diesem Wege mehr darüber herausfinden, was meine Autorschaft ausmacht und in welchen Arbeitsschritten sie sich vollzieht? Könnte etwas über das Wesen von Autorschaft an sich sichtbar werden, wenn in einer Gruppe um sie gerungen und sie damit zum Thema wird?

Die erste Phase in der Realisation eines Filmes besteht in der Konzeption und diesen Abschnitt empfand ich als sehr geeignet für die Arbeit im Kollektiv. Gemeinsam kann man schneller assoziieren, leichter um Ecken denken, Blockaden überwinden, sich gegenseitig inspirieren, Ideen von anderen aufgreifen, weiterentwickeln, abstrahieren und vertiefen. Unsere ersten Konzeptworkshops und das dabei stattfindende gemeinsame Phantasieren war von großer Leichtigkeit und Euphorie geprägt. Erst mit dem Druck, unsere losen Ideen in zusammenhängende Texte niederzuschreiben, begannen nach und nach unsere Kontroversen. Um den Film zu finanzieren, reichten wir ihn bei potentiellen Förderern ein. Dazu war es nötig, die Ideen in Sprache zu fassen und schlüssig zu argumentieren. Basierend auf dem, was wir uns gemeinsam ausgedacht hatten, schrieb ich ein *treatment*. Es war aus meiner Perspektive heraus formuliert und entwickelte die Argumentation für das Interesse einer kollektiven Autorschaft aus meiner künstlerischen Vorgeschichte. Obwohl ich es nur ›gut gemeint‹ hatte und der Text lediglich der Beantragung von Fördergeldern dienen sollte, wurde er von einzelnen aus der Gruppe alsbald stark kritisiert. Ich würde darin das Projekt so darstellen, als sei es ausschlaggebend meines, zu dem alle anderen nur als Mitwirkende und Beiwerk eingeladen seien. Ich sah ein, dass es wichtig war, den Text noch einmal umzuformulieren, stellte gegenüber der Gruppe aber auch klar, dass ich nicht diejenige sei, die dies tun würde. Wenn es multiperspektivisch werden soll, dann musste schon jemand anderes die Feder übernehmen. Dies geschah zuerst lediglich dadurch, das in meinem Text alle ›Ich‹-Formulierungen durch ein ›Wir‹ ersetzt wurden und sämtliche Abschnitte, die sich auf meine bisherige Arbeit bezogen, verschwanden. Es war noch ein weiter Weg zu einem Text, von dem ich das Gefühl hatte, er sei im Kollektiv erarbeitet worden. Aber es war der Beginn einer Praxis, deren Kennzeichen es ist, dass man eben irgendwo anfangen muss, dass es einen ersten Schritt braucht, damit Vorlagen entstehen, auf welche andere sich beziehen können, um Positionen des Dafür oder Dagegen einzunehmen, woraufhin Prozesse der Annäherung und des Abstoßens, der Suche nach Gemeinsamkeiten, des Überschreibens, Umformulierens, Kombinierens, Abstrahierens und des Ergänzens beginnen, an dessen Ende niemand mehr sagen kann, von wem dieser Text nun eigentlich sei.

Ich hatte bisher bei allen meinen Filmen hinter der Kamera gestanden, fühlte mich erfahren darin, Gruppenprozesse zu dokumentieren und so bin ich anfangs ganz selbstverständlich davon ausgegangen, dass ich diejenige sein würde, welche die anderen filmt. Jeden Abend würde ich ihnen die Bilder zeigen, um sie anschließend als Autorenkollektiv zu besprechen. Auf diese Art und Weise könnte jeder Einfluss auf die Bildproduktion nehmen, die anderen könnten mir Aufträge erteilen, was und wie ich filmen sollte, sie würden mir Rückmeldungen geben, welche Bilder ihnen gefallen, welche sie ablehnen und warum. Aber auch hier drängte die Gruppe darauf, dass jeder einmal die Kamera führen müsse, damit die Autorschaft kollektiv würde. Und schlussendlich empfand auch ich die Diversität der dabei entstehenden Bilder als ausschlaggebend für die Bearbeitung unseres Themas. Man kann nicht sehen, wie ein anderer sieht, man kann nicht denken, wie ein anderer denkt, und man kann nicht fühlen, wie ein anderer fühlt. Jeder von uns hatte eine eigene Art, auf die Dinge zu schauen und sie abzubilden. Oft habe ich gedacht: »Das hätte ich ganz anders gefilmt.« Oft habe ich aber auch gedacht: »Das hätte ich so nie filmen können.«

Da wir uns alle wünschten, der Film solle möglichst heterogen werden, brachten wir uns in den Bildbesprechungen viel Akzeptanz und Offenheit entgegen. Aber die Unterschiede unserer visuellen Konzepte bargen auch immer wieder enormes Konfliktpotential. Neben den individuellen Eigenheiten eines jeden ließen sich in der Bildproduktion grob gesagt zwei entgegengesetzte Grundhaltungen ausmachen: Die eine Hälfte der Gruppe hat eher dokumentarisch gearbeitet und dabei versucht, die Ereignisse repräsentativ abzubilden, d.h. den Personen nahe zu sein, Gespräche einzufangen, bei Konflikten, Emotionen und Auseinandersetzungen hinzuschauen und die präzisen Etappen im Prozess der Entstehung der Skulptur festzuhalten. Der andere Teil der Gruppe hat subjektiver, abstrakter und distanzierter gearbeitet und damit Bilder geschaffen, deren Erzählungen einer anderen Logik gehorchen als der Repräsentation. Es sind Bilder, die z. B. eher ästhetischen Gesetzen folgen, die atmosphärisch aufgeladen sind oder durch Verstecken und Auslassungen fähig sind, fast unmerkliche Verschiebungen in der Wahrnehmung zu provozieren.

Wenn wir unsere Offenheit verloren, äußerte sich das nicht selten in verkürzten Urteilen. Die ›Dokumentaristen‹ warfen den ›Stilisten‹ vor, zu viel zu zensieren, die Darstellung der Gruppe oder sich selbst aus Eitelkeit in eine bestimmte Richtung zu lenken und damit zwar schöne, jedoch inhaltsleere Bilder zu schaffen. Die entgegengesetzten Vorwürfe lauteten, wenn vorbehaltlos abbildend gefilmt wird, landen wir bei einer Art Heimwerker-TV oder Big Brother-Format. Dabei sei es aber wichtig, bestimmte Bilder erst gar nicht entstehen zu lassen, damit man auch später nicht in Versuchung kommen könne, sie zu benutzen. Meine Haltung geht in die dokumentarische Richtung und beinhaltet den Wunsch, während der Dreharbeiten möglichst viel und ungefiltert Material zu sammeln, um damit Möglichkeiten für spätere Erzählungen zu schaffen. Der Akt des Zensierens findet für mich verstärkt während des Schnitts statt, wenn aus der Fülle des Materials die Erzählung extrahiert wird. Wegen dieser Gewichtung und Zuspitzung geriet ich in dieser Arbeitsphase an meine Grenzen, hier fiel mir das Teilen der Autorschaft am schwersten.

Wir waren uns einig, dass wir nicht monatelang nebeneinander im Schneideraum sitzen könnten, um jeden Schnitt zu diskutieren. Es war wichtig, einen Arbeitsmodus zu finden, in dem individuelles Arbeiten sich mit Zeiten des Austauschens und Zusammenführens abwechseln könnte. Und so bekamen wir alle eine Festplatte mit dem gesamten Bild und Tonmaterial und die Freiheit, sich nach eigenem Interesse damit zu befassen. Jeder sollte zu Beginn Szenen, Sequenzen und Erzählungen entwickeln, die wir später gemeinsam in Abfolgen bringen könnten. Dazu haben wir keinen Masterplan besprochen, keine Aufgaben verteilt und strebten auch kein Format an, indem jeder Kapitel produziert, die dann aneinandergereiht ein Ganzes ergeben könnten. In dieser ersten Phase trafen wir uns mindestens einmal im Monat für ein paar Tage, zeigten uns unsere Ergebnisse und besprachen sie. Und auch in diesem Abschnitt des Prozesses war es so, dass die ersten Treffen von Neugier und Offenheit geprägt waren, die sich stückweise verringerte, je mehr es darum ging, endgültige Entscheidungen zu treffen und den Film in eine Form zu bringen.

Nach fünf Monaten, in denen unser Austausch lediglich in der Kenntnisnahme und Kommentierung der Erzählfragmente der anderen bestand, sahen wir die Zeit gekommen, unsere Einzelteile in eine einheitliche Form zu bringen. Mit dem Ziel, am Ende unseres Aufenthaltes zu einem gemeinsamen Rohschnitt zu kommen, fuhren wir für einen 10-tägigen Workshop nach Bayern. Wie bereits in der Bildproduktion haben wir auch im Schnitt Heterogenität begrüßt und gesucht. Dennoch gestaltete es sich teilweise unmöglich, unsere entgegengesetzten Haltungen in eine sinnvolle Dramaturgie zu bringen. So wünschten sich z. B. einige eine subtile Erzählweise, in der die »Betongruppe« zu Anfang des Filmes schweigend dargestellt wird, ihr Tun sehr lange mysteriös bleibt und die Unternehmung – nämlich gemeinsam eine Skulptur und gemeinsam einen Film zu machen – erst nacheinander und sukzessive deutlich wird. Ein anderer Teil der Gruppe, zu dem auch ich gehörte, wollte den Zuschauern gleich zu Beginn genau diese Informationen geben. Für mich liegt der Kern des Projektes im Versuch und der Schwierigkeit einer kollektiven Autorschaft, und das sollte meiner Ansicht nach von Anfang an explizit Thema sein. Ich hatte das Gefühl, alle Bilder und Situationen würden interessanter und aufgeladener, wenn der Zuschauer gleich seine eigenen Gedanken zu der Fragestellung entwickeln kann. Auch hatte ich die Vermutung, die Ereignisse bekämen mehr Fallhöhe und damit eine Art *Suspense*, denn ein gemeinsames Ziel – wie die Skulptur und der Film – impliziert auch die Möglichkeit seines Scheiterns.

Die beiden Ansätze sind sehr verschieden, und auch wenn ich den einen Weg favorisierte und mich für ihn einsetzte, hieß dies nicht, dass ich den anderen falsch oder uninteressant fand. Das Problem war nur, dass ich dabei keine Möglichkeit für einen Mittelweg sah. In der Frage, ob die »Betongruppe« im ersten Teil des Filmes schweigt oder nicht, gibt es kein ›ein bisschen schweigen‹ oder ›ein bisschen reden‹ als Antwort, sondern nur eine künstlerische Entscheidung dafür oder dagegen. Man kann einen Film nicht gleichzeitig abstrakt und konkret beginnen lassen. Wenn man eine Erzählung sukzessive entwickeln will, braucht man einen klaren Ausgangspunkt, den man setzen muss. Einen grundlegenden Entschluss für Dramaturgie und Form des Filmes haben wir während unseres Workshops nicht gefällt. Im Verlauf unseres Prozesses kamen wir immer wieder zu Dissens und dem Gefühl fundamentaler Unterschiede. Aber die daraus resultierenden Streitigkeiten führten fast nie zu klaren Beschlüssen. Meistens haben wir an diesen Scheitelpunkten nach langen und verletzenden Diskussionen einfach weiter gemacht, in der Hoffnung, dass eine Entscheidung sich schon irgendwann diffus und von selbst einstellen wird.

Nach dem ersten Workshop wurde unser Austausch reger und wir begannen nun tatsächlich, uns an einer gemeinsamen Schnittsequenz zu orientieren. Diese war jedoch weder verbindlich noch fix und blieb einem ständigen Wandel unterworfen. Sobald man eine neue Fassung erarbeitet hatte, schickten wir uns die Schnittdaten per Mail und gaben sie frei zur weiteren Bearbeitung und Aneignung. Es begann ein mühsamer Prozess, in dem es nicht selten geschah, dass jemand eine Version anbot, die daraufhin von einem anderem umgestellt, von einem dritten noch einmal leicht verändert und ergänzt wurde, bis sie irgendwann fast wieder zu ihrer ursprünglichen Form zurückfand.

Entscheidungen nicht mit Bestimmtheit zu treffen, sondern unsere Positionen in ein fortwährendes Hin-und-Her, in einer Bewegung des Annähern und Abstoßens zu halten, war schließlich unsere Methode, doch einen Mittelweg zu gehen. Ein befreundeter Filmemacher, den ich zu einer Sichtung des Filmes einlud und der sich vom Stand der Arbeit entsetzt zeigte, riet mir, es sei nun dringend an der Zeit, mich durchzusetzen. Es ginge doch schließlich darum, einen guten Film zu machen, und wenn die Gruppe sich über die dafür notwendigen Prämissen nicht einig wird, dann müsse eben der eine oder andere abspringen, das gehöre zu so einem Prozess fast zwangsläufig dazu. Aber ich verspürte immer deutlicher, dass dieser Film für mich nicht besser werden konnte, wenn ich meine künstlerischen Ansprüche durchsetze oder die anderen von meiner Sicht überzeuge. Wichtiger erschien mir, dass er andere Qualitäten entwickeln müsste als die, nach denen ich meine Filme sonst als gelungen bewerte. Dafür war es wesentlich, auch in der Zeit des Schnittes unsere Gespräche aufzuzeichnen und sie kontinuierlich weiter in die Erzählung einzuflechten. Indem auf der inhaltlichen Ebene unser verzweifeltes Ringen zwischen individuellen Haltungen und der Suche nach demokratischer Objektivität verhandelt wurde, konnte das Disparate oder manchmal auch Vage der filmischen Form zur sinnvollen Metapher werden, die sich jener des Betons und seiner Festigkeit komplementär entgegensetzte. Wichtiger als die Ergebnisse der Auseinandersetzungen, die zu einer schlüssigen Dramaturgie hätten führen können, wurde die Erzählung über die fortwährenden Transformationen des Materials und unserer Positionen. Es war diese Fokussierung auf den Prozess an sich, die es mir erlaubte, den Begriff des Kompromisses noch einmal neu zu denken.

Zu Beginn unserer Zusammenarbeit führten wir lange Diskussionen über die Frage, was für eine Art der Skulptur wir für den Film bauen würden. Ich hatte damals vehement geäußert, dass ich eher bereit wäre, helfend an einem Betonprojekt mitzuwirken, das auch nur von einer Person tatsächlich favorisiert wird, anstatt als Gruppe etwas umzusetzen, das alle ein wenig für gut befinden. Zu diesem Zeitpunkt trat ich klar gegen Vermischung und Angleichung und für absolute Positionen ein, die mit Leidenschaft vertreten werden müssen. Im Kompromiss sah ich lediglich etwas Verwässertes und Lauwarmes, auf das man sich eben einlässt, wenn man keine gemeinsame oder genügend starke Position finden kann. Heute denke ich, Kompromiss ist nicht gleich Konsens. Ein Kompromiss muss nicht der Punkt sein, der zwischen entgegengesetzten Positionen liegt, sondern er kann auch dort erscheinen, wo neben einer Position noch Platz bleibt für eine andere. Er kann sich im Versuch zu verstehen und der Annäherung an etwas Fremdes zeigen und in der Bereitschaft, Unterschiede auszuhalten und Widersprüche zu akzeptieren.

Trotz der Konzentration auf die Transformationen des Materials wollten wir als Ergebnis zu einem Film kommen, der als eigenständige Erzählung funktionieren sollte. Dazu musste der Prozess irgendwann beendet und die Form geschlossen werden. In der letzten Phase unserer Zusammenarbeit veränderten wir erneut deren Modus. Im Laufe der Zeit war es uns zu einem Ritual geworden unsere Gespräche aufzuzeichnen und zu transkribieren. Das Starten des Diktiergerätes war zu einem automatisiert ablaufenden Vorgang geworden und manchmal tauchten Konversationen, die vormittags geführt wurden, schon am selben Nachmittag in einer Schnittsequenz auf. Eines Tages stoppten wir ganz plötzlich die Gesprächsaufnahme, ohne dies vereinbart oder irgendwie geplant zu haben. Es war uns allen intuitiv klar, dass wir eine weitere Materialproduktion einstellen mussten, um uns vom Prozesshaften zu lösen und eine abschließende Form zu finden. Das Diktiergerät lag bis zum Schluss wie eine mahnende Erinnerung zwischen uns auf dem Tisch, aber niemand drückte mehr den Aufnahmeknopf.

Daraufhin wurde unsere Zusammenarbeit merkwürdig leicht und sachlich. Die nerven-aufreibenden Grundsatzdebatten wichen konstruktiven Gesprächen, in denen wir den gesamten Film Schnitt für Schnitt durchgingen und optimierten. In Sichtungen mit exter-nem Publikum fanden wir zu überprüfende und zu verbessernde Stellen und fertigten Listen an, um diese nacheinander zu bearbeiten. Der allerletzte Punkt auf unserer letz-ten Liste betraf ein Bild, das eher illustrierend und für die Handlung des Filmes nicht notwendig war. Wie so oft war eine Mehrheitsentscheidung nicht möglich, weil die eine Hälfte der Gruppe dafür war, das Bild im Film zu belassen, und die andere dagegen. Am Ende haben wir einfach eine Münze geworfen. Indem das prozesshafte Arbeiten beendet war, wurde die letzte Entscheidung zu einer bloßen Wahl zwischen A oder B mit relativ geringem Einfluss auf das Gesamtergebnis. Auch wenn die Münze für mich auf die ›fal-sche‹ Seite fiel, war ich froh, dass wir uns gemeinsam für diese Form der Entscheidungs-findung entschieden hatten, um so dem Zufall und dem Spielerischen noch einmal etwas Platz einzuräumen.

Das Herausfordernde der kollektiven Autorschaft bestand für mich darin, den künstle-rischen Prozess nur eingeschränkt kontrollieren zu können. Sobald man sich auch nur kurz aus dem gemeinsamen Prozess herausnahm, lief man Gefahr, dass ein paar Tage später alles anders aussah und Form und Richtung sich um gefühlte 180 Grad geän-dert hatten. Jede einzelne Entscheidung konnte enorme Konsequenzen auf das Gesamt-ergebnis haben, alle Parameter standen in einem nicht aufzulösenden Bezugsgeflecht zueinander und die eigenen Vorstellungen und Wünsche wurden durch die der ande-ren einem ständigen Kontrollverlust unterworfen. Diesem drohenden Kontrollverlust begegneten wir über lange Strecken durch noch stärkere Kontrolle, die die Freiheit der einzelnen stark einschränkte. Indem jeder an jeder Entscheidung beteiligt sein sollte, entstand eine Art Gruppenzwang, der sich wie ein Korsett anfühlte, das wir uns selbst und freiwillig angelegt hatten. Wenn ich das Projekt noch einmal von vorne beginnen könnte, würde ich versuchen, mich immer wieder darauf zu besinnen, in den potentiel-len Richtungsänderungen nicht eine Gefahr zu sehen, sondern das, was ich eingangs als größten Reiz an der Gruppenarbeit beschrieben habe – die Chance, zu Sichtweisen und Ergebnissen zu gelangen, zu denen ich alleine nicht fähig wäre.

Valentina Karga
in conversation with Diego Chamy

A Garden in Marzahn
Experimenting with Autonomy

> "…to get the knowledge of the species […] is to get the knowledge of things."
>
> Aristotle, *Metaphysics*

Diego Chamy: An old academic tradition, founded by Aristotle thousands of years ago but still dominant in our universities, believes that "there is no science of the accidental"[1], that the act of knowing occurs only when general analytical statements can be established. I propose, for this conversation, to disregard this tradition and see if we can produce useful and creative thoughts and knowledge out of the accidental and the singular. The singular, in this case, would be the "Summer School for Applied Autonomy"[2] in Berlin-Marzahn. The thoughts that could emerge from this conversation should not be taken as valid for other projects, no matter how similar they are to this one. However, they could still be useful to generate further thoughts and discussions that could serve to understand, enrich and stimulate other projects dealing with similar subjects.

Valentina Karga: Yes. It would be interesting for me to hear a description of the Summer School from your side, since you were both involved and detached, and therefore you might have a critical point of view about it.

D.C.: Initially, I understood it as an experiment in self-sufficiency taking place at a self-constructed installation where not only food is produced, but where also photovoltaics generate electricity, you can find rainwater collectors, a plant-based water purifying system, a biogas digester that produces gas out of compost, and other similar things. And there is also a small cabin where two people can sleep. I thought the goal was to see if two people could live or survive there for a short period of time, disconnected from outside resources, i.e., covering their basic needs without depending on anything outside the garden, like the sewage system, the electricity grid or food supplies. People indeed took turns during the summer to live there in couples for around a week.

But once I started to visit the garden more often, I was impressed by the actual realization of these ideas. This was stronger for me than the experiment or the general concepts behind it. I found a very singular place that any technical or formal description would fall short of describing. It is something about the way it is done, even about its aesthetics, about how things are distributed in space and the kind of space you chose, about a certain sensitivity towards scale… Things felt familiar for me from the first day.

---

1   Aristotle: *Metaphysics*, Book 6, II. Translated by W.D. Ross, London 1924.
2   The "Summer School for Applied Autonomy" is a project initiated by Valentina Karga interested in capturing the complexity of the technical know-how but also the mental state and the social skills one needs for self-sufficiency.

They feel alive, at hand, generous. These are things that do not necessarily follow its formal concept. The specificity of the garden, its very singular realization, that is what I appreciate most about the project and that is what I find difficult to communicate and understand.

V.K.: At the beginning, you used the term "disconnected". I have not really decided which position I take regarding the notion of dependence. I started the project as an experiment that is a living place where most of its constitutive flows form a closed loop, except for rainwater and sunlight, which are its only inputs. Everything else is produced, consumed and reproduced within the limits of the system itself, with the help of the people that live there and take care of it. That was my initial idea.

However, the first step was also to connect even more, not with the city's infrastructure, but with the infrastructure of knowledge that one can find nowadays, for instance, on the internet. We studied Youtube tutorials and 'how to' pages to build certain systems. There are online communities specialized, for instance, in aquaponics, biogas digesters, solar cookers, and building of tiny houses, which are some of the things we ended up building. Designs are very much developed collectively via online communication and there is no authorship. Vernacular craftsmanship has always worked in a similar manner. Special characteristics of the designs might be relevant to factors of space (e.g. geography, climate, economic state of affairs and so on), but not to the signature of a singular person. A biogas digester design differs from the US to Pakistan just as a roof construction differs from Norway to Italy.

So the project aims, on the one hand, at disconnecting from the city's material infrastructure, and on the other, at connecting more with this immaterial infrastructure in the digital sphere. This is not a coincidence considering the fact that the new commons are namely collaboration, knowledge and cooperation – all three immaterial notions that have replaced the traditional tangible commons such as the land, the forest, the air and so on. In the contemporary neo-liberal state, where privatization and real estate forces have swept almost any chance to share a tangible space, the only hope is to look for possibilities to occupy and share intangible spaces.

D.C.: Although collaboration, cooperation and knowledge do not only happen online. I experience these things happening regularly at the garden: people who do not know each other working together, learning from each other, sharing resources, etc. And I have never been too happy about the material / immaterial distinction anyway. But leaving that problem aside, it is interesting to see how disconnection from the city's infrastructure takes us easily away from our individual lives and opens up a possibility for togetherness. But at the beginning of the project you experimented mainly by yourself, and only afterwards you started building things with other people, right?

V.K.: Yes. In the second year of my research I became more interested in other topics like collaboration and participation generally in the arts and in society. And I wanted to implement these aspects in my project because I thought that there was a strong connection between them. I felt the need of social, face-to face contact with people.

Fig. 1: Valentina Karga: *Summer school for Applied Autonomy*, 2013, digital image by the artist.

Fig. 2: Valentina Karga: *Exchange economy*, 2013, digital image by the artist.

D.C.: Did the focus of the project change from attempting to be self-sufficient to being connected to knowledge-sharing platforms and other social aspects of the garden? I ask this because shortly after I started coming to the garden, I noticed that the self-sufficient aspect was not really working so well, at a technical level. We were all somehow cheating, and I found that very interesting. From the beginning it was weird for me to see that you were comfortable buying for example wood at a hardware store. I thought it was a contradiction with the idea of experimenting with self-sufficiency. Because if you buy wood, why can't you buy tomatoes too? You can say it is a question of degrees of self-sufficiency, you can say it is not the same thing to start the project than to sustain it, of course, but still I feel there was also a shift of focus. At the beginning, the idea of self-sufficiency was the most dominant one, and then it became more about thinking in terms of an autonomous, collective way of life and how to organize it. Suddenly it was less about the 'self' and the survival, and more about understanding the difficulties, challenges and benefits of working and thinking together with others. The garden not producing enough potatoes was no longer problematic – it was not a symptom of failure. I felt the experiment took a different direction. Next year the garden will probably become a stronger self-sufficient system anyway.

V.K.: At some point I had realized that my goal to become completely self-sufficient in these two years of scholarship was very naïve because this is not something that you do so easily in two years. It is usually a life-mission and you have to improve everything all the time, keep feeding and updating the system and yourself, realizing your needs or maybe discarding needs while acquiring new ones … And it changes all the time while you are changing. Moreover, imagine a project that involves more people, all of them changing individually, and therefore changing at the same time collectively the project.

D.C.: How do you think you changed since you started this project?

V.K.: Starting from this very narrow, almost technocratic, perspective of material self-sufficiency, I understand the project today more as an attempt to become a self-sufficient person in an immaterial, emotional or intellectual way. What would it mean to be self-sufficient in your head, so to say, not just in the way you live practically, but in the way you take decisions and you deal with life in general? It has to do a lot with fear, perhaps. If you feel reassured in yourself, that you can manage, in whatever circumstances, to do and to find meaning in what you do, that is where you get this moment of becoming self-sufficient or autonomous.

D.C.: Yes, and then you understand that you can take life on your own hands, that life can happen in many different ways, that there are alternatives to the ready-made modes of life that are presented and offered to us daily, and that we are completely capable of experimenting with our own lives. The garden makes us see all that more clearly, and allows us to believe that it is something possible. But this belief is related to a shift in the way we think. Do you have any clue about what kind of thoughts or ideas were produced by the people who lived there?

V.K.: There are different reactions. I conducted interviews with the people that lived there for a week. I recall Mascha and Lilli, two students, mentioning the question of time. They said that the whole experience made them think that economy it is actually a system of transactions that has to do with time. Having this in mind, they experimented with time by doing something for other people in exchange for material products. For instance, they cooked for visitors in exchange for some extra food ingredients. As I understood it, they enjoyed the easiness of a lifestyle where everyday action is simplified in basic tasks, such as taking care of food and social activity. My friend Elena talked about anonymity and the notion of gift: each resident contributes to the system, either by taking care of it, sharing it with people, communicating the knowledge or experience produced there with others or just by producing something material that would be also shared (she made jam, for example). There are many ways. What is produced at the Summer School, whether material or immaterial, stays there. It is a present to this facility and to the people who come next. The act of the unconditional giving creates a gift economy. The residents who arrive two rotations later probably do not know who was there before. They do not know what was precisely contributed and by whom. They form an extended anonymous community operating through an unconventional, almost archaic economic system based on trust and gift. This reminds me of two things. First, before coinage, some local markets used to work in a similar way. They were based on credit, and 'credit' comes from the same root as 'credibility'. Money was literally trust. According to Graeber,[3] if I wanted something that belonged to my neighbor, he would give it to me, without exchanging it for something equivalent. I would be then indebted to him though, and would have to give something back to him at some point in the future. In this sense, economic bonds were social bonds. And second, it reminds me of the theory of anti-utilitarianism, whose hypothesis is that human beings' first desire is to be recognized and valued as givers.

D.C.: We live in a society where we do not engage much with giving without asking for something in exchange – giving things or giving ourselves. We mostly engage in exchanges, with or without money, but they are ultimately exchanges: I give you this only if you give me that… Exchanges or 'gifts' in archaic societies, as David Graeber explains it (or Marcel Mauss[4] before him), implied direct and strong social bonds, but were still more exchanges than unconditional gifts. At the garden things circulate differently. There are some exchanges, but also unconditional gifts, something I feel very attracted to since they always seem to pass unnoticed when we think about how things circulate. It seems we only have eyes for flows when things are exchanged, not when things are given unconditionally. We tend to dismiss that form of circulation. But both things happen at the garden and this creates stronger bonds among the people, a sense of trust, a sense of respect for the place and for the others. Every time I am there I feel in a different world. And it feels amazing to see that it is possible to do it, and that it is not even that complicated. You just need to want it, to believe it is possible, to believe it is

---

3   David Graeber: *Debt: The First 5000 Years*, New York 2011.
4   Marcel Mauss: *The Gift: Forms and Functions of Exchange in Archaic Societies.* Translated by Ian Gunisson, New York 1967.

worth it, and to be ready to try it out. We are used to deal with politics analytically, mainly by reading, writing or discussing things, hoping that this could somehow influence the way we live together, maybe some day in the future. But it is great to see that there is a space where autonomous politics and autonomous life actually happens, and it does it in a non-dogmatic and non-secluded way half an hour from the city center, involving different people without any manifesto…

V.K.: It organizes itself.

D.C.: Yes, people's work is neither formalized nor proceduralized, and although it was part of a seminar at the Berlin University of the Arts, still no one took it as an obligation or as a task that was already predefined and had to be executed. It was a seminar with no credits and there was no place for academic and institutional practices or habits such as top-down power structures, bureaucracy, assessments, etc. Things function differently and the level of freedom is exceptional. There are also no formal requirements to be met if you want to take part, and in the end the project involved not only students, but also many other people.

V.K.: And now we have a place and a group that could continue the project, and next year it should be able to sustain itself without needing much institutional support.

D.C.: What is your own experience living there?

V.K.: I stayed there for a week, during the end of July and beginning of August 2013. It was a relatively stormy week, but also lots of sunny and hot days. I was scared by natural phenomena like storm. I do not know if it was indeed dangerous to sleep in this self-made, improvised construction, or if I had a feeling of alienation about confronting nature. We are overprotected in our comfortable apartments and I am not the wildlife type. I was very intimidated, but excited as well. I felt that sort of adrenaline that you do not feel in everyday urban life. Besides, we did not have internet there, so I was detached from digital life, which usually takes up all my time. So on the one hand, I had to spend more time in order to acquire and cook my food or operate the compost toilet, but on the other hand, I had so much free time just from not having internet… It is interesting to understand which activities are really worth our time. I had lots of visitors all the time. I was socially busy. What does it mean to be socially busy? Everything has become a task. I do not know anymore what is work and what is not. Artists always struggled with this question: is art labor? But, the blur is more clearly illustrated in our online lives. The same time we believe we entertain or educate ourselves, we are 'hyperemployed' by Google, Facebook, Tumblr or Twitter. We basically work for free just by spending our time on these online platforms, which profit via a new concept called 'netarchical capitalism', meaning that profiting comes from the control of participatory platforms and not via ownership of property rights anymore. The effect of which, for me and I guess for many people, is to feel constantly busy and overworked while at the same time not having produced anything. I also have the feeling that this constant online networking is affecting how I build my offline relationships.

D.C.: But you can also say that advertising companies profit when you just sit in a public space like a park and contribute to making it a popular location more desirable to advertise in. So again, I think this is not exclusively an online phenomenon. And I also think it's not something new at all.

At the garden life has some kind of continuity; it is not segmented like urban life. You are there flowing from thing to thing in a very smooth way. If someone visits you, you do not need to interrupt what you are doing. You continue watering the plants or whatever you are doing, and the person you meet is there with you, probably helping you. The social-leisure time at the garden is intertwined with the activities that happen there.

V.K.: But it is also a simulation of living. Life at the garden, for the resident, will not become his or her definitive everyday life. The residents only experiment and perform this kind of living for a short period, which is what I wanted to explore as well. This element of simulation is the key to how this project is different than many other experiences one could have by helping on farms or permaculture communities, where people live there for longer periods, if not forever. Simulation is the imitation of a real-world process or system. At the Summer School residents perform actions of living in a self-sufficient, closed-loop system for real. But everything takes place under exceptional circumstances that work only for this particular experiment. A simulation is used when the real system cannot be engaged, either because it may not be accessible or it may simply not exist. Self-sufficiency in the urban environment hardly exists. It is a lifestyle connected with rural practices. However, in this particular moment of crisis the city could benefit from learning from those rural practices related to autonomous ways of life. A simulation can be used to show the real effects of alternative conditions and courses of action than the usual urban ones, and also for performance optimization. Maybe such simulation processes of creative solutions can make our lives better, especially while being in a state of bankruptcy and scarcity. They could enable more self-sufficient production in the city.

D.C.: I think the project is not only a simulation…

V.K.: It is also an exception.

D.C.: Yes, it is an exceptional moment of everyday life, open for anyone who wants to be there any day at any moment. For me it was a very important part of my life, during the summer. And even when I am not there, it is always very present in my mind and it somehow changed the way I live in the city. But what is the difference between this project and the usual urban gardening projects where people in one neighborhood set up a place in the city where they grow crops together?

V.K.: Maybe there is no difference. It is a place where people meet and work together, a place where they might find a feeling of community. Relationships emerge and people might end up sharing more than this first layer of engaging with something. It does not necessarily have to be a garden but a physical place within a certain framework, a story where you contribute and engage with. Although a garden has many advantages because it is something many different sorts of people can relate to.

The garden and the self-sufficient system was an example of such a situation. The Summer School concept is the narrative where different interests of various people found a place. It is quite complete in the way it describes how you can live in an autonomous, self-built infrastructure. But this formal narrative serves for something much more sentimental, intangible and meaningful on a totally different level than just pure numbers and measurements. The exchange economy of the garden has its rules. But, how can you measure what and how much knowledge you exchange? There are so many things that are immeasurable.

Thomas Lommée und Lukas Wegwerth

OpenStructures

**Vision und Umsetzung eines offenen
modularen Systems im Design**

> »Immer mehr Menschen entwickeln, teilen und diskutieren eine
> wachsende Zahl von Ideen an immer mehr Orten und in immer
> höherer Geschwindigkeit als je zuvor in der Weltgeschichte.«[1]

OpenStructures ist ein Experiment. Es basiert auf der Fragestellung »Was geschieht,
wenn Menschen Objekte mit einer verbindenden Schnittstelle designen – einer frei
zugänglichen Standardeinheit, die den Austausch von Einzelteilen, Erfahrungen und
Ideen anregt und dazu animiert, gemeinsame Projekte zu entwickeln und zu verwirklichen?« *OpenStructures* will Möglichkeiten und Grenzen eines offenen modularen Systems erforschen, um herauszufinden, unter welchen Rahmenbedingungen ein solches
System besonders effizient sein kann.

Den Hintergrund, vor dem dieses Projekt entstanden ist, bildet die Kultur des Austauschs, in der wir leben und die wir selbst erzeugen. Da sowohl die Anhäufung als auch
das Verbreiten von Wissen keine Kosten mehr verursachen, schirmen wir nicht länger ab,
was wir finden, sondern verbreiten es. Globale Gemeinschaftsleistungen wie Wikipedia
stellen die größten individuellen Errungenschaften auf den Prüfstand – und überflügeln
sie. Wir haben keine andere Wahl, als die Grenzen unserer individuellen Projekte anzu-
erkennen und uns in größeren, gemeinschaftlichen Arbeitsabläufen zu organisieren.

Eingebunden in ein Netzwerk, das täglich intelligenter wird, werden wir gegenwärtig
Zeugen einer stufenweisen Dezentralisierung unserer Infrastruktur. Seit etwa zehn Jahren entwickelt sich unsere Kommunikationsinfrastruktur von einer vertikal organisierten
Achse, in der einige wenige Quellen zurechtgestutzte Informationen an die Massen wei-
tergeben, zu einem horizontal organisierten Mund-zu-Mund-Organismus, der den Dialog und die Zusammenarbeit der Beteiligten auf gleicher Ebene anregt, Informationen
anhäuft und intuitives Wissen fördert.

Auch kreative Prozesse verändern sich in dieser im ständigen Wandel befindlichen
Landschaft und fordern alle Beteiligten heraus, ihre Fähigkeiten neu zu definieren und
auf aktuelle Veränderungen zu reagieren. Unsere Vorstellung vom Designer als Stil-Kul-
tivator ist unzulänglich und nicht länger brauchbar. Da er gewissermaßen in einem Pool
von Informationen aus erster Hand schwimmt, kann der Designer seine ästhetischen
Fähigkeiten mit profundem, kontextbezogenem Wissen vervollständigen und diese
Erkenntnisse in seine Kreation einfließen lassen.

Designer sind nicht mehr bloße Bildhauer. Sie werden zu Suchmaschinen, zu Archäo-
logen der Innovation – sie scannen die Vergangenheit und filtern Muster angewandten
Wissens als brauchbare Modelle für die Zukunft heraus. Designer werden zu Hackern –

---

1   Michael Schrage, ehemaliger Co-Direktor des MIT Media Lab e-Market-Department.

sie generieren neue Lösungen, indem sie lose Enden verknüpfen. Sie kartografieren die unsichtbaren Synergien und Kurzschlüsse, die unsere Umwelt formen, um die versteckten Schlupflöcher zu entdecken, denen wir uns umgehend widmen sollten.

Designer werden zu Sachverständigen, die ihre Visionen in dinglichen Kreationen verwirklichen. Sie schlagen vor, statt vorzusetzen – in einem stillen, aber beständigen Bestreben nach Veränderung. Designer werden zu Choreografen, die geschlossene Lebenszyklen für Produkte schaffen, die Konsum von Schuld befreien und tatsächlich Wachstum antreiben. Designer werden zu Stuntmen, die durch kontinuierliches Prototyping zwischen Konzept und Aktion hin- und herspringen – niemals zufrieden, sondern stets angetrieben von der Überzeugung, die Dinge verbessern zu können.

Und schließlich werden Designer maßvoll, indem sie bescheidenere Ansätze entwickeln, um größere Ziele zu erreichen. Statt aus dem Nichts Neues aufzubauen, werten sie Vorhandenes auf, stellen es wieder her und fügen zu einem existierenden Gewebe Lagen hinzu – auf der fortdauernden Suche nach Wachstum, Unvollkommenheit, Spontaneität, Authentizität, Diversität und Menschlichkeit.

Auch Konsumenten werden Designer – proaktive Mitwirkende in einem dynamischen, kreativen Prozess, die dem Endprodukt ihre Meinungen, Ansichten, Bedenken und Persönlichkeitsmerkmale eingeben, indem sie taggen, bewerten und hyperlinken, was sie konsumieren.

Jedes Designobjekt wird ein Prototyp, ein Update, eine neue Version. Indem wir gedanklich eine Entwicklung vom Projekt zum Prozess vollziehen, wird ein Fehler zur Möglichkeit, Kritik wird zu Feedback und zu einer neuen Sichtweise, die einzunehmen sich lohnt, da sie es uns ermöglicht, unsere Ideen zu verbessern. Indem wir Gesellschaft nicht als etwas Fertiges, sondern als etwas Prozesshaftes verstehen, schaffen wir Raum für Fortschritt.

Kritik wird zum Vorschlag. Als Publikum sollten wir nicht über das Vorhandene urteilen (Kritik üben an dem, was »es ist«), sondern uns öffnen für die Vorstellung seiner potenziellen Zukunft (Kritik üben an dem, was »es sein könnte«). So können wir alle Objekte in materialisierte Ideen zerlegen, statt sie als ausschließlich ästhetische, statische Skulpturen zu begreifen.

Produzenten werden zu Partnern. Da Produzenten nicht länger ihr gewünschtes Markenimage auf den Kunden projizieren können, müssen sie über transparente Geschäftsmodelle und unmittelbare Feedbackkreisläufe einen aufrichtigen Markennamen etablieren.

Das ultimative Designprojekt ist die »zirkuläre Gesellschaft«: eine Gesellschaft, in der es nicht nur keinen Leerlauf gibt, sondern ausschließlich Angebot. Eine Gesellschaft, die ihr Humankapital und ihre natürlichen Ressourcen als die primären Vorzüge einer nachhaltigen Ökonomie begreift. Eine Gesellschaft, die ihre enormen sozialen und ökologischen Monokulturen zugunsten organischer Raster aus verflochtenen, sorgsam ausbalancierten, künstlich angelegten Ökosystemen hinter sich lässt.

Um dieses Gedankenexperiment in reale Prozesse umzuwandeln, müssen wir uns von den linearen Produktionslinien verabschieden und zahllose Netzwerke kleiner, unabhängiger Produktlebenszyklen schaffen. Die digitalen, physischen und logistischen Rahmenbedingungen, welche die bestehenden Produktionsverhältnisse bestimmen, sollten überdacht werden. Universell anwendbare und radikal offene Rahmenbedingungen können für jedes Objekt in jeder Phase seines Daseins einen Kontext garantieren.

Schon heute können wir in den digitalen Rahmenbedingungen, den *source codes* und Programmiersprachen unserer gegenwärtigen Kommunikationsinfrastruktur, offene Architekturen beobachten. Wir erleben, wie das Auftauchen frei zugänglicher Codes Endverbraucher dazu ermutigt, sich durch einen offenen Austausch von Wissen und Erfahrung an der Entwicklung neuer Source Codes zu beteiligen.

Doch auch innerhalb der derzeitigen physischen Rahmenbedingungen werden wir den Materialeinsatz, die Herstellung und Maßstäbe einander stärker annähern müssen, um restaurative Produktionswege, offenen Austausch und universelle Kompatibilität zu fördern. Die natürlichen und synthetischen Ressourcen der Zukunft werden begrenzt sein auf das, was sich unendlich recyceln oder vollständig abbauen lässt und während dieses Prozesses seine Umgebung nährt, statt sie zu schädigen. Verbindungsmechanismen, Konstruktionstechniken und Fließbänder werden ausgelegt sein auf das schaden- und verlustfreie Zerlegen von Produkten, mit dem Ziel unendlicher Rekonstruktionszyklen. Und schließlich werden künftige Rahmenbedingungen modular, d.h. vielseitig anschlussfähig ausgestaltet sein – aufgrund des offensichtlichen Nutzens der Skalierbarkeit, Flexibilität und Einfachheit.

Die gegenwärtige Debatte über Nachhaltigkeit konzentriert sich auf die ersten beiden physischen Rahmenbedingungen: die Verfeinerung von Materialeinsatz und -herstellung, um geschlossene Ressourcen- und Komponentenkreisläufe zu etablieren. Wie können wir nun auch die dritte Rahmenbedingung, die maßlichen Restriktionen, die das modulare System bedingen, verbessern, um geschlossene Objektkreisläufe zu ermöglichen?

Um die Effizienz und die strukturelle Flexibilität zu erhöhen, hat die Architektur in der Vergangenheit unzählige Vorschläge für modulare Strukturen hervorgebracht. Obwohl diese Systeme als erste Schritte in eine intelligenter gebaute Umgebung verstanden werden können, finden wir uns heute einer Fülle von inkompatiblen modularen Systemen gegenüber, die unpersönliche, gleichförmige Strukturen schaffen und nach der Dekonstruktion enorme Mengen eher unnützer modularer Einzelteile zurücklassen. Wenn wir also das Konzept der Modularität verbessern und Kompatibilität sowie Flexibilität fördern wollen, müssen wir uns öffnen und die maßlichen Rahmenbedingungen synchronisieren. Es gilt, einen universellen Standard definieren, der es einer größtmöglichen Gruppe von Menschen erlaubt, eine größtmögliche Auswahl von ›Bausteinen‹ auszutauschen. So können wir anstelle starrer, monolithischer Blöcke dynamische Patchwork-Strukturen reproduzieren.

In möglichst hierarchiefreier Kooperation müssen wir eine Art ›physisches HTML‹ entwickeln, einen dreidimensionalen Open Source Code, abgeleitet aus unserer gebauten, gestalteten Umgebung, der es uns erlaubt, unsere Hardware ebenso zu bauen, wie wir schon heute unsere Software ›bauen‹. Diese universellen maßlichen Richtlinien ermöglichen geschlossene Kreisläufe, in denen alte Komponenten in neue Strukturen eingebettet werden können, was eine unerschöpfliche Vielfalt an hybriden Strukturen ermöglicht. Die resultierenden offenen Strukturen, von simplen Hütten zu mehrstöckigen Gebäuden, werden dann tatsächlich skalierbar, flexibel und vielfältig sein.

Neue Komponenten werden alte ersetzen, während alte verkauft oder wiederverwertet werden können. Selbst wenn eine Wiederverwendung nicht länger möglich ist, können die Komponenten in einzelne Teile zerlegt werden und dann als Ressourcenmaterial für neue Komponenten dienen, da ihre Maße den Vorgaben entsprechen. Jede Struktur wird somit im Lauf der Zeit zur Entwicklung neuer, billiger, kostspieliger, originaler oder gefälschter, maschinell gefertigter oder handgearbeiteter Komponenten beitragen und diese um sich versammeln können.

Ein offenes modulares System wird jeden – vom weit entfernt lebenden Handwerker bis hin zur größten Firma – einladen, eigene Komponenten zu entwerfen: gemäß der jeweiligen spezifischen Fähigkeiten, Materialien und Konstruktionstechniken und basierend auf denselben maßlichen Vorgaben. Der Austausch dieser Komponenten wird durch Online-Datenbanken gefördert, auf denen alle Design-Entwürfe hochgeladen werden können, um von den Endverbrauchern diskutiert, bewertet, zertifiziert und gehandelt zu werden. Dieser rege Austausch wird es einerseits erlauben, die Elterngeneration der Strukturen an gegenwärtige Bedürfnisse anzupassen, zu expandieren oder zu schrumpfen, und andererseits kontinuierliche Upgrades durch stufenweisen Austausch der Komponenten stimulieren.

In einem lokalen Kontext können Komponenten zwischen Nachbarn wandern und so dynamische Häuser in organischen, offenen Nachbarschaften entstehen. Aus globaler Sicht wird ein universeller Standard geschlossene Komponentenzyklen fördern und »lebendige« Strukturen schaffen, die flächendeckende Partizipation durch offenen Austausch anregen.

Durch die Anwendung bestimmter maßlicher Rahmenbedingungen auf den gesamten Produktlebenszyklus besteht die Möglichkeit, Hybride zu generieren, logistische Belange zu optimieren sowie Unstimmigkeiten von Konstruktion zu Rekonstruktion zu verringern. Dezentralisierte Abhol- und Lieferservices, die den Transport von Menschen und Gütern kombinieren, werden den Fluss der Komponenten fördern, während Distributionszentren durch das Sammeln, Aufbewahren und Weiterverteilen von neuen und Secondhand-Komponenten die Kreisläufe schließen. Innerhalb einer immer enger verbundenen Gesellschaft werden sich diese Knotenpunkte, die kontinuierlich durch Abhol- und Lieferservice-Shuttles versorgt werden, zu Zentren des Austauschs und der Regeneration entwickeln.

Die Idee offen zugänglicher Baukastensysteme ist nicht neu. In unserer marktorientierten Gesellschaft erleben wir immer wieder das Auftauchen verschiedener modularer Systeme – immer dann, wenn ihre Effizienz dazu beitragen kann, Profit zu steigern. Beispielsweise ist unsere logistische Infrastruktur durch offene Standardisierung (von Europaletten bis hin zu Containerschiffen) rationalisiert, die meisten Küchenutensilien sind austauschbar und die Standardisierung unseres elektrischen Netzwerks resultiert in einer unerschöpflichen Auswahl an Steckerformen, die alle in dieselben Steckdosen passen.

Auch die Natur beweist, dass in komplexen Systemen modulare Konstruktionen diejenigen sind, die überleben und sich durchsetzen. Menschen sind mit Trillionen von Modulen (Zellen) pro Person ausgestattet. Wir sind modular von Kopf bis Fuß, und erfreuen uns jeden Tag der Vorteile der Modularität.[2] Modulare Zellstrukturen ermöglichen es uns, zu wachsen, einfach durch das Hinzufügen neuer Zellen, die mit bestehenden Zellen interagieren, indem sie standardisierte Verbindungen nutzen. Dies erleichtert den Vorgang der Duplikation. Das Duplizieren einer Anzahl kleinerer, weniger komplexer Zellen ist einfacher, schneller und zuverlässiger als das Duplizieren einer einzelnen, hoch komplexen Zelle.

Modulare Zellstrukturen können sich schnell an ihre Umgebung anpassen. Durch das Hinzufügen, Entfernen oder Modifizieren von Zellen kann eine stufenweise Veränderung der Gestaltung schneller ausgetestet und entweder übernommen oder verworfen werden. Modulare Zellstrukturen können die Funktion der einzelnen Module spezialisieren. Dieses Delegieren der Aufgabenbereiche und die Spezialisierung der einzelnen Zellstrukturen sorgen für hohe Effizienz und Effektivität, wie wir sie von Teamwork kennen. Und schlussendlich erfreuen sich modulare Zellstrukturen der Vorteile von Fehlertoleranz. Dank Zellüberfluss können einzelne Zellen versagen, ohne das System zu schwächen, und andere Zellen weiterhin ihre Arbeit verrichten, während Reparaturen vorgenommen werden.[3]

Warum sollten wir uns also nicht am Vorbild der Natur orientieren und unsere Umgebung wie ein organisches, modulares Puzzle gestalten, dessen Objekte sich, von *mikro* bis *makro*, in geschlossenen Kreisläufen und unendlichen Zyklen bewegen? Warum sollten wir unsere bestehenden logistischen und architektonischen Standards nicht synchronisieren, so dass ein universeller Standard entsteht, der uns eine unendliche Vielfalt an Elementen und Kombinationen ermöglicht?

Wollen wir kommunizieren, müssen wir das gleiche Vokabular und die gleichen Wörter verwenden. Wollen wir Daten austauschen, müssen wir in den gleichen Formaten arbeiten. Wollen wir unsere Umgebung gemeinsam gestalten, müssen wir mit den gleichen Bausteinen bauen.

An diesem Punkt setzt das 2009 ins Leben gerufene Projekt *OpenStructures* an: Es basiert auf der Idee, eine Schnittstelle zu definieren, die es ermöglicht, ähnlich wie bei Open-Source-Software, auch im Hardware-Bereich vernetzt und offen zu arbeiten und so die optimalen Voraussetzungen zu schaffen, unsere Umwelt gemeinsam zu gestalten.

Der zentrale Gedanke, der hinter *OpenStructures* steht, ist der des Teilens: die Bereitstellung des eigenen Wissens, der eigenen Fähigkeiten und Fertigkeiten, der eigenen Erkenntnisse und Ideen für die Allgemeinheit, so dass jeder Einzelne partizipieren und seine individuellen Vorstellungen einbringen und somit für die anderen nutzbar machen kann. *OpenStructures* ist in diesem Sinne das Vehikel, das der Idee des Teilens eine Form verleiht und auf pragmatische Weise vom reinen Gedankenspiel in eine real handhabbare Form übersetzt.

---

2   Neil Rasmussen und Suzanne Niles: »Modular Systems: The Evolution of Reliability«, in: *White Paper* No. 76, http://www.apcdistributors.com/white-papers/Architecture/WP-76%20Modular%20Systems%20-%20The%20Evolution%20of%20Reliability.pdf (aufgerufen: 19.12.2013).

3   Ebd.

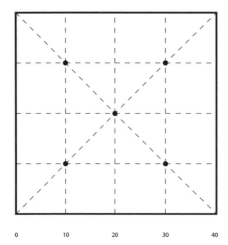

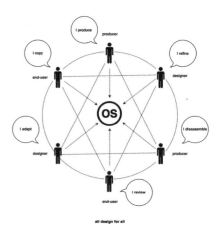

Abb. 1: *OpenStructures*, 4 x 4 cm Grundraster. Copyright: Thomas Lommée.

Abb. 2: Schema der Vernetzung durch *OpenStructures*. Copyright: Thomas Lommée.

OpenStructures erkundet die Möglichkeit eines modularen Konstruktionsmodells, bei dem jeder für jeden designt, und zwar auf der Basis eines gemeinsamen geometrischen Rasters. *OpenStructures* initiiert eine Art gemeinschaftlich entwickelten und genutzten Baukasten, zu dem jeder Einzelteile, mehrteilige Komponenten und vollständige Strukturen beisteuern kann. Die gemeinsame Schnittstelle, die allen Konstruktionen zugrunde liegen soll, ist definiert als metrisches Raster, dessen Standardeinheit 4 x 4 cm beträgt. Indem sich alle Nutzer an diesem Raster orientieren und die Standardeinheit einhalten, entstehen neue Elemente, die miteinander kombinierbar sind. Vergleichbar ist die Grundidee des einheitlichen Rasters mit bekannten Baukasten-Systemen, vor allem bei Kinderspielzeug, bei denen unterschiedliche Bausteine ineinandergesteckt werden können und so immer neue Konstruktionen und Strukturen ergeben.

Als Marktmodell unterscheidet sich *OpenStructures* grundlegend von den bekannten Modellen, denn es ermöglicht eine neue Form der Zusammenarbeit, der Vernetzung und dennoch gleichzeitig auch der Unabhängigkeit für alle Beteiligten. Im Gegensatz zum gängigen, eingleisigen Marktmodell (vom Designer über den Produzenten hin zu den Konsumenten), gibt es bei *OpenStructures* viele Designer, viele Produzenten und viele Endnutzer: Dabei ist die Rollenverteilung nicht eindeutig vorherbestimmt und festgelegt, sondern die einzelnen Beteiligten können ganz nach Bedarf, Fähigkeit und Belieben zwischen den einzelnen Rollen wechseln oder auch mehrere Rollen simultan übernehmen. Alle Beteiligten befinden sich somit letztlich auf derselben Stufe des Projekts, es existieren keine Hierarchien und Unterschiede.

OpenStructures bietet die Möglichkeit, dezentral zu arbeiten, und Elemente und Produkte zu schaffen, die ihre jeweils eigene Sprache – und somit die des jeweiligen Designers – sprechen und unverwechselbar sind; gleichzeitig können sie in ein größeres Ganzes eingefügt und mit den Objekten anderer Designer und Produzenten kombiniert werden. Abgesehen vom Raster gibt es keinerlei Vorgaben. *OpenStructures* schafft Unabhängigkeit für jeden Einzelnen bis hin zum Endnutzer, für den beispielsweise die

Reparatur und Anpassung an die eigenen Bedürfnisse und Vorlieben – durch die Möglichkeit des Zugriffs auf das zugrunde liegende Raster – wesentlich erleichtert werden.

OpenStructures fördert den Dialog und ermöglicht es, Kooperationspartner gezielt auszusuchen und somit ein angenehmes und stimulierendes Arbeitsumfeld zu schaffen. Indem jeder jederzeit mit jedem kommunizieren kann, wird permanent auf sämtlichen Ebenen Weiterentwicklung ermöglicht. Auf diese Weise entstehen einzigartige Objekte, die immer wieder erweitert und umgebaut werden können. Das gemeinschaftliche Arbeiten an Projekten befördert immer wieder neue Ideen und ermöglicht die gemeinsame Suche nach Antworten auf Fragen, die an einem beliebigen Punkt des Prozesses auftreten. Jeder Einzelne hat so auch die Möglichkeit, von den anderen zu lernen. Zudem kann jeder selbstständig ebenso wie in der Interaktion mit anderen nach neuen Lösungen suchen und schließlich immer wieder neue Objekte schaffen. Die unmittelbare Rückmeldung der anderen Designer, der Produzenten und der Endnutzer ermöglicht es, stetig Alternativen zu entwickeln und Vorhandenes zu optimieren.

Als gemeinsame Plattform und Sammelpunkt dient die Website openstructures.net. Durch die Vernetzung über diese Seite soll ein weltweiter, gemeinschaftlich genutzter Baukasten entstehen, der es einer möglichst großen Vielzahl unterschiedlichster Menschen ermöglicht, eine möglichst große Vielzahl unterschiedlichster modularer Komponenten zu designen, zu bauen und auszutauschen – stets basierend auf dem gemeinsamen Raster.

Die Motivation, dieses Projekt zu entwickeln, weiterzuverfolgen und andere dafür zu begeistern, speist sich aus den vielfältigen Vorteilen: Mittels eines solchen offenen Baukastens lassen sich flexible und dynamische Puzzlestrukturen anstelle monotoner modularer Einheiten realisieren. Er ermöglicht eine nahezu unbegrenzte Vielfalt innerhalb des Baukastens. Die Vielzahl an Innovationen wird beständig wachsen; die zahlreichen Einsatzmöglichkeiten der einzelnen Elemente regen deren Wiederverwendung an und gemeinsam werden vollkommen neue Hardware-Konstruktionen geschaffen. So soll letztlich die Vision einer flexibleren und leichter an spezifische Bedürfnisse anpassbaren gebauten Umwelt Wirklichkeit werden.

Wie übersetzt man nun die Idee des Baukastensystems, des gemeinschaftlichen Arbeitens mit einem einheitlichen Raster, mit flexiblen modularen Strukturen in die Wirklichkeit? Wie können *OpenStructures*-kompatible Komponenten geschaffen werden, die nicht ausschließlich Ausstellungsobjekte und Ausdruck visionärer Vorstellungen sind, sondern tatsächlich von Menschen genutzt werden können?

Einige dieser Fragen sollen mit *OS Scaffolding* beantwortet werden. Dabei handelt es sich um ein Gerüstsystem, mit dem Räume bzw. räumliche Strukturen gebaut werden können. *OS Scaffolding* basiert nicht auf einem im »*OpenStructures*-Baukasten« bereits vorhandenen Element, sondern wurde von Grund auf neu geschaffen. Sämtliche entwickelte Elemente sind *OpenStructures*-kompatibel; über die Website openstructures.net sind sie frei zugänglich und für jeden nutzbar – auf diese Weise wird *OS Scaffolding* der für *OpenStructures* zentralen Idee des Teilens gerecht, leistet einen Beitrag zur Erweiterung der Plattform und dient als Angebot und Anregung für interessierte Designer und Produzenten.

Ausgangspunkt war die Frage, wie Zelt- oder auch Raum-Strukturen *OpenStructures*-kompatibel gemacht werden können. Von besonderem Interesse war es, eine Architektur

Abb. 3: Für die Diskursarena entwickelter
Verbindungsknoten. Foto/Copyright: Lukas Wegwerth.

zu entwickeln, die nie behauptet, ›fertig‹ zu sein, die mit den Bewohnern wachsen, schrumpfen, sich entwickeln oder auch wandern kann. In enger Kooperation mit der Designerin Christiane Högner entstanden schließlich erste Prototypen. In Zusammenarbeit mit dem Designer Wendelin Kammermeier entwickelten sich diese zur aktuellen Version von *OS Scaffolding* weiter. Es ermöglicht in seiner Funktion ähnlich einem Baugerüst den Aufbau unterschiedlichster räumlicher Strukturen: vom Zelt oder Baumhaus über den Messestand hin zum Möbelstück oder Unterstand und vielen weiteren denkbaren Strukturen. *OS Scaffolding* – das sind einfache steckbare Verbindungselemente, die eine der zentralen Ideen von *OpenStructures* in den Fokus rücken: die Möglichkeit des Wachsens, der Veränderung von Strukturen durch Erweiterung. Es ermöglicht, bestehenden Strukturen neue Komponenten hinzuzufügen und diese mittels einheitlicher Elemente zu ganz neuen Formen zu verbinden.

Im Rahmen der Ausstellung und des Symposiums »Wahrnehmung, Erfahrung, Experiment, Wissen. Objektivität und Subjektivität in den Künsten und den Wissenschaften« während der *Graduale 13* der Graduiertenschule für die Künste und die Wissenschaften an der Universität der Künste Berlin wurden die zentralen Elemente von *OS Scaffolding* für den Aufbau einer »Diskursarena« genutzt. Die zugrunde liegende Idee war, innerhalb der Ausstellung einen Ort zu schaffen, der ein Forum für das Symposium (den Kern der *Graduale 13*) darstellte und in dem ca. 100 Menschen Platz finden sollten. Dabei war ein zentrales Anliegen, die Hierarchie zwischen Vortragendem und Zuhörer aufzulösen und eine dialogfördernde Atmosphäre zu erzeugen bzw. verschiedene Gesprächssituationen herzustellen. Die Möglichkeit der gleichberechtigten Kommunikation (im Gegensatz zum Frontalvortrag) entspricht wiederum dem Grundgedanken von *OpenStructures* – wo ebenfalls der hierarchiefreie Dialog neben anderen wichtigen Aspekten im Mittelpunkt steht. Darüber hinaus war es für den Entwurf der »Diskursarena« wichtig, dass diese zwar ausreichend Platz bietet, sich aber trotz ihrer dafür notwendigen Größe optisch zurückhält, sich nicht aufdrängt und die in der Ausstellung im gleichen Raum exponierten Objekte – im ganz wörtlichen Sinne – nicht in den Schatten stellt. So ist das Design eher schlicht, Funktion und Idee stehen im Vordergrund.

Des Weiteren war es erforderlich, dass die Bühne schnell auf- und abzubauen sein sollte – auch für Menschen, die sich (noch) nicht mit *OpenStructures* auseinandergesetzt haben. Dies ist zugleich eines des Grundprinzipien von *OpenStructures*: Die Elemente sollen auch von Menschen genutzt werden können, die sich nicht zuerst mit der

Grundidee des Projekts vertraut gemacht haben. Einfache Handhabbarkeit soll das *OpenStructures*-System einer Vielzahl von Menschen zugänglich machen; die Hemmschwellen zur Beteiligung an diesem Projekt sollen so gering wie möglich sein. Es geht nicht darum, einen exklusiven Zirkel zu kreieren, sondern im Gegenteil eine möglichst breite Menge von Menschen anzusprechen, zu begeistern und zum Einbringen eigener Ideen anzuregen.

Inhaltlich bettete sich die Diskursarena in den Symposiums- und Ausstellungskontext ein: Im Fokus der *Graduale 13* stand die Frage, »wie Wissen im künstlerischen Prozess produziert, geteilt, verteilt, verwischt, dekonstruiert oder revidiert wird«.[4] Die Arena als Ort des Diskurses bietet in diesem Sinne nicht nur den Raum für den Dialog, sondern beteiligt sich im übertragenen Sinne selbst an eben jenem. Denn sie ist im Rahmen eines Projekts entstanden, dessen tragender Gedanke der des Teilens von Wissen, Fähigkeiten und konkreten Elementen ist und das darüber hinaus den Dialog der Beteiligten intensivieren und fruchtbar machen möchte. Über die eigentliche Funktion hinaus, die den Anlass für die Konstruktion der Arena gab, ist sie somit zugleich Verkörperung einer Idee.

Im Hinblick auf das *OpenStructures*-Projekt bildet die Diskursarena einen Startpunkt – gleich in mehrerlei Hinsicht. Innerhalb des Baukastens bieten ihre Verbindungselemente eine gute Basis für das Schaffen weiterer Strukturen. In Kombination mit zukünftigen Entwicklungen wird es möglich sein, gewissermaßen organische Gebilde zu schaffen, die wachsen und sich verändern und durch andersartige Elemente erweitert und erneuert werden.

Darüber hinaus stellt die Diskursarena auch insofern einen Startpunkt dar, als sie die erste *OpenStructures*-kompatible Konstruktion ist, die einen realen Funktionstest bestehen musste: heraus aus dem Museum, hinein ins wahre Leben! Mit der Hilfe eines Prüfstatikers wurden zum ersten Mal *OpenStructures*-Elemente auf ihre Tragfähigkeit getestet und schließlich für die Verwendung im begehbaren, öffentlichen Raum statisch abgenommen. Dies bedeutet einen wichtigen Entwicklungsschritt für die *OpenStructures*-Idee, die sich so erstmals in der Realität bewähren konnte – und damit näher an den Endnutzer herangerückt ist. Mit *OS Scaffolding* wurde ein wichtiger Schritt getan, um bald zahlreiche *OpenStructures*-Projekte für den realen Gebrauch entwickeln zu können.

Wie alle *OpenStructures*-Entwicklungen wurde auch die Diskursarena nach dem Ende der *Graduale 13* nicht einfach entsorgt. Denn eine Besonderheit an *OpenStructures*-Projekten ist die Tatsache, dass nichts weggeworfen werden soll, sondern alles weiterleben darf und kann. Auch die Arena hat ein Nachleben, indem ihre einzelnen Bestandteile in Projekten anderer Designer und in anderer Funktion weiterverwendet werden. Die Idee des Weiterverwendens hat bei *OpenStructures* einen hohen Stellenwert: Auch wenn ein Objekt in seiner ursprünglichen Funktion ausgedient hat, bedeutet dies nicht das Ende für die gesamte Konstruktion. Es gilt als erstrebenswert, nicht immer wieder grundlegend Neues zu schaffen, sondern vielmehr – im kontinuierlichen Ideenaustausch mit

---

4   Alberto De Campo, Ulrike Hentschel und Susanne Stemmler, »Einleitung«, in: *Wahrnehmung, Erfahrung, Experiment, Wissen. Objektivität und Subjektivität in den Künsten und den Wissenschaften* (Programmheft), o.J., S. 9.

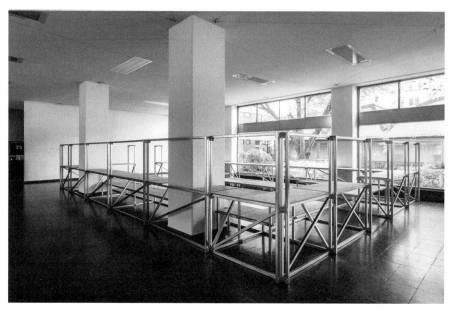

Abb. 4: Diskursarena. Foto/Copyright: Ingo Sturm.

Abb. 5: Diskursarena während eines Panels. Foto/Copyright: Ingo Sturm.

anderen – neue sinnvolle Nutzungsmöglichkeiten für bereits Vorhandenes zu finden. Konstruktionen sollen zerlegt werden, damit ihre einzelnen Elemente eine neue Funktion erhalten können. Sie werden einer neuen Bestimmung zugeführt und Teil neuer Objekte. Oder die gesamte Ursprungskonstruktion erfährt durch Erweiterung und Ergänzung eine neue Bestimmung. In Zukunft, wenn bereits mehr einzelne Entwicklungen vorhanden sein werden, sollen die Nutzer stets auf etwas bereits Entwickeltes zurückgreifen und dieses dann erweitern oder in einen neuen Kontext einbetten.

Eine wachsende, sich verändernde und wechselseitig inspirierende Nutzerschaft von *OpenStructures*, die sich online vernetzt, um die Offline-Umgebung zu gestalten und zu verändern: So könnte die Zukunft des Projekts aussehen. Die Chancen stehen gut, viele Menschen für die Idee zu begeistern, da sie mit ihren Hauptanliegen – Wissen zu teilen, gemeinschaftlich zu arbeiten und Nachhaltiges zu kreieren – eine Notwendigkeit der Zeit trifft.

Gerhard Schultz

Negative Money
Care Of Editions

I

Care Of Editions is a record label that gives people money for downloading the music we release. To keep from going into debt, the downloads are released in limited editions. It's not the limitation of downloads or the loss of money that motivates the project, but an interest in finding a trace of difference where none exist. Numbers can index a difference that already separates limited objects, but downloads are virtually identical and virtually unlimited. There's no room for difference to be drawn between them. It would have to be faked with an artificial scheme of numbers. For these numbers to make sense, sense would have to be given to them, or they would only be getting in the way. That said, maybe downloads need something opaque to get in the way and to give them a means of contrast. Care Of Editions proposes a framework for limiting downloads that simultaneously exposes itself to consideration; a framework against which people can gauge what significance a single download might have. Unlike downloads, a calculation that's always in the making could never be the same twice. By inventing a metric that's barely useful, if at all, downloads might be able to navigate more clearly against the foreign idea of singularity and suddenly have an 'elsewhere' to pursue.

II

Care Of Editions explores the relationship between physical and digital distribution by means of an experimental business model in which the availability of downloads is correlated to vinyl sales. We release every album both on vinyl and as a high-quality download. Customers who download the music will receive money, and this money comes from vinyl sales.

Downloads are made available in real time, whenever there's enough money to pay the person downloading. So after we sell a certain amount of records, more downloads can be offered. Because the vinyl editions are limited, digital editions would eventually come to an end as well. The project will consist of six releases, to be issued over the course of 2013 and 2014.

An edition has 118 records and 45 downloads. At best, we can break even after selling every record. A run of vinyl costs about 1,700 dollars to press. For each release, we pay a total of 1,034 dollars to the people who download. Together that's 2,734 dollars, and if we sold all 118 records at 23 dollars per piece, we would recoup almost exactly the same amount: 2,714 dollars. There are numerous grey areas in the equation, including shipping, fluctuating currencies, overages of production, and promotional copies sold outside the edition, but on the whole it's meant to balance out.

This balancing-out is visualized on the website, which gradually disappears as downloads go out of stock. The site is laid out as one long page with a few satellite features, such as the cart and an information page. Each artist section is divided into 45 units. Whenever a download is purchased, a unit from that particular artist is subtracted from the site.

Payments increase so that they're always equal to the download number. With 45 downloads in an edition, the first person would get one dollar, and the last person would get 45. Each consecutive download is funded by an increasing amount of vinyl sales, not only because the payments increase, but because of how the profits are apportioned. They're split between download payments and recouping the production costs, and this proportion is skewed so that more money and more downloads can be made available earlier in the edition and so that we only break even at the very end.

For practical reasons, to prevent anyone who's receiving a payment from having to then pay additional fees or become a member of some third-party service, the payments are sent as a check from the Swiss postal bank. This bank works with other banks from all over the world and has them print the checks in the local currency so that whoever receives a check can cash it at the post office, free of charge.

These checks could be the residue of a transaction. They would eventually expire if they go uncashed, but it's possible that their value as an art object could still increase, maybe even beyond their original dollar amount. Either way, the checks have the possibility of creating, on behalf of the downloads, a performative residue that is ultimately more diverse and more unique than their vinyl counterparts. If the downloads can incentivize accumulation in this way, like the records, this would be a measure of their newfound singularity.

III

Care Of Editions is an acknowledgement that the art world is not always as egalitarian as it might wish to appear. Just like the market at large, it places more value on individual creativity and on limited editions than on downloads or any object that's endlessly reproducible. Moreover, the art market has a somewhat destructive relationship to the immediate past. The distant past can be understood through the lens of nostalgia, but the recent past, the just past, is sometimes difficult to value because it's neither in the system nor at a distance.

Record labels fall into this category. Now is exactly the wrong time to start one. Nevertheless, an interesting situation is developing as their role in the market becomes less clear. On one hand, there's a push to forget about them and to deal more directly with endless streams of music, but on the other, a major source of distribution has been lost and this void makes for a curious setting.

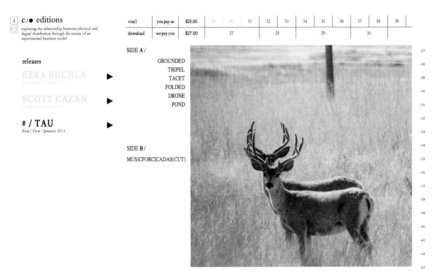

Fig. 1: Care Of Editions website. Copyright: Gary Schultz.

Fig. 2: Back cover template featuring Ezra Buchla's
"At The Door". Copyright: Gary Schultz.

Fig. 3: Care Of Editions, Business card (front).
Copyright: Gary Schultz.

Fig. 4: Front cover, Ezra Buchla – "At The Door",
C/O – 3/6. Copyright: Gary Schultz.

IV

Dan Graham has done extensive research into both the just past as well as the immediate contours just outside the upper class. His work with time and delay[1] is well known,
but also interesting is a point he makes while voicing support for the petits bourgeois.[2]
It concerns the similarities between his and Michael Asher's early work and how they
eventually deviated from each other. Asher, known for Institutional Critique, says that
the Museum represents the Establishment and that it needs to be deconstructed. He
criticized Graham, in particular for his piece on the roof of the Dia Museum in New York,
for making what was in his eyes a monument to the Museum and for going along with the
system. Graham constructed a pavilion with curved, semi-reflective, semi-transparent
glass, in order to open up the function of the museum as well as the role of the viewer.
Some elements of the project are certainly a tongue-in-cheek exploration of how the
museum elevates 'great' artists,[3] but the overall effect is not so clearly a parody of the
museum. It supports what the museum does well. It even houses a rooftop coffee bar.
This is to say, Michael Asher had a valid point, but Graham's response is that he's not
against the petits bourgeois. On the contrary, he thinks that they are the revolutionary
class. If something is going to give, it is there, at the point of tension between the upper
class and its periphery. So Graham has sought to learn from entertainment and from
other forms of leisure typically geared towards an upper middle class audience, but at
the same time, he's held onto the periphery. His work is both a parody of the system and
something that's, as he says, "a little bit of a celebration of the petits bourgeois."[4]

   This is the balance that Care Of Editions is trying to elicit by being half-rooted in the
market. There's an absurdity, but it can also work, and if it does work, it will in part be

---

1   For example: *Past Future Split Attention* (1972), *Time Delay Room* (1974), or *Performance and Stage-
     Set Utilizing Two-Way Mirror and Video Time Delay* (1983).
2   Dan Graham: *Hans Ulrich Obrist and Dan Graham: Conversation Series,* Cologne 2012, pp. 106–112.
3   Dan Graham and Alexander Alberro: *Two-Way Mirror Power: Selected Writings by Dan Graham on His
     Art*, Cambridge 1999, pp. 165–167.
4   Ibid.

thanks to record collectors and other members of the petits bourgeois for allowing a collapse between these different logics and different classes to take place.

V

Jean Baudrillard[5] in regards to this collapse, or gap, as the case may be, writes that "to analyze present-day systems in their catastrophic reality, to consider not only their failures and aporias but also the way in which they sometimes succeed only too well and get lost in the delusion of their own functioning, is to come face to face at every turn with the theorem or equation of the accursed share." In other words, the failure of the market to treat downloads with the value of a commodity is also a success of their material reality. They are, one could argue, too contemporary to be profitable. They remove the obstacles of location and substance, and so they resemble an economy that has, for its part, also become unpegged from limited materials. When the economy went off the gold standard in 1971,[6] it underwent a transformation and exhibited reversibility for the first time. It disappeared into its other. Until then, it had been the measure of all things finite, and, as such, it only moved by finite steps: one transaction, one resolution or one binding at a time. The idea of endless accumulation was a theoretical horizon. By becoming virtually unrestricted, with free-floating currencies and unending debts, the economy, like downloads, no longer needed to move toward that horizon, since it already started from a point of excess.

Care Of Editions takes a practical stance when it comes to the role of excess. It doesn't oppose gifting to theft, and it doesn't pretend that redistribution is the answer to war and plunder. These are all viable ways, depending on the situation, of creating hierarchies, identities, and difference[7] or even markets,[8] all of which depend on nothing more than a precedent being set. They don't appeal to reason, but to a custom. The question, however, is if these are viable strategies when it comes to downloads. Downloads exist in an endless stream, and so they can't really be given away. They have no significant value as a gift if the recipients already have more free music than they could ever listen to. Downloads are indeed cursed, but it's not clear whether or not they can be called an accursed share. What is a share, anyway, in terms of the infinite?

According to Baudrillard "[i]n reversibility, everything is 'accursed share' or there is no 'accursed share', since there is no residue".[9]

This is why Care Of Editions is not directly focused on the accursed share. The project takes place at a horizon where excess is not opaque but, instead, transparent, which is to say, already included. It's not something to be achieved or eliminated, but perhaps given a legible residue. Without converting excess into use, Care Of Editions creates a framework that preserves the possibility of both use and uselessness.

5   Jean Baudrillard: *The Transparency of Evil*. Translated from French by J. Benedict, Paris 1990, p. 122.
6   David Graeber: *Debt: The First 5,000 Years*, New York 2011, p. 361.
7   Ibid., pp. 109–113.
8   Ibid., pp. 49–50.
9   Roy Boyne and Scott Lash: "Symbolic Exchange: Taking Theory Seriously: An Interview with Jean Baudrillard", in: *Theory, Culture & Society*, 12 (4), pp. 79–95, here p. 87.

As Baudrillard writes,

"[a]ny structure that hunts down, expels or exorcizes its negative elements risks a catastrophe caused by a thoroughgoing backlash, just as any organism that hunts down and eliminates its germs, bacteria, parasites or other biological antagonists risks metastasis and cancer – in other words, it is threatened by a voracious positivity of its own cells, or, in the viral context, by the prospect of being devoured by its own – now unemployed – antibodies. Anything that purges the accursed share in itself signs its own death warrant."[10]

VI

Many artistic operations are carried out, often without notice, as an intrusion into the world of business. Artists continually confront the market without needing to try, if only because the market is essentially the automatic paradigm for how the world is rendered. It matters very little what we constitute as art. Letting go of this question, as well as the metrics defining artistic success, can bring us closer to a less automatic question. Instead of questioning art, we can question what it means to be contemporary.

Goodiepal is an artist and a musician who dissolves the parameters of art into a series of business transactions that are emblematic of the structure and operations of contemporary life. In 2010, he put out a record that came with a bill for 500 Danish kroner, which was worth about six or seven times more than the record cost. He later put out a series of three LPs, priced 2.60 Euro, eleven Euro, and 100 Euro, respectively. The cheapest one came with Goodiepal's banking information, so it gave unlimited access to his account for both withdrawals and deposits. The second record came with a one thousand-roma bill, supposedly exchangeable if the Romani people were to ever establish a homeland. The most expensive LP came with a signed blank check, allowing the purchaser to make one withdrawal from Goodiepal's account.[11]

Goodiepal is dealing directly and provocatively with selling music at a loss without connecting or exchanging the aims of business and art. By tying a currency to the possibility of the Romani establishing a homeland, he's expressing contentment with the nature of his project being nomadic. It can't force success, whether that's measured in terms of business or art. The Romani are more of a symbolic group that sums up his project's lack of forcefulness. It speaks to a much more general set of people, or set of parameters, which could be found just about anywhere, without reason, since the criteria for success is made indiscernible, and at the same time, an alluring part of the project.

Goodiepal is basically burying the means of evaluating his work. He created a calculation whose usefulness subtracts itself from the rest of the world. Even though it has an impersonal, economic footprint, it's also clearly tied to human relations. This touches on a number of important details. First of all, his project, like Care Of Editions, is indebted to many other artists. The classic examples of an ephemeral calculation, which will be left

---

10   Jean Baudrillard: *The Transparency of Evil*, Paris 1990, p. 106.
11   Peanut Snake: "Time Does Not Exist", http://peanutsnake.blogspot.de/2011/03/time-does-not-exist.html (retrieved October 1st, 2012).

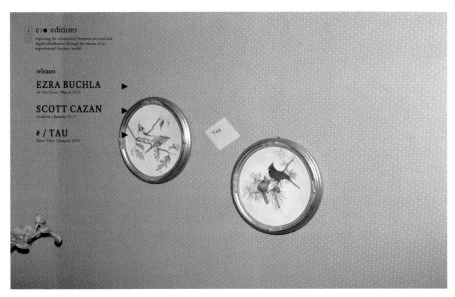

Fig. 5: Care Of Editions website (top). Copyright: Gary Schultz.

beyond the scope of this paper, would be Stéphane Mallarmé, who more or less hinged his calculation on a single, disappearing point (i.e. a poem, or a role of the dice, providing its own means of seeing a 'unique Number that cannot be another')[12], and Chris Marker, who dispersed the calculation throughout his entire body of work (i.e. the coming together of poetry and history where facts are reconsidered in terms of appearances, and where Marker's entire persona is made visible only as it vanishes into a network of filmic signatures inscribing him and his questions into a fleeting history unlike any other). Yet at some level, this happens all the time. Every artist, whether she's conscious of it or not, places herself in a lineage. It's an artificial timeline that's excluded from the rest of history: a tangent that helps an artist evaluate her work and perhaps only her work. This interplay of history and the personal is an echo of the dialogue between business and art. Like money, it's a form of measuring indebtedness. Goodiepal, however, infuses the cash market with a form of social capital. He gives this currency a performative value that can only meander unpredictably before being cashed in, if ever, as well as a legibility that relies mostly on thought.

VII

A number of anthropologists have suggested that every time coins first emerged, in different parts of the world, it sparked an in-depth consideration of the relationship between the material world and its other. David Graeber writes,

---

12   Quentin Meillassoux: *The Number and the Siren*. Translated from French by R. Mackay, Paris 2011.

"It would be foolish to argue that all Axial Age philosophy was simply a meditation on the nature of coinage, but I think Seaford is right to argue that this is a critical starting place: one of the reasons that the pre-Socratic philosophers began to frame their questions in the peculiar way they did, asking (for instance): What are Ideas? Are they merely collective conventions? Do they exist, as Plato insisted, in some divine domain beyond material existence? Or do they exist in our minds? Or do our minds themselves ultimately partake of that divine immaterial domain? And if they do, what does this say about our relation to our bodies?"[13]

We could say that the concept of money is given use and legibility through coinage. Whenever markets have gone into a cycle of credit, or now that the economy is no longer tied to a material, coinage better resembles the concept of money. The role of semblance doesn't interfere with this happening, even if semblance and artifice are so often considered suspicious elements[14]: poets, for example, being banned like accursed shares from Plato's rendering of the perfect city, free of mimesis, in *The Republic*. Coinage and other objects can take on the qualities of a concept even from within the market. The record label Ghostly International, for example, no longer depends on producing records. Their product is an image or an idea of who they are, and they've been so successful at cultivating this brand, they could stop selling music altogether and focus solely on designer merchandise. For better or worse, it barely matters what music they release, and there's something conceptual about that, even if it comes from marketing.[15]

VIII

Care Of Editions tries to visualize the movement from objects to concepts. The two most basic examples of this are the debt, which comes from the cost of production, and the website. The debt is resolved according to vinyl sales, and the website compresses in proportion to downloading so that both would potentially disappear if the project were to come to a close. What it would leave behind is a residue that could take many forms, from records, downloads, and checks, to transactions, experiences and perceptions, any of which could contribute to the perception of objects beyond this project. In that sense, the residue marks a movement in the other direction, from an idea to an object, or to another idea. The pivot between the two is the participation of the audience, and two of the most direct points of contact with the audience are the music and the branding.

The most visible aspect of our branding is the chart that depicts the business model (see figure 2). It is on the backs of every record cover, and it helps clear up the logic of the site as well. This element of the branding is a stripped-down rendering of what the project is. The logo design, business cards, typography, as well as the photography for the front covers and the website, all take a more intuitive approach that is drawn from

---

13   Graeber: *Debt: The First 5,000 Years*, New York 2012, pp. 245–247.
14   Alain Badiou: *Handbook of Inaesthetics*. Translated from French by A. Toscano, Stanford 1998, pp. 1–15.
15   *Of Art and Artifice* is a phrase associated with the Ghostly brand: http://ghostly.com.

a careful study of marketing and label identity (see figures 3–5). The overall project, including the business model and the branding, could ultimately be used as an envelope to release almost any music. The coherence of our releases could be chaotic or even randomly consistent. Perhaps that says something about the function of a label today. It's not that Care Of Editions is critical of the envelope-like function of labels, but we focus on this aspect because it marks the last visible point along an outer periphery of what a label could be. It's a perch where we can position ourselves and see what happens.

Curating the music is actually the most difficult element of the project to formulate. Even though I'd like to rest the project on something nomadic, via the music, it's impossible to know whether or not it is. I do feel, because of the experimental nature of the economic model, avoiding signs of experimentation in the music would, in a sense, blow the cover of aesthetic coherence. In other words, the aesthetic coherence lends support to the economic coherence. Paying people is a moment of theater that allows the business model to operate under the cover of an economic reason. Even though giving money away goes against common economic sense, it sets up the sensible practice of restricting free money as well downloads to what we can afford. This is riding on the fact that, today, economic reasons tend to set the bar for clarity, as they often go unquestioned. With the music, there is no aesthetic starting point unless it's borrowed from the economic framework. If the records were only experimental, the business model would seem like a gimmick to help sell records that wouldn't sell on their own. On the other hand, if we only released music that already had an established place in the market, then the project would be a critical interruption of the market. Instead, the aesthetic coherence comes from a collaborative starting point, set together with the musicians and without being so tied-up in sincerity, which is to say, the Spirit of Capitalism or the Critique of Capitalism.

IX

Care Of Editions borrows strategies from the market in order to lend richness to a virtual space that seems otherwise flat. It enlists these tools in the service of an imaginary economy where values of both a positive and negative intensity can be held together. Unlike more critical projects, it doesn't condemn the market for being artificially structured or for projecting its own brand of perspectival space out beyond its borders. Being too concerned with artifice or excess, we can automatically overlook the fact that this perspective, artificial or not, gives maneuverability to a concept. It allows material traces, such as coins, to operate within it. These traces are coextensive with a concept. Whatever the concept's finite consistency, it's a subset of its infinite multiplicity. It's where the idea comes to perform. Ignoring that doesn't bring us any closer to it. It's a censorship that would only protect an idea from our considerations. So the issue's not with artifice. Concepts find a way to perform, one way or another. What Care Of Editions proposes, then, is a consideration of the impossible that might not censor every measure of its impossibility.

Wahrnehmung

Verkörpertes und mediatisiertes Wissen

Dorothée King

»Feel it« – aus Einfühlungsästhetik wird Fühlästhetik
Positionen der zeitgenössischen bildenden Kunst

Ein Pferd sitzt auf dem Boden. Ein großes schwarzes Pferd. Nein, kein Pferd, ein Einhorn, das aber aussieht wie ein Pferd. Meine erste Irritation ›Was macht dieses Pferd hier?‹ lässt sich schnell auflösen. Das Einhorn hat es sich auf dem Boden eines Ausstellungsraumes gemütlich gemacht. Es handelt sich also um Kunst. Nach längerer Beobachtung ist auch offensichtlich, dass das Einhorn sich weder bewegt noch atmet. Da löst sich auch meine zweite Irritation: ›Was macht ein lebendiges Tier hier?‹ Das Einhorn muss ein künstlich künstlerisch geschaffenes Objekt oder Präparat sein. Nachdem das geklärt ist, traue ich mich und trete näher, um das Einhorn genauer anzuschauen. Je kleiner der Abstand zwischen mir und dem Einhorn wird, umso verwunderter bin ich dann doch. Ich trete wieder einen Schritt zurück, trete wieder vor, beuge mich über das Einhorn und halte meine Hand so nah wie möglich darüber. Der Körper ist warm. Ich bewege meine Hand, um die Wärme des Tierkörpers zu fühlen.

Olaf Nicolais *La Lotta*,[1] dessen ›Fühlästhetik‹ ich soeben beschrieben habe, ist ein Beispiel für ein Kunstwerk, das nicht nur aufbauend auf eine visuelle Rezeption erfahren werden kann, sondern auch körperlich über den Temperatursinn rezipiert bzw. fühlbar ist. Die im Inneren des Tieres eingebaute Heizung erzeugt eine Wärme von 43 Grad Celsius. Wir fühlen das Kunstwerk über die Wärme über unsere Haut.

Das Sprechen über das Fühlen von Kunstwerken ist in der Kunstwissenschaft jedoch nicht *en vogue*. Es fehlt eine Diskussion zu Definitionen einer Ästhetik des Fühlens. Dabei könnte, so meine These, eine Fühlästhetik auf eine historische Tradition einer Einfühlungsästhetik aufbauen.[2] Mit diesem Beitrag starte ich den Versuch, eine Diskussion zur Fühlästhetik anzuregen. Dabei gehe ich folgendermaßen vor: Als Grundlage des Versuchs soll ein kursorischer historischer Überblick über fühlbare Kunstwerke und Ausstellungsprojekte aufzeigen, dass das haptische Fühlen von Kunst kein Novum ist. Aus einer Darstellung der Einfühlungsästhetik soll ein Anstoß entwickelt werden, der die Diskussion zur Fühlästhetik eröffnet. Mit einem ersten Kriterienkatalog einer Fühlästhetik werde ich exemplarisch drei Kunstwerke untersuchen, die für solch eine Ästhetik in den bildenden Künsten stehen können: Nicolas Stedman hat mit *Blanket Project* (2001–2007) eine Bettdecke entworfen, die den Hautkontakt zu den Ausstellungsbesucherinnen und -besuchern sucht. Die beiden anderen Projekte sind über Schallwellen spürbar: Kaffe Matthews Arbeit *Sonic Bed* (2005) lädt die Rezipientinnen und Rezipienten dazu ein, es sich in einem vibrierenden Bett bequem zu machen. Anke Eckardt irritiert mit *Boden* (2012) die elementaren Schwerkrafterwartungen des Kunstpublikums.

---

1 Olaf Nicolai: *La Lotta*, mixed media, 153 x 215 x 155 cm, 2006.
2 Vgl. Theodor Lipps: »Einfühlung und ästhetischer Genuß« (1906), in: Emil Utitz (Hg.): *Aesthetik*, Berlin 1923, S. 152–167.

Versuch einer Kunstgeschichte der Fühlästhetik

Bereits 1921 forderten die Futuristen den *Taktilismus* zur Erweiterung des Spektrums der Künste.[3] In den 1960er und 1970er Jahren wurde eine Vielzahl von Ausstellungen konzipiert, die haptische Kunstwahrnehmung erfahrbar machten, wie *Feel it*, 1968, im Moderna Museet Stockholm, *First International Tactil Sculpture Symposium*, 1969, in der Long Beach, California, Gallery C, *Do Touch*, 1976, im Boston Museum of Fine Arts, *Les mains regardent,* Paris, 1977/78, im Centre Pompidou.[4] In Deutschland gab es 1979 die erste Ausstellung zum Anfassen, *Plastik zum Begreifen,* in der DDR.[5] Die beiden letztgenannten Ausstellungen wurden speziell für Blinde konzipiert und bereiteten Kunstwerke für Sehbehinderte auf. Die Kuratoren stellten keine Kunstwerke aus, die von vornherein von Künstlern zum Anfassen konzipiert wurden. Die Kunstvermittlung öffnet sich in diese Richtung auch heute für die multisensorische Wahrnehmung von Kunst. In der Kunsthalle der Deutschen Bank bietet Silke Feldhoff Führungen durch alle Ausstellungen für Menschen mit Sehbehinderung an. Unter dem Titel *Blicke Sammeln* entwickelte die Kunstvermittlerin Sara Schmidt im Museum Thun zusammen mit Blinden Skulpturen-Ausstellungen. Mit Handschuhen dürfen die Exponate von allen Besucherinnen und Besuchern ertastet werden oder anhand von Modellen größere Objekte durch Tasten nachempfunden werden.

Ich möchte mich jedoch mit Werken befassen, die von Künstlerinnen oder Künstlern auf physisches Erfühlen hin konzipiert wurden. Die Künstlerin Lydia Clark beispielsweise nutzte »Objekte als stimulierende Vermittlungsträger, durch deren Benutzung das Publikum bestimmte haptische Wahrnehmungsreize erfährt«.[6] So zumindest schreibt der Kunsthistoriker Frank Popper über ihr Werk *Labyrinth: Das Haus ist der Körper,* welches 1968 auf der Biennale in Venedig zu erfahren war. Das Publikum war aufgefordert, kleine Zellenräume, die dem menschlichen Körper nachempfunden waren, zu durchschreiten. Im gleichen Jahr performte Valie Export am Münchner Stachus das *Tapp- und Tastkino*. Die Künstlerin hatte sich einen nach vorne offenen und mit Vorhängen wie in einem Theater versehenen Kasten vor die nackte Brust geschnallt und lud Passanten dazu ein, mit ihren Händen ihre Brust hinter dem Vorhang zu ertasten. Die Künstlerin Rebecca Horn stellte 1973 in New York *Die chinesische Verlobte* aus. Die Besucherinnen und Besucher waren aufgefordert, sich einzeln in eine kleine Kapsel zu begeben, in der sie stehend und von Dunkelheit umgeben einen wackelnden Boden ertragen mussten. Es ging um die Erfahrung einer ganz-körperlich wahrnehmbaren Narration. Für die 1992 am Zentrum für Kunst und Medientechnologie Karlsruhe realisierte Arbeit *Interactive Plant Growing* installierte das Künstlerduo Christa Sommerer und Laurent Mignonneau an gewöhnlichen Zimmerpflanzen nicht sichtbare, jedoch berührungssensible Sensoren. Über die

3   Dieter Daniels: »Über Interaktivität«, in: Wolfgang Kemp (Hg.): *Zeitgenössische Kunst und ihre Betrachter,* Köln 1996, S. 85–100, hier S. 86.
4   Klaus Spitzer: »Bildnerische Gestaltung und ästhetische Rezeption im haptischen Bereich«, in: *horus* (1978), Heft 40, S. 3–4, hier S. 3.
5   Volkmar Mühleis: *Kunst im Sehverlust,* München 2005, S. 185.
6   Frank Popper: *Die Kinetische Kunst. Licht und Bewegung, Umweltkunst und Aktion*, Köln 1975, S. 125.

Berührung der Zimmerpflanzen konnten virtuelle Pflanzen auf einer Projektionsfläche gestaltet werden. Je häufiger die Zimmerpflanzen berührt wurden, umso mehr wuchsen die virtuellen Pflanzen.[7] 2001 realisierte Ragani Haas für ihre Arbeit *Nicht jedes Paradies ist verloren* eine Saunakammer mit Videoinstallation im *Alten Landtag* in Stuttgart. Um sich das Video anzusehen, mussten sich die Besucherinnen und Besucher auf die Wärme und Feuchtigkeit eines Saunagangs einlassen. Studierende aus der Kunsthochschule für Medien Köln entwickelten als Künstlergruppe FUR die *Pain Station*. Zwei Kontrahenten spielten den Computerspiele-Klassiker Pong gegeneinander. Fehltritte führten jedoch nicht nur zu Punktabzug, sondern auch zu elektrischen Stromstößen. Etwas zärtlicher haben Mika Satomi und Hannah Perner-Wilson, damals Studentinnen der Kunstuniversität Linz, Computerspiel und haptische Erfahrung kombiniert. Bei der Arbeit *Massage Me* aus dem Jahre 2007 konnten zwei Spielerinnen oder Spieler die Konsolen eines PlayStation-Videospiels über Westen bedienen, die von zwei weiteren Personen getragen wurden. Die Navigation des Computerspiels wurde durch in die Westen eingearbeitete Sensoren gesteuert. Zwei Personen genossen eine Rückenmassage, während die anderen zwei ein Videospiel ihrer Wahl spielten. Damit seien beispielhaft einige Werke genannt, die die Bandbreite des körperlichen Fühlens in der bildenden Kunst und ihre Entwicklung in den letzten Jahrzehnten aufzeigen sollen. Über die Annäherung an die Tradition der Einfühlungsästhetik werde ich nun eine Brücke zu einer ersten Idee einer Fühlästhetik schlagen.

Von Einfühlungsästhetik zur Fühlästhetik

In der Romantik bestimmte das Gefühl nicht nur die Kunst und die Literatur, sondern auch die Forschung zur Ästhetik in Deutschland. Interessant für mein Unterfangen ist, dass der Begriff der Einfühlung in der Forschung zu ästhetischer Wahrnehmung von Kunstobjekten angewandt und mit den damals ebenfalls favorisierten Begriffen des Verstehens und Erlebens assoziiert wurde.[8] Jedoch ging es damals weniger um das haptische Erfahren eines Kunstwerkes, sondern vielmehr um Einfühlung als situativen Prozess der Projektion eigener Gefühle auf Kunstobjekte. Friedrich Theodor Vischer verstand unter Einfühlung einen »unwillkürlichen Akt der Übertragung unseres eigenen Gefühls, [um Objekten] einen seelenvollen Inhalt zuzuschreiben«.[9] Sein Sohn Robert Vischer forschte zum gleichen Thema. Er definierte ähnlich wie sein Vater Einfühlung als »unbewusstes Versetzen der eigenen Leibform und auch Seele in die Objektform.«[10] Friedrich Theodor Vischer ging jedoch noch einen Schritt weiter und verstand unter dem ›Schönen‹, für die

---

7   Dieter Buchhart und Anna Hofbauer: *Re-act,* Kopenhagen 2005, S. 99.
8   Thomas Anz: »Einfühlung/Empathie«, in: Achim Rebeß (Hg.): *Metzler Lexikon Ästhetik,* Stuttgart/ Weimar 2006, S. 90–91, hier S. 90.
9   Friedrich Theodor Vischer: »Ueber das Erhabene und Komische und andere Texte zur Philosophie des Schönen« (Stuttgart 1837). Wiederabdruck in: Robert Vischer (Hg.): *Kritische Gänge*, Bd. 4, Frankfurt/M. 1967, S. 3–158, hier S. 141.
10   Robert Vischer: *Ueber das optische Formgefühl. Ein Beitrag zur Aesthetik*, Leipzig 1873, S. 7.

damaligen Verhältnisse revolutionär, nicht ein Objekt, sondern einen Akt.[11] Die Einfühlung des Rezipienten in das Kunstwerk beschreibt hier das Ästhetische als Merkmal an
der Kunsterfahrung. Ein Aufsatz von Theodor Lipps mit dem Titel *Einfühlung und ästhetischer Genuß* von 1906 etablierte dann schließlich den Begriff der Einfühlungsästhetik.[12]
Dieser Text wird noch heute als Manifest der Einfühlungsästhetik gehandelt.[13] Eine Über-
leitung aus der Einfühlungsästhetik zu einer Fühlästhetik lässt sich in einer Aussage von
Lipps Kollegen Wilhelm Worringer finden. Worringer vertrat die These, dass bei zukünftigen Untersuchungen »nicht mehr von der Form des ästhetischen Objekts, sondern vom
Verhalten des betrachtenden Subjekts« ausgegangen werden sollte.[14] Hier bestimmen
weniger die durch das Kunstobjekt ausgelösten und wieder auf das Kunstobjekt übertragenen Gefühle den ästhetischen Moment, sondern die Wahrnehmung, das Erfahren und
das Handeln der Rezipientin oder des Rezipienten. Diese Definition lässt sich leicht als
These zur Fühlästhetik umschreiben: Merkmal einer Fühlästhetik ist das Fühlen der Rezipientin oder des Rezipienten und weniger mögliche Inhalte oder Materialien eines Werkes.
Gehen wir der Einfühlung noch aus anderen Perspektiven nach und suchen nach weiteren Definitionen: Im *historischen Wörterbuch der Philosophie* werden folgende Verwendungen des Begriffs aufgeführt: Einfühlung als Erklärungsbegriff für das Wissen vom
anderen Menschen, Einfühlung zur Bezeichnung einer individuell unterschiedlich ausgeprägten Fähigkeit der Beurteilung von Zuständen und Einstellungen anderer Menschen
und Einfühlung als Phänomen, das bestimmte Prinzipien/Dinge erklärbar macht, indem
man sie mit dem eigenen Wissen vergleicht.[15] Als weitere Bedeutung führt das *historische Wörterbuch der ästhetischen Grundbegriffe* unter Einfühlung ein Hineinverlegen
eigener Gefühle in leblose Gegenstände auf.[16] Einfühlung fasst in diesen Definitionen
also nicht nur die Fähigkeit, sich in Verfassungen und Meinungen anderer Menschen
hineinzuversetzen, oder, wie bereits oben erwähnt, Gefühle auf Objekte zu projizieren,
sondern auch die Fertigkeit, mit Hilfe der eigenen Gefühle bislang Unbekanntes zu erklären. Hans-Georg Gadamer definiert Einfühlung ganz ähnlich als »einen Sinnzusammen-
hang aus einer anderen ›Welt‹ in die eigene zu übertragen«.[17]

Für die Formulierung einer Fühlästhetik könnte diese letzte Definition, das Übertragen von
bislang unbekannten Zusammenhängen in den eigenen Zusammenhang, ein Kriterium
sein, denn schließlich geht es bei den über die Haut rezipierten Werken um die haptische
Erfahrung von bislang nicht Gefühltem. Oder haben wir schon mal in einem Ausstellungskontext ein fiebriges Pferd streicheln dürfen? Denn, so wie der Rezeptionsästhetiker Hans-

---

11   Vgl. Vischer: »Ueber das Erhabene und Komische und andere Texte zur Philosophie des Schönen«,
      a.a.O., S. 432.
12   Lipps: »Einfühlung und ästhetischer Genuß«, a.a.O., S. 152.
13   Vgl. Martin Fontius: »Einfühlung, Empathie, Identifikation«, in: Karlheinz Barck (Hg.): *Ästhetische
      Grundbegriffe: Historisches Wörterbuch in sieben Bänden*, Band 2, Stuttgart/Weimar 2001, S. 134.
14   Wilhelm Worringer: *Abstraktion und Einfühlung, ein Beitrag zur Stilpsychologie* (1907), Amsterdam
      1996, S. 35.
15   Vgl. J. Ritter (Hg.): *Historisches Wörterbuch der Philosophie*, Band 2, Basel/Stuttgart 1972, S. 396;
      vgl. Anz: »Einfühlung/Empathie«, a.a.O., S. 90.
16   Vgl. Fontius: »Einfühlung, Empathie, Identifikation«, a.a.O., S. 122.
17   Hans-Georg Gadamer: »Hermeneutik«, in: Joachim Ritter und Karlfried Gründer (Hg.): *Historisches
      Wörterbuch der Philosophie*, Band 3, Basel/Stuttgart 1974, S. 1061.

Robert Jauß es formuliert, benötigt ein ästhetischer Moment etwas, das uns aus unserer alltäglichen Praxis herausholt, es bedarf einer gewissen »ästhetischen Distanz«.[18] Das täglich wiederkehrende Anziehen meiner Jacke entspricht somit nicht einem haptischen fühl-ästhetischen Moment. Es braucht etwas Besonderes, um von einer ästhetischen Erfahrung sprechen zu können. Der Begriff Ästhetik leitet sich aus dem griechischen Wort *aisthesis* ab, der Lehre von der Sinneserkenntnis. Über eine sensorische Wahrnehmung gelangen wir zu einer neuen Erkenntnis. Das trifft auf die von mir entwickelte Fühlästhetik zu.

Folgende Merkmale lassen sich somit für eine Fühlästhetik formulieren: In der Fühlästhetik definiert das Ästhetische das Fühlen der Rezipientin oder des Rezipienten. Das Fühlen holt die Rezipientin oder den Rezipienten aus ihrer Alltagserfahrung heraus. Über das Fühlen gelangen die Rezipientin oder der Rezipientin zu einer Erkenntnis. Daraus lassen sich folgende Fragen entwickeln, die aus der Perspektive des Rezipierenden an eine künstlerische Arbeit adressiert werden können: Fühle ich? Wie fühle ich? Und was erkenne ich dadurch? Ich stelle diese Fragen nun exemplarisch den drei zeitgenössischen Arbeiten *The Sonic Bed London, The Blanket Project* und *Boden*.

Nicolas Stedman: *The Blanket Project*

Der kanadische Künstler Nicolas Stedman arbeitete von 2001 bis 2007 kontinuierlich an seinem Werk *The Blanket Project*. Die Arbeit besteht aus einem gewöhnlichen Bett und einer auf dem Bett liegenden Bettdecke, die sich über Sensoren gesteuert bewegt, sobald sich jemand auf das Bett setzt oder legt und mit der Decke in Kontakt kommt. In der Decke sind einunddreißig Gelenkmotoren versteckt, die wie in einem Koordinatensystem angeordnet sind und über Aluminiumverstrebungen zusammengehalten werden.[19] Dieses Skelett aus Motoren kann sich selbst in verschiedene Formen bringen und bewegen. Eingepackt in eine Bettdecke bewegt es sich auf mich zu, sobald ich mich ins Bett lege, und bringt sich in Form.[20] Das heißt, meine Bewegungen lösen den Körperkontakt zum Kunstwerk aus. Ich fühle: Eine Bettdecke auf meiner Haut. Und ich erkenne: Die sensorische, in diesem Fall haptische ästhetische Erfahrung löst Reflexionen über körperliche Bedürfnisse und deren Auslebung im öffentlichen Ausstellungsraum aus.[21]

---

18 Hans-Robert Jauß: »Kleine Apologie der ästhetischen Erfahrung«, in: Jürgen Stöhr (Hg.): *Ästhetische Erfahrung heute*, Köln 1996, S. 20f.

19 Nicolas Stedman: *The Blanket Project. Behavioral Sculpture* (2001–2007), http://www.nickstedman. com/blanket2.html (aufgerufen: 31. Oktober 2013).

20 Dorothée King: »Decoding Gaze in Immersive and Interactive Media Arts«, in: Dorothée King u.a. (Hg.): *Interface Cultures – Artistic Aspects on Interaction*, Bielefeld 2008, S. 175–184, hier S. 182.

21 »The blanket is intended to be a subtle companion, not demanding much attention, rather quietly nestling its way into one's personal space to provide comfort and physical stimulation, especially when a person is in need. At this stage the patterns are randomized. The Blanket is not yet ›aware‹ of its surroundings or people within. Still, viewers are free to engage with the Blanket, touching it, or lying underneath.« (Stedman: *The Blanket Project. Behavioral Sculpture*, a.a.O.).

Kaffe Matthews: *Sonic Bed*

Kaffe Matthews' Arbeit *Sonic Bed* aus dem Jahr 2005 ist ein großer Tank aus Holz, in dem sich eine Matratze befindet.[22] In die Wände des Tanks sind Lautsprecher und in die Matratze Subwoofer eingebaut. Die Ausstellungsbesucherinnen und -besucher können in den Tank bzw. in das Bett hineinklettern und sich auf die Matratze legen. Der Sound aus den Lautsprechern in der Wand und unter der Matratze verursacht nicht nur Geräusche, sondern auch Vibrationen, welche die Besucherinnen und Besucher an ihrem Körper fühlen können, sobald sie sich auf die Matratze gelegt haben.[23] Ich fühle das Kunstwerk nicht nur über meinen auf der Matratze aufliegenden Körper, sondern über Vibrationen aus den Subwoofern, die eine dreidimensional fühlbare Komposition auf meinem Körper spielen. Dazu formuliert die Galerie, die Kaffe Matthews vertritt, auf ihrer Webseite: »*Sonic Bed* plays music that is felt rather than necessarily heard. *Sonic Bed* opens up an experience with music that is primarily physical [...].«[24] Das Kunstwerk soll also erfühlt werden. Die Erkenntnis könnte sein, Musikerfahrung öfter mal zu einer ganzkörperlich fühlbaren Erfahrung werden zu lassen.

Anke Eckardt: *Boden*

Die Soundkünstlerin Anke Eckardt setzt sich mit der multisensorischen ästhetischen Erfahrung von akustischen Phänomenen auseinander. Beispiele für ihre Arbeiten sind Wände aus Klang oder Installationen mit auf die Rezipientinnen und Rezipienten ausgerichtetem Schall. Die Arbeit *Boden – Installation for a given staircase* wurde 2012 während der Jahresausstellung der Graduiertenschule für die Künste und die Wissenschaften der Universität der Künste Berlin im Amerika-Haus Berlin auf einer Treppe als ortsspezifische Installation aufgebaut.[25] Einige der Granitstufen der Treppe aus dem Unter- in das erste Obergeschoss wurden, für die Besucherinnen und Besucher zwar angesagt, jedoch nicht ersichtlich, transformiert. Zwei der Stufen auf dem Weg nach oben waren durch gefakte Stufen mit innenliegenden schwingenden Springfedern und vibrierenden Infrasound Transducern, also schallverursachenden Elementen, ersetzt worden. Sie wurden abhängig vom Körpergewicht der über die Treppe gehenden Besucherinnen und Besucher in unterschiedlich starke Schwingungen versetzt. Ich er-fühle das Kunstwerk über den Kontakt meiner Füße mit den Treppenstufen: Und auch später noch, als ich wieder stabile Stufen unter den Füßen habe, fühle ich nach. Die Erfahrung, den ›Boden unter den Füßen zu verlieren‹, als ob man soeben aus einem kleinen Boot aussteigt, ist irritierend und unerwartet in einem Ausstellungskontext. Eine Projektion von tanzenden Lichtpunkten auf den Treppenstufen erzeugt eine zusätzliche Irritation. Anke Eckardt offeriert mit einem Romanzitat des Autors Cormac McCarthy einen möglichen Erkenntnisgewinn

---

22   Kaffe Matthews: *Sonic Bed* (2005): Polierter Holzrahmen, eine Schaummatratze, Kissen und Bettbezug, 12 Kanal Ton System, Strom.

23   Vgl. King: »Decoding Gaze in Immersive and Interactive Media Arts«, a.a.O., S. 182.

24   http://www.electra-productions.com (aufgerufen: 31.Oktober 2013).

25   Anke Eckardt: *Boden – Installation for a given staircase. Multisensory Installation,* 2012, Holzgerüst, Zement, Farbe, 4 Infrasonic Transducer, 2 Projektoren.

ihrer Arbeit: »You sign on for a ride you probably think you got at least some notion of where the ride's goin [sic]. But you might not.«[26]

Das körperliche Fühlen der Rezipientin oder des Rezipienten sind wesentlich für die oben beschriebenen Arbeiten. Allen Arbeiten sind zudem gemeinsam Sinneswahrnehmungen jenseits des Seh- und des Hörsinns: Die Bettdecke fühle ich über die direkte Auflage auf meinem Körper, das *Sonic Bed* fühle ich über Vibrationen im ganzen Körper und Anke Eckardt fordert den Gleichgewichtssinn heraus. Künstlerische Arbeiten wie diese haben nicht unbedingt das Fühlen zum Inhalt. Es geht nicht um Form oder Inhalt eines Kunstobjektes. Wir fühlen uns nicht in ein Objekt ein, wie in der Einfühlungsästhetik. Es geht um ästhetische Erfahrung der Rezipierenden, unser körperliches Er-fühlen. Im Sinne einer Fühlästhetik offerieren diese Kunstwerke irritierende körperliche Erfahrungen, die zu anderweitigen Erkenntnissen führen können. Feel it? Feel it!

---

26 Cormac Mc Carthy: *No Country for Old Men*, zitiert von Anke Eckardt, www.ankeeckardt.org (aufgerufen: 01. November 2013).

**Anke Eckardt
im Gespräch mit Anselm Franke**

Boden/Bodenlosigkeit

Anke Eckardt: Der Begriff »Anthropozän« steht für ein vom menschlichen Einfluss geprägtes Zeitalter. Er beinhaltet die These, unsere Vorstellung der Natur sei überholt und wir formten die Natur.

Anselm Franke: Besonders im deutschen Kontext kursiert die Idee einer abgeschlossenen Natur, die sich in einer natürlichen Balance befindet und die ›der Mensch‹ durch seine Technologie gestört hat. Die Provokation der Anthropozän-These produziert ein Bewusstsein für einen Kippmoment – den menschlich verantworteten Einbruch in eine Erd- und Naturgeschichte, die sich erst durch den mythischen ›Bruch mit der Natur‹ oder die Negation narrativ konstruiert hat. Die These, der Mensch forme die Natur, ist zwar einerseits richtig, aber selbstverständlich tendenziös. Sie provoziert einen produktiven Widerspruch, der zum einen auf einer romantischen Idee der Natur fußt oder die Aspekte von Handlungsmacht und Kontrolle anspricht. Wesentlicher ist m.E. die Frage: Wenn wir die Natur formen, kontrollieren wir dann den Planeten? Dies ist offensichtlich nicht der Fall, und sei es nur, weil das Kapital zu einer unkontrollierbaren, quasi-›geologischen‹ Kraft geworden ist. ›Der Mensch‹ des Anthropozän ist kein universelles Subjekt der Geschichte, sondern der wissenschaftlichen und industriellen Revolution. Er hat diejenigen Effekte, die wir heute im Horizont des Anthropozän beschreiben, wie z.B. das Verschwinden der Natur als eines unerschöpflichen Außen oder die Erderwärmung, nicht geplant. Wir unterhalten im Anthropozän ein schizophrenes Verhältnis zu Kontrolle und Unkontrolliertem, zu Planung und ungeplanten Effekten. Mein eigenes Interesse setzt an dieser Schizophrenie an, die ein modernes Phänomen ist, das von der Frage der Technologie nicht zu trennen ist. Die These müsste um einen weiteren Satz ergänzt werden: Natur und Technologie formen auch ›den Menschen‹.

A.E.: Mein Projekt GROUND fokussiert den Boden und die Bodenlosigkeit.[1] »Festen Boden unter den Füßen haben« – diese Redewendung steht für Stabilität, Ruhe, Ordnung und Kontrolle über die Dinge. Der Boden ist ein wichtiger Bezugspunkt in den Anfängen der Phänomenologie: Husserl argumentiert, dass die leibhaft verinnerlichte Form des Bodens Schutz bietet und zwar insofern, als sie durch einen festen Bezugspunkt vor der

---

1   *Ground (& Groundlessness)*, Künstlerisches Forschungsprojekt 2012–2013. Realisiert im Rahmen der Graduiertenschule für die Künste und die Wissenschaften mit Mitteln der Einsteinstiftung Berlin und des Bezirksamts Berlin Pankow. Das künstlerische Ergebnis des Projektes ist die multisensorische Installation *GROUND* (2013), ein sich bewegender Boden aus Beton, der die auf ihm stehenden Besucher mit bewegt. Über den Gleichgewichtssinn, den Sehsinn wie auch den Gehörsinn wird diese Bewegung sinnlich erfahrbar. Das Reiben, Schleifen, Aufeinanderstoßen, Vibrieren, Knirschen, Absinken und Auftauchen einzelner Betonelemente erzeugt ein klangliches Spektrum unterschiedlicher Rauheit. Es macht die Bewegung wie das Verschieben tektonischer Platten, enorme Kräfte im Erdinneren, Erdbeben, in Bewegung geratene Brücken, aber auch das schwer fassbare elementare Gefühl von Bodenlosigkeit erfahrbar.

Orientierungslosigkeit schutzt. Was geschieht nun, wenn der Boden, auf dem wir stehen oder auf den wir uns als Referenz beziehen, sich bewegt bzw. ins Schwanken gerät? In seiner Autobiographie mit dem Titel *Bodenlos* bezeichnet Vilém Flusser, der als Jude in die Emigration gezwungen war, sich als ein über dem Abgrund schwebendes Ich[2]. Die Bodenlosigkeit assoziieren wir mit Auflösungserscheinungen, dem Abhandenkommen des Bezugssystems, demnach mit Instabilität, vielleicht auch mit Kontrollverlust. Die kontinuierlichen Verschiebungen tektonischer Platten oder die unaufhörlich im Werden begriffenen Landschaften in ihren stetigen Umformungen führen uns jedoch vor, dass Bewegung der normale ›Zustand‹ des Erdbodens ist. Ohne technische Hilfsmittel können wir diese Bewegungen aufgrund des begrenzten menschlichen Wahrnehmungsspektrums jedoch nicht erfahren.

A.F.: Solange man von Bodenlosigkeit als Erfahrung spricht, handelt es sich nicht um Stillstand, sondern um eben jene Bewegung, die nicht nur die Bewegung der Erde ist, sondern eben auch die Identität unmöglich macht, d.h. unsere kognitive Stabilität in Frage stellt. Bodenlosigkeit in diesem Sinn ist ein Konzept, das die Behauptung von Essentialitäten, Substanzen und endgültigen Wahrheiten oder Bezugsystemen in Frage stellt, also die Identität der Karte mit dem Territorium. Als solches spielt das Konzept auch eine zentrale Rolle etwa bei Deleuze oder in der Dekonstruktion, aber auch im Buddhismus.

A.E.: Im Rahmen des *Anthropozän*-Projektes zeigt das Haus der Kulturen der Welt in Berlin »kulturelle Grundlagenforschung mit den Mitteln der Kunst und der Wissenschaft«. In meiner Arbeit beschäftigen mich die Ähnlichkeiten und Unterschiede zwischen Kunst und Wissenschaft in Bezug auf Zeichenproduktion sowie den Umgang mit diesen Zeichen.

A.F.: Ich begegne der Gleichsetzung von Kunst und Wissenschaft zunächst skeptisch, dennoch erkenne ich in einem zweiten Schritt eine Annäherung. Die Wissenschaft produziert »zirkulierende Referenzen« (Latour), die Indizienkette muss dabei stabilisiert werden. Ihr Umgang mit dem Zeichen ist eine Mobilisierung von Inskriptionen. Dazu muss die Einigung auf den Code stabil sein, es muss Standards geben, die man als ›positivistische‹ Zeichenbeziehung bezeichnen kann. Das Zeichen muss in der Lage sein, seine Referenz zu identifizieren. Im *Gegensatz* dazu geht es in der Kunst um die Ambivalenz der Zeichenbeziehung, um das Nicht-Identische, um die Grenzen der Klassifikationssysteme und normativen Rahmenbedingungen des positivistischen Wissens. Kunst hat also ein privilegiertes Verhältnis zu allerlei Formen der Negation, vor allen Dingen zu den Paradoxien und Umschlagmomenten der Negation. Das systematische Biotop der Kunst ist im Gegensatz zur Wissenschaft dasjenige, was der Anthropologe Michael Taussig als »Death Space of Signification« bezeichnet, jenen immer schon historisch und narrativ (ent-)codierten Raum des Symptoms, dem sich Kunstwissenschaftler wie Aby Warburg widmen. Kunst hat damit an einer anderen Realitätsebene teil, sie kann z.B. mit dem mentalen Faktum von Schizophrenie umgehen, sie wird diesen Zugang aber nie in ein

---

2   Vilém Flusser: *Bodenlos. Eine philosophische Autobiographie*, Köln 1992.

positivistisches klinisches Programm umwandeln können (und meist auch nicht wollen). Kunst und Wissenschaft treffen sich aber jedoch vielfach, nicht nur in dem, was man ›Intuition‹ und ›zärtliche Empirie‹ nennen könnte, sondern auch auf dem Territorium, in dem die Wissenschaft ihre Erwartungshorizonte artikuliert und ihre narrative Struktur, ihre diskursive Matrix etabliert. Wie schon Paul Feyerabend gezeigt hat, lässt sich in diesem fundamentalen Territorium der Unterschied von Kunst, Mythologien und Wissenschaft nur durch Ideologie, nicht aber empirisch aufrechterhalten.

A.E.: Welche Unterschiede in Bezug auf Simulation und Repräsentation von Systemen, Prozessen, Objekten und Daten gibt es innerhalb künstlerischer und wissenschaftlicher Forschung?

A.F.: Dazu fällt mir Harun Farockis Arbeit ein. Arbeiten von Farocki wie etwa IMMERSION oder PARALLELE sind Beispiele dafür, wie digitale Mimesis Simulation und Repräsentation in eins fallen lässt und dem *Calculus* der Prävention unterwirft. Farocki spricht von Bildern, die die Realität nicht ›ideal-typisch‹ abbilden, sondern zu militärischen Karten einer Hyperrealität werden, anhand derer jegliche Abweichung registriert wird, was immer schon potentielle Feindbewegung ist. Farocki zeigt in IMMERSION auch, wie die Simulation Anfang, Durchführung und Ende einer militärischen Operation bestimmt, vom Training über die Operation bis zur Verarbeitung des Traumas. Die Realität unter dem Präventivregime der digitalmimetischen Simulation ist, ebenso wie das darin agierende Subjekt, »negativ«.

A.E.: Beim Versuch, meine eigene Arbeit im begründet kritisierten Feld der künstlerischen Forschung klarer zu verorten, bin ich im Austausch mit Alberto de Campo auf den Begriff des Modells gestoßen. Modelle schließen Aspekte von Simulation und Repräsentation ja immer auch bereits mit ein. Vielleicht kann ein Vergleich verschiedener Modelle qualitative Unterschiede zwischen meiner künstlerischen Arbeit und wissenschaftlicher Forschung deutlich machen. In positivistischer wissenschaftlicher Forschung wird der Versuch unternommen, bestehende komplexe ›konkrete Entitäten‹ (z.B. Erdbeben und Vulkanausbrüche als sekundäre Phänomene der Plattentektonik) mit Hilfe von ›abstrakten Modellen‹ besser zu verstehen (wie z.B. anhand von Computersimulationen und Hochrechnungen basierend auf Stichprobenmessungen im Bereich der Seismik). Künstlerische Forschung wird in diesen Kritiken als Label beschrieben, welches auf den Bologna Prozess zurückführbar ist und vor dem Hintergrund der dabei entstandenen Macht- und Ökonomiefelder politisch beworben wird. Dieser Kritik stimme ich zu, dennoch interessiert mit dieses Feld. Beim Versuch, meine Arbeit als künstlerische Forschung klarer zu verorten, gehe ich den umgekehrten Weg, wenn ich versuche, ›abstrakte Entitäten‹ (wie zum Beispiel das Thema des Bodens und der Bodenlosigkeit in seiner Ambiguität) in ein ›konkretes Modell‹ – und zwar in das Angebot einer physisch-sinnlich erfahrbaren Installation –, die in Bezug auf die Wahrnehmung subjektive Vielfalt erzeugt, zu transformieren? Bei ästhetischen Entwürfen kommt zudem eventuell noch etwas in Spiel, das weithin »Poetologie des Wissens« genannt wird. Diese Poetologie zeigt sich darin, dass das Forschen im Feld der Kunst nicht auf Seiten der künstlerischen Produktion endet – es kann und muss in der Rezeption fortgeführt werden. Dem Rezipienten wird hierbei die Rolle des aktiven Gestalters angeboten. In anderen Zusammenhängen wurden und werden dem wahrnehmenden Menschen im Vergleich dazu ganz andere Rollen zugesprochen, wie zum Beispiel in den Anfängen der Kybernetik, der es um einen möglichst von außen auf ein System blickenden Beobachter ging, den idealtypischen Beobachter zweiter Ordnung im Rahmen komplexer Systeme.

A.F.: Zuallererst geht es um die Frage, was es heißt, etwas zu »verstehen«, und in welchem Verhältnis das zur Erfahrung steht – es geht dabei auch um Autonomieerfahrungen. Ich sehe das Konzept des Betrachters als aktivem Gestalter mit Skepsis: Kunsterfahrung ist im Wesentlichen kontemplativ, ästhetische Erfahrung besteht wesentlich darin, das (aktive) Betrachten in seiner medialen, subjektivierenden Dimension, die eine Dimension des ›Passivs‹ ist, zur Artikulation zu bringen. Dabei ist immer die Frage: Legt die derart in einer künstlerischen Arbeit produzierte Situation von den sie determinierenden Rahmenbedingungen Zeugnis ab, ›stellt‹ sie diese ›aus‹ und ermöglicht sie die Erfahrung einer komplexen Autonomie diesen Rahmenbedingungen gegenüber? Oder ist die Erfahrung eine, die sich mit der Freiheit einer Lokomotive im Schienennetz vergleichen lässt, also einem Skript unterworfen, das den Betrachter als Akteur bereits in sein Tableau eingeschrieben hat, die determinierenden Rahmenbedingungen dabei aber nicht zur Disposition stellt? Die Trennlinie zwischen den beiden ist fragil, und hängt eben auch davon ab, welchen Begriff wir von Verstehen und Erfahrung haben und welchem Regime der Erklärung wir uns unterwerfen. Bei den wissenschaftlichen Modellen geht es um eine andere Form des Verstehens, um die ›Objektivierung‹, d.h. die Reduktion ›komplexer‹ Vorgänge in ›komplizierte‹, einer Ordnung oder einem *Calculus* unterworfene, aus denen sich Operationsketten ableiten lassen. Die Kybernetik zweiter Ordnung, der radikale Konstruktivismus haben diesen, von dir auch angeführten Blick von außen auf ein System durch einen Beobachter schon als unmöglich dargestellt. Wir sind immer schon Teil des Systems und verändern dieses, aber diese Einsicht lässt sich schwer ›stabilisieren‹ und in den Alltag der Wissenschaft integrieren, sie ist sozusagen bodenlos. Aber für mich bedeutet das, u.a. mit dem Philosophen Paul Edwards die Genealogie etwa der Klimamodelle in den Blick zu nehmen, die Systemimplikation in ihrer Kontinuität zu betrachten: Die Technologie der Klimamodellberechnung stammt aus dem Kalten Krieg, es handelt sich nach Peter L. Galison bei der Kybernetik zuallererst um eine »Ontologie des Feindes«, und die Frage ist: Handelt es sich deswegen um eine Feindbeziehung? Was bedeutet es, wenn das Klima, oder gar wenn die Biosphäre als solche, also die bewegte Seite des Planeten, zu unserem Feind geworden ist? Das Feindverständnis ist eine Form des Verständnisses, sicherlich eine mimetisch-intensive, aber welche Verhältnisse produziert es?

A.E.: Ein zentraler Aufhänger der Ausstellung *The Whole Earth. Kalifornien und das Verschwinden des Außen* (2013) ist ein das Weltverständnis veränderndes Foto des ›Blauen Planeten‹ aus der Perspektive des Weltalls, das 1968 auf dem Cover des ersten *Whole Earth Catalog* zu sehen war. Im Ausstellungskatalog heißt es kritisch in Bezug auf die Ikone des Blauen Planeten, die kein Außen mehr kennt: »Die Negation jeglichen Rahmens ist gleichzeitig der größtmögliche Rahmen. Die ›Blue Marble‹ wird so das ultimative Kippbild. Die Universalisierung der Rahmenbedingung in einem Rahmen, der keine

Rahmen mehr kennt. Das Resultat: grenzenlose Einschließung.«[3] Welcher Art könnte ein modernes, ikonographisches Bild von der Erde sein, das seinen größtmöglichen Rahmen nicht leugnet?

A.F.: Der »Pale blue dot« von Carl Sagan und die Kritik an den Fotografien »Earthrise« oder »Blue Marble« rufen die Ideengeschichte dieser ikonischen Bilder auf, die gleichzeitig symptomatische Bilder des vorherrschenden Regimes der Sichtbarkeit in der Behauptung einer ›globalen Jetztzeit‹ sind. Ich möchte zu einer anderen als der vorherrschenden Lesart gelangen: Das Bild der Erde aus dem All ist nicht das Bild einer fragilen, schönen Welt ohne Grenzen, sondern es ist selbst die letzte Manifestation der industriell-militärischen Expansion in einer langen Kontinuität der ›Frontier‹. Die Ontologie des Bildes ist eine *hauntology* – alles, was darauf nicht zu sehen ist, kehrt als ›Irrationales‹ zurück. Die Welt-Sichtbarkeit des Bildes ist schizophren, wie auch die systemtheoretische Schlussfolgerung des *Whole Earth Catalog*: Wir sind Teil dieses Systems, müssen es aber noch realisieren (d.h. der Mensch des Westens). »We can't put it together, it is together«, heißt es programmatisch auf der Rückseite des *Last Whole Earth Catalog* von 1972. Hier kündigt sich die Schizophrenie des Neoliberalismus an, der die Politik durch Kapital und Netzwerk ersetzt und in der Ikone vom Blauen Planeten ihren ›größtmöglichen Rahmen‹ abgesteckt hat.

---

3   Anselm Franke: »Earthrise und das Verschwinden des Außen«, in: Diedrich Diederichsen und Anselm Franke (Hg.): *The Whole Earth. Kalifornien und das Verschwinden des Außen.* Ausstellungskatalog zur gleichnamigen Ausstellung vom 26. April 2013 bis 07. Juli 2013 im Haus der Kulturen der Welt, Berlin, S. 12–18, hier S. 14.

Lioudmila Voropai

Das Zelluloidleben des Labors
Zur Geschichte und Gegenwart der filmischen Wissenschaftsvermittlung

I

Die Vermittlung der aktuellen wissenschaftlichen Forschungsthemen und -ergebnisse ›nach außen‹, d.h. an die nicht fachinterne breite Öffentlichkeit, ist heutzutage für die meisten Wissenschaftsinstitute unverzichtbar. Öffentliche Präsentationen der Forschungsprojekte sorgen einerseits für ihre Legitimität in den Augen der Steuerzahler und politischen Entscheidungsträger, anderseits dienen sie de facto als zusätzliche Werbe- und PR-Aktionen bei der Suche nach Investoren und Absatzmärkten im weitesten Sinne.

Der zum Topos in den geisteswissenschaftlichen Untersuchungen gewordene Hinweis auf die Verbreitung der *gouvernementalen* Regierungstechniken[1] auf alle Tätigkeitsbereiche erweist sich jedoch als höchst relevant auch für die Analyse der laufenden Prozesse im Wissenschaftsbetrieb. Nicht nur im Sinne einer ritualisierten Neoliberalismuskritik, sondern vielmehr aufgrund der institutionellen Isomorphie[2] diagnostiziert man seit den 1990er Jahren eine zunehmende Ökonomisierung der Wissenschaft als gesellschaftlicher Institution und ihren unaufhaltbaren Werdegang zum *business as usual*. Forschungsinstitute, Wissenschaftszentren und Universitäten, unabhängig davon, ob sie aus öffentlichen, korporativen oder privaten Mitteln finanziert werden, müssen in erster Linie als profitorientierte Unternehmen handeln, um in einer langfristigeren Perspektive als Institutionen überleben zu können.

Von der Geschäftswelt werden viele Forschungsfelder als gewinnversprechender Investitionssektor angesehen, was die Handlungsstrategien und den Legitimationsdiskurs wissenschaftlicher Institute entsprechend prägt. Die Darstellung bestimmter Forschungsbereiche und -aktivitäten mithilfe diverser medialer Formate und Plattformen für ein breiteres Publikum wird zu einem wichtigen Bestandteil der institutionellen Vermarktungsstrategien. So verbreiten sich zahlreiche neue Vermittlungs- und

---

1   Der von Michel Foucault eingeführte Begriff der Gouvernementalität (frz. *gouvernementalité*) bezeichnet eine paradigmatische Verschmelzung der staatlichen Regierungspraktiken mit den Selbstverwaltungspraktiken der Individuen, deren Handeln in erster Linie durch die Prinzipien der ökonomischen Rationalität gesteuert wird.
   Dies beinhaltet unter anderem eine totale Ökonomisierung aller sozialen Verhältnisse in der heutigen Gesellschaft und die daraus folgenden primär wirtschaftlich orientierten Verhaltensstrategien der Individuen und Institutionen. Vgl. Michel Foucault: *Geschichte der Gouvernementalität. Band II: Die Geburt der Biopolitik*, Frankfurt 2004.

2   Die soziologische Konzeption der *institutionellen Isomorphie* beinhaltet eine Angleichung von Strukturen und Prozessen in den verschiedenen Organisationen, die in Folge einer Imitation oder einer unabhängigen Entwicklung unter den gleichen Bedingungen zustande kommt. Die Isomorphie wird als Hauptausdruck des Strebens von Organisationen nach Legitimität betrachtet. Organisationen sind stets auf Unterstützung und Anerkennung von außen angewiesen, da nur dies einen Zufluss von Ressourcen – angefangen von Finanzen bis hin zu Arbeitskräften – gewährleisten kann. Vgl. Paul DiMaggio, Walter Powell (Ed.): *The New Institutionalism and Collective Rationality in Organizational Analysis*, Chicago 1992.

Präsentationsformate wie Science Slams, TED-Talks, spezielle thematische Blogs und Online-Foren, offizielle Youtube-Chanels und Facebook-Seiten der Forschungsinstitute, Wettbewerbe wie »Dance Your PhD« und viele andere.

Derartige Vermittlungsaktivitäten lassen sich im Wesentlichen als Fortsetzung oder *Update* der Tradition der Wissenschaftspopularisierung verstehen, die heutzutage zu einem bedeutsamen Instrument der gesellschaftlichen und politischen Legitimierung diverser Forschungsprojekte und Institutionen geworden ist. Denn die sogenannte breite Öffentlichkeit erfährt über aktuelle wissenschaftliche Forschungen und Erkenntnisse hauptsächlich dank der Popularisierungsmaßnahmen und entsprechender medialer Produkte. Die Popularisierungsformate und -produkte funktionieren dabei als ›kommunikatives Interface‹ zwischen den Insider-Spezialisten und einem Nicht-Fachpublikum. Sie ermöglichen einen Wissenstransfer, wenn auch mit gewissen ›Störungen‹ durch die unvermeidliche Vereinfachung der Inhalte und ihre entsprechende mediale ›Umkodierung‹.

Entscheidend ist in diesem Zusammenhang ein paradigmatischer Wandel in den kommunikativen Strategien, Zielsetzungen und der Ideologie der heutigen Wissenschaftspopularisierung von der Aufklärung und dem bürgerlichen Bildungsauftrag hin zum Infotainment und zur gewinnversprechenden Verwendung der neuen Erkenntnisse im sogenannten Wissenskapitalismus.

II

Vor diesem Hintergrund ist es von großer Relevanz, aktuelle Formen, Strategien und Medien der populären Wissensvermittlung im Hinblick auf die kultur- und medienhistorische Genealogie der Wissenschaftspopularisierung zu untersuchen. Vor allem der Film entwickelte sich im Laufe des 20. Jahrhunderts als das wirkmächtigste Medium der Wissenschaftspopularisierung, der bis heute gestalterische Strategien und Techniken der audiovisuellen Wissensdarstellung maßgeblich prägt.

Eine Erforschung der Filmsprache, von narrativen Strukturen und formalstilistischen Umsetzungsformen der wissenschaftspopularisierenden Filme sowie der Wechselwirkungen zwischen dieser Filmtradition und künstlerischer Praxis steht im Mittelpunkt des Projektes »Das Zelluloidleben des Labors: Der Wissenschaftsfilm und die Künste«, das eine fachübergreifende wissenschafts-, kultur- und filmhistorische Forschungsarbeit mit der künstlerischen Verarbeitung und Gestaltung ihrer Ergebnisse verbindet. Die nach diversen thematischen Schwerpunkten ausgesuchten Fragmente aus den Wissenschaftsfilmen verschiedener Zeitperioden werden zum Ausgangsmaterial einer künstlerischen Auseinandersetzung, die in einer Reihe von Videoinstallationen, einkanaligen Videos und Lecture-Performances präsentiert wird. Dieser Umgang mit historischem Filmmaterial macht eine Entwicklung dieser Gattung, ihre Filmsprache sowie ästhetische und stilistische Merkmale anschaulich und erfahrbar. Die Ikonographie der filmischen Darstellung wissenschaftlicher Forschungen und Experimente wird im Zusammenhang ihrer ideologischen und gesellschaftspolitischen Prämissen untersucht, welche die mediale Konstruktion von »Wissenschaft« und »Wissenschaftlichkeit« maßgeblich prägen.

Eine besondere Rolle spielt in diesem Projekt die Geschichte der sowjetischen populärwissenschaftlichen Filme, die als Instrumente der Erziehung und Aufklärung des
»neuen Menschen« seit den 20er Jahren im großen Umfang und mit einer großzügigen
finanziellen Unterstützung des Staates in der UdSSR produziert wurden. Dieser kaum im
Westen bekannte, aber sehr bedeutsame Teil der Wissenschaftsfilmgeschichte nimmt
im Projekt »Das Zelluloidleben des Labors« eine zentrale Stellung ein.

Parallel zum künstlerischen Teil des Projekts bietet dieser Beitrag einen Exkurs in die
Geschichte des Films als Medium der Repräsentation und Kommunikation wissenschaftlicher Erkenntnisse. Er möchte einen ersten Einblick in methodologische Probleme, For-
schungsperspektiven und Interpretationsmöglichkeiten ermöglichen und damit Raum
für neue Fragestellungen und Ansätze zu diesem Thema gewähren.

III

Die Rolle der Kinematographie für die Natur- und Humanwissenschaften bewegt sich
im Grenzbereich von Film-, Kultur- und Medienwissenschaften und Wissenschaftsgeschichte. In den bisherigen wissenschaftshistorischen Studien wurde die Kinematographie als eine wirkmächtige Technologie der ›Sichtbarmachung‹ der für das menschliche
Auge unsichtbaren Prozesse und Phänomene betrachtet. Sie wurde dadurch zu einem
wichtigen Erkenntnisinstrument der modernen wissenschaftlichen Experimentalkultur
erklärt.

Filmtechniken wie Zeitlupe und Zeitraffer sowie Mikroaufnahmen und chronophoto-
graphische Methoden eröffneten neue Perspektiven und neue Möglichkeiten der Daten-
erhebung und -auswertung. Diese Techniken wurden in der Physik, Chemie, Biologie,
Medizin, Psychologie und Ethnologie, aber auch in den Ingenieurwissenschaften und
anderen technischen Bereichen nicht nur als Mittel der Veranschaulichung und Beweis-
führung, sondern auch als Instrumente der Messung und Analyse verwendet.

Ende des 19. Jahrhunderts etablierte sich die Filmkamera samt ihren technischen
Modifikationen als zuverlässiger Bestandteil der wissenschaftlichen experimentellen
Apparatur.[3] Noch 1844 vom britischen Pionier der Fotografie Henry Fox Talbots[4] als ›Zeichenstift der Natur‹ verstanden, beanspruchten die mit der Foto- und der Filmkamera
erzeugten Bilder den Status legitimer ›epistemischer Artefakte‹. Dieses Daten-generie-
rende Potential der Filmaufzeichnungen wurde bereits in den früheren filmtheoretischen
Schriften thematisiert.[5]

In den späteren film- und kulturhistorischen Analysen wurde eine solche technisch-
apparativ ermöglichte Ausweitung der Grenzen des ›Beobachtbaren‹ als eine mediale

---

3   Vgl. Brian Winston: »The Documentary Film as Scientific Inscription«, in: Michael Renov (Ed.): *Theo-
     rizing Documentary*, London 1993, S. 14.
4   Vgl. William Henry Fox Talbot: »Der Zeichenstift der Natur« [1844], in: Wilfried Wiegand (Hg.): *Die
     Wahrheit der Photographie. Klassische Bekenntnisse zu einer neuen Kunst*, Frankfurt/M. 1981,
     S. 45–89.
5   So beispielsweise schrieb 1919 Arthur Lassally über die Bedeutung des »Meßfilmverfahrens« für die
     Wissenschaft und Technik. Vgl. Arthur Lassally: *Bild und Film im Dienste der Technik. Teil 2: Betriebs-
     kinematografie*, Halle 1919, S. 12.

›Erweiterung der Sinne‹ interpretiert. Auch heute wird der wissenschafts-experimentelle Kontext als Geburtsort des dokumentarischen Filmverfahrens betrachtet und der Tradition des fiktionalen Films entgegengesetzt.[6] Die Abhandlungen über die so genannten ›wissenschaftlichen Filme‹ sind dementsprechend vor allem in den Publikationen zur Geschichte verschiedener dokumentarischer Filmgattungen und Formate zu finden.[7]

Der Ursprung der frühen wissenschaftlichen Kinematographie wird im Wesentlichen auf die folgenden, medien- und wissenschaftshistorisch gut erforschten Aufnahmen zurückgeführt: Es handelt sich dabei um die chronophotographischen Serien der Bewegungsphasen von Menschen und Tieren, wie sie im Jahre 1882 von dem britischen Fotografen Edward Muybridge und etwas später 1892 von dem französischen Physiologen Etienne-Jules Marey[8] durchgeführt wurden. Paradigmatisch sind auch die mikro-kinematographischen Versuche des französischen Mediziners Jean Comandon: 1909 filmte er unter dem Mikroskop die Bewegungsabläufe von Bakterien, und zwar des Syphilis-Erregers *Spirochaeta Pallida*. Diese Aufnahmen präsentierte Comandon an der *Academie des Sciences* in Paris als Teil seiner Doktorarbeit.[9] Die mikro-kinematographischen Verfahren erfuhren später eine breite Verwendung in zahlreichen medizinischen und naturwissenschaftlichen Forschungsbereichen.

Doch der Gebrauch des Films in der wissenschaftlichen Praxis überschritt sehr schnell die Grenzen der Registrierung und Archivierung von Forschungsergebnissen. Der Film wurde zunehmend als Medium der Vermittlung wissenschaftlicher Themen und Inhalte an die breitere Öffentlichkeit begriffen. Er wurde damit als ein wichtiges Instrument der Bildung und Wissenschaftspopularisierung eingesetzt. Dieser Umgang mit dem inhaltlich wissenschaftsbezogenen Filmmaterial stand am Beginn einer neuen Filmtradition. Das macht eine pauschale Verwendung des generalisierenden Begriffs ›wissenschaftlicher Film‹ problematisch. Eine Filmtradition, die man als didaktisch-popularisierend bezeichnen kann, unterscheidet sich nicht nur in ihrer Zielsetzung, sondern auch hinsichtlich ihrer kommunikativen Strategien von den Filmen, die zum Zwecke der Daten-Erhebung gedreht wurden.

Vor allem im Laufe des Ersten Weltkriegs wurde das ›belehrende‹ bzw. das propagandistische Potential des Kinos deutlich. In vielen filmhistorischen Untersuchungen wird gerade der Erste Weltkrieg zur Geburtsstunde des dokumentarischen und gleichzeitig des massenwirksamen didaktischen Filmmodus erklärt. Die Fähigkeit des Kinos als Institution, einerseits kollektive Emotionen zu suggerieren, anderseits Information und Verhaltensdirektiven – z.B. im Fall einer Gasattacke – zu kommunizieren, wurde in der Nachkriegszeit von verschiedenen politischen Akteuren zunehmend mobilisiert. So kam es zur Entstehung einer neuen Filmrichtung, die in ihrer Programmatik sowohl vom Forschungsfilm als auch vom Lehrfilm im engeren Sinne differenziert werden muss.

Es besteht in der filmwissenschaftlichen Literatur kein Konsens darüber, wie diese Tradition kategorisiert und aus der Sicht der Genre-Theorie eingeordnet werden soll. Die

6   Ramon Reichert: *Im Kino der Humanwissenschaften. Studien zur Medialisierung wissenschaftlichen Wissens*, Bielefeld 2007, S. 12.

7   Vgl. Winston: »The Documentary Film as Scientific Inscription«, in: Renov (Ed.): *Theorizing Documentary*, a.a.O.

8   Vgl. Reichert: *Im Kino der Humanwissenschaften*, a.a.O, S. 59.

9   Ebd., S. 68.

Heterogenität der Ansätze ist unter anderem durch die länderspezifischen Besonderheiten der Filmgeschichte geprägt. Diese werden ihrerseits durch die Entwicklung der Filmindustrie und Filmpolitik in den jeweiligen Ländern beeinflusst. So werden beispielsweise in der deutschsprachigen Literatur Sub-Genres wie »Kulturfilm«, »Aufklärungsfilm« und »Sittenfilm« verwendet.[10] Der deutsche Sozialmediziner und Drehbuchautor Curt Thomalla sprach 1922 in einem Text vom »Volksbelehrungsfilm« und trug damit zur Verbreitung dieses Begriffes bei.[11] Die »volksbelehrenden« Filme wurden zu verschiedensten Sachgebieten wie Naturwissenschaften, Medizin, Geschichte u.a. mit dem Ziel einer hygienischen, sexuellen, technischen oder kulturellen Aufklärung der Bevölkerung produziert, was einen starken sozialpädagogisch-normativierenden Impetus beinhaltete.[12] Dies machte den Kulturfilm zu einem effektiven Mittel der politischen Propaganda und ideologischer Manipulationen. In der Zeit des Nationalsozialismus erfuhr dieses Genre eine massive Instrumentalisierung vor allem durch das Reichsministerium für Volksaufklärung und Propaganda. Diese Vergangenheit des »Kulturfilms« ist der Grund dafür, dass die »volksbelehrende« Filmtradition in Deutschland nach dem Zweiten Weltkrieg sehr kritisch betrachtet und untersucht wird.[13]

In den englischsprachigen Aufsätzen zum Thema der Interaktion zwischen Film und Wissenschaft ist der Begriff *science film* relativ geläufig. Er hat aber keine eindeutige Definition und wird zum Teil als ein Synonym für *research film* verwendet, zum Teil als Bezeichnung einer wissenschaftsvermittelnden Produktion. Begriffe wie *educational film*, *classroom film* oder *social guidance film* bilden ein Pendant zu den Kategorien des »Lehrfilms« und »Kulturfilms«.[14] Da die *educational films* und *social guidance films* in den USA und England, ähnlich wie die Kulturfilme in Deutschland, eine klare gesellschaftserziehende und normativierende Funktion hatten, werden sie in den kultur- und medienhistorischen Studien seit den 1980er Jahren vor allem unter diesem Aspekt analysiert. Die wissenschaftspopularisierende Filmproduktion wird als ein wichtiger Bestandteil des medialen Macht-Dispositivs der Disziplinargesellschaft interpretiert. In diesem Zusammenhang kommen in erster Linie Michel Foucaults Konzeptionen der Gouvernementalität und der Disziplinar- und Kontrollgesellschaft als theoretischer Rahmen zum

---

10 Vgl. Peter Zimmerman: »Sukzessive Verstaatlichung der Filmindustrie und Entwicklung der Kulturfilm-Produktion«, in: Peter Zimmerman und Kay Hoffmann (Hg.): *Geschichte des dokumentarischen Films in Deutschland, Band 3, ›Drittes Reich‹ 1933–1945*, Stuttgart 2005, S. 93–102.

11 Vgl. *Die Verwertungsmöglichkeit des medizinischen Lehrfilms*, Kulturabteilung der Universum Film AG 1919, S. 14–29; »Wissenschaftliche Kinematographie«, in: *Berliner klinische Wochenschrift 56* (1919), S. 321–325; *Der wissenschaftliche Lehrfilm in der Geburtshilfe und Gynäkologie*, Berlin 1920; »Hygiene und soziale Medizin im Volksbelehrungsfilm«, in: *Zeitschrift für Medizinalbeamte und Krankenhausärzte 21/23* (1922), S. 589–593, S. 606–610, S. 631–635. Auch die anderen Autoren aus dieser Zeit, wie etwa Hermann Lemke mit seiner Publikation *Die kinematographische Unterrichtsstunde. Methodische Bemerkungen und ausgeführte Lektionen* (Leipzig 1911) oder Franz Paul Liesegang mit seiner *Wissenschaftlichen Kinematographie* (Leipzig 1920) sind in diesem Zusammenhang zu erwähnen. Für einen detaillierteren Überblick der Publikationen zu diesem Thema vgl. Reichert: *Im Kino der Humanwissenschaften*, a.a.O.

12 Als »Kulturfilme« bezeichnete man in Deutschland im Zeitraum von 1918 bis 1945 populärwissenschaftliche Dokumentarfilme, die als Beiprogramm zum Hauptfilm in den Kinos gezeigt wurden. Die Entwicklung des Genres wurde durch die Ufa geprägt, die am 1. Juli 1918 eine Kulturfilm-Abteilung einrichtete. Vgl. Zimmerman: *Geschichte des dokumentarischen Films in Deutschland, Band 3*, a.a.O.

13 Vgl. ebd.

14 Vgl. Ken Smith: *Mental Hygiene: Classroom Films 1945–1970*, New York 1999.

Ansatz. Aus dieser Perspektive werden diese Filme als »Praktiken der Normalisierung« und der »Ausweitung der Kontrolle auf offene Milieus« begriffen, mit denen Subjekte »diszipliniert, motiviert, ertüchtigt, adressiert und normalisiert werden«.[15]

Im filmhistorischen und filmtheoretischen Kontext spielt die Geschichte der populärwissenschaftlichen Filmproduktion eine eher marginale Rolle. Sie wird *par excellence* als künstlerisch uninteressant und wertlos betrachtet. Populärwissenschaftliche Filme werden in der Regel als Produkte serieller und zweckgebundener didaktischer Ansätze und Erzähltechniken angesehen, die wegen der festen genrespezifischen Darstellungskonventionen keinen Raum für ästhetische Experimente oder für einen ausgeprägten Autorenstil zulassen. Aus dieser Sicht sind die filmischen Arbeiten, deren Primäraufgabe in einer massenwirksamen Vermittlung der wissenschaftlichen Erkenntnisse besteht, ein bloßes angewandtes Handwerk, das keine künstlerische Autonomie beanspruchen kann und sich daher nicht als Filmkunstwerk verstehen lässt.

Eine der wenigen international bekannten Ausnahmen bildet dabei das Werk des französischen Filmemachers Jean Painlevé. Generell ist der Begriff »wissenschaftlicher Film« – *le cinéma scientifique* – in Frankreich in erster Linie mit seinem Namen verbunden. Als einer der wenigen Filmemacher, die sich mit naturwissenschaftlichen Inhalten befassten, nimmt Painlevé einen bedeutenden Platz auch in der Geschichte des experimentellen Films ein. Bekannt vor allem dank seinen hyperrealen »Neo-Zoologischen Dramen« aus dem Leben der Unterwasserwelt, hatte Painlevé einen großen Einfluss sowohl auf die früheren Filmversuche der Surrealisten als auch auf die Ästhetik der naturwissenschaftlichen Filme. Mit den zahlreichen Aufsätzen zu verschiedenen Aspekten des *cinéma scientifique* wie »Science et Cinema«, »Les Films biologiques« und vielen anderen hat er auch zur Theorie dieser Filmrichtung wesentlich beigetragen. 1948 wurde Jean Painlevé der Herausgeber des Buches *Le cinéma scientifique français,* später zu einem der Gründer des *Institut de Cinématographie Scientifique*.[16]

Einer der einflussreichsten französischen Filmkritiker, André Bazin, schrieb 1947 im Anschluss an das von Painlevé organisierte Festival der wissenschaftlichen Filme einen kleinen Aufsatz mit dem Titel »Le Film scientifique: Beauté du hasard«. Ironisch bezeichnete er Mikroben als die besten Schauspieler der Welt und die Dramaturgie der Natur als die beste mögliche Dramaturgie und interpretierte die faszinierenden ästhetischen Eigenschaften der gefilmten Naturprozesse als Manifestation reiner kinematografischer Schönheit. Diese Schönheit entsteht, so Bazin, als ein Zufallsergebnis oder eher als ein Nebeneffekt der Filmaufnahmen, die ohne primäre künstlerische Intentionen gedreht werden.[17] Das Verständnis von Schönheit im wissenschaftlichen Film als einer »beauté du hasard« erwies sich als paradigmatisch nicht nur für die Begeisterung, die diese Filmkultur in cineastischen Kreisen auslöste, sondern auch für die Aneignung dieser Wissenschaftsfilme als *found footage ready-mades* im heutigen künstlerischen Kontext.

---

15   Reichert: *Im Kino der Humanwissenschaften*, a.a.O., S. 11.
16   Vgl. Andy Masaki Bellows, Marina McDougall and Brigitte Berg (Ed.): *Science Is Fiction: The Films of Jean Painlevé*, Cambridge/ London 2001.
17   Vgl. Andre Bazin: »Science Film: Accidental Beauty« in: Bellows et al. (Ed.): *Science Is Fiction: The Films of Jean Painlevé*, Cambridge/London 2001, S. 145–147. Ursprünglich publiziert am 21. Oktober 1947 in *L'Ecran Français*.

Eine besondere Rolle im Hinblick auf diese Problematik spielt die Geschichte der wissenschaftspopularisierenden Filmproduktion in der Sowjetunion. Der populärwissenschaftliche Film wurde hier als eine eigenständige Filmgattung nicht nur theoretisch vom Forschungs-, Lehr und Dokumentarfilm, sondern auch institutionell abgegrenzt. In Fortsetzung des berühmten Leninschen Mottos – »Die Filmkunst ist für uns die wichtigste aller Künste!« – wurde das Kino vom Staat seit den 1920er Jahren als das wirkungsmächtigste Mittel der Propaganda und Massenaufklärung eingesetzt. In den 1930er Jahren wurden spezialisierte Filmstudios in den Großstädten wie Moskau, Leningrad, Kiew, Swerdlowsk und einigen anderen gegründet, die mit einer großzügigen finanziellen Unterstützung des Staates zahlreiche Filme zu verschiedenen naturwissenschaftlichen, medizinischen und kulturellen Themen produzierten. Allein das Studio *Zentrnauchfilm* (Центрнаучфильм)[18] in Moskau produzierte in der Zeit von 1945 bis 1991 bis zu dreihundert Filme jährlich, mehr als zehntausend Filme wurden dort insgesamt hergestellt. Lehrfilme im engeren Sinne für den Schul- und Hochschulunterricht wurden dabei vorwiegend in den anderen spezialisierten Studios wie *Schkolfilm* (Школфильм), *Sojuzvuzfilm* (Союзвузфильм) und anderen gedreht. An der populärwissenschaftlichen Filmproduktion waren viele prominente sowjetische Filmemacher wie Wsevolod Pudovkin in den 1920er, Pavel Kluschanzev und Alexander Sguridi in den 1950er–1960er und Felix Sobolev und Vladimir Kobrin in den 1970er–1980er Jahren beteiligt.

Die populärwissenschaftlichen Filme weisen eine große stilistische Vielfalt auf. Sie verwendeten sowohl dokumentarische Ansätze und narrative Techniken als auch fiktionalisierende Strategien des Spielfilms. Die primäre ideologische Funktion dieser Filme bestand – so die meisten heutigen Interpretationen – in der massenwirksamen Vermittlung des wissenschaftlichen materialistischen Weltbildes in einer säkularen und primär szientistisch orientierten sowjetischen Gesellschaft. Der staatliche Bildungsauftrag war in dieser Hinsicht ein Selbstzweck, der eine programmatische ökonomische Unterstützung verschiedener Medienformate der Wissenschaftspopularisierung erforderte und diese Tradition dadurch in einer solchen Form und in einem solchen Ausmaß gründete.

Während in den meisten Ländern die strategische Funktion des Kinos als eines Orts der Wissenschaftsvermittlung für die breite Öffentlichkeit längst durch das Fernsehen übernommen worden war, wurde das Kino in der Sowjetunion noch bis zum Ende der 1980er Jahre parallel zum Fernsehen als Raum der Popularisierung genutzt. Als eigenständige Filmgattung existierte der populärwissenschaftliche Film in der Sowjetunion bis zum Kollaps des staatlichen Systems der Kultur- und Filmproduktion in den 1990er Jahren.

In den letzten zwei Jahrzehnten löste sich diese Gattung, ähnlich wie früher in Westeuropa und in den USA, in verschiedene mediale Formate und Produkte auf, die –generalisierend formuliert – in drei größere Tendenzen differenziert werden können: Erstens handelt es sich um sogenannte Info- und *Edutainment*-Produkte der Fernsehindustrie

---

18   Das Studio wurde 1930 zunächst als *Sojuztechfilm* (Союзтехфильм) gegründet, dann von 1933 bis 1940 trug es den Namen *Mostechfilm* (Мостехфильм).Als *Voentechfilm* (Воентехфильм) spezialisierte es sich on 1940 bis 1945 auf die Produktion von Lehrfilmen zur Zivilschutzthematik, als *Mosnauchfilm* (Моснаучфильм) widmete sich das Studio von 1945 bis 1966 wieder der populärwissenschaftlichen Filmproduktion, und schließlich erhielt das Studio 1966 den Namen *Zentrnauchfilm* (Центрнаучфильм). Vgl. http://www.cnf.ru/about (aufgerufen: 9.01.2014).

von den gewöhnlichen Wissens-Sendungen bis hin zu speziellen Fernsehsendern wie *Discovery Channel, BBC Science,* Наука *2.0* u.a. Kennzeichnend sind zweitens dokumentarische Filmformate, die sich in ihren impliziten Zielsetzungen und Stilmitteln der Tradition der Werbe- und Imagefilme annähern. Sie dienen dazu, das öffentliche Image bestimmter wissenschaftlicher Institute, Projekte oder Forschungsrichtungen zu gestalten und tragen damit zu deren gesellschaftlicher und ökonomischer Legitimation bei.[19] Als dritte Tendenz sind die Dokumentarfilme zu erwähnen, die sich kritisch mit den aktuellen wissenschaftlichen Themen und Problemen befassen, wie z.B. mit dem Klimawandel, der Gentechnik, neuen Militärtechnologien usw.[20] Sie werden hauptsächlich als Autorenfilmprojekte realisiert und sehen sich eher in der politischen und sozialkritischen Dokumentarfilm-Tradition, wobei für ihre Rezeption das wissenschaftspopularisierende Moment eine beachtliche Rolle spielt.

Trotz verschiedener Zielsetzungen und stilistischer Merkmale bleibt ein aufklärerischer Impetus ein Hauptnenner dieser Produktionen. Ihren gemeinsamen Ursprung aus dem Geiste der Wissenschaftspopularisierung können neue mediale Kommunikationsstrategien und technisch-apparative Möglichkeiten der Darstellung und Vermittlung von Wissen kaum vertuschen. Eine kultur- und medienhistorische Genealogie der aktuellen Formen und Praktiken der Wissenschaftsvermittlung bietet in diesem Zusammenhang einen konzeptuellen Rahmen für die Reflexion der Folgen dieser Vermittlung für die Wissenschaften selbst. Eine darauf basierende Analyse der ›Wissenschaft‹ als mediale Konstruktion könnte einen wichtigen Beitrag zu heutigen Debatten über die »Medien der Wissenschaft« leisten.

---

19 Ein brisantes Beispiel in diesem Zusammenhang sind zahlreiche Filme, die sich mit dem Teilchenbeschleuniger LHC (*Large Hadron Collider*) am Europäischen Kernforschungszentrum CERN in Genf sowie mit den Forschungsprojekten am CERN generell befassen, wie etwa der Dokumentarfilm HUNTING FOR NEUTRINOS, der im Auftrag vom CERN und Gran Sasso Laboratory in Italien 2007 produziert wurde, oder die BBC-Produktion THE HUNT FOR THE HIGGS aus dem Jahr 2012.

20 Vgl. z.B. den deutschen Dokumentarfilm GEKAUFTE WAHRHEIT – GENTECHNIK IM MAGNETFELD DES GELDES (2010) von Bertram Verhaag, oder US-amerikanische Filme wie CHASING ICE (2012) von Jeff Orlowski und UNMANNED: AMERICA'S DRONE WAR (2013) von Robert Greenwald.

Erfahrung

Parteilichkeit, Intervention und Politik

Stefan Hayn

Überlegungen zu Abstraktion und Autonomie in Film und Malerei[1]

Gibt es etwas zu sagen über die Kunst hinaus? Über die Anstrengung, eine möglichst genaue Mitteilung zu machen über die Gefühle, die ich zu einer bestimmten Lebens- und geschichtlichen Zeit habe? Nein. Gibt es ein Wissen, das die Kunst der Wissenschaft oder der Kultur veräußerlichen kann oder darf – im Austausch für ein Anerkannt-Werden? Nein. Jede künstlerische Äußerung existiert dann, wenn sie sich mit Händen und Füßen dieser gefräßigen Einverleibung widersetzt.

Und doch jetzt der gefährliche Versuch etwas zu sagen, angebunden an die Vorführung eines Films, dessen Fertigstellung über sechzehn Jahre zurückliegt, in dem Zeichnungen gezeigt werden, die nochmal gut zehn Jahre vorher entstanden sind. »Warum nimmst du's zurück?«, hat mich der Filmemacher der Elterngeneration gefragt, dessen Rat und Nähe ich jahrelang gesucht und immer freundlich und mit der richtigen Distanz erwidert bekommen habe. Unsere beiden Filme waren vor einer Podiumsdiskussion zur Frage der Arbeit im Film gezeigt worden. Ich hatte das Lob einer Zuschauerin, was der Film leiste, vorsichtig zurückgewiesen, relativiert, angedeutet, dass vieles, was und wie im Film erzählt wird, problematisch, änderungsbedürftig sei, obwohl – und das denke ich bis heute – darin etwas auch ausbalanciert und damit zeigbar ist. »Warum nimmst du's zurück?« Warum trotzdem sprechen?

Weil die Widersprüche, Befangenheit, auch Trugbilder, die zur Kunst gehören, mörderisch werden können.

Der FILM ÜBER DEN ARBEITER endet mit einem Selbstmord. Ein gleichaltriger Filmemacherkollege, der immer betont hat, in einem anderen Land aufgewachsen zu sein (womit er die DDR meinte), hat dieses Ende als Makel des ansonsten, wie er sagte, stärksten meiner bis dato fertiggestellten Filme gewertet. Sein politisch daherkommender Schulterschluss, so könnte man mit dem Kulturtheoretiker Slavoj Žižek argumentieren, unterstellt in einer Art stalinistischem Fahrwasser einerseits ein gemeinsames Kampfziel, um andererseits im gleichen Atemzug den Verrat der Revolution (also des vermeintlich Gemeinsamen) anzumahnen. Die Begebenheit liegt fünfzehn Jahre zurück, ähnlich lang wie die Äußerung eines anderen Kollegen in seiner Funktion als Filmfestival-Kommissionsmitglied. Der Schwenk im FILM ÜBER DEN ARBEITER sei großartig, sagte er mir nach der Festivalaufführung, die darin reproduzierten Zeichnungen pubertär. Ich habe seine Aussage immer wieder öffentlich wiederholt, quasi als Beleg für eine in meinen Augen problematische, im kineastisch-ästhetischen Feld sich verortende Variante der oben dem Stalinismus zugerechneten, verengenden, zuspitzenden, sich in Alternativlosigkeit

---

1   Dieser Text (nachträglich geringfügig überarbeitet) wurde am 12.10.2013 von Stefan Hayn nach der Projektion von EIN FILM ÜBER DEN ARBEITER (Schwarz-weiß und Farbe, 18 Minuten, 1997) und der Egidius Streiff-CD-Einspielung (2011) *Übungen für Geiger* von Paul Hindemith (1926) *III. Saitenwechsel* im Rahmen des Symposiums *Wahrnehmung, Erfahrung, Experiment, Wissen. Objektivität und Subjektivität in den Künsten und den Wissenschaften (Graduale 2013)* an der Universität der Künste Berlin vorgetragen.

verrennenden Entweder-Oder-Weltsicht oder Haltung, die letztlich der Idee eines absoluten Fortschritts gehorcht. Dass der Faschismus das andere Ende der Angstskala besetzt, wo sich die Gefühle nicht am Gemeinsamen, sondern am Fremden (also am in verunsichernder Weise als unbekannt oder neu empfundenen) entzünden – dies gleichermaßen widersprüchlich in sich, einem Phantasma gleichend –, wissen wir. Zusammenbrüche, Momente der Wut, des Scheiterns oder Regresses, wie sie im FILM ÜBER DEN ARBEITER schon vor dem Selbstmord-Ende sicht- und hörbar werden, darf es in beiden Systemen nicht geben.

Wie verhält sich der Film zum Gesagten, zu den Eskalationen, von denen hier die Rede ist? Lässt er wirklich Alternativen zu jenseits schillernder, verwirrender Ambivalenz? Wie viel kann ein Film als Bildwerk, das sich immer auch im Zeitlich-Musikalischen verflüchtigen will, zu einer solchen Fragestellung beitragen?

Der Kommissionskollege hat damals noch den Satz angehängt, er sei übrigens auch »Straubianer«, also Anhänger Jean-Marie Straubs, des 1933 in Lothringen geborenen und aufgewachsenen Filmemachers, dem in der bundesrepublikanischen Filmöffentlichkeit ein problematischer Außenseiter-Nimbus anhaftet, der sich aus diffus erstarrter Hoch- und gleichzeitiger Verachtung speist. Der Kollegensatz war für mich eine der ›Entzündungen‹ zum neuen Film, in dem ich versuche mich meiner jahrelangen, leidenschaftlichen Auseinandersetzung mit dem Werk des Filmerpaars Jean-Marie Straub und Danièle Huillet zu stellen, diese zu hinterfragen. Im April 2013 haben wir den Hauptteil der Filmaufnahmen gedreht; mittlerweile ist der Film fast fertig geschnitten.

Bildnerisch kann man sagen, dass der neue Film an der Zeichnungssequenz im FILM ÜBER DEN ARBEITER ansetzt. Seit Frühjahr 2006 sind im Atelierraum introspektive, den Regress bewusst zulassende Erinnerungsbilder (Malerei und Zeichnungscollagen) entstanden. Aus dem Gedächtnis wurden Situationen und Konstellationen aus den Straub-Huillet-Filmen aufgerufen und langsam, zum Teil über mehrere Jahre hinweg, bildnerisch verdichtet. Die zuerst entstandenen Bilder sind – wenn man es so will – ›gegenständlich‹; die späteren demontieren *via* Malerei – als quasi ›abstrakte‹ Bilder – die filmisch kodierte Erinnerung, zielen gestisch-körperlich auf tiefer liegende Assoziationen und Erinnerungsschichten ab.

Der offen angelegte malerische Prozess wurde – wie schon beim 2005 veröffentlichten Vorgängerfilm MALEREI HEUTE (der eine ähnliche Kollision von filmischer Erzählung und reproduzierter Malerei realisiert) – nach etwa sechs bis sieben Jahren gestoppt. Im Schnitt nun werden die filmfotografisch reproduzierten Bilder – oft sind es im neuen Film ›nur‹ Ausschnitte – entlang einer vorher entworfenen, musikalisch-erzählerischen Konstruktion zueinander in Beziehung gesetzt, nicht mehr tagespolitisch-chronologisch (wie die Werbe- und Wahlplakat-Aquarelle in MALEREI HEUTE), sondern ›zyklisch voranschreitend‹, unregelmäßig wiederkehrend in immer unterschiedlichen Konstellationen – dies so lange, bis ab einem äußersten, erzählerisch motivierten Umkehr- oder Umkipppunkt der gesamte Bildervorrat des Films in einer Art invers verlaufenden, großen Rückflussbewegung zu Hindemiths dritter *Übung für Geiger* vor der Schlusserzählung noch einmal zu sehen ist.

Man könnte also sagen, dass in dem Maß, in dem die beschriebene filmische Bewegung erinnerte Porträts, Landschaften und Figurenkonstellationen mit ungegenständlich-abstrakter Malerei konfrontiert – und umgekehrt –, etwas berührt wird, das mit der oben angesprochenen Fortschrittsfrage zu tun hat und sich damit einem der inhaltlich-ästhetischen Zentren des Straub-Huillet-Werks nähert. Auf der Ebene des Umgangs mit den kinematografischen Möglichkeiten, auf der Ebene, wie kulturell Kanonisiertes und Nichtkanonisiertes ›weiterverarbeitet‹ wird und nicht zuletzt auch auf ganz direkt inhaltlich-erzählerischer Ebene nehmen diese Filme – wenn man so will – eine heute in vielen Lebensbereichen stattfindende Debatte vorweg, die ich folgendermaßen zusammenfassen würde: Ist relativer Fortschritt möglich, der Regress und Verlust einbegreifen, zumindest zulassen kann, ohne ständig darüber zu stolpern, davon eingeholt zu werden, daran zu zerbrechen? Mein neuer Film fragt, was ein solchermaßen in der Kunst bereits Eingelöstes, Entworfenes für jemanden bedeutet, der danach kommt.

Jahre nach der oben erwähnten Podiumsdiskussion habe ich vom anderen Filmemacher der Elterngeneration einen Brief bekommen ohne vorherige Initiative meinerseits. Er schreibt vertrauensvoll und zutiefst traurig, dass sich sein Sohn umgebracht hat. Die Dämonen hätten ihn nicht mehr losgelassen. Der Sohn, von dem ein Foto beiliegt, war wenige Jahre jünger als ich. Es dauerte, bis ich überhaupt spüren konnte, dass ich ihn weder gekannt, noch gewusst hatte, dass er wie sein Vater Filmemacher hatte werden wollen. Wer war der Vater nun? Von dem ich viel gelernt und übernommen habe. Der formulierte und in seiner Kunst eingelöst hat, dass die Last des Vergangenen nicht einfach abzuwerfen sei. Ich habe ihm geschrieben, besorgt. Dass ich Angst hätte, auch Fehler zu machen. Wie er wusste, waren unsere Kinder wenige Jahre vorher geboren.

Warum sprechen? Warum hier in Form einer »stilisierten Selbstauskunft«, wie ein Kritiker den FILM ÜBER DEN ARBEITER genannt hat, Intimes, Privates ansprechen, in einer Zeit, in der die Emanzipationsparole, das Private sei politisch, bei allem anderen, so viel Grenzüberschreitung, Verdrehung, Zerstörung von Nähe und Distanz bewirkt hat.

Man muss an dieser Stelle, denke ich, noch einmal kurz einhalten und erzählen, dass die im FILM ÜBER DEN ARBEITER erstmalig durchgeführte Reproduktion von Zeichnungen als autonome filmische Einstellungen aus meiner Kritik an den Übereinkünften einer ›dokumentarisch‹ genannten Wirklichkeitsinterpretation erwachsen ist, die sich – wie es der Film nahelegt – gewissermaßen historisch von der Fiktion, also von Vorstellungen, wie etwas auch anders gehen könnte, verabschiedet hatte und nicht zuletzt der Weiterentwicklung kostengünstig-mobiler Aufnahmetechnik geschuldet war. Gleichzeitig steht hinter diesem Zurücktreten vielleicht auch ein Scheitern, zumindest eine Verweigerung. Ich konnte mir zu dem Zeitpunkt nicht vorstellen, innerhalb der Fernsehrahmenbedingungen einen verantwortlichen, interessanten Film zur sehr abstrakten Fragestellung »Der Arbeiter am Ende des zwanzigsten Jahrhunderts« abzuliefern.

Stimmt die Erzählung so? Was fehlt? Dass ich eine zweite Chance bekommen habe. Es fehlt die nicht minder problematische mütterliche Seite in der Frage der Traditionsbildung. Und nicht gesagt ist, dass der Filmemacher nicht lange vor dem Selbstmord des Sohns einen Film über seinen Großvater, dessen bildnerisch-forscherische Begabung einerseits und freundschaftliche Nähe zu obersten Nationalsozialisten andererseits gedreht und veröffentlicht hat. Aus einer bestimmten Perspektive kann man sagen, dass dieser Film in der Lage ist, sein ganzes links-emanzipatorisch kanonisiertes Werk einzureißen. Oder – scheinbar gegenteilig – dieses erst persönlich glaubwürdig untermauert.

Im Erzähltext meines neuen Films (von drei Frauen- und einer Männerstimme Deutsch und Französisch gesprochen) werden Passagen aus den Ergänzungen der Filmemacherin Danièle Huillet zum Arbeitsjournal eines Mitarbeiters zu den Dreharbeiten ihres 1974 realisierten Schönberg-Opern-Films MOSES UND ARON (*Appunti sul giornale di lavorazione di Gregory*), mit Auszügen aus Robert Antelmes Lagerbericht-Roman *L'espèce humaine/Das Menschengeschlecht* parallel montiert. Antelme war als Résistance-Angehöriger im Herbst 1944 von der Gestapo verhaftet, nach Buchenwald, Gandersheim und kurz vor der Befreiung nach Dachau deportiert worden. In Deutschland ist er in erster Linie als erster Ehemann der Schriftstellerin Marguerite Duras bekannt, die in den achtziger Jahren im Buch *La douleur/Der Schmerz* beschreibt, wie er ausgemergelt – von Freunden gerettet – nach Paris zurückkehrt.

In der von mir gesetzten Konfrontation tritt die in Huillets Arbeitsjournal-Ergänzungen deutlich werdende große Anstrengung des Straub-Huillet-›Projektes‹ – ihres persönlich-engagierten und künstlerisch-avancierten Filmemachens – in ein Verhältnis zum, wenn man dies so benennen möchte, Präzedenzfall der Fortschrittsfrage im zwanzigsten Jahrhundert. Straub-Huillet haben sich in ihren Filmen der im Kulturbetrieb seit 1945 so beliebten Hypostasierung bzw. ästhetisch-ästhetizistischen Aufladung dessen, was wir »Auschwitz« nennen, verweigert, wofür sie erwartungsgemäß der Relativierung bezichtigt wurden. Straub hat an Rainer Werner Fassbinder (darauf geht mein neuer Film ein) immer wieder seinen Hass auf die libidinös besetzten Nachinszenierungen des Nazipomps artikuliert. In Antelmes empathisch-genauer Beschreibung der Lagerbeziehungen der internierten Männer untereinander wird für mich ein weiteres Mal deutlich, dass die faschistische Eskalation eben nicht als zu distanzierender »Rückfall in die Barbarei« zu werten ist, sondern ihre problematische Gegenwärtigkeit darüber bezieht, dass sie – wie die Psychoanalyse quasi im Vorgriff erkannt hatte – aus dieser Kultur, dieser kulturellen Höhe, dieser unserer avancierten Symbolisierungs- und Abstraktionsfähigkeit erwachsen ist und erwächst, und deshalb die Möglichkeit des Regresses jederzeit fortbesteht. Dies zeigt sich vielleicht weniger deutlich an den Gewaltverbrechen einzelner Organisierter, als vielmehr in unseren Gefühlen, wo – manchmal täglich zu empfinden – die Auslöschungs- und Endlösungsknöpfe jederzeit bereitstehen, oft gerade gegenüber denjenigen, die uns am meisten bedeuten.

Der FILM ÜBER DEN ARBEITER nimmt vieles, was die Elterngeneration auf künstlerischer Ebene postuliert und eingelöst hat, für seine ganz unmittelbaren Belange und ist damit in seinem eher groben Zugriff sicherlich auch das, was der Kunsthistoriker Stefan Neuner im Buch *Maskierung der Malerei – Jasper Johns nach Willem de Kooning* ein »*misreading*« nennt, also die unfreiwillige, unumgängliche Fehllektüre der Vorlage, die meist aus der Elterngeneration stammt.

Mein Jean-Marie Straub gewidmeter, neuer Film versucht nun in dieser Frage ein Stück weiterzugehen und neben der persönlichen Perspektivierung des Straub-Huillet-Werks, *einer* möglichen Perspektivierung, auch dieses *misreading* zu zeigen, die »Fehllektüre« von jemandem, der – wenn man dies ohne Koketterie so sagen kann – im lang andauernden Nachkriegsdeutschland aufgewachsen und sozialisiert ist.

An diesem Punkt des Schnitts angekommen – der nur intuitiv, gefühlsgeleitet voranging, sich dabei ständig im Einzel-Frame-Bereich verheddert hat – kann ich den lange mitgeschleppten, insgeheimen, die Kollegenbemerkung zurückweisenden Arbeitstitel »pas straubien« oder »Kein Straubianer« endlich loslassen.

Worum geht es mir? Sicherlich darum, eine der Psychoanalyse geschuldete Erkenntnis, aber auch Wut zu artikulieren, die sich gegen die voreilige Stillstellung und daraus resultierende antagonistische Aufladung von Widersprüchen, Gegensätzen oder einfachen Unterschieden richtet, wie dies im FILM ÜBER DEN ARBEITER punktuell passiert, aber eben auch in den Werken der Elterngeneration – unter Vorzeichen, die einerseits in der christlichen Opfertradition gründen und andererseits in deren Modernisierungsformen, die Dialektik, dialektischer Materialismus, historischer Materialismus genannt werden.

Was hat das alles mit der angekündigten Fragestellung zu Abstraktion und Autonomie zu tun? Und mit der Frage, wie das Verhältnis von Malerei und Film jenseits der trivialisierenden Subsumierung unter dem Medienbegriff gedacht werden kann?

Ich denke, dass das mir Wichtigste gesagt ist, will aber versuchen, den persönlich eng gehaltenen Rahmen noch kurz stichpunktartig zu öffnen:

– Wenn der Maler Paul Cézanne im neunzehnten Jahrhundert meinte, dass es nicht darum ginge, den Hund, das Haus, den Baum zu malen, sondern *diesen* Hund, *dieses* Haus, *diesen* Baum, dann hat er damit klargemacht, dass eine bestimmte Vorstellung von Abstraktion – lange bevor sie in der Kunstgeschichtsschreibung zum ›Quantensprung‹ des Bildermachens erklärt wurde – immer schon ein mehr oder weniger problematischer Anfangspunkt ist, beim Versuch etwas zu sehen, zu hören, zu schmecken, zu empfinden; keinesfalls aber ein anzustrebender Endpunkt. Und trotzdem (oder vielleicht gerade deswegen) stellt sich, wenn wir z.B. vor einer Pinie stehen und sich die erinnerte ›abstrakte‹ Cézanne-Pinie ›störend‹ zwischen uns und die ›echte‹ Pinie schiebt, manchmal auch ein Glücksgefühl ein.

– Das, was wir Kino oder Filmemachen nennen, ist in den wenigen Jahren seit 2006, in denen ich am beschriebenen neuen Film gearbeitet habe, in extrem beschleunigtem Maß umgebaut, zerstört worden durch die hoch ideologisch aufgeladene, einzig profitorientierte Durchsetzung der Digitaltechnologie. Monopolfirmen wie Fuji, Kodak, fast alle Kopierwerke sind pleite oder jonglieren mit der Insolvenz. Das durch jahrzehntelange Erfahrung verfeinerte Wissen und künstlerische Gespür der Mitarbeiter wurde in die Hartz-IV-Depression entlassen.

– Die Kunst hat mit den Gefühlen zu tun, alle strategischen Abwägungen sind in diesem Zusammenhang im hohen Maß uninteressant und letztlich zerstörerisch. Auch wenn bzw. gerade weil die Gefühle auch in der Kunst eine (Verlaufs-)Form finden müssen, gilt nach wie vor die vom selbst geadelten Filmregisseur Erich von Stroheim ausgegebene Parole: Steigerung der Liebe und der Abneigung. Nur auf diesem Weg wird die Kunst demokratisch.

– Aus der Macher-/Künstlersicht ist das, was der Philosoph und Phänomenologe Maurice Merleau-Ponty in Verlängerung von Freuds Leonardo-Aufsatz über den »Zweifel Cézannes« schreibt, eine extrem ernüchternde, niederschmetternde Erkenntnis, die bezeichnenderweise von Distanz wahrenden Theoretikern auf der Wikipedia-Seite des Hitlergruß-»Spätentwicklers« Jonathan Meese ironisch gewendet beworben wird: Vaterlosigkeit/Nichterreichbarkeit und übergriffig-dominante Mütterlichkeit (beides nicht

Abb. 1: Stefan Hayn: o.T., 1985, Tuschzeichnung, in:
EIN FILM ÜBER DEN ARBEITER.

Abb. 2: Stefan Hayn: o.T., 2011, Öl auf Leinwand
(Arbeitsfoto im Atelier), im Film STRAUB.

notwendigerweise an die tatsächlichen Geschlechter gebunden) als Initiationserfahrungen einer traditionsreich emotional-prekären Künstleridentität.

 – Wenn das Kino, der Film in seiner konkret, gefühlsmäßig und erzählerisch funktionierenden Kraft zur Entstehungszeit, in Umbruchphasen und bei allen glücklichen Zusammenarbeitskonstellationen die falschen Oppositionen des bürgerlichen Kunstbegriffs (beispielsweise Unterhaltung *versus* Hochkultur) hinter sich lassen, zumindest produktiv aufmischen kann, dann haben Kino und Film den klassischen Kunstsparten gewissermaßen etwas eingebrockt und gleichzeitig eröffnet, was den schon allzu lang andauernden Gesang vom »Untergang des Abendlandes« ablösen könnte. Dazu müssten wir uns möglicherweise durchringen, das, was hier »Abstraktion« genannt wurde, als einen ›Rest‹ zu begreifen, den wir gefühlsmäßig nicht zu füllen, zu fassen bekommen. Und vielleicht ist der in die Kunst projizierte Wunsch nach Autonomie nichts anderes als unsere berechtigte Verzweiflung über das schmerzliche, uns aber auch ausmachende Fortbestehen von Abhängigkeitsbeziehungen aus anderen Lebensphasen.

 – Gibt es etwas über die Kunst hinaus zu sagen? Nein. Der Maler Willem de Kooning beginnt seinen für das MoMA verfassten Aufsatz »What Abstract Art Means to Me« mit der gegenteiligen Aussage, Kunst gebe es erst, seitdem darüber gesprochen wird. Am Ende erzählt er von einem deutschen Immigranten, der in New York Brotsorten aus verschiedenen Ländern aufkauft, das Brot zerbröselt und die Brösel in seinem Zimmer auf dem Boden als eine Art Teppich verteilt. Er habe sich später um Jugendliche gekümmert; in seinem Gesicht sei etwas sehr Abstraktes gewesen.

 – Der Musiker Egidius Streiff schreibt im CD-Booklet der von ihm herausgegebenen Einspielung der *Übungen für Geiger* von Paul Hindemith, dass es in dieser Musik »weniger um Revolution, sondern um eine Anwendung des Erreichten in letzter Konsequenz« gehe.

 – Es gibt nichts über die Kunst hinaus zu sagen. Die Kunst ersetzt keine menschliche Begegnung. Im guten Fall eröffnet sie sie und schärft das Gespür für die Zartheit und Einmaligkeit einer solchen.

Tanja Ostojić
in conversation with Adele Eisenstein

On Artistic Research and Cultural Activism

Adele Eisenstein: What is different about how you work with migrant issues to the way human rights workers do? As an artist, what can you bring to the topic that would be different than what a human rights worker would bring?

Tanja Ostojić: Since 2000, I have been working on a number of research projects, in which I have used different approaches and developed different means of research that go deeper into the issues. At first, I started from my own experience and my own position of identity, while those first projects were in a way emancipatory for me: I worked from my own identity, like being Yugoslavian, then a Serbian passport holder, and having difficulties crossing borders. But I also reflect on the issues that affect other people, not me directly. With the *Illegal Border Crossing* (2000), when I crossed, non-registered, the border between Austria and Slovenia twice, at the time it was the Schengen border and the border of the European Union; in the *Waiting for a Visa* (2000) – a six-hour queuing action without results in front of the Austrian Consulate in Belgrade (2000); and in the *Looking for a Husband with EU Passport* – that was a five-year project. I could experience myself how it is to be on the non-desired list, by applying the strategies that migrants have been forced to use for decades in order to cross borders. What I think is the difference, is that I could speak from my own position. I also had this personal experience that can reach people in a way that they could identify with me and the troubles I went through, the mechanisms of exclusion that affect people's lives, etc. On the other hand, coming from the European continent, I could not speak about how it is for people of colour or people from difficult social backgrounds, or how it is to cross the Mediterranean and so, in the later projects, I interviewed people who had these kinds of experiences.

A.E.: Being an artist, and doing your projects within the art world – this is quite different. You are dealing with issues that are dealt with within this world of development or advocacy, but to bring this question into the art world, what value do you think that brings to the question, or what does it bring to the art world?

T.O.: In the deportation jail in Berlin-Köpenick, I had to explain to the people that the film I had been working on, *Sans Papiers* (2004), could probably not bring much to their individual case, but rather to the greater issue. As for a definite difference between NGO work and my work, it is that the effect of my work usually cannot be direct, but I work in the field of cultural activism. I am trying to add to the knowledge of the issue and sensitivity to it in the cultural sphere, and for the larger audience, while my work has also become relevant in the field of theory, so that theoreticians, sociologists, politicologists, who maybe do not react so often to socio-political issues in the society, once they notice a continuous presence of such issues within artistic production, cannot ignore it, and

Fig. 1: Tanja Ostojić: "Talk Show", *Lexicon of Tanja Ostojic*, Haus der Kulturen der Welt, Berlin 10.4.2013, photo: Dario Fuzinato, copyright: Tanja Ostojić.

Fig. 2: Tanja Ostojić: "Creative Workshop in Clay with Project Participants", *Lexicon of Tanja Ostojic*, July 2013, TERRA Kikinda, Serbia, photo: Sretenovic, copyright: Tanja Ostojić.

start writing about it, or they at least often use my work as an example of such problems. I think it is only when in those three fields of theory, art and activism, the issues are dealt with, and when the experience from those different disciplines is being exchanged or referred to, that one can expect some progress with the changes in actual politics, and hopefully positions for the people that are affected.

A.E.: Where do you feel there are differences or overlaps, or do you work together with groups like "Kein Mensch ist illegal" – which is something in-between being an advocacy group and part of the art world?

T.O.: I didn't have a chance to work with them so far, though we have communicated, and attended each other's events. Since the documenta in Kassel (1997), it seems like "Kein Mensch ist illegal" have a kind of programme to present immigrants in a positive light. They have dedicated their cultural activist practice in the direction of changing the media picture of disaster and political refugees as victims. It is an interesting combination of employing creativity, artistic expression and activism under one umbrella. But what I am doing is to point to the kind of human rights atrocities, and the kind of wounds that exist, not trying to offer a kind of rosy picture about how cool refugees are.

AE: I am also working with the question of where the borderline is between artwork and activism work. Does this present a problem or dilemma?

TO: I think it is a personal touch of the artist, the aesthetic employed and the artistic qualities of the work that decide if something is an artwork or an activist intervention. Another way to determine it could be if something is produced for the art context and if someone has continuity in artistic production. But one can sometimes see a high visual quality of activist work, and a visually poor quality of an artwork; nevertheless, I do not think it is absolutely necessary to define this. For me as an artist, producing an artwork is something that is very important for my inner being, in terms of processing certain feelings or information. And even if it might look sometimes as if I am not using any aesthetics, this is actually an aesthetic of its own. The way I reduce my performances to

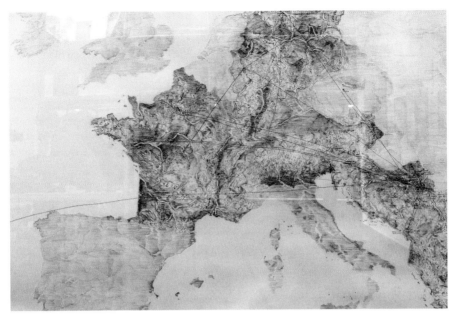

Fig. 3: Tanja Ostojić: "Migration Map of thirty Tanja Ostojić", *Lexicon of Tanja Ostojic*, 254 x 138 cm, drawing in pencil (work in progress), detail, photo: Ingo Sturm, copyright: Tanja Ostojić.

performative gestures, still on the conceptual level, they are conceived as art pieces. My *Naked Life* (2004/2011/2013) performances and video-performances, in performative terms, are very minimal, but it is a decision not to conceive an entertaining work, but to design it as a minimal performance in which I show solidarity with the Roma, who are systematically the subject of diverse kinds of racism Europe-wide. I am pleased when my material is used in the activist context, as I am pleased that it is shown in the artistic context.

A.E.: There are also projects within the human rights world that go towards artwork as a new strategy, like there is a whole division of Amnesty International (I work with), which is called "Art for Amnesty", and it means that sometimes artists or non-artists will join the activist work by making art projects; or "Occupy Wall Street" – in New York, quite a lot of important artists have joined. It works from both sides: you're going into human rights issues as an individual artist, whereas there are NGOs or activist groups that artists end up joining using their skills in a way that contributes to the human rights work or to the activism.

T.O.: Yes, those are very important collaborations. I had similar experience in the student and citizen protests in 1996 and 1997 that I joined in Belgrade.

AE: Do you see how your practice maybe fits into or differs from something like that?

TO: I did collaborate on some projects with activist groups and with people from academia. For the "Sans Papiers" documentary, I got research materials about the conditions in the deportation jail and the media coverage that was collected by a doctoral student of theory of law in Leipzig, while his professor acted in part as my project supervisor. "Initiative gegen Abschiebung" in Berlin helped me get the right contacts in the jail, to the people who had more complex stories, and who were able and willing to talk about them. In exchange, I brought some of the activists into the jail with me, since otherwise they would not have access to it. And we have also made a special video, that the "Initiative gegen Abschiebung" uses for their anti-racist educational programme. I think as a collaboration it was quite a success. There was another try for collaboration with the Migrants Forum in Crete. I followed migrants workers' hunger strikes for two years, while they were my main contacts there. When I went to Greece, they took me around with them, gave me information, and very beautiful material – video statements – that were exchanged between hunger strikers in Athens and in Thessaloniki (over 45 days 300 people were on a hunger strike in 2011). And my wish was go to Crete to edit the video together with them, so that they would also take part in the decision making, creating a joint video work. It was also very interesting for me to meet by chance in Athens a sociologist from a university in England who did his own research, and we conducted one-day interviews together. And we also talked about exchanging information and materials. But due to a lack of funding I did not manage to go on with the project, and also the political situation has escalated badly in the meantime in Greece.

A.E.: How do the people you work with, the stakeholders as we call them in Amnesty language, how do they react to you coming and looking for them and speaking with them – what kind of reactions do you get if they know that you maybe cannot really help with their individual case?

T.O.: In the case of the 5th Park citizens initiative in Belgrade, who were fighting for over five years for the right to keep the neighbourhood park, I think I did help the issue very much, producing a short TV programme[1] about their struggle, which was screened twice on prime time television, since it helped raise media attention in the local context. They participated gladly in it, and they got edited material from me that they could show around. Another time, I organised creative workshops in the same location with students I worked with at the time. A few years later, they won the legal process and started rebuilding the park. There was also the case of Peter Nolasco Oshiomegie, one of the main interview subjects in the "Sans Papiers" film in the deportation jail Köpenick, whose case became famous in Berlin, and who we followed for three years later in collaboration with David Rych. It seems, we were able to promote his case and discuss the legal issues. Sometimes we can have some effect as well.

When one works for a longer term with the community and has continuity, it makes a big difference. I organised for example some workshops with the neighbourhood and students, and also produced a TV programme about the Gazela settlement in New Belgrade, where my idea was to correct the media picture about this community and to

---

1   Tanja Ostojić: *Open Studio of New Belgrade Chronicle*, TV series 2004.

contribute to their dignity. Gazela has always been represented by media and politicians as illegal, dirty, problematic and without history. I tried to approach it from the aspect of alternative architecture, recycling, culture, communal issues, and to speak about its history in positive terms, to give it a chance to be differently understood and interpreted in the media, creating a small TV programme about them.[2] Ultimately, it did not make the city change their policy. We can do some things, but we cannot change patterns of discrimination, whether systemic or individual. Though this can be discouraging, one has to learn to deal with it and try to continue working. Even when artists dedicate their entire life to certain issues, they might only achieve very small changes.

A.E.: Since you mention the Gazela settlement, is this a Roma settlement?

T.O.: The Gazela settlement has a long history. Many people began moving from Central Serbia to Belgrade in the 1980s, when the economic conditions started to change. They lived in sheds built around the Gazela Bridge, located close to the Congress Centre Sava in New Belgrade, close to the river. There were a couple of brick houses there that were registered, had electricity and plumbing, then the newcomers cleaned the unofficial waste and built their sheds there. The settlement has grown incredibly, starting from 1991 with the refugees from Croatia, both Roma and non-Roma, and then even more in the late 90s, when people, predominantly Roma, were deported from Western and Northern Europe to Serbia. So there was quite a large settlement. Most of these people did not have legal residence in Belgrade, but some were there for a long time, even from the 80s, and then after 2000 it continued to grow, because after Đinđić became Prime Minister of Serbia, they considered Serbia as the right place to send Roma back to. But still the government did not do anything to help them acclimate, and especially for some families that had lived for over ten years in Germany or Sweden, this was a big shock: children that were born abroad, went to school abroad, suddenly ended up in this settlement without any basic communal infrastructure. And that was precisely in the neighbourhood where I had grown up, and I was really connected to this neighbourhood. When I went to elementary school, there were kids from this settlement going to school with me. So every time I passed by there on the way to the River Sava, or went for a visit, or a project research, I felt I had a right to be there, and I had some contacts in the settlements, some families that I would visit. It was natural to pass by and talk to them about issues. In essence, I am really careful and respectful as I approach people. It is difficult for me to pull out my camera and put it in their face. I really take time and make sure that people feel comfortable in this situation, and I try to give as much in return as I can.

A.E.: Do you still have contact with any of the children living in the settlement you went to school with?

T.O.: Unfortunately not, but my mum said 10 years ago: "Oh, I saw the mother of Sejdo, that Roma boy and talked to her", things like that. It would be amazing if I would find someone I went to school with and saw what has happened with them.

---

2   Ibid.

A.E.: Aside from the migrant questions, which are more directly connected with your own personal experience, how did you become so involved in Roma issues?

T.O.: It is because I have been sensitive to issues of injustice, inequality and of someone being constantly excluded or put down just on the basis of being part of a certain ethnic group, living in poverty and/or coming from a different cultural and/or social background. There has been a large population of Roma in my former neighbourhood in Belgrade, and they are one of the largest minority populations of Europe, with a really long history of discrimination, and without much access to political rights, social rights, media and decision making. I have been voting for Roma parties for a long time in Belgrade when I had the chance to vote, just out of a kind of solidarity. And it is a culture I respect very much. During the Kosovo conflict, in political circles, in the media, they always talked about Albanians or Serbs, but very little about Roma – who were also greatly affected by the conflict. So for me, it was important to follow the issues and to try to express my feelings and solidarity through my art praxis. To research, to gather archives, to not ignore what is going on, even if no artwork comes out of it, just to keep my eyes open and witness what is going on. Most recently, I have been reading about the Swedish police keeping dossiers on all Swedish Roma born in Sweden from the 1920s until now, even if they have no criminal records at all. It is completely shocking and against the law, but still, because they are Roma, they could do that.

A.E.: How did the idea for the *Lexicon of Tanja Ostojić* project first come to you?

T.O.: Years ago, I learned that there was another Tanja Ostojić working in the archive of the National Library in Belgrade; this was via a common friend who said: "Oh, you should meet her once!", and I thought, yes, that would be interesting, but we never had the chance to meet. A few years ago, when I did a Google search, looking for certain information on a project of mine – I found few other Tanja Ostojićes. I thought maybe there could be five or ten Tanjas, and it could be interesting to figure out who they are at some point. Out of curiosity, I started friending them on facebook in 2010. Then I got the idea that it might lead to an interesting art project because they seemed to have very different histories. Once I was invited to submit my information as Tanja Ostojić, the artist, for the lexicon *Who is Who in Serbia*, I got an idea that it could be interesting to have entries also from other Tanjas Ostojićes who are maybe ordinary women, professionals in other fields, working women, mothers, etc. And then I found out that there was a Tanja Ostojić in Nordrhein-Westfalen, Germany doing pedicure, and a Tanja Ostojić insurance dealer in Chicago, USA, and a Tanja Ostojic renting summer apartments on the island of Brač in Croatia. These issues that have always interested me, like migration issues, gender equality, labour conditions, could all be part of the same project, and if I find women who have the same first and last name as me, that could be a playful random choice of women of different generations and nationalities that I could engage with via their biographies and life stories. Also, when one does research on someone who is somehow from the 'same group as you', it is easier to approach them, and they might feel more comfortable being approached, and that is how the project started.

A.E.: Where does the name Ostojić come from?

T.O.: My aunt Milica Ostojić, who is a journalist based in Rome, researched years ago from her own interest in two books where the family name Ostojić appeared in archives and written documents from Mediaeval times up to the 19th century. There was, of course, no Tanja Ostojić, nor any other women with the Ostojić name who appeared in any of those books. In the archives of the Dubrovnik Republic, for example, the only "Ostojich" people that appeared were blue-blooded men or tradespeople. It is believed that there were a couple of families and possibly several migration routes originating from the Mediaeval Bosnian King Stephan Ostoja, to Herzegovina, to the Dubrovnik Republic, and to Montenegro, as well as from Montenegro to Serbia, Vojvodina, and so on. There are Tanja Ostojićes today who are Slovenian, Croatian, German, Czech minority in Croatia, Montenegrin, Serbian, American, Bosnian, Caribbean – so the name does not belong to one ethnicity or nationality, and one can also trace the migration related specifically to the war in Yugoslavia.

I drew this most recent 2.4 metre wide migration map of Tanja Ostojić within Europe, and I tried to also find out the year and the reason for each migration. There was a lot of migration at the beginning of the 1990s because of the war. There was also a lot of migration at the beginning of 2000 for economic reasons or post-war resettling. Still, many women have moved because of education or work, though some have migrated within their own area, e.g., between Split and Brač. (On the island of Brač, similar to the area of Banja Luka in Bosnia, or in Belgrade, there are numbers of different Ostojić families without family connections among themselves.) So through this microcosm of Tanja Ostojićes, one can follow in a way the migration between islands and coastal cities in Croatia, the movements of war refugees within Bosnian entities, and from Bosnia and Croatia to Serbia and Montenegro and from former Yugoslavia to Western Europe, etc.

A.E.: Where were you born, and to where did you move?

T.O.: I was born in Titovo Užice, today Užice, in Central Western Serbia. At the age of three weeks, we moved to Titograd, today Podgorica in Montenegro, at the age of two years we moved to New Belgrade, where I lived my entire childhood and youth, until I finished my MA. in 1998. Then I moved for my post-degree to Nantes, France. After almost a year, I moved back to Belgrade, then shortly after, to Paris for three months. From Paris I moved to Ljubljana, and then again, after Milošević was arrested and the political situation changed, I moved back to Belgrade in spring of 2001, and then about half a year later I moved to Düsseldorf, where I married in the frame of the *Looking for a Husband with EU Passport* project. Then unofficially after one and a half years, I moved to Berlin, where I still live.

A.E.: What were your initial aims with the project, and what did you see as a kind of objective in the long run?

T.O.: I thought it would be interesting to meet some of the women and to socialise with them, be it over a coffee or a joint walk, cooking or eating together, or to visit their favourite place, visit some exhibition together, exchange favourite recipes. Also to conduct interviews on the issues that interest me for the anthropological and sociological aspects of my research, and to gather information for my drawings and book *Lexicon of Tanja Ostojić* that is in preparation. I have conducted some events with the participation of some of my name-sisters as well: creative workshops (such as the creative workshop in clay in Terra, Kikinda (Vojvodina, Serbia) in July 2013), live events (*Talk Show* at Haus der Kulturen der Welt, Berlin in April 2013), and in the future, there will hopefully be book launches arranged, Conventions of Tanja Ostojićes, and more creative workshops that could allow participating women to exchange, travel and express their creativity. I have also started a closed facebook group of Tanja Ostojićes: we are 28 in the group so far. There, I publish information and pictures related to the project's development.

More specifically, e.g., questions of gender equality, access to education and employment interest me in our own generation, that of our mothers, and our kids. So I try to initiate talk about domestic work division, domestic violence, access to education, differences in bringing up boys and girls, etc. I'm interested in finding out, as well, if these issues differ between the rural and urban setting, in the Balkans, Europe and the USA, before and after the fall of Yugoslavia, war and transition, etc.

A.E.: You have been able to get in contact with all of these 30, or however many Tanja's, stories, but have any of the others met each other, or do they only meet you?

T.O.: I am reflective of my current privileged position that allows me to conduct some travels and research, as opposed to the women who have small children and no income that I had a chance to meet. Nevertheless, many of the women have expressed interest in meeting others and have already friended each other on facebook. T. O. the mathematics teacher based in Lörrach, Germany, was the first name-sister I met (in November 2012), with whom we created a standard list of questions for the interviews, and she even offered to travel and to conduct some interviews with a few other T. O.s, instead of me. I think once the book has been published and sent to each of the participants, they will have the possibility to get to know each other, some maybe as well to arrange meetings between themselves. Tanja Ostojić conventions and creative workshops that I hope to be able to organise in the future, along with the book launch, would have precisely this goal to allow to the women to meet each other and to have an exchange. I proposed such meetings already several times but either women had problems with obtaining visas or finding time to meet, or they still did not take my proposal seriously. Recently I brought in touch, for example, T. O. from Banja Luka, who completed hairdressing school, but had no chance to learn it practically, with T. O., whose mother has a hairdressing salon at home, lives in the same town, and is interested to share her experience with someone who would like to learn the job.

A.E.: You said that you have a kind of standard list of questions that you ask all of them?

T.O.: Yes, when I met the first Tanja Ostojić in Lörrach, where I got by city tram from Basel, she waited for me at the tram stop, and we crossed the border together on foot, then walked down to her flat – that was five minutes from the border between Switzerland and Germany. She took me then to her garden, which was her favourite place. Why? From her garden in Germany, she has a view of France and Switzerland. We spent the entire day together. It was a very intense and interesting meeting. She was a teacher of mathematics, and her wish was to open her own school for additional mathematics classes for school children and senior citizens. By now, one year later, she has managed to open her own school. With her, we put the list of questions together. I had brought one beautiful, large empty book, and I thought, "this will be the book, where the T.O.s that I manage to meet will handwrite something about themselves if they like". I will add a photo of our meetings inside, so that each subsequent woman who gets this book has a chance to read about the ones who contributed already. Two months later, I met another Tanja Ostojić in Belgrade, who is a lawyer, originally from Montenegro, who is an activist for animal rights. She sent me many pictures of her cats and dogs, and wrote some of her own poetry in the book; many Tanjas wrote their favourite recipe inside. The first Tanja I met wrote a mathematical question for the other Tanjas. So, the idea is to have this book that I can carry around as a memory of certain meetings, not just for me, but also for the other Tanjas. I also ask each Tanja that I interview: "If you had the chance to meet other Tanja Ostojićes, what would you ask them? What would you like to know about them?" I think most of the questions are interesting also because they bring us sometimes to things we did not think of about our lives, about self-esteem, how we are satisfied with our lives, etc. Some of the interviews are very personal.

A.E.: You say that you send them a New Year's card, or for International Women's Day, or birthday greetings, but what about your nameday?

T.O.: Oh, we do not have such a nameday [laughs]. Maybe it is a good idea to establish one. The name "Tanja" comes originally from the Greek name "Tatjana", which, with Orthodox Christianity spread in Russia and became very popular there. It probably came from Russia to Yugoslavia, and recently the name Tanja has emancipated itself from Tatjana and become a name on its own.

A.E.: So on your birth certificate, it says Tanja?

T.O.: Yes, all the women that I have interviewed so far, except the one where officials did not explicitly agree to register her in 1965 in Subotica as Tanja – (claming it to be "not a proper name but a nickname", and since she has never identified her self with Tatjana, but with Tanja) – have the name Tanja in their birth certificates. I had to be consistent on this point.

A.E.: How do you identify each other? When you talk with each other, do you just say "hello Tanja", "hello Tanja"?

T.O.: Sometimes we call each other "Imenjakinjo" (name-sister) or simply "Tanja". For the research and archiving, it was not easy to distinguish them at the beginning. So I try to locate them by the location where they live, or the birthplace, by year of birth, with their name in marriage, middle name or profession.

A.E.: Because if you somehow extend the question of Tanja Ostojić to every woman, maybe it is an interesting case study in a way, to extrapolate information to the general population…

T.O.: Yes, I do ask for basic information in these terms, as well: if they're married, if they have children, what age are the children, their level of education, their working position, etc. There are, for example, several T. O.s who have a university degree in technical science, but not many of them work in the field. And it turns out that it is much harder for women to get work in the field in general.

A.E.: Since you started this project, have you realised that the name Tanja Ostojić is more common than you thought?

T.O.: Absolutely, yes. You know I have encountered even two Tanja Ostojićes who were born the same day as me, 19th of August, but different years and different places, and I thought, "Okay, that's quite interesting!" But within the project, I am more interested in the overlapping in terms of the social issues, life paths, family relations, etc.

A.E.: It is interesting how important one's name is, because when you said before that you found some Tanja Ostojićes on facebook, and some of them said that they do not usually agree to be a friend with someone they do not really know well, but if they see someone has the same name, it is a different question. This really resonates with me because I have a relatively uncommon name, and it has happened to me several times, either through facebook or through email, that someone called Eisenstein would contact me because they were curious to know if we had some kind of a family relation. I have the same reaction, that I also do not usually agree to be friends with people I do not know on facebook, but when someone called Eisenstein contacts me, I think, well yes, that's interesting and let's see what this Eisenstein is doing and where they are … I mean, it is interesting that we attach so much significance actually to our name, that we have a different reaction to a human being because they have the same name. In my case, at least, I am interested to find out if we are actually related, and if I can find out some additional information about my own family, but I am also interested if there are others sharing my name and also doing creative work, perhaps in the same field.

T.O.: Yes that is interesting. Though I do not accept friendships from Ostojić people, not even from my family, I mean not from the children from my family, because I do not think children should be on the grownups' facebook, at all. The name Ostojić is not uncommon: recently in the Croatian government, there were three people with the Ostojić name. In the case of my project, it is only the combination of the first name and the family name that interests me. While there is, of course, some significance in the naming, I remember some beautiful childhood stories from the autobiography of Marina Tsvetaeva. She wrote that her mum did not give her the name "Tatjana" because it has such significance in the Russian culture, and as I understood, her mother was married for status reasons, and the name "Tatjana" stands in the Russian literature because of Evgeni Onegin, very much for this kind of destiny related to status marriages, so her mother gave her the name "Marina", so that she would follow her heart, and I thought this was quite nice. With the name "Tanja", this is not the same, since the name has emancipated itself from Tatjana.

A.E.: Is there something that you have found that really joins all of you together, that you all have in common somehow?

T.O.: So far, all the women originate from a certain geographical region, whether they or their parents have been born in Yugoslavia, and we all speak some version of Serbian, Croatian, Montenegrin or Bosnian language. So we have somehow a certain history in common, and we can communicate in languages where we do not need a translator in-between.

A.E.: Did you find any Roma Tanja Ostojićes?

T.O.: There is one Tanja Ostojić on facebook who has the Roma flag as her profile picture. And I wrote to her, "Oh, you have a beautiful profile picture" – I wanted to know about her relation to that flag. But she has not answered me, so far. I hope she could be a Roma Tanja Ostojić. That would be really nice.

A.E.: Was there something new that came out of the talk show that you had in Haus der Kulturen der Welt with one of the T. O.s in 2013?

T.O.: It was amazing to have another real Tanja Ostojić there, and without her it would not have made sense. Some people thought it was not as entertaining as they expected it to be, because I'm not bringing up weird information about other people and serving it in public to entertain others, since I am really very careful about what I bring out in public about other people. I am interested in giving them visibility as such, but still, it always has to be in agreement with them, how much they want to be shown about them in public. In some cultures, people put only positive things about themselves in public. I have to respect that as well. But I am not going to polish each Tanja and then present her in public. Then I would rather speak about some issues completely separate from the people. This talk show was for the guest Tanja a great experience. She claimed that it was very significant for her that she has this name. She's from the Czech minority in Croatia, while her father is Serbian, and her mother Czech. She decided to declare herself as a Czech minority, and there were some issues about nationalism against the family in a certain period, but she was too young at the time and not ready to talk about it. She has just finished her studies: she is a designer for products for people with special needs. She has really idealistic ideas, a young person full of ideals.

A.E.: I am sure that there are some Tanja Ostojićes, whom you feel closer to than others. Which of the Tanja Ostojićes do you feel personally closer to?

T.O.: It takes time to develop relationships. I feel close to a couple of them from different aspects. Some because they are open, some because they are idealists, some because they are sensitive, some because they are engaged with animal rights or social issues, some because they like nature. I feel close to someone not because of the similarities, but because I sympathise with their life experience, also when it is very different from mine. One of the questions I ask my name-sisters is: "If we would make a mutant Tanja Ostojić, which part of yourself would you give?" I wonder how this mutant collage might look like. She might have a lot of energy, a lot of pairs of eyes, a lot of smiles, and maybe no arms at all.

A.E.: Now that you have been working on it for a while, do you start to see what kinds of final form the project will take?

T.O.: Some aspects of the project, or some possible collaboration, can develop only with time. There are some Tanjas I friended in 2010 and managed to start a conversation with only in 2013. It takes time to develop trust – even without touching each other or talking to each other. I cannot rush with this project. It is as simple as that. Even the book might come early, after two years of working actively on a project. But that is also fine, because the book is a work on its own, and does not represent a closure or summary of the project. It is one of the phases of the project. The book could be an opening for the continuation of the project, not a closure of it. I can imagine as well in the future some archive exhibitions with drawings, photos, artifacts from creative workshops, etc.

Alice Creischer

Militante Untersuchung

Möglicherweise ist der Begriff ›Militante Untersuchung‹, der mich seit dem Projekt *ExArgentina*[1] faszinierte, nur ein besonders produktives Missverständnis gewesen, wenn man ihn mit der politischen Praxis vergleicht, aus der er stammt: die Arbeiteruntersuchungen Ende der 60er Jahre in Norditalien, nachdem die Kommunistische Partei und die Gewerkschaften durch die selbstorganisierten Massenaufstände, Streiks und Besetzungen blamiert waren. Denn sie standen auf Seiten des rationalisierten Lebens – der Fließbandarbeit, der Wohnghettos in den Vorstädten, dem Verlust an Subsistenz, dem Heimweh – dessen Unerträglichkeit sich nun endlich in der Spontaneität der Aufstände ausdrücken konnte.

Nach der Internationalen 1956 – der öffentlichen Kritik Chruschtschows an Stalin – zerbrach allmählich der bedingungslose Zusammenhalt der kommunistischen Parteien, der durch die Widerstandsbewegung im Zweiten Weltkrieg notwendigerweise entstanden war. Allerdings wurden die Arbeiter in demselben Gestus der Notwendigkeit nun dem Wiederaufbau verpflichtet. Diese Verpflichtung und auch die Nähe zu den Gewerkschaften erfuhren einen Riss in der spätfordistischen Umstrukturierung der Produktion. In Italien hieß das: der Zustrom ungelernter Arbeiter aus dem Süden (mit der Zerstörung der dortigen agrarischen Subsistenzstrukturen) in den Norden, wo sie in den Fabriken, von z.B. Fiat oder Olivetti, unterkamen. Diese ›Arbeitermasse‹ war nicht ›organisiert‹. Sie besaß keine Solidarität mit einer Gewerkschaft oder zu Parteien, die alle durch die Räson des Wiederaufbaus eher auf der Seite der Unternehmen und des Staates standen. Deswegen kam es seit dem Beginn der 60er Jahre immer wieder zu spontanen Streiks und Arbeiterkämpfen, die dann 1968/1969 kulminierten.

›Militante Untersuchung‹ könnte einem in diesem historischen Kontext vorkommen, wie ein dringend notwendiges Nachjustieren der Urteilskraft der linken Intelligenz in Hinblick auf ein Subjekt, das ihr in der Räson des Kriegs und des Wiederaufbaus abhanden gekommen war: den Arbeiter als historischen Protagonisten.

»Die Praxis der Mituntersuchung (*con-ricerca*) bedeutete nichts anderes als die Möglichkeit, über die Befragung den Grad an Bewusst*heit* und Bewusst*sein* bezüglich der Prozesse

---

1   *ExArgentina* war ein Projekt der Kulturstiftung des Bundes und des Goethe Instituts Buenos Aires. Seine Ausgangspunkte waren die Wirtschaftskrise und die Aufstände in Argentinien im Dezember 2001. Von November 2002 bis Mai 2003 hielten wir (Alice Creischer und Andreas Siekmann) uns in Buenos Aires auf, wir lernten verschiedene Gruppen und Künstlerinnen und Künstler kennen und begannen mit der Zusammenarbeit, die über drei Jahre dauern sollte. Im März 2004 gab es die Ausstellung: *Schritte zur Flucht von der Arbeit zum Tun* im Museum Ludwig, Köln. Ein Teil der Ausstellung wurde im September 2004 unter dem Titel *Wie wollen wir regiert werden* in einem *Centro Civico* im Stadtteil Las Minas in Barcelona gezeigt. 2006 wurde *ExArgentina* im Palais de Glace, einer städtischen Institution in Buenos Aires, ausgestellt, begleitet von einem dreiwöchigen Diskussionsprogramm im besetzten Hotel Bauen, in der besetzten Druckerei Chilavert, in der Casa de los H.I.J.O.S. (Organisation der Kinder der während der Militärdiktatur verschwundenen Personen) und in dem Medienzentrum La Tribu. Dieser dritte Teil des Projektes wurde von den Künstlern Loreto Garin, Eduardo Molinari und Federico Zukerfeld in Buenos Aires kuratiert.

herauszufinden, in die die ArbeiterInnen als Subjekte der Produktion eingebunden waren. Wenn ich in eine Fabrik gehe und Kontakt zu den ArbeiterInnen aufnehme, indem ich gemeinsam mit ihnen eine Befragung hinsichtlich ihrer Arbeitsbedingungen durchführe, dann besteht die Mituntersuchung zwar klarerweise in der Beschreibung des Produktionszyklus, in der Identifikation der Funktionen, die jeder und jede einzelne innerhalb dieses Zyklus übernimmt; gleichzeitig aber stellt sie auch eine allgemeine Bewertung des Ausmaßes an Ausbeutung dar, das jeder und jede bzw. alle zusammen erfahren, eine Bewertung der Fähigkeit seitens der ArbeiterInnen, aufgrund des Bewusstseins um diese Ausbeutung innerhalb des Maschinensystems und der Kommandostruktur darauf zu reagieren.«[2]

Diese rückblickende Beschreibung Antonio Negris von 2003 erweckt den Eindruck, dass die Hierarchien, wer wen untersucht bzw. bewertet, unangetastet bleiben. Tatsächlich scheint es bei diesem Begriff zunächst vor allem um eine methodische Grundsatzdiskussion politischer Episteme zu gehen. Andererseits muss die ›Intelligenz‹, die diese Erkenntnis will, dringend eine empirische politische Praxis aufsuchen: »Con-ricerca« (»Mituntersuchung«) hieß der erste Begriff der militanten Untersuchung und drückt sehr gut das Verlangen linker Intelligenz aus, »mit« und »dabei« zu sein bei der Erfahrung der neuen Bedingungen von Arbeit.

Vielleicht erfährt der Begriff immer dann eine Renaissance, wenn die bisherigen politischen Begriffe und Organisationsformen in eine Krise geraten sind, wen sie eigentlich repräsentieren. So erzählt der Begriff »Militante Untersuchung« in seiner gesamten inspirativen Laufbahn, die er seitdem durch die verschiedenen politischen Bewegungen gemacht hat, von einem Bedürfnis nach der Realitätserfahrung, die politisch nicht bzw. nicht mehr repräsentiert wird.

»Militante Forschung, so wie wir sie verstehen, entbehrt eines *Objekts*. Wir sind uns bewusst, dass diese Aussage paradox klingt: Wenn geforscht wird, dann wird auch irgendetwas erforscht. Wenn es nichts zu erforschen gibt, wie kann man dann von Forschung sprechen«[3], so die argentinischen Autoren des *Colectivo Situaciones* über den forschenden Militanten. Sie formulieren dies während der Krise und den Aufständen von 2001/2002, als gegenüber allen Organen politischer Repräsentation »Que se vayan todos« (»Sie sollen alle abhauen«) skandiert wird. »Allerdings sind wir zugleich auch davon überzeugt, dass dieses Merkmal genau das ist, was der Forschung ihr *Vermögen* verleiht. Einer Forschung, die auf Objektualisierung verzichtet, ist das Absehen von der üblichen Vorstellung vom Forscher implizit, was genau dem Ziel des forschenden Militanten entspricht.«[4] Die Weigerung, aus dem, was erforscht wird, ein Objekt zu machen, begründet sich in dieser Krise der politischen Repräsentation, in der die ursprünglichen Verbindungen zwischen den Mitgliedern einer politischen Bewegung und ihren Repräsentanten erstarrt sind. Forschung ist in dieser Erstarrung eine »Verdinglichung«, ein Prozess und eine Gewalt, die schon in der Aufteilung zwischen Forschenden und ihrem Objekt bzw. Feld entsteht.

---

2   Antonio Negri: »Logik und Theorie der Befragung. Die militante Praxis als Subjekt und als Episteme«, in: *eipcp* 4/2006, http://eipcp.net/transversal/0406 (aufgerufen am 10.1.2014).

3   Colectivo Situaciones: »Über den Militanten Untersucher«, in: *eipcp* 4/2006, *http://eipcp.net/transversal/0406* (aufgerufen am 10.1.2014). Vgl. auch dies.: *Más allá de los Piquetes*, Buenos Aires 2002.

4   Ebd.

Abb. 1 bis 3: Escraches am Donococ, Buenos Aires 2003, Foto: Andreas Siekmann.

»Es drängt sich eine Frage auf: Ist eine solche Forschung möglich, ohne dass gleichzeitig ein Prozess des *Sich Verliebens* ausgelöst wird? Wie wäre das Band zwischen zwei Erfahrungen, ohne ein starkes Gefühl von Liebe oder Freundschaft möglich? Die Erfahrung der Militanz der Forschung gleicht mit Sicherheit jener eines Verliebten, vorausgesetzt, wir verstehen unter *Liebe* das, was eine bestimmte lange philosophische Tradition – der Materialismus – darunter versteht: das heißt, es handelt sich dabei nicht um etwas, das eine Person gegenüber einer anderen empfindet, sondern um einen Prozess, für dessen Existenz es zwei oder mehrerer bedarf. Ein Prozess, der das *Eigene* ins *Gemeinschaftliche* verwandelt. An solch einer Liebe *hat man teil*. Ein solcher Prozess entscheidet sich nicht intellektuell: Er bedarf der Existenz von zwei oder mehreren. [...] In der Liebe, in der Freundschaft gibt es im Gegensatz zu den Mechanismen, die wir bis jetzt beschrieben haben, weder Objektualität noch Instrumentalisierung. Niemand schützt sich vor dem, was das Band *vermag*, noch kommt man unkontaminiert davon. Man experimentiert weder mit Liebe noch mit Freundschaft auf unschuldige Art und Weise. Wir alle gehen neu-zusammengesetzt daraus hervor.«[5]

Man mag sich an alte Lösungen eines ebenso alten epistemologischen Problems – der immer wieder zu überwindenden Einsamkeit des Erkennens – erinnert fühlen. Aber diese Lösung gewinnt ihre jeweilige Aktualität und Sprengkraft in realen politischen Situationen. So entstanden die Texte über den Forschenden Militanten in Zusammenarbeit mit dem MTD (Movimento Trabajadores Desocupados) der Vorstadt Solano, einer der vielen selbstorganisierten Arbeitslosengruppen, die in der Krise von 2001 bis 2002 die Zufahrtswege nach Buenos Aires blockierten und durch die körperliche lokale Präsenz überflüssiger Arbeitskraft den globalen Fluss der Waren stoppten.

Kommen wir zurück zu dem Projekt *ExArgentina*. Es klänge auch paradox, wenn ich sagen würde, dass wir im Projekt *ExArgentina* militante Untersucher gewesen wären, so als ob wir Untersucher unseres eigenen Projektes sein könnten. Unsere Involviertheit haben wir in der Pressemitteilung wie folgt beschrieben:

»Im November des letzten Jahres sind wir nach Buenos Aires gekommen, um ein Projekt zu beginnen, das so präzise wie möglich über die Ökonomie informiert, die die sogenannte Krise in Argentinien verursacht hat, über die Zusammenhänge der Macht zwischen den internationalen und den lokalen Oligarchien und welche Linien sich bilden zwischen dieser Macht in ihrer scheinbaren Abstraktion und dem Elend, das sie verursacht. Aber wir haben hier keine bloßen Informanten angetroffen, sondern Personen, die in etwas involviert sind, das wir ›Flucht von der Arbeit zum Tun‹ nennen möchten. ›Flucht von der Arbeit‹ bezeichnet einerseits die Kapitalflucht, den Rückzug der Investoren von einer verlorenen Wette, das Aufgeben von Industrien und damit aber auch das Ende einer Ausbeutungsform, die in Arbeitsplätzen organisiert war. Gleichzeitig bedingt diese Flucht auch eine weitere Entrechtung in der noch vorhandenen Arbeit, eine extreme Repression und Vertreibung derjenigen, die arbeitslos sind. Andererseits kann ›Flucht von der Arbeit‹ auch alle Formen von Selbstorganisation der Leute bezeichnen, die vom Kapital und seinen RegierungsfunktionärInnen zurückgelassen wurden. Es kann bedeuten, dass diese Unverwertbarkeit eine Freisetzung ist zu dem, was

---

5   Ebd.

man als gesellschaftliches Tun bezeichnen kann. Dieses Tun ist der Gegensatz zur Arbeit, es ist nämlich ein Handeln, das nicht mehr abgetrennt ist von der Umgebung und dem Leben, in dem es stattfindet.

Diese Freisetzung geht die Institution Kunst besonders an, weil dort ›Arbeit‹ meistens ganz exemplarisch abgehandelt wird – in der Abtrennung von Kontexten und dem Zwang, universale Gesten zu finden, um wert zu sein. Es stellt sich die Frage, wie diese Verschiebungen geschildert werden können in einen hegemonialen Feld, das so häufig die Bilder ausbeutet und ihre Mitteilungen schleift, sodass jede Aussage unsichtbar wird. Es erwies sich deswegen als notwendig, parallel zur Diskussion der Inhalte auch eine Diskussion der künstlerischen Methoden zu führen. ›Pläne zur Flucht von der Arbeit zum Tun‹ bedeutet deswegen auch, einen Fluchtweg aus der politischen Ausdruckslosigkeit dieser Institution zu finden. Das ist nicht nur eine Frage der Information oder der Darstellungsmethoden, sondern eine Frage, mit wem man sein Leben teilt und für wen man sich engagiert.«[6]

Ich zitiere diese Passage in der Pressemitteilung deswegen so ausführlich, weil sie die Erfahrung zusammenfasst, die wir im Laufe des Projektes gemacht hatten.

Das Projekt *ExArgentina* ist mittlerweile zehn Jahre her, und natürlich wäre es idealistisch oder auch verlogen, diese Involviertheit als Kontinuum – als eine praktizierbare Methode – zu denken, wo sie doch nur von dem Glück erzählt, gerade in einer politischen Situation anwesend gewesen zu sein, deren Bewegungscharakter alles – auch künstlerisches Arbeiten – auf einmal und jäh mit Sinn erfüllt.

Es fällt mir deswegen schwer, künstlerische Beispiele zu nennen, die aus einer Praxis der ›Militanten Untersuchung‹ entstanden sind, gerade weil sich dann damit oft ein Label verbindet: ›Militante-Untersuchungs-Kunst‹. Zwei Beispiele möchte ich trotzdem nennen:

Tucumán Arde und die *Escrache*-Bewegung. Beide waren kollektive Bewegungen, also nicht nur Künstlergruppen, sondern sie umfassten eine ganze Generation junger Künstler.

Tucumán Arde hieß eine Ausstellung, die 1968 in Rosario und Buenos Aires stattfand.[7] Sie untersuchte die Ursachen der Verarmung und des Hungers in der Provinz Tucumán, die eine Folge der ersten Neoliberalisierung unter dem Regime Onganía war. Künstler reisten nach Tucumán, interviewten die arbeitslosen Bewohner, filmten und fotografierten die Situation vor Ort. Sie sammelten das Material und stellten es in den Räumen der Gewerkschaft CGT in Rosario aus. Zeitgleich entwickelten sie eine gezielte Medienkampagne, als Gegenpart zur Propaganda des Onganía-Regimes. *Tucumán Arde* bildete einen *point of no return* in der Geschichte der politischen und künstlerischen Avantgarde in Argentinien, deren politische Radikalisierung innerhalb eines Jahres eine ungewöhnliche Dynamik erfuhr. An *Tucumán Arde* war keine Gruppe von Künstlern, sondern eine ganze Generation beteiligt, eine Generation, die nach dieser Ausstellung größtenteils die künstlerische Arbeit für viele Jahre einstellte, verfolgt wurde oder in einzelnen

---

6   Alice Creischer u. Andreas Siekmann: »Schritte zur Flucht von der Arbeit zum Tun«, in: *eipcp* 4/2006, *http://eipcp.net/transversal/0406* (aufgerufen am 10.1.2014).

7   Vgl. die Fotografien dazu in: *afterall*, No. 23 (Spring 2010), http://www.afterall.org/journal/issue.23/ how.do.we.know.what.latin.american.conceptualism.looks.likemiguela.lopez; und http://comision- porlamemoria.chaco.gov.ar/sitio/?p=1006 (beide aufgerufen am 28.1.2014).

Guerillagruppen kämpfte. Aber nicht allein dieser geschichtliche Hintergrund macht *Tucumán Arde* bemerkenswert, sondern auch seine künstlerischen Strategien, die gro-ßen überheblichen Gesten, die *Coolness* seiner Abfuhren an den etablierten Kunstbe-trieb, der Mut der verdeckten Kampagnen und Recherchen, die Zusammenarbeit mit der Gewerkschaft CGT und nicht zuletzt die künstlerische Umsetzung der Analyse und der Empörung über die ersten neoliberalen Modellversuche in Südamerika.

Escraches sind spezielle Demonstrationsformen gegen die straflos gebliebenen Mör-der und Folterer der Junta-Zeit (Abb. 1–3). Die Demonstration ist eine vom ganzen Vier-tel und von der Organisation H.I.J.O.S. (gegründet von Kindern der Verschwundenen) vorbereitete Geste der Verachtung und Denunziation des Verbrechers, der ihr Nachbar ist. Diese Praxis kann aber kein Kontinuum herstellen, sondern erscheint immer nur in Situationen der Krise. In einem Interview beschreibt Detlev Hartmann, einer der zentra-len Theoretiker der autonomen Bewegung in Deutschland, die mögliche Verbindung von künstlerischer Arbeit und militanter Untersuchung, die immer unverbindlich und nicht manifest sein wird:

»Diese ganzen Auseinandersetzungen mit der ›Militanten Untersuchung‹ […] machen deut-lich, dass nichts ›Authentisches‹ zu finden ist, sondern eher etwas, dass sich, wenn man Glück hat, in einem Auseinandersetzungsprozess befindet. […] Das heißt, dass der Prozess selbst immer wichtiger wird: auf der einen Seite der Prozess der Inwertsetzung durch das Kapital, der Unterwerfung, der schöpferischen Zerstörung von Gesellschaftlichkeit, um dar-aus neuen Honig saugen zu können. […] Auf der anderen Seite steht das, was wir schon damals als ›prozessierenden Widerspruch‹ bezeichnet haben. Das heißt, die militante Untersuchung ist keine Untersuchung, in der du Wahrheit findest, du findest amalgam deine eigene Subjektivität, deine eigenen Wahrheiten, die sich vielleicht in Erfahrungen vermischt […]. Du als Künstlerin wirst ja wissen, dass Kunst eine Form der mimetischen Übertragung ist. Die Nachahmungsfähigkeit, die Reproduktion in mir selber ist eines der größten Potentiale, die wir überhaupt haben, um zu kommunizieren. […] Wir sind ja nicht so eindimensional, dass wir sagen, da ist ein Inhalt, der soll vermittelt werden. Wir sind ständig im Prozess und wollen auf etwas hin. Wir haben Lust auf etwas, wir sehnen uns nach etwas, wir kennen Befreiungsstrategien, wir kennen Antizipationen von Befreiungs-strategien. In diesen Prozess nehmen wir Bilder, Worte und Berichte auf und verschmelzen sie mit unseren Erfahrungen und geben andere zurück. Es kommen dann meinetwegen ein paar Worte aus Argentinien, die uns anrühren und affizieren, fast im spinozistischen Sinne, und dann sind wir in der Lage, das in uns selbst zu reproduzieren.«[8]

---

8   Alice Creischer: »Interview mit Detlev Hartmann«, in: Alice Creischer, Gabriela Massuh und Andreas Siekmann (Hg.): *Schritte zur Flucht von der Arbeit zum Tun*, Köln/Buenos Aires 2004.

Anthony Iles

Capitalist Limits
From the Probability of Exhaustion to the Exhaustion of Probability

This essay gives a short account of how the concept of energy and modelling of energy was developed in physics and biology, and leaked out across various disciplines to shape both art and work in their broadest senses. The history of these developments is helpful for understanding the ever-intensifying 'mathematisation of existence' we live through presently, by which accounting, quantification and measurement dominate our daily lives, but also describe a pattern of expansion, crisis and limit which crosses science, mathematics, economics and philosophy. The ways in which human societies model vital force and energy are strongly connected to their owns forms of production and economy, and during the 19th and 20th centuries developed in ways which are profoundly bound by twinned poles of expansion and limit, which play out cosmologically as well as socially.

The Human Motor

In the second half of the nineteenth century, a great wave of anxiety interrupted the discourses of progress which had been animating Europe. In terms implicitly related to the applications of technology and the organisation of human labour, science discovered the centrality of energy to the structure and movement of the universe, and simultaneously the threat of inevitable energy loss, dissipation and decay.[1]

The understanding of energy as universal had suggested that all work, whether carried out by machines or the human touch, could be measured and compared through the derivation of an equivalent unit – *Kraft* – in Hermann von Helmholtz's system, and this theoretical work persuaded many scientists and social reformers of the impossibility of perpetual motion and thus, of the necessity of work. Anson Rabinbach concludes:

"Helmholtz did not demote the living creature to the machine; he transposed the character of an energy-converting machine to the body, indeed the universe. The metaphor of the machine rather than the machine itself – the automata – is anthropomorphized. In the naturalisation of labour power as *kraft*, the energy of the violinists' body and the energy output of the industrial mill are identical: both represent labour power. When universalised, labour power as an abstract unit became recognised as the central core of work beyond any particular content or craft of work."[2]

---

1   Anson Rabinbach: The Human Motor: Energy, Fatigue and the Origins of Modernity, New York 1992, pp. 3–4.
2   Ibid., p. 61.

However, there was an almost simultaneous development: the identification, by Rudolf Clausius, of a second law of thermodynamics – by which energy transfer within a closed system, from a warmer to a colder body, inevitably results in a net decrease in energy in that system and that overall, in his words, "the entropy of the universe tends to a maximum".[3]

As Anson Rabinbach summarises:

"This paradoxical relationship between energy and entropy is at the core of the nineteenth-century revolution in modernity: on the one side is a stable and productivist universe of original and indestructible force, on the other an irreversible system of decline and deterioration."[4]

If the proponents of the new physics identified in the physiological sphere a quantum (or universal measure) underpinning the entire motion of the universe – energy Karl Marx identified a similar unit at the core of political economy and adopted the same term for it: labour power. It was the centrality of this unit which explained, for him, the process by which the

"accumulation of wealth at one pole is, therefore, at the same time accumulation of misery, the torment of labour, slavery, ignorance, brutalization and mental degradation, at the opposite pole."[5]

Economic historian Philip Mirowski has discussed how Neoclassical economists, the subjects of Marx's critique of political economy, in the 1870s had borrowed extensively from models developed in the physical sciences. Later, the so-called entropy law was integrated into heterodox economics in the work of Nicholas Georgescu-Roegen. Mirowski heretically discusses ways that physicists later borrowed back from the economists who had modelled human economy on theories of conservation and equilibrium.[6] In this feedback loop the idea of value and energy begin to appear interchangeable or at least equivalent. Moreover, the thermodynamic theories of the 19th century become in turn influential on the "libidinal economy" developed by Sigmund Freud, by which the

---

3   Rudolf Clausius: *The Mechanical Theory of Heat – with its Applications to the Steam Engine and to Physical Properties of Bodies,* London 1879.

4   Ibid., p. 63.

5   Karl Marx: *Capital* Vol. I. Translated by Ben Fowkes, London 1976, p. 799.

6   "I began to suspect that the fundamental issue was not simply the wholesale piracy of some physics by a doughty band of economists, but rather something akin to what Borges called 'universal history'. Perhaps what I had been doing was excavating a primal metaphor of Western thought, a vein winding through both physical theory and social theory, changing from gangue to fool's gold over time, with chutes passing back and forth between physics *and* economics. Although it was ultimately called 'energy' in physics and 'utility' in economics, it was fundamentally the same metaphor, performing many of the same explanatory functions in the respective contexts, evoking many of the same images and emotional responses, not to mention many of the same mathematical formalisms." (Philip Mirowski: *More Heat Than Light: Economics as Social Physics, Physics as Nature's Economics,* Cambridge 1989, p. 4).

"work of the mental apparatus is directed toward reducing internal and external tension and excitement".[7]

The Science of Work

Through the study and development of a 'science of work', scientists and social reformers hoped to arrest the wastage and fatigue they saw resulting from industrialisation; the inefficient conversion of energy in the labour process both in respect to the workforce and the natural resources it consumed.[8] A key proponent of this tendency, German chemist, social reformer and popular scientist Wilhelm Ostwald, worked towards the coordination of the elimination of waste as the central programme of social progress summed up in his maxim: "Don't waste energy, valorise it."[9]

Motivated by the desire to reduce the amount of labour wasted, Jules Amar sought to provide models through which work could be reorganised 'methodically', but also humanely to achieve the maximum of work with the minimum of fatigue.[10] Building on the precise studies of movement pioneered by photographer Étienne-Jules Marey and others, Jules Amar "explore[d] not only working with tools, but writing, playing musical instruments, engaging in athletics, sports and the military".[11] Amar, like Helmholtz, did not differentiate between industrial and artistic labour. He studied fatigue extensively, developing techniques for the measurement of forms of work, optimum efficiency and the comparative yields of different labouring subjects. Having established that the different labourers, including prisoners, he studied were not unique, he argued that:

> "The yield of the human machine is *variable* according to the mechanical and energetic conditions of work. It depends on time, on speed, on the employment of this or that group of muscles which intensifies or reduces the expenditure of energy. It rises or falls according to the working subject and the greater or lesser contraction of the active muscles [...] Thus, we see how the capable worker is able to economize his forces. If there is a science of work, there is also an *art* of work."[12]

Like many others working on similar premises, Amar's studies remained mostly in the laboratory, where he recreated the world of industrial toil. Despite its influence at the

---

7   In summary, Rabinbach states, "[t]he nineteenth-century obsession with fatigue, both metaphoric and real, located in nature, in the body, and in the psyche the negative dimension of the considerable energies required to service the new productive forces unleashed by nature and harnessed by society." (Rabinbach: *The Human Motor*, l.c., p. 20).

8   "Whilst the universe could now be conceived as a vast machine, man became a 'human motor' – a thermodynamic machine capable of conserving and deploying energy." (ibid., p. 48).

9   Ibid., p. 182.

10 Ibid., p. 188.

11 Rabinbach: *The Human Motor*, l.c., p. 188. In France, a Laboratoire de Recherche sur le Travail at the Conservatoire National des Arts et Métiers was headed by Jules Amar.

12 Jules Amar: *Le Rendement de la machine humaine,* Paris 1909, p. 83. Quoted in Rabinbach: *The Human Motor*, l.c., p. 186.

state level, proponents of the science of work had difficulty persuading either employers or labour organisations of its beneficial objectivity.[13] Only after the First World War did a thorough rationalisation of the workplace take place in Europe, and this was largely under the auspices of the system developed in the USA by Frederick Winslow Taylor – scientific management or, as it was more widely known, Taylorism.

Taylor's system involved the introduction of 'efficiency' throughout the workplace using time-and-motion studies to divide tasks into replicable units. To incentivise constant intervention in the labour process, the introduction of new machinery and the training of workers, wages were linked to productivity at the level of the individual worker, rewarding speed and output. Taylorism succeeded where the science of work had failed because its application offered an applied and profitable form of rationalisation.

Throughout the 20th and 21st centuries in avant-garde art, the apprehension of industrial societies' relations of production incorporated and returned the economy of gesture developed by the science of work and Taylorism. Artists realised the inherited power of the capitalist mode of production by appropriating forms of industrial commodity production in their work. Marcel Duchamp, to take a celebrated example, significantly intensified the productive power of the practice of art by nominating and presenting industrial products as powerful works of art. He also exceeded the boundaries of a certain limit of what the experience of art had formerly been. This boundary was now visible, and the gestures of advanced art would be measured against it. Andy Warhol realised a quantitative expansion of art's productive forces by adopting the efficiency of commercial production through screen-printing and appropriation, even industrialising his own persona and celebrity as so much product. Artworks thus return the products of industrial society through a "mimesis of the hardened and alienated".[14] In such cases there is both an acceleration and an absolute increase in the quantity and quality of art which it is possible to produce with a minimum of energy expenditure or means, but the appropriation of industrial technique within art also produces decelerating effects on perception, forcing the viewer to redistribute his attention, a process by which, "the device of art makes perception long and laborious".[15]

I want to suggest the existence of a continuum through the mid to late 19th century down to the present, by which models and economies of energy, themselves both physical and mathematical, manifest themselves within organisation of life and of bodies and political and artistic challenges to and negations of those existing limits.

Taylorism – "The Organisation of Exhaustion"

Taylorism met with a great deal of resistance, especially in France. At a famous strike at the Renault factory in Billancourt, Émile Pouget, the CGT leader, denounced the Taylor system as "the organization of exhaustion". However, the system's progressive aspects also seduced many trade unionists and Marxists. Despite describing Taylorism in 1914

---

13   Ibid., pp. 236–237.
14   Theodor W. Adorno: *Aesthetic Theory*. Translated by Robert Hullor-Kentor, London 2004, p. 28.
15   Viktor Shklovsky: *Theory of Prose*. Translated by Benjamin Sher, Illinois 2009, p. 6.

as "Man's Enslavement by the Machine", Vladimir Lenin expressed, once the Bolsheviks were in power, his admiration for Taylor's system and sought to adapt it for the purposes of rapidly industrialising the Soviet Union. The productivism embodied by Taylorist management was, in Rabinbach's words, "politically promiscuous".[16] Its technocratic idealism found supporters across the political spectrum during a period which was characterised, despite the immense destruction of the First World War, by belief in an endless expansion of productivity and a "re-enchantment of technology".[17] The vision of a society in which social conflict was eliminated in favour of technological and scientific imperatives could embrace "liberal, socialist, authoritarian, and even communist and fascist solutions".[18] Many historical commentators dismiss Lenin and Bolshevism as inherently authoritarian, yet it is clear that whilst both Taylorism and Bolshevism shared authoritarian traits, even in anarchist Spain of the 1930s, anti-authoritarian elements felt "compelled" to adopt similar measures.[19]

One interpretation of the different political perspectives which habituated themselves to the Taylorised organisation of labour is that it was not Taylorism *per se* which ideologically suited their ends, but that the pressure of the necessity of work and competition in a capitalist world economy required bespoke forms of Taylorism to manage it locally.

Taylorism, or the capitalist form of development it generalised, in turn generalises management. From academic work to service work in *Pret A Manger* to waste-management to micro-chip factories in Shenzen, tasks are measured, automated, an economy of input and output is established, targets are created and extended, decision-making is centralised, costs are cut and efficiency gains are constantly sought. These are not restricted to the manual sphere, but extend into the affective field. Yet a misguided notion is that this is at all new. I wish to argue in the strongest terms that this integration is both revolutionary and continuous. In our world, the residue of Taylorism is built into the tools we apply in our work and the spaces we work in. Computers not only automate many formerly labour-intensive processes, such as filing, stamping, postage etc., but they also make tasks regular, standardised and therefore equivalent. Social communication outside of work is equally templated, standardised and made 'efficient' in the similar and related ways. It should be noted again that both the science of work and Taylorism originally applied themselves equally to blue-collar and white-collar work, to labour

16   Rabinbach: *The Human Motor*, l.c., p. 272.
17   Ibid., p. 272.
18   Ibid., p. 272.
19   "When revolution erupted in Barcelona in 1936, union militants of the anarcho-syndicalist CNT (Confederación Nacional del Trabajo) and the Marxist UGT (Unión General de Trabajadores) inherited a backward industrial structure that they were compelled to modernize under difficult conditions of civil war in Spain. These militants – whether anarcho-syndicalist, Communist, or Socialist – copied elements from the Western and Soviet models of economic development and accumulation. While attempting to build the productive forces, they quickly encountered what I shall call workers' resistance to work. The anarcho-syndicalists of the CNT, the most important working-class organization in Barcelona, were forced to jettison their theories of workers' democracy and participation to make the rank and file work harder and produce more. The anarcho-syndicalists and Communists in the newly collectivized firms re-established piecework, initiated severe controls on the shop floor, and embarked on an intensive campaign that included both odes to Stakhanovism and socialist realist art." (Michael Seidman: *Workers Against Work: Labor in Paris and Barcelona during the Popular Fronts*, Berkeley 1991, p. 11).

both manual and mental. Neither of these pioneering schools of thought was under any illusion that one is automated and regular and the other creative and flexible. In mental and manual labour, to model the labour process, whether through software, machines, building design, or training, facilitates standardisation and empowers management.

By levelling out and equating one task with another, facilitating 'de-skilling' across different branches of industry, the application of Taylor's model in the 1930s had produced the mass worker – a vast unskilled workforce with common interests in higher wages and better conditions. Far from resolving conflicts between capital and labour, the innovations pioneered by Taylor concentrated them.

Limits to Growth

By the late 1960s a productivity and profits crisis was well underway. Industrial capital, with its tendency to expand in each cycle of accumulation, was finding that its investments required ever higher sums, whilst its profits were being challenged by the high wage demands of the increasingly militant and powerful mass working class established by Taylor's and Ford's innovations. Different shades of the political spectrum emphasise different aspects or moments of this crisis. What is clear is that, just as in the mid-nineteenth century, the crisis was also ontological. In the 1970s, capitalism and science suddenly discovered "Limits to Growth", in the same sense that the productivists discovered entropy. In 1972, the Club of Rome, a think tank consisting of former and present heads of state and UN officials, published a report entitled *The Limits to Growth*. Melinda Cooper writes:

> "Under the direction of a team of systems analysts based at Massachusetts Institute of Technology […], the report gave voice to the prevailing consensus that Fordist manufacture had entered a period of irreversible decline. […] If there was a crisis in the offing, it was not one that could be measured in conventional economic terms [ ] a crisis in productivity or economic growth rates – but rather a wholesale crisis in the realm of reproduction. For the Club of Rome what was at stake was no less than the continuing reproduction of the earth's biosphere and hence the future of life on earth. The most visible signs of the impending crisis were therefore to be found in the existence of all kind of ecological disequilibria, exhaustion, and breakdown, from rising levels of pollution to famine and the increase in extinction rates."[20]

Just as in the nineteenth century, a social and economic crisis took legible form in a natural environment marked by signs of chaos and an imminent exhaustion of resources. The attenuation of a particular model of development was correlated with the end of the world, even the universe. Capitalist society had again met absolute limits, against the contours of which it needed to reform itself. Yet again, it was a crisis of the future, for capitalist development had met a barrier to the projection of its existing reality into the

---

20   Melinda Cooper: *Life as Surplus: Biotechnology and Capitalism in the Neoliberal Era,* Seattle 2008, pp. 15–16.

future. In some sense it was a crisis of management itself. The new metrics developed by military and civil science and implemented by planners returned foreboding indications of a negative future.

Responding to these newly discovered absolute limits in the environment and population capital sought to develop zones of 'low entropy' – high technology, nuclear power and finance. Nuclear energy was presented as an alternative to carbon-based fuels, but as we now know it never really took their place; however, the introduction of nuclear energy did affect the restructuring of industry. Nuclear technology, like computer technology, involves vast investment in technical infrastructure and very little human labour. Rather than employing a large number of low-skilled workers to carry out replicable tasks, these new industries employed smaller numbers of highly skilled workers to operate enormously productive machines. Moreover, before the advent of home computing in the 1990s, the application of computing was directed less towards realising the transformation of raw material into saleable commodities and more towards the reorganisation of and work on work itself. The application of information to the organisation of work allows more work to be forced out of the system. Moreover, the huge investments required by these new industries raised the costs of energy and pulled capital out of traditional industrial sectors, which in turn inflated living costs for the mass of society, also resulting in more work to do for most of the population.

The Work/Energy Crisis

During this period, computing and the new information technologies also began to be deployed in the growing sector of international financial markets. As capital left large-scale industry, forced by the profits crisis to seek investment elsewhere, the phenomenon of financialisation grew together with the newly expanding insurance and real estate markets. Its social impact and the sociologically-alienated and cybernetic form of such measures' delivery is neatly satirised in Hans Haacke's work *Shapolsky et al. Manhattan Real Estate Holdings, A Real Time Social System, as of May 1* (1971).

The combination of computing, telecommunications and finance is particularly symptomatic of the problems of our own era. The limits we find ourselves facing are very much the legacy of the choices made in response to prior limits. A counterpoint to this negative vision is the affirmative combination of home-spun technology and a cybernetic equilibrium promoted by Stewart Brand's *Whole Earth Catalogue*, recently exhibited in Berlin which is in many ways connected to the crisis we are experiencing. As indicated in Adam Curtis' documentary, *All Watched Over by Machines of Living Grace*, the chimera of the self-regulating network which gained traction from the early 1960s to the late 2000s, applied to both markets and natural ecologies, is as mythical as it is operative. Again in the early 1970s, as in the 19th century, although projected upon the environment, these limits were fundamentally human: the energy crisis was also a work crisis – that is a human population who, then as now, were increasingly expressing the sentiment, "I'm mad as hell and I'm not going to take it anymore".[21]

Here, perhaps at the opposite ecological pole to Brand, conceptual and landscape artist Robert Smithson tended to be entropy positive, producing works which admitted to a 2000 year continuum of human intervention in the 'natural' environment and tended to take part in the slide towards disorder, spoiling and loss. Robert Smithson's following statement is unusually (for an avant-garde artist) deflationary rather than hyperbolic: "You will always be faced with limits of some kind. I think that actually it's not so much expanding into infinity, it's that you are really expanding in terms of a finite situation."[22] We might read this other tendency across a whole series of works in the modernist and postmodernist continuum, amongst works from Cézanne to the fiction of Jorge Luis Borges, Thomas Pynchon and others whose work tend to emphasise digression rather than centralisation, or as Jeremy Gilbert-Rolfe and John Johnston write, "unifies all data by insisting on a model which substitutes redistribution for climax".[23] Whilst the celebration of entropy might be seen as a challenge to the tendency of managed capitalism to arrest it, running as a thread throughout this period is also a strong tendency within capital's circuit towards the generalisation of destruction and dispersion.

Financialisation and the 2008 Financial Crisis

Arguably, the movement towards financialisation created a dynamic where art and capital showed parallel tendencies to escape from engagement with labour and into the self-reflexive abstraction of value. As gold became paper and then electronic signs (even bitcoin), money increasingly becomes autonomous from productive labour. The movement of self-expanding value, appearing as money making money on financial markets, dissolves all prior values and relationships into abstract wealth. The steep autonomisation of these processes can be seen in the recent scare stories over high-frequency and automatic trades. High volumes of trading are increasingly automated and take place at a speed beyond, or below, human perception – this circulating capital moves faster than human time – with all the threats that poses (May 2010's Wall Street 'flash-crash').[24] Similarly in art, expansion of its claims upon material previously alien to it tends towards the hollowing out of this material's substance.[25]

---

21   Sidney Lumet: *Network* (1975).
22   Robert Smithson: "Interview by Anthony Robbins", in: *Art News*, LXVII (February 1969), p. 50.
23   Jeremy Gilbert-Rolfe and John Johnston: "Gravity's Rainbow and the Spiral Jetty (part 1)", in: *October*, Spring, Summer, and Fall (1976), pp. 65–68 (here p. 68).
24   This theme is explored extensively in a recent issue of *Mute* magazine, see: Inigo Wilkins and Bogdan Dragos: "Destructive Destruction? An Ecological Study of High-Frequency Trading", in: http://www.metamute.org/editorial/articles/destructive-destruction-ecological-study-high-frequency-trading and Alberto Toscano: "Gaming the Plumbing: High-Frequency Trading and the Spaces of Capital", in: http://www.metamute.org/editorial/articles/gaming-plumbing-high-frequency-trading-and-spaces-capital (both accessed: January 13, 2012).
25   I have discussed elsewhere the loss of referent through two phases of avant-garde and neo-avant-garde art (the 1910s and the 1960s/1970s) corresponds not to the suspension of the law of value tout court, but to an initially *temporary* and then *terminal* decoupling of international money from the

One notable aspect of dematerialisation in art is its proximity to deindustrialisation. The early stages of the period of advanced financialisation or 'neoliberalism' saw a re-engagement with industrial materials and (vacant) industrial spaces by artists. Within minimalism, this becomes formally and conceptually central to a movement which critiqued the existing reception and viewership of art just as much as, by reformulating a certain productivist aesthetic, it reorganised general social technique and manufacturing processes in the art world. It is the legacy of minimalism (at least in terms of relations of production) that many star artists (particularly formerly Young British Artists) find themselves at the nexus of today, with medium-sized small enterprises producing their material output and agency-style galleries managing their public profiles. It is a mode of production Giuseppe Pinot-Gallizio had already posed as inevitable in his *Industrial Paintings* (1958), serving both as anticipation of pop art proper and a situationist form of resistant satisfaction (concomitant with a critique of work creative, industrial or otherwise) of art market demand for originality, virtuosity, exertion and yards of canvas product. A comparable project is that of Gustav Metzger's autodestructive art, which staged both toxic and destructive painterly acts with reference to the toxicity of industrial processes and hostility of capitalist modernity to life *per se*. Earlier productivist art had staged both a celebration of work or the figure of the worker, and also an acceleration of the merging of man with the machine, which at the same time posed the dissolution of art into industrial process and its combination with general social technique. A threat to art and posing the potential dissolution of artistic subjectivity, later neo-avant-garde engagement with industrial process tended to disperse both materially and formally and, in a sense, to proliferate and disorder appearance and subjectivities.

Limits of Art and Work

Another way to connect up the meeting point of capitalist reorganisation of work and art since the 1960s is the tendency towards abstract thought and linguistic claims and its connection with new technologies. In this sense, the conditions set by the movements of finance provide the material and conceptual parameters for art. Elsewhere, Benjamin Buchloh has described the tendency for artists to appropriate mimetically the social forms structuring the reorganisation of work as a mere "aesthetics of administration": however, it is plain to see beyond simple mimesis there is always another transformation of these means and ends. Art operates in these conditions, but also upon them to transform their terms. It is no accident that during the tail end of the long post-war economic boom, which was to become a crisis in the early 1970s, certain forms and insights from an earlier crisis or revolutionary moment were revived and re-invented: thus just as soviet productivism had celebrated industrial production when almost none was taking place, minimalism took on the aura of 'real work' at a moment of industrial decline. In conceptual art, Joseph Kosuth's apprehension of Duchamp's eccentric vitalism as a form of nominalism – "it's art because I say it is" – has rightly been critiqued as

———

gold standard. See: Anthony Iles and Marina Vishmidt: "Make Whichever You Find Work", in: *Variant* 41, Spring 2011, pp. 54–59.

both tautological and dangerously close to the wish fulfilment of the then burgeoning advertising industries.

Just as Marcel Duchamp's 'art work' had involved drawing industrial commodities into the distributive frame of art in order to disturb habituated thinking and looking, all critical art is engaged in an endless testing of its own condition which anticipates negations of the determinations of the value form from inside, rather than beyond, its tensions. If the complicity between money and art has led to unseemly games with both, the strain of this relationship has also ushered in forms of critical reflexivity.

A project which connects the pre-history of the human motor to its present nadir is *10,000 cents* by Aaron Koblin and Takashi Kawashima, which uses the digital labour management of Amazon's Mechanical Turk to create a replica $100 bill. The Mechanical Turk was an 18th century automaton; like many of the period it was a fake. A mechanical wooden figure would appear to play and often defeat human opponents at a chess board, whilst inside the mechanism was a human expert watching the game and pulling levers to motivate the mechanical avatar. The online company Amazon perversely chose the name for a speculative service connecting prospective employers of digital labour with an intensively exploited and globally distributed online workforce.

Exhaustion – the End of the Work Bubble

At this point, capitalism contradictorily both expels labour from the labour process and seeks to integrate it ever more fully. Franco Berardi's description of contemporary capitalist work organisation tends to mirror very closely that of the intense atomisation and autonomisation inaugurated under Taylorism:

> "Labour has become fractalized. With the end of large industrial monopolies, new workers, now delocalized in the global peripheries, start resembling computer terminals, cells in the circulation of the commodity-sign. [...] Each individual is a cell put in constant productive connection with others by the Web, which ensures a deterritorialized, fractal and fluid sociality. The cellular is the new assembly line, deprived of any carnal sociality."[26]

This analysis poses the "present collapse of the imagination of the future" as a limit for capitalist growth. Berardi relates the explosion of the subprime mortgage bubble in 2008 to the "mother of all bubbles, the work bubble". Automation throws up the prospect of the redundancy of work, but as we have seen, work is the necessity which capitalist production cannot do without, as Berardi says: "We have been working too much during the last three or four centuries, and outrageously too much during the last thirty years."[27] Berardi contrasts the "energeticism" of the left-wing activism of the past, with the potentials of subversion stemming from exhaustion.

---

26   Franco 'Bifo' Berardi: "Baroque and Semiocapital", in: Franco 'Bifo' Berardi: *After The Future*. Edited by Gary Genosko and Nick Thoburn, Edinburgh/Oakland /Baltimore, p. 115.
27   Ibid., p. 138.

"I see a new way of thinking subjectivity: a reversal of the energetic subjectivation that animates the revolutionary theories of the 20th century, and the opening of an implosive theory of subversion, based on depression and exhaustion."[28]

Exhaustion presents itself over and again as a threat to capital, yet Berardi's inclusion of it in his own analysis appears both reactive, questionably reversible, and secretly affirmative. By affirming the "creativity" and "autonomy" of humanity, Berardi denies the constitutive effects of the shift from managed production to managed life.[29] Creativity, increasingly framed as 'productive' within capitalism, is simply instrumentalised potentiality. Moreover, as our relationship to capital as subjects becomes ever more integral, creativity, individualised negation and self-negation seem to provide an increasingly seductive false escape from a hated situation. Even more dangerously, Berardi and others crucially elide capital's own dependence on labour power and accept the mythologisation of financial markets or other techno-phantastical escapes from earthly limits. There is no redeeming story of artistic or creative resistance which respects the limits defined by capitalism's poles of teleology and/or apocalypse.

---

28   Ibid., p. 138.
29   I am indebted here to Benjamin Noys's critiques of Vitalism (Benjamin Noys: "The Poverty of Vitalism (and the Vitalism of Poverty)", in: http://www.academia.edu/689255/The_Poverty_of_Vitalism_and_the_Vitalism_of_Poverty, accessed: 3 November 2012).

Autorenverzeichnis

Stefan Apostolou-Hölscher ist wissenschaftlicher Mitarbeiter im Teilprojekt „Mindere Mimesis" der DFG-Forschergruppe Medien und Mimesis am Lehrstuhl für Philosophie und Ästhetische Theorie der Akademie der Bildenden Künste München. Von 2001 bis 2008 studierte er am Institut für Angewandte Theaterwissenschaft in Gießen, wo er später von 2009 bis 2013 als Assistent den MA *Choreographie und Performance* mit aufbaute. Seine Dissertation *Vermögende Körper: Zeitgenössischer Tanz zwischen Ästhetik und Biopolitik* erscheint 2014. Er hat Vorträge im In- und Ausland gehalten sowie Texte in verschiedenen Sammelbänden sowie für die Zeitschriften *maska* und *Frakcija* veröffentlicht. Er entwickelt auch choreographische Projekte.

Alberto de Campo ist Professor für Generative Kunst/Computational Art am Institut für zeitbasierte Medien an der Universität der Künste Berlin. Er war Visiting Scholar und Forschungsdirektor am CREATE (UC Santa Barbara), unterrichtete am IEM Graz und an der Hochschule für Kunst und Medien in Köln sowie als Edgard-Varèse-Gastprofessor für Elektronische Musik an der TU Berlin. Von 2005 bis 2007 leitete er das interdisziplinäre Forschungsteam SonEnvir (IEM Graz), das die Anwendbarkeit der Sonifikation von Daten in verschiedenen wissenschaftlichen Disziplinen erforschte. Von 2007 bis 2009 war er Professor für Musikinformatik an der Robert Schumann Hochschule Düsseldorf. 2012 bis 2013 war er Sprecher der Graduiertenschule für die Künste und die Wissenschaften an der Universität der Künste Berlin.

Diego Chamy, geboren 1975 in Buenos Aires, lebt seit 2006 in Berlin, wo er derzeit als Künstler, Theaterautor, Schauspieler, Comedian, Philosoph und Immobilieninvestor arbeitet. Er entschied sich für eine Ausbildung, die auf Autodidaktik und gegenseitigen Lernerfahrungen mit Freunden, Familienmitgliedern und Kollegen beruht. Seine Arbeit ist überwiegend eigenfinanziert und unabhängig von Institutionen und Hochschulen produziert. 2010 startete er mit dem britischen Künstler Siân Robinson Davies das Kollektiv Internet, das Theaterstücke, Stand-up-Comedies, Performances und Filme produzierte.

Alice Creischer ist Künstlerin und seit 2013 Professorin an der Kunsthochschule Berlin-Weißensee. Sie war an einer Vielzahl kollektiver Projekte, Publikationen und Ausstellungen beteiligt. Ihre künstlerische und theoretische Agenda innerhalb der institutionellen und ökonomischen Kritik hat sich in den letzten zwanzig Jahren entwickelt; zuletzt nahm sie als Ko-Kuratorin von *Messe 2ok* (1995), *ExArgentina* (2004) und *Das Potosí-Prinzip* (2010) die frühe Geschichte des Kapitalismus und der Globalisierung in den Blick. Alice Creischer hat Texte in zahlreichen Büchern, Zeitschriften und Fanzines publiziert.

Anke Eckardt ist Klang- und Medienkünstlerin, wurde 1976 in Dresden geboren, seit 1994 lebt und arbeitet sie in Berlin. Von 2011 bis 2013 war sie Stipendiatin an der Graduiertenschule für die Künste und die Wissenschaften an der Universität der Künste Berlin. Seit 2008 umfasst ihre Arbeit Installationen, Lehrtätigkeit und theoretische Diskurse zur Phänomenologie von Klängen. In ihren künstlerischen Forschungsprojekten verknüpft sie ihre künstlerische und theoretische Arbeit, deren Ergebnisse sie international in Ausstellungen und auf Konferenzen präsentiert.

Adele Eisenstein ist unabhängige Kuratorin, Autorin, Herausgeberin und Übersetzerin, gebürtige New Yorkerin und seit 1990 in Budapest lebend. Sie arbeitete für Balázs Béla Studio (1991–1995), Soros Center for Contemporary Arts Budapest und C³: Center for Culture & Communication (1995–2005), begründete die Kunstzeitschrift *Praesens* mit (2002–2005) und war als Herausgeberin am Museum of Fine Arts Budapest (2005–2007) tätig. Sie kuratierte Ausstellungen u.a. auf der *donumenta* 2010 und beim Steirischen Herbst (2013) und hat zahlreiche Bücher und Kataloge geschrieben, übersetzt und herausgegeben. Sie ist Leitungsmitglied von Amnesty International Ungarn.

Eric Ellingsen ist Co-Direktor des von Olafur Eliasson gegründeten Instituts für Raumexperimente an der Universität der Künste Berlin. Er studierte Architektur und Landschaftsarchitektur an der Universität Pennsylvania sowie Klassische Philosophie am St. John's College. 2009 gründete er Species of Space als Plattform, die Kunst, Architektur, Literatur und Performance Kunst als räumliche Praxis verbindet. Oft zitiert er immer wieder das Einwortgedicht »Herz«.

Anselm Franke leitet den Bereich Bildende Kunst am Haus der Kulturen der Welt in Berlin. Er war 2012 Kurator der Taipei Biennale und hat zwischen 2010 und 2014 die Ausstellung *Animismus* in verschiedenen Kooperationen und Versionen in Antwerpen, Bern, Wien, Berlin, New York, Shenzhen, Seoul und Beirut gezeigt. 2013 hat er am Haus der Kulturen der Welt die Ausstellungen *The Whole Earth. California and the Disappearance of the Outside* (mit Diedrich Diederichsen) und *After Year Zero. Geographies of Collaboration after* 1945 kuratiert.

Peter L. Galison ist Joseph Pellegrino University Professor, Direktor der Sammlung historischer naturwissenschaftlicher Instrumente und Mitglied der Abteilungen Physik und Wissenschaftsgeschichte an der Harvard University. 1983 promovierte er dort in Physik und Wissenschaftsgeschichte. 1999 erhielt er den Max-Planck-Preis. Seine Bücher umfassen u.a. *How Experiments End* (1987), *Image and Logic* (1997), *Einstein's Clocks, Poincaré's Maps* (2003) und *Objectivity* (2007, mit Lorraine Daston). Kürzlich arbeitete er mit dem Künstler William Kentridge an der Installation *The Refusal of Time*, die zuerst in Kassel (2012) gezeigt wurde. Gemeinsam mit Robb Moss stellt er derzeit seinen dokumentarischen Spielfilm CONTAINMENT fertig.

Hans Ulrich Gumbrecht ist Albert Guérard Professor für Literatur an den Abteilungen für Vergleichende Literaturwissenschaft sowie für Französisch und Italienisch der Standford Universität. Seine Arbeit konzentriert sich auf die Geschichte der Romanischen Literaturen, die deutsche Literatur, die westliche Philosophietradition und die ästhetische Erfahrung in der Alltagskultur der 21. Jahrhunderts. Er hat mehr als eintausend Texte und Bücher verfasst, die in mehr als zwanzig Sprachen übersetzt wurden. Ihm wurden zahlreiche Ehrendoktorwürden und Gastprofessuren verliehen und er ist als Intellektueller in den öffentlichen Debatten präsent.

Nik Haffner studierte Tanz an der Hochschule für Musik und Darstellende Kunst in Frankfurt und an der Australian Ballet School in Melbourne. 1994 kam er als Tänzer zu William Forsythe und dem Ballett Frankfurt. Seit seiner Mitarbeit an der CD-ROM *Improvisation Technologies* arbeitet er regelmäßig mit dem Zentrum für Kunst und Medientechnologie in Karlsruhe zusammen. Als freier Tänzer und Choreograph kreiert er Arbeiten für Theater, Film und Ausstellungen. Als Gastdozent arbeitet er u.a. für Laban Centre London, PARTS Brüssel, Ohio State University. Seit November 2008 lehrt er am Hochschulübergreifenden Zentrum Tanz Berlin, zu dessen künstlerischem Direktor er 2012 berufen wurde. Seit 2013 ist er Sprecher der Graduiertenschule für die Künste an der Universität der Künste Berlin.

Jens Hauser lebt und arbeitet als Kurator, Autor und Kulturpublizist in Paris und Kopenhagen. Seit seinem Studium der Medienwissenschaften und der Wissenschaftspublizistik beschäftigt er sich mit Interaktionen zwischen Kunst und Technologie. Er hat Ausstellungen wie *L'Art Biotech* (Nantes, 2003), *Still, Living* (Perth, 2007), *sk-interfaces* (Liverpool, 2008/Luxemburg, 2009), die *Article Biennale* (Stavanger, 2008), *Transbiotics* (Riga, 2010), Synth-ethic (Wien, 2011) und *Fingerprints...* (Berlin, 2011/München, 2012) kuratiert. Er promovierte mit einer Theorie der Biomedialität an der Ruhr Universität Bochum und ist international als Gastdozent an Universitäten und Kunstakademien tätig. Seit 2014 hat er eine Forschungsstelle am Institut für Kunst- und Kulturwissenschaft der Københavns Universitet sowie am Medical Museion.

Stefan Hayn, geboren 1965, ist Maler und Filmemacher. Seine Arbeiten bewegen sich zwischen bildender Kunst und Kino. In seinen Bildern und Filmen wie z.B. FONTVELLA'S BOX (1992), EIN FILM ÜBER DEN ARBEITER (1997), SCHULDNERBERICHTE (2002) oder MALEREI HEUTE (1998–2005) geht es um die Verhältnisse von alt und neu, Bild und (Lebens-) Erzählung, Individualität und Vergesellschaftung. Im Rahmen seines Stipendiums an der Graduiertenschule für die Künste und die Wissenschaften an der Universität der Künste Berlin stellt er derzeit seinen neuen, auf Ateliermalerei basierenden Film STRAUB (2006–2014) fertig.

Ulrike Hentschel ist Professorin für Theaterpädagogik an der Universität der Künste Berlin. Ihr Arbeitsgebiet ist die ästherische Erziehung, das zeitgenössische Theater und Theaterpädagogik, Theater und Schule sowie die Geschichte der Theaterpädagogik. Sie gibt die *Zeitschrift für Theaterpädagogik. Korrespondenzen* heraus und hat u.a. *Theaterspielen als ästhetische Bildung* (3. Aufl. 2010), *Erzählen. Narrative Spuren in den Künsten* (mit Gundel Mattenklott 2009), *Szenenwechsel. Vermittlung von Bildender Kunst, Musik und Theater* (mit Ursula Brandstätter u. Ana Dimke 2010) veröffentlicht. Von 2012 bis 2013 war sie Sprecherin der Graduiertenschule für die Künste und die Wissenschaften an der Universität der Künste Berlin.

Paula M. Hildebrandt, geb. 1976, ist Politologin, Stadtforscherin und Kuratorin aus Berlin. Nach beruflicher Tätigkeit in der Entwicklungspolitik promovierte sie an der Bauhaus Universität Weimar über *Künstlerische Interventionen im Stadtraum oder die Kunst der Partizipation*. In Projekten wie *3plusX, Sweat&Shop!, made in omnitopia* oder *Über*

Lebenskunst arbeitet sie an konkreten Umsetzungen eines Erweiterten Politikbegriffs. Sie lehrte an der Kunsthochschule Berlin Weißensee, an der Kunstakademie Vilnius und schreibt für www.rootsandstyle.com, *polar*, *Der Wedding* und *Arte & Ensaios*.

Echo Ho, geboren in Beijing, lebt und arbeitet in Köln. Ihre Arbeiten reichen von Audio-/ Videoinstallationen und Klangkunstinterventionen zu intermedialen Live-Performances und kreisen um Migrationskontexte sowie um konzeptionelle Verbindungen zwischen verschiedenen kulturellen Materialien und künstlerischen Disziplinen. Als Stipendiatin der Graduiertenschule für die Künste und die Wissenschaften an der Universität der Künste Berlin von 2011 bis 2013 realisierte sie *Resembling Shanshui – Tuned To Site*, eine Weiterentwicklung des ältesten traditionellen chinesischen Saiteninstruments Gu Qin zu einer »Slow Qin«. Von 2007 bis 2013 lehrte sie als wissenschaftliche Mitarbeiterin an der Kölner Kunsthochschule für Medien Klang und elektronische Medien.

Birgit Hopfener ist Kunsthistorikerin und Sinologin. An der Abteilung für Ostasiatische Kunst an der Freien Universität Berlin forscht sie an ihrem Post-Doc Projekt »Topologien von Kunst im Verhältnis zum Leben als Thema transkultureller Verhandlung bei Sun Yuan, Peng Yu und Qiu Zhijie«. 2011 und 2012 war sie Vertretungsprofessorin für Kunstgeschichte Chinas an der Universität Heidelberg; von 2010 bis 2011 wissenschaftliche Mitarbeiterin in der Ostasiatischen Kunstgeschichte an der Freien Unversität Berlin. Sie ist zudem als Kuratorin und Kritikerin tätig; ihre Artikel erschienen u.a. in *artnet*, *Yishu*, *Texte zur Kunst* und *Leap*.

Antony Iles schreibt wissenschaftliche, theoretische und fiktionale Texte. Er ist stellvertretender Herausgeber von *Mute* (metamute.org) und an der Graduiertenschule für die Künste und die Wissenschaften an der Universität der Künste Berlin assoziiert. Er ist Mitherausgeber von *Noise & Capitalism* (2009) und Mitautor von *No Room to Move: Radical Art and the Regenerate City* (2010) sowie *All Knees and Elbows* (2012). Seine aktuelle Forschung nimmt Theodor W. Adornos Konzept des »ästhetischen Produktionsverhältnisses« in den Blick und fragt danach, was dieser Begriff für die zeitgenössische künstlerische und kulturelle Praxis in Zeiten der wirtschaftlichen Krise bedeutet.

Valentina Karga ist Künstlerin und Architektin und beendete 2010 ihr Studium an der Universität von Thessalien. Ihre Arbeiten thematisieren Autarkie, Partizipation und Zusammenarbeit in der zeitgenössischen Gesellschaft und Kunst. Im Rahmen ihres Stipendiums an der Graduiertenschule für die Künste und die Wissenschaften an der Universität der Künste Berlin von 2011 bis 2013 gründete sie die *Summer School for Applied Autonomy*, eine Forschungsinitiative zur Komplexität unabhängiger Lebensformen. Sie hat an Konferenzen und Festivals teilgenommen, u.a. 2013 im Museum für zeitgenössische Kunst Athen und an der Athen Biennale.

Dorothée King studierte Kunst in Skive (DK), Kommunikationsdesign an der Merz Akademie Stuttgart sowie Medienkunst an der University of Portsmouth (GB). Sie ist wissenschaftliche Mitarbeiterin der Graduiertenschule für die Künste und die Wissenschaften an der Universität der Künste Berlin. Sie promoviert und lehrt am dortigen Institut für

Kunstdidaktik und ästhetische Bildung und ist international für Schulen, Museen und Kunstinstitutionen im Bereich Vermittlung tätig.

Eva Könnemann ist Filmemacherin, lebt und arbeitet in Berlin. Nach dem Studium an der Filmakademie Baden-Württemberg von 1993 bis 1999 erhielt sie zahlreiche Stipendien, u.a. des Europäischen Instituts für Kinofilm Karlsruhe (2001), des Deutsch-Französischen Kulturrats (2002), an der Cité Internationale des Arts Paris (2004) und des Berliner Senats (2006). Von 2011 bis 2013 war sie Stipendiatin der Graduiertenschule für die Künste und die Wissenschaften an der Universität der Künste Berlin. Sie hat bereits mehrere preisgekrönte Filme realisiert u.a. DIE TRAGÖDEN AUS DER STADT (2008) und ENSEMBLE (2010).

Juliane Laitzsch lebt und arbeitet in Berlin. Sie studierte freie Kunst an der Hochschule für Kunst Bremen und der Universität der Künste Berlin. Als Zeichnerin und Bildhauerin befasst sie sich mit der Funktion des Ornaments und den Qualitäten von Raum und Zeit. Einen eigenen Werkkomplex bilden Projekte, die sich auf konkrete Gegenstände, Räume oder Landschaften beziehen und von einfachen Fragen ausgehen, darunter das aktuelle Projekt *Unendlichkeit in kleinen Fetzen*, das sie derzeit als Stipendiatin an der Graduiertenschule für die Künste und die Wissenschaften an der Universität der Künste Berlin realisiert.

Thomas Lommée, geboren 1979, lebt und arbeitet als Designer in Brüssel sowie in Europa und Übersee. 2007 gründete er *intrastructures*, ein pragmatisches und utopisches Design-Studio für physische, digitale und soziale Kontexte im Produktdesign. Er initiierte *OpenStructures*, ein modulares Konstruktionsmodell, bei dem auf der Grundlage eines gemeinsamen geometrischen Rasters jeder für jeden entwirft. Neben seiner Tätigkeit als Designer und Designforscher hat er an der Design Academy Eindhoven gelehrt und ist Mitbegründer der *ENSCImatique* am ENSCI in Paris.

Tanja Ostojić lebt und arbeitet als interdisziplinäre Performance-Künstlerin in Berlin zu den Themen Migration, Gender und Ökonomie. Ihre Arbeiten werden in Ausstellungen, im Rahmen von Festivals und Konferenzen weltweit gezeigt, darunter auf der Biennale Venedig 2001 und 2011 sowie im Brooklyn Museum 2006. Sie veröffentlichte *Integration Impossible? The Politics of Migration in the Artwork of Tanja Ostojic* (2009) und *Strategies of Success/Curators Series* (2004). Derzeit ist sie Stipendiatin der Graduiertenschule für die Künste und die Wissenschaften an der Universität der Künste Berlin.

Hendrik Quast ist Performance-Künstler und studierte am Institut für Angewandte Theaterwissenschaft in Gießen. Er arbeitet als Regisseur, Performer und Dramaturg; 2013 war er wissenschaftlicher Mitarbeiter der Graduiertenschule für die Künste und die Wissenschaften an der Universität der Künste Berlin. Seine künstlerischen Projekte setzen sich mit der Darstellung von Natur im Theaterraum auseinander. Er realisiert Hörspiele für den Westdeutschen Rundfunk (WDR) in Köln und entwickelt Aktionen und Performances für spezifische theatrale Situationen und Orte wie die Sophiensæle Berlin und das Künstlerhaus Mousonturm in Frankfurt/M.

Judith Raum, geboren 1977, lebt und arbeitet in Berlin. Sie studierte Bildende Kunst, Philosophie, Kunstgeschichte und Psychoanalyse in Frankfurt/M. und New York. In Malerei, Objekten, Lecture Performances und Installationen erkundet sie die Spannungen zwischen sozial- und wirtschaftswissenschaftlicher Recherche und Fragen nach künstlerischem Begehren und Abstraktion. Von 2007 bis 2011 unterrichtete sie an der Universität der Künste Berlin. Ihre Arbeiten werden international gezeigt, der Heidelberger Kunstverein widmet ihr 2014 eine Einzelausstellung.

Hans-Jörg Rheinberger, geb. 1946, ist Molekularbiologe und Wissenschaftshistoriker. Er studierte Philosophie, Linguistik und Biologie in Tübingen und Berlin. Von 1997 bis 2011 war er Direktor am Max-Planck-Institut für Wissenschaftsgeschichte in Berlin. Veröffentlichungen u.a.: *Experiment, Differenz, Schrift* (1992), *Experimentalsysteme und epistemische Dinge* (2001), *Epistemologie des Konkreten* (2006), *Historische Epistemologie zur Einführung* (2007).

Gerhard Schultz, geboren 1982 in Michigan (USA), studierte Experimentellen Klang (MFA) an der CalArts und Komposition an der Universität Michigan. Er gründete das Label *Care Of Editions* als Stipendiat der Graduiertenschule für die Künste und die Wissenschaften an der Universität der Künste Berlin von 2011 bis 2013. Seine Arbeit kombiniert Musik und Konzeptkunst, das Label führt dieses Zusammenspiel auf kuratorischer Ebene weiter. Von 2010 bis 2011 war Schultz Co-Direktor des Wulf, einem Ort für experimentelle Musik in Los Angeles (USA).

Klaus Spiess arbeitet als Assoziierter Professor am Zentrum für Public Health der Medizinischen Universität Wien. Ausgebildet als Internist und Psychoanalytiker und habilitiert für Psychosomatik, spezialisiert er sich seit zehn Jahren auf die transdisziplinäre Kooperation von Medizin, Kunst und Performance. Seine künstlerischen Arbeiten, Videofilme und Performances wurden u.a. an der Tate Modern und dem Tanzquartier Wien gezeigt sowie von Performing Science Gießen und dem Fonds Österreichischer Forschung prämiert.

Susanne Stemmler ist Literatur- und Kulturwissenschaftlerin und Gastprofessorin der Graduiertenschule für die Künste und die Wissenschaften an der Universität der Künste Berlin. Von 1997 bis 2004 lehrte sie Romanistik sowie Medien- und Kulturwissenschaft an der Universität Düsseldorf, wo sie 2004 ihre Promotion *Topografien des Blicks. Eine Phänomenologie literarischer Orientalismen des 19. Jahrhunderts in Frankreich* abschloss. Ihr Forschungsprojekt zur transkulturellen Poetik des Hip Hop führte sie als Postdoc-Fellow der DFG u.a. an die Columbia University nach New York. Von 2008 bis 2011 leitete sie den Bereich Literatur und Wissenschaft am Haus der Kulturen der Welt Berlin. Folgende Themenbereiche stehen im Zentrum ihrer Forschungs-, Lehr- und Publikationstätigkeit: Postkoloniale Studien, französischsprachige Literaturen, Kultur und Globalisierung, Migration und transkulturelle Prozesse, urbane und populäre Kulturen, Text-Bild-Verhältnisse, Kultur und Klimawandel.

Isabelle Stengers studierte Chemie, bevor sie Philosophin wurde. Sie ist Professorin für Philosophie an der Université Libre de Bruxelles. Sie hat über fünfundzwanzig Bücher und zweihundert Artikel zur Wissenschaftsphilosophie verfasst bzw. mitverfasst, u.a. *Dialog mit der Natur. Neue Wege naturwissenschaftlichen Denkens* (1983), *Power and Invention: Situation Science* (1997), *Die Erfindung der modernen Wissenschaften* (1997), *Spekulativer Konstruktivismus* (mit Bruno Latour, 2008), *Cosmopolitics I/II* (2010/2011), *Au temps des catastrophes* (2013) und *Sciences et pouvoirs* (2013). Ihre Arbeitsschwerpunkte umfassen Chaostheorie, Wissenschaftsgeschichte sowie Ökologie und Demokratie.

Lucie Strecker erhielt ein Diplom für Freie Kunst an der Kunsthochschule Berlin-Weißensee und den Magistertitel für Schauspielregie an der Universität für Darstellende Künste Wien. Seit 2009 erarbeitet sie in Kooperation mit Klaus Spiess Modelle für künstlerische Performances an der Schnittstelle von Philosophie, Medizin und Sprachtheorie. Arbeiten wurden in Einzel- und Gruppenausstellungen und auf Festivals gezeigt. Seit 2012 ist sie Stipendiatin der Graduiertenschule für die Künste und die Wissenschaften an der Universität der Künste Berlin.

Lioudmila Voropai ist Kunstwissenschaftlerin, Kritikerin und Kuratorin. Sie studierte Philosophie, Kunstgeschichte und Medienkunst in Moskau und Köln. In ihrer Dissertation befasste sie sich mit der historischen Entwicklung institutionskritischer Diskurse und Ansätze sowie mit dem Prozess der institutionellen Etablierung der Medienkunst. Von 2011 bis 2013 war sie mit ihrem Projekt *Das Zelluloidleben des Labors: Der Wissenschaftsfilm und die Künste* Stipendiatin der Graduiertenschule für die Künste und die Wissenschaften an der Universität der Künste Berlin.

Lukas Wegwerth studiert Produktdesign an der Universität der Künste in Berlin. Von 2012 bis 2013 arbeitete er im Studio von Christiane Högner und Thomas Lommée (Brüssel) am Projekt *OpenStructures* mit und entwickelt es mit dem Gerüstsystem »OS-Scaffold« weiter. Prototypen wurden im New Museum in New York und während der Designweek in London im Rahmen der Ausstellung *Adhocracy* 2013 ausgestellt. Auf Einladung des Museums Z33 (Hasselt, Belgien) unterrichtete er 2013 auf der Trienal de Arquitectura de Lisboa mit Thomas Lommée den Workshop »temporary spaces« im Museum MUDE.

Emma Wolukau-Wanambwa, geboren 1976 in Glasgow, studierte Englische Literatur an der Universität Cambridge (GB) und Fine Arts an der Slade School of Fine Art, University College London (GB), wo sie derzeit als Forscherin assoziiert ist. Zuvor forschte sie an der Jan van Eyck Academy (NL) und arbeitet derzeit als Stipendiatin der Graduiertenschule für die Künste und die Wissenschaften an der Universität der Künste Berlin an der Repräsentation des späten Kolonialismus. Die Spannbreite ihrer Arbeiten umfasst Installationen, Sound, Video, Fotografie, Grafik und Zeichnungen.

Bildrechte

S. 83: Abb. 1 Foto Abegg-Stiftung (Christoph von Viràg, 1992). Abb. 2 Foto Abegg-Stiftung (Christoph von Viràg, 1992). | S. 88 – 97: Abb. 3-12 Foto Juliane Laitzsch | S. 102: Fig. 1-2 Photograph Emma Wolukau-Wanambwa | S. 107: Fig. 3 Photograph Emma Wolukau-Wanambwa | S. 127-128: Abb. 1-4 Foto Judith Raum| S. 131: Abb. 5 Foto Judith Raum [S. 135: Fig. 1 Courtesy of IASK 爱问共享资料 | S. 137-138: Fig. 2-3 Foto Echo Ho | S. 140-142: Abb. 4-6 Foto Echo Ho | S. 159: Abb. 1 Foto Klaus Spiess/Lucie Strecker. | S.165: Abb. 2 Foto Axel Heise | S. 167: Abb. 3 Foto Art Orienté Objet | S. 184: Abb. 1 Foto Axel Heise | S. 185: Abb. 2 Foto Axel Heise | S. 186: Abb. 3 Foto Axel Heise, Abb. 4 Foto: Axel Heise | S. 187: Abb. 5 u. 6: Art Orienté Objet | S. 188: Abb. 7 u. 8: Foto Yusuké Komiyama | S. 189: Abb. 9: Foto Tuur van Balen | S. 198: Abb.1 Foto Arne Schmitt | S. 202: Abb. 2-3 Foto Arne Schmitt | S. 217: Abb. 4 Foto Arne Schmitt | S. 229: Fig. 1-2 Valentina Karga | S. 240: Abb. 1-2 Thomas Lommée | S. 242: Abb. 3 Foto Lukas Wegwerth | S. 244: Abb. 4-5 Foto Ingo Sturm | S. 249-250: Fig. 1-4 Gerhard Schultz | S. 253: Fig.5 Gerhard Schultz | S. 288: Abb. 1-2 Foto Stefan Hayn | S. 290-291: Fig. 1-3 Foto Tanja Ostojić | S. 303: Abb. 1-3 Foto Andreas Siekmann

Die Drucklegung wurde gefördert durch die Einstein Stiftung Berlin
im Rahmen der Förderung der Graduiertenschule für die Künste und die Wissenschaften
der Universität der Künste Berlin.

 Universität der Künste Berlin
Graduiertenschule

Einstein Stiftung Berlin
Einstein Foundation Berlin

1. Auflage
ISBN 978-3-03734-666-2

© diaphanes, Zürich-Berlin 2014
www.diaphanes.net

Satz und Layout: 2edit, Zürich
Druck: Memminger MedienCentrum